Dietmar Zierer · Radioaktiver Zerfall der Freiheit

Gesamtherstellung: Lokal Verlag Max Krempl
Postfach 1244, 8412 Burglengenfeld
Fotos: Gerhard Götz
Umschlaggestaltung: Hans Bauer
Printed in the Upper Palatinate

ISBN 3 925 603-06-9

Dietmar Zierer

Radioaktiver Zerfall der Freiheit

»WAA Wackersdorf«

lokal verlag

Meinen Kindern gewidmet,
in der Hoffnung
auf eine Zukunft ohne Atom.

Inhalt

Vorwort von Alexander Roßnagel

25 Polizisten und 2 Staatsanwälte „stürmen" ein Zeltlager von 13 jungen Pfadfindern, zwei 15jährige Buben werden von 10 Polizisten von Schwandorf in das 50 km entfernte Regensburg verbracht. Was haben solche Freiheitseinschränkungen, die neben vielen anderen in diesem Buch geschildert werden, mit der WAA in Wackersdorf zu tun?

Sind dies nicht Verfehlungen übereifriger Beamter, die in anderen Regionen ebenso vorkommen wie in der Oberpfalz? Wie können sie einer technischen Anlage zugeordnet werden?

Die WAA unterscheidet sich von anderen Industrieanlagen durch ihr ungeheures lebensbedrohendes Schadenspotential. Das Risiko, daß durch ein technisches Versagen oder einen willkürlichen Akt Leben und Gesundheit von Millionen heute und in Zukunft zerstört werden, wäre allenfalls dann zu rechtfertigen, wenn ihm ein vergleichbar großer Nutzen gegenüberstünde und dieser den Betroffenen und ihren Nachfahren zugute käme.

Beide Legitimationsgründe fehlen jedoch. Die WAA ist energiepolitisch überflüssig. Auch ohne Kernspaltung kann ausreichend Energie erzeugt werden – und selbst im Rahmen der Atomenergienutzung gibt es wirtschaftlichere und weniger umweltbelastende Alternativen.

Es bleiben letztlich nur zwei Gründe, an der WAA festzuhalten: Die Anlage in Wackersdorf verschafft als Zwischenlager angesichts der ungelösten Entsorgung eine „Verschnaufpause", die immer noch billiger kommt, als alle Atomkraftwerke mangels „Entsorgungsnachweis" stillegen zu müssen. Und – sie liefert Plutonium, das für militärische Zwecke zwar nicht optimal, aber dennoch tauglich ist.

Beide Gründe vermögen das Risiko der WAA nicht zu legitimieren. Es einzugehen, nützt weder der Allgemeinheit, noch den Betroffenen. Es ist deshalb kein Wunder, wenn sich sehr viele gegen diese Bedrohung wehren.

Das ungeheure Schadenspotential der WAA zwingt der Regierung die Alternative auf: Entweder sie versucht, ihre Schutzpflicht gegenüber den Bürgern zu erfüllen und den inneren Frieden zu bewahren – dann aber darf sie dieses riskante Projekt nicht weiter verfolgen. Oder sie versucht, es gegen den Widerstand vieler Bürger durchzusetzen – dann aber muß sie bereit sein, hierfür auch rechtsstaatliche und demokratische Errungenschaften zu opfern.

Da die Bayerische Staatsregierung sich für den zweiten Weg entschieden hat, ist die WAA Wackersdorf zu einem negativen Lehrstück in Demokratie und Freiheitsschutz geworden. Dieses Buch zeigt in vielen Beispielen, welche politischen Kosten damit verbunden sind, wenn eine Regierung sich mit einer hochriskanten technischen Anlage identifiziert, statt technologiepolitisch neutral sich für den bestmöglichen Schutz ihrer Bürger einzusetzen. Um gegen den breiten Widerstand von Betroffenen eine nicht zu rechtfertigende Risikoquelle WAA durchzusetzen, muß sie offensichtlich Recht und Gesetz verändern, umgehen und verletzen. Ohne Einschränkung von Freiheitsrechten, ohne Diskriminierung von Dissidenten und ohne Einschüchterung der Bevölkerung scheint für sie das Ziel nicht erreichbar zu sein.

Den Prozeß schleichender Grundrechtsaushöhlung schildert Dietmar Zierer aus der Sicht des unmittelbar betroffenen Bürgers und engagierten Politikers. Sein Bericht ist „parteiisch" und subjektiv und wohl gerade deshalb deutlicher und lehrreicher als viele „objektive" Analysen „unparteiisch" distanzierter Wissenschaftler.

Sein Buch dokumentiert nicht nur den „radioaktiven Zerfall der Freiheit", sondern erzählt gleichzeitig von der Geschichte des Widerstands. Das Buch nährt Zweifel, ob der Weg der Landesregierung für sie erfolgreich sein kann. Statt den Widerstand zu überwinden, könnten gerade ihre freiheitseinschränkenden Maßnahmen neuen und größeren Widerstand erzeugen.

Mieders im Stubaital, den 8. 9. 1988

Vorwort des Autors

Dieses Buch kam zustande, weil ich seit Jahren mit dem Thema „radioaktiver Zerfall unserer Freiheit" öffentliche Veranstaltungen in ganz Bayern und darüber hinaus abgehalten habe. Nach jeder Veranstaltung sagten meine Zuhörer: „Das muß aufgeschrieben und dokumentiert werden, was Du uns erzählt hast."

Insbesondere hat aber auch Alexander Roßnagel immer wieder nachgefragt, „was ist denn nun endlich mit Deinem Buch"? Es ist ein ganz persönliches Buch geworden, geprägt von meinen eigenen beweisbaren Erfahrungen, und somit auch ein objektivierbarer Bericht. Es soll auch eine Antwort sein auf die Schrift „WAA Wackersdorf: Zerbricht die WAA die Demokratie?", die vor wenigen Wochen von der sog. Koordinierungsgruppe WAA der Bayer. Staatsregierung herausgegeben wurde. Und schließlich: Dieses Buch soll auch Gegengewicht zur Flut von Propagandamaterial der WAA-Betreibergesellschaft DWK und der Bayer. Staatsregierung sein. Die Chancen sind hier sowieso äußerst ungleich. Dort werden die Schriften verfaßt von bezahlten Mitarbeitern in deren Dienstzeit und auf unsere Kosten. Der gesamte Apparat wird gegen uns eingesetzt. Hier müssen wir den letzten Rest an Freizeit und Urlaub – und die Nerven der Familie – strapazieren. Deshalb auch ein ausdrücklicher Dank an meine Frau und meine Kinder, die auf gemeinsamen Urlaub verzichteten, damit dieses Buch entstehen konnte.

Burglengenfeld, den 31. 8. 1988

Dietmar Zierer, ein engagierter Redner gegen die WAA

I. Einleitung

Alexander Roßnagel schrieb 1983 sein Buch „Bedroht die Kernenergie unsere Freiheit“, das in der sog. Beck'schen Schwarzen Reihe (Nr. 279) erschienen ist. Dort vertritt er die These von der „Vorverlegung der Sicherungslinie“ um Atomanlagen herum. Er schreibt: „Um Sicherheit in dem jeweils geforderten Niveau gewährleisten zu können, wird es unumgänglich sein, über den Objektschutz hinaus dadurch Gefahrenvorsorge zu betreiben, daß die Sicherungslinie in die Gesellschaft hinein vorverlegt wird.“ Was Roßnagel als These wissenschaftlich vorträgt, können wir in der Praxis beweisen. „Liberty dies by inches“ heißt es, die Freiheit stirbt zentimeterweise. Die Staatsgewalt, die, gegen den Willen der übergroßen Mehrheit der Bevölkerung, eine Atomanlage durchsetzen will, kann sich nicht auf den bloßen Objektschutz beschränken. Sie muß schon im Vorfeld wachsam, aktiv, konspirativ, einschüchternd, radikal sein, um Widerstand rechtzeitig erkennen, Widerstand rechtzeitig brechen zu können. Dies geht jedoch nur unter Beeinträchtigung und Abbau von Freiheitsrechten. Damit werden auf vielen Ebenen die Freiheitsräume von uns allen „um die WAA herum“ eingeengt. Dies geschieht nicht immer bewußt und gezielt. Im Ergebnis wird es aber von allen Verursachern zumindest billigend in Kauf genommen. Dies ist zu verstehen, wenn ich vom radioaktiven Zerfall unserer Freiheit, dargestellt am Beispiel der WAA Wackersdorf, spreche.

Ich selbst bin in meinen beruflichen und politischen Funktionen unmittelbar und Tag für Tag mit diesen Problemen befaßt. Als Anwalt im Gerichtssaal, als SPD-Parteivorsitzender in der politischen Auseinandersetzung, als direkt gewählter Stimmkreisabgeordneter des WAA-Stimmkreises Schwandorf, der „Schaden von seinen Wählern wenden muß“, sowie als erster gewählter Stellvertreter des Schwandorfer Landrats Hans Schuierer, der ja zu einer Symbolfigur des Widerstands geworden ist.

Diese – zum Teil sehr bitteren – Erfahrungen haben viele von uns verändert, manche haben resigniert, manche wurden aggressiv, alle wurden mißtrauischer gegenüber der sog. Staatsgewalt. Besonders mißtrauisch sind wir aber geworden gegenüber denen, die alles für machbar halten, die uns, die wir Bedenken äußern, Technikfeindlichkeit unterschieben wollen, die jeden GAU und SUPERGAU bei uns absolut ausschließen nach der Devise: Dem deutschen Ingenieur ist nichts zu schwer.

Da dieses Buch aber auch dem Leser außerhalb der Oberpfalz unseren Widerstand erläutern und verständlich machen soll, muß – in der gebotenen Kürze – die Vorgeschichte der WAA Wackersdorf dargestellt werden.

II. Wie alles begann

1. Die Geschichte der WAA

a) Bau der deutschen WAA als Weichenstellung

Unbestritten zwischen Kernkraftbefürwortern und Kernkraftgegnern ist, daß der Bau einer deutschen WAA die entscheidende Weichenstellung für die Weiterverfolgung der Brütertechnologie darstellt, da erst bei einer Wiederaufarbeitung das für den Betrieb von Schnellen Brütern erforderliche Plutonium in ausreichender Menge anfällt. Damit soll der Bau einer WAA also keineswegs ausschließlich der angeblichen Entsorgung der vorhandenen, zwischenzeitlich 23 Atomkraftwerke im Bundesgebiet dienen, sondern zugleich dem Betrieb von Schnellen Brütern zuarbeiten.

Die Nichtinbetriebnahme des Schnellen Brüters in Kalkar hat den Bemühungen der Atomlobby einen schweren Schlag versetzt.

Die wirtschaftliche Notwendigkeit einer WAA wird nicht einmal von den Betreibern selbst behauptet. So hat der frühere Vorstandsvorsitzende der DWK, Herr Scheuten, selbst mehrfach eingeräumt, daß z. B. die Wiederaufarbeitung im französischen La Hague wesentlich billiger käme als der Bau einer deutschen WAA. Wichtig für die Atomlobby ist aber, mit der WAA eine Art von Entsorgungsnachweis für den weiteren Zubau von Atomkraftwerken bei den atomrechtlichen Genehmigungsverfahren zu erbringen. Deshalb behaupte ich nach wie vor, daß es der DWK und der deutschen Atomlobby von Anfang an im wesentlichen darauf ankam, im überdimensionierten Eingangslager der WAA die abgebrannten Brennelemente zwischenlagern zu können.

b) Die Stellung der WAA im sog. Brennstoffkreislauf und die Technik der Wiederaufarbeitung.

Hierzu gibt es eine Vielzahl von klugen und auch leicht verständlichen Ausarbeitungen. Für den Laien sehr gut verständlich ist eine Broschüre des Landesverbandes der Jungsozialisten in der SPD Bayern „Gemeinsam gegen die WAA – Argumente für eine andere Energiepolitik."

Deshalb genügt es hier, darauf hinzuweisen, daß die einzelnen Teilschritte des sog. Brennstoffkreislaufes mit der Urangewinnung beginnen; es folgt die Urananreicherung (bislang wurde angereichertes Uran überwiegend aus den USA, zum Teil auch aus der UdSSR importiert, seit August 1985 gibt es eine erste kommerzielle Urananreicherungsanlage in Gronau in Westfalen), dann werden die Brennelemente hergestellt in den überwiegend bei Hanau angesiedelten Fabriken (z. B. Reaktor-Brennelement Union GmbH, RBU, Alkem und Nukem, die allerdings nach dem letzten Skandal umgegliedert werden), bevor dann die Brennelemente in den 23 Atomkraftwerken Verwendung finden.

Sinn einer WAA ist es, das nach der Kernspaltung in den abgebrannten Brennelementen noch vorhandene Uran, sowie das im Reaktorbetrieb entstandene Plutonium von den ebenfalls entstandenen Spaltprodukten zu trennen, um aus Uran und Plutonium neue Brennelemente herzustellen und die Abfälle endlagerfähig zu behandeln.

Vereinfacht dargestellt: Auf dem Schienen- und Landweg von den 23 Atomkraftwerken im Bundesgebiet sollen die abgebrannten Brennelemente nach Wackersdorf transportiert werden. Dort kommen sie in das Eingangslager für einen Zeitraum von etwa 6 Jahren zur Abkühlung und dann soll im sog. PUREX-Verfahren die Abtrennung von Uran, Plutonium und Spaltprodukten erfolgen. Dazu werden die Brennelemente zerschnitten und in Salpetersäure aufgelöst. Dabei werden gasförmige Spaltprodukte freigesetzt und es entstehen sog. Aerosole. Die bei der Auflösung zurückbleibenden Brennelemente-Hülsen und sonstigen unlösbaren Bestandteile sollen durch Zentrifugen ausgeschieden und als Abfall zementiert werden. Die entstehende Brennstofflösung soll nach einer weiteren Reinigung chemisch in Uran, Plutonium und radioaktive Abfälle getrennt werden.

Die Atomlobby verweist ständig darauf, daß ausgediente Brennelemente zu ca. 96% aus wiederverwendbaren Stoffen bestehen, die bei der Wiederaufarbeitung von den restlichen 4 % Spaltstoffen getrennt werden. Diese Angaben beziehen sich aber lediglich auf das Gewicht. Vom Energiegehalt eines Brennelementes ist nach dem Reaktoreinsatz nur noch ein Viertel übrig und durch Wiederaufarbeitung theoretisch zurückzugewinnen.

Als Ergebnis des Wiederaufarbeitungsprozesses sollen aus den zurückgewonnenen Rohstoffen sog. Mischoxid-Brennelemente hergestellt werden, die erneut in Atomkraftwerken eingesetzt werden können. Es ist aber auch möglich und von der Atomlobby gewünscht, nach der Wiederaufarbeitung aufgrund des Anfalls von Plutonium Brennelemente für sog. Brutreaktoren herzustellen.

Soweit die nötige Vorinformation für Laien, zu denen sich auch der Autor rechnet.

Wichtig ist, zu wissen, daß beim Wiederaufarbeitungsprozeß eine große Anzahl von radioaktiven Abfällen anfällt, die selbstverständlich einem Endlager zugeführt werden muß, dessen Realisierung nach wie vor in den Sternen steht.

c) Die Gefahren beim Betrieb einer WAA als Grund des Widerstandes.

Nun ist der Widerstand der Bevölkerung gegen die Pläne von Betreibergesellschaft DWK und Staatsregierung nur zu verstehen, wenn man sich eine Vorstellung über die Gefährlichkeit einer solchen „chemischen Atomfabrik" machen kann.

Die DWK bezeichnet die WAA als eine ganz normale chemische Fabrik, bei der es zwar Risiken gebe, die aber beherrschbar seien. Unbestritten ist, daß schon im Normalbetrieb eine WAA eine hundert- bis tausendfach größere Menge von Radioaktivität abgibt als die, die in einem Kernkraftwerk freigesetzt wird. Die radioaktive Verseuchung erfolgt vor allem aufgrund der beim Wiederaufarbeitungsprozeß freiwerdenden Stoffe wie Jod, Krypton, Tritium und Plutonium. Diese Stoffe wirken auf verschiedenen Wegen auf den Menschen ein und führen zu einer äußeren Strahlenbelastung über die radioaktiven Abluftwolken, über die radioaktiven Ablagerungen auf dem Boden und über die radioaktiven Stoffe in Gewässern, sowie zu einer inneren Strahlenbelastung durch die Aufnahme radioaktiver Stoffe mit der Atemluft und durch die Aufnahme radioaktiver Stoffe mit der Nahrung und dem Trinkwasser. Die von der DWK beantragten, im Normalbetrieb an die Umwelt abzugebenden Mengen bewegen sich selbstverständlich innerhalb der Grenzwerte der Strahlenschutzverordnung, da anders die WAA nicht genehmigt werden dürfte. Dies sagt aber nichts darüber aus, welche Mengen an Radioaktivität tatsächlich freigesetzt werden, welche Effekte z. B. über die Anreicherung in der Nahrungsmittelkette zusätzlich und welche Schäden im einzelnen durch die Strahlung auftreten, selbst wenn sie sich eben im Rahmen des gesetzlich Erlaubten hält. Unbestritten steht auch fest, daß die durch die Entsorgung der Atomkraftwerke für die Gesamtbevölkerung entstehende zusätzliche Strahlenbelastung beim „Entsorgungspfad" über die WAA rund 60 mal größer ist als beim Weg der direkten Endlagerung. Mich selbst hat, unabhängig von meiner grundsätzlichen Einstellung als Kernkraftgegner, insbesondere eine Unterschriftenaktion vieler Ärzte aus der Oberpfalz beeindruckt, die sich den Warnungen von Prof. Dr. Herbert Begemann, Chefarzt einer führenden Münchener Klinik auf dem Gebiet der Blutkrankheiten, angeschlossen haben. Prof. Begemann schreibt: „Der normale Betrieb einer WAA ist immer mit einem Ausstoß radioaktiver Substanzen verbunden, die trotz Abgabe in großer Höhe (Kamin von über 200 m Höhe) zu einer vermehrten Strahlenbelastung der Bevölkerung in der unmittelbaren und weiteren Umgebung führt. Da bewiesen ist, daß die Häufigkeit von Leukämien und anderen bösartigen Tumoren parallel zur radioaktiven Strahlenbelastung steil ansteigt, muß mit einer Zunahme solcher Erkrankungen gerechnet werden."

Wohlgemerkt, dies gilt alles für den sog. Normalbetrieb. Das Risiko von Betriebsunfällen mit verheerenden Strahlenbelastungen für Betriebsangehörige und Anwohner ist auch durch technische Perfektionierung nicht zu beseitigen. Daher betreiben ja auch die Nationen mit den größten Nuklearerfahrungen meist keine derartigen Anlagen mehr.

Paradebeispiel für Unzulänglichkeiten, Störfälle und auch die Verlogenheit der Betreiber in Kumpanei mit staatlichen Stellen ist die Wiederaufarbeitungsanlage Windscale/Sellafield in Großbritannien. Insgesamt soll es in der Zeit vom 21. 8. 1950 bis zum 18. 2. 1986 dort 287 offiziell bekanntgewordene Störfälle gegeben haben. Im Mai 1952 und im März 1953 wurden große Mengen Plutonium in die irische See geleitet, freiwillig, „um zu sehen, was passiert", wie es in einem Bericht des „Observer" heißt. Im Oktober 1957 wütete in einem plutoniumproduzierenden Reaktor auf der Anlage zwei Tage lang unbemerkt ein Brand. Große Mengen Radioaktivität gelangten in die

Atmosphäre. Die britische Regierung ordnete die Vernichtung von zwei Millionen Litern Milch in der Umgebung an. Alle anderen möglichen Folgen dieses Unfalls wurden bewußt – in Kameraderie und Absprache zwischen Regierung und Betreibergesellschaft – der Öffentlichkeit verheimlicht.

Immer wieder hört man von Unfällen. So hat, laut Presseberichten, vor etwa zwei Jahren ein Arbeiter dieser WAA in (jetzt) Sellafield eine Strahlendosis erhalten, die so hoch ist wie der Grenzwert für die erlaubte Belastung eines ganzen Jahres. Wer soll da noch Vertrauen in die Sicherheit haben? Dazu kommen sonstige Risiken: Eine Grundwasserverseuchung ist praktisch unvermeidbar. Die sowieso schon durch Schadstoffe belastete Naab soll als Vorfluter dienen. Ich habe im August 1988 als amtierender Landrat versucht, ein erschreckendes Fischsterben, insbesondere von Wallern in der Naab, aufzuklären. Die schlichte Ratlosigkeit und Hilflosigkeit der sog. Fachbehörden bei diesem lokal eingrenzbaren Wallersterben läßt für die Naab Schlimmstes befürchten, falls die WAA je in Betrieb gehen sollte.

Spezifische Probleme und Störfallmöglichkeiten gibt es auch beim An- und Abtransport von und zur WAA Wackersdorf. Nach den Vorstellungen der Betreibergesellschaft müssen, allein um ca. 1500 Brennelemente anzuliefern, jährlich 420 Transportbehälter vom Typ Castor eingesetzt werden. Die Mischoxid-Brennelemente, die produziert werden sollen, müssen transportiert werden, die Plutoniumnitratlösung muß abtransportiert werden usw. usw. Die Nachlässigkeit bei Atomtransporten wurde erst unlängst von einem Fernsehteam des ZDF offengelegt. Wer soll garantieren, daß es hier zu keinen Unfällen kommt? Hat man nicht bei Fährschiffen im Ärmelkanal und bei den Bohrtürmen in der Nordsee ebenfalls absolute Sicherheit garantiert? Noch am 29. 4. 86, nach dem schrecklichen Unglück von Tschernobyl, hat Bundesinnenminister Zimmermann in der ARD-Tagesschau auf die Frage des Reporters: „Herr Minister, ist eine Gefährdung der Bevölkerung in der Bundesrepublik Deutschland auszuschließen", mit folgender unwahren Behauptung reagiert: „Ja absolut auszuschließen! Wir sind 2000 km von dieser Unfallstelle entfernt. Eine Gefährdung der deutschen Bevölkerung ist ausgeschlossen!" Gerade der zuständige Referent im Bayer. Umweltministerium, Herr Ministerialdirigent Dr. Josef Vogl, hat ja die Katastrophe von

Tschernobyl als eine reine „mentale“ (d. h. nur in den Vorstellungen der Bevölkerung befindliche) Katastrophe bezeichnet. Dies alles ist zu bedenken und zu berücksichtigen, ohne auch noch die Möglichkeit von kriegerischen Verwicklungen einzubeziehen. Erst unlängst hat der Philosoph Carl Friedrich von Weizsäcker beim Erörterungstermin in Neunburg v. Wald allein wegen der möglichen Folgen in einem Kriegsfall die WAA Wackersdorf rundweg abgelehnt. Dies, obwohl er sich als Kernkraftbefürworter dargestellt hat.

Ich meine, daß dies alles genügt, um die Ängste und Befürchtungen und auch das grundsätzliche Nein der übergroßen Mehrheit der Bevölkerung um die WAA herum zu verstehen. Mir selbst jedenfalls genügt es, um als Abgeordneter dieses Stimmkreises, in dem sich die WAA befindet, mit bestem Wissen und Gewissen meinen unermüdlichen Widerstand gegen die WAA begründen und mich auch immer wieder motivieren zu können.

Nicht zuletzt erwächst diese Motivation aus den Aussagen selbsternannter Fachleute wie Ministerpräsident Franz Josef Strauß, laut Zeitungsbericht vom 31. 3. 1982: „Die WAA ist ähnlich ungefährlich wie eine Fahrradspeichenfabrik“. Als dann der verstorbene Vorsitzende der Katholischen Deutschen Bischofskonferenz Josef Kardinal Höffner im Zusammenhang mit einem möglichen Ausstieg aus der Kernenergie von der „allergefährlichsten Energie“ sprach, hat Strauß auf einer Wahlversammlung in Freising dem Kardinal die Kompetenz zur Beurteilung kerntechnischer Probleme abgesprochen. Kein Wunder, daß auch der bis Herbst 1986 zuständige Staatssekretär im Umweltministerium, der Oberpfälzer Max Fischer, gleichsam als „Stimme seines Herrn“ gegenüber einer Besuchergruppe aus Ostbayern in Bonn die WAA als „total ungefährlich“ hinstellte.

Wenn sie wenigstens ein bißchen differenzieren würden! Wäre die WAA wirklich so ungefährlich, hätte man sie uns Oberpfälzern nicht so ohne weiteres „gegönnt“. Auffällig war und ist schon, daß sich keine andere Gemeinde Bayerns als Standort für die WAA gemeldet, beworben oder ins Spiel gebracht hat.

2. Wie kam die WAA in die Oberpfalz

a) Standortsuche für eine deutsche WAA

Im Jahre 1964 wurde die Gesellschaft zur Wiederaufarbeitung von Kernbrennstoffen mbH (GWK) gegründet, am 14. Juli 1975 schlossen sich 12 kernkraftwerksbetreibende und -planende Elektrizitätsversorgungsunternehmen in der Projektgesellschaft Wiederaufarbeitung von Kernbrennstoffen mbH (PWK) zusammen und am 28. Februar 1977 wurde die PWK in Deutsche Gesellschaft für Wiederaufarbeitung von Kernbrennstoffen mbH (DWK) umbenannt. Seit dieser Umbenennung in DWK bemüht sich die Betreibergesellschaft, einen Standort für den großtechnischen Betrieb einer deutschen WAA zu finden. Versuche in Hessen, Rheinland-Pfalz und Niedersachsen (Ernst Albrecht: Politisch nicht durchsetzbar!) sind kläglich gescheitert. Endlich, am 3. Dezember 1980 hat sich die Bayerische Staatsregierung bereiterklärt, zu prüfen, ob im Freistaat ein geeigneter Standort für eine WAA vorhanden sei. Insgesamt machte die DWK – einschließlich Dragahn im Landkreis Lüchow-Dannenberg – Anläufe bei 9 verschiedenen Standorten in vier verschiedenen Bundesländern, bis sie sich am 4. Februar 1985 endgültig und offiziell für den Standort Wackersdorf entschied. Seitdem aber der Freistaat Bayern, zumindest intern, die Bereitschaft deutlich machte, eine WAA zu akzeptieren, waren alle anderen Standorte nur noch „Spielmaterial".

b) Hintergründe der Entscheidung für Wackersdorf

Für die Betreibergesellschaft DWK war das persönliche Engagement des Ministerpräsidenten und CSU-Landesvorsitzenden Franz Josef Strauß selbst entscheidungserheblich. Dazu kamen Erwartungen in die Akzeptanz der Bevölkerung, da die Oberpfälzer als obrigkeitshörig, gottesfürchtig und gutmütig eingestuft wurden. Die hohe Arbeitslosigkeit im Arbeitsamtsbereich Schwandorf, das vergleichsweise immer noch sehr gute Wählerverhalten zugunsten der CSU und rein praktische wirtschaftliche Überlegungen (Subventionszusagen, Baugelände im Staatseigentum, usw.) kamen noch hinzu.

c) Identifizierung von Staatsregierung und CSU mit der Standortentscheidung Wackersdorf

Für objektive Beobachter ist ja unbegreiflich, daß sich Franz Josef Strauß und insbesondere die CSU so vollinhaltlich mit der Standortentscheidung Wackersdorf identifizieren. Strauß wollte wohl – gerade im Vergleich zu Niedersachsens Ministerpräsident Ernst Albrecht – dokumentieren, daß bei ihm im Freistaat Bayern jede großtechnische Anlage durchsetzbar ist, wenn er es nur wolle. Bei den politischen Struktur- und Machtverhältnissen in Bayern gibt es dann insbesondere, im Bereich der „Hofschranzen“, niemanden mehr, der widerspricht. Die Befehlsempfänger und Wasserträger an der Basis erlauben sich dann noch ab und zu, im internen Gespräch, herumzuraunzen und ihre eigentlich anderslautende Meinung anzudeuten (so ein CSU-MdL aus der Oberpfalz während einer Bahnfahrt von Regensburg nach München), den Mut, dies öffentlich zu machen, haben sie jedoch nicht. Schlüsselerlebnis für die unheilvolle Verflechtung zwischen Staatsregierung und Betreibergesellschaft DWK in Sachen WAA Wackersdorf ist wohl endgültig der Brief, den Franz Josef Strauß am 16. 1. 1985, also wenige Tage vor der Standortentscheidung der DWK für Wackersdorf am 4. 2. 1985, an die DWK in Hannover geschrieben hat (s. Dok. Nr. 1). In diesem Brief pries Strauß die Bevölkerung im Landkreis Schwandorf an wie „saures Bier“.

So heißt es: „Von Bedeutung für die Akzeptanz des Projekts ist auch die Tatsache, daß der Standort Wackersdorf in einem Raum mit industriegewohnter Bevölkerung liegt, deren weit überwiegende Mehrheit die Schaffung neuer Industriearbeitsplätze als wichtiges Anliegen ansieht“.

Ferner heißt es: „Die Bayerische Staatsregierung wird auch künftig für eine zügige Durchführung aller erforderlichen Verwaltungsverfahren Sorge tragen und darauf achten, daß das Projekt mit keinen ungerechtfertigten Forderungen finanziell belastet wird“, und schließlich: „Abschließend kann ich Ihnen erneut die Bereitschaft der Bayerischen Staatsregierung versichern, alle Anstrengungen zu unternehmen, um eine rasche und ungestörte Realisierung des Projektes und einen ungehinderten Betrieb der Anlage sicherzustellen“. Wer Strauß kennt, weiß, daß dieser Brief mehr als ein Garantieversprechen bedeutet. Strauß fühlt sich für die Realisierung des Projektes im Wort.

d) Zusammenhang zwischen der Standortentscheidung Wackersdorf und dem Schicksal der Maxhütte

Wie allgemein bekannt, gab es Anfang der 80er Jahre ein Gutachten der sogenannten „Drei Weisen“ zur Situation der Stahlstandorte im Bundesgebiet. Dabei wurden die Stahlstandorte Maxhütte in der mittleren Oberpfalz und Georgsmarienhütte in Niedersachsen in Frage gestellt. Beides waren damals Tochterfirmen der Mutter Klöckner. Unbestritten ist auch, daß vor der Standortentscheidung der DWK – Dragahn oder Wackersdorf – sich die Länderchefs Strauß und Albrecht in München trafen. Tatsache jedenfalls ist, daß kurz darauf die Standortentscheidung der DWK zugunsten von Wackersdorf fiel und die Staatsregierung nur sehr kleinlaut und verbal gegen den skandalösen Verkauf des Kaltwalzwerkes der Maxhütte im Standort Maxhütte-Haidhof (knapp 20 km von Wackersdorf entfernt) an die Mutter Klöckner protestierte. Laut Aussagen des damaligen Wirtschaftsministers Anton Jaumann hatte die Staatsregierung – trotz Absicherung – keine Möglichkeiten, den Ausverkauf des Kaltwalzwerkes an Klöckner zu verhindern. Das war der Anfang vom Ende des Stahlstandortes Maxhütte-Haidhof, was letztlich den Verlust von über 1400 Arbeitsplätzen im Landkreis Schwandorf bedeutete. Dies ist, welcher Zufall, die gleiche Größenordnung an Arbeitsplätzen, die der Landkreis Schwandorf durch die WAA wieder erhalten soll. „Zufällig“ ist natürlich auch, daß die Firma Klöckner in das – vorher totgesagte – niedersächsische Werk Georgsmarienhütte erheblich investierte, z. B. dort eine neue Stranggußanlage installierte, unter erheblicher Beteiligung auch des Landes Niedersachsen. Wie sagte doch der frühere Wirtschaftsminister des Freistaates Bayern, Anton Jaumann, anläßlich eines Kurzbesuchs bei der Wackersdorfer CSU im Pfarrheim vor den Kommunalwahlen 1984: „Lieber eine WAA, als ständige Spritzen für die Maxhütte!“ Dem ist nichts mehr hinzuzufügen.

3. Verfall einer Industrieregion

Der südliche Bereich des Landkreises Schwandorf gehörte bis zum Jahre 1972, der sog. Gebietsreform, dem früheren Landkreis Burglengenfeld an, der einer der finanzstärksten Landkreise Bayerns war.

Die Industriegemeinde Wackersdorf lebte über viele Generationen von der Bayerischen Braunkohlenindustrie (BBI). Nun war seit vielen Jahren bekannt, daß sich Anfang der 80er Jahre die Braunkohlenvorräte erschöpfen und dann die Industriearbeitsplätze verloren gehen würden. Über Jahre hinweg haben die Bayerische Staatsregierung und deren Vertreter, wie der frühere Ministerpräsident Alfons Goppel, oder der frühere Staatssekretär im Wirtschaftsministerium, Franz Sackmann, versichert, daß ein „nahtloser Übergang" zu einem Nachfolgebetrieb durch die Staatsregierung gesichert sei. Franz Sackmann sagte bei der sog. Barbarafeier im Jahre 1969 in Wackersdorf: „Alle verantwortlichen Männer sorgen für einen nahtlosen Übergang."

Am 18. Oktober 1979 verkündete der damalige Wirtschaftsminister Anton Jaumann noch großspurig: „Die durch das Auslaufen des Braunkohleabbaus hervorgerufenen Arbeitsmarktprobleme sind zum wesentlichen Teil gelöst". Damals ging Herr Jaumann davon aus, daß es sich bei der Ansiedlung einer Firma „Ermeto" in Wackersdorf um den „eigentlichen Nachfolgebetrieb für die BBI" handle. Wenig später platzte diese Ansiedlung wie eine Seifenblase. (s. Dok. Nr. 2) In der Antwort auf meine schriftliche Anfrage im Landtag versicherte Anton Jaumann noch am 6. 3. 1981: „Die Staatsregierung wird selbstverständlich ihre Bemühungen um die Schaffung von Ersatzarbeitsplätzen fortsetzen, um zu einer befriedigenden Lösung der durch das Auslaufen der Braunkohlenvorräte bei der BBI bis Ende 1982 hervorgerufenen Beschäftigungsprobleme beizutragen". Die Widersprüchlichkeit höchster Amtsträger zeigt folgendes: Obwohl Anton Jaumann noch am 18. 10. 1979 im Wirtschaftsausschuß des Bayer. Landtags den Nachfolgebetrieb für die BBI vorhergesagt und angekündigt hatte, sagte er bei dem schon einmal zitierten Besuch vor den Kommunalwahlen Ende Februar 1984 in Wackersdorf: „Ein nahtloser Übergang von heute auf morgen nach Ende der BBI konnte an sich von Natur aus schon nicht denkbar sein!"

Es gibt hier eine Fülle von Zitaten früherer CSU-Spitzenpolitiker, aus denen man eindeutig entnehmen kann, daß die Industriegemeinde Wackersdorf und der „industriegewohnte Raum der mittleren Oberpfalz" systematisch verschaukelt wurde. So hat der zuständige Staatssekretär Max Fischer noch Ende August 1981 in einem

Streitgespräch mit mir gegenüber der Mittelbayerischen Zeitung vollmundig erklärt: „Probleme im Raum Schwandorf im wesentlichen gelöst".
Ein schönes Beispiel für die unterschiedlichen „Verkündigungen" der CSU-Politiker stellt der Teublitzer CSU-Bundestagsabgeordnete Dionys Jobst mit seinen Bemühungen um ein Sulfat-Zellstoffwerk im südlichen Bereich des Landkreises Schwandorf dar. Laut Pressebericht vom 25. 11. 1974 versicherte Jobst, er werde sich mit aller Kraft gegen die Errichtung eines solchen Betriebes mit starker Umweltbelästigung in unserem Gebiet einsetzen. Was wir brauchen, sind gesunde Arbeitsplätze und umweltfreundliche Industrie, betonte Jobst. Und am 11. 12. 1974 war zu lesen: „Wie uns MdB Jobst gestern telefonisch mitteilte, kommt ein Sulfat-Zellstoffwerk keinesfalls nach Maxhütte-Haidhof oder Furth i. Wald. Dies versicherte dem Abgeordneten am Montag Wirtschaftsminister Jaumann bei einem Gespräch im Wirtschaftsministerium ... Damit sind alle Befürchtungen ausgeräumt, daß ein Sulfat-Zellstoffwerk nach Maxhütte-Haidhof oder Furth i. Wald kommt." Knapp vier Jahre später ist alles ganz anders. In einem Pressebericht vom 17. 1. 1979 kann der erstaunte Leser erfahren: „Ist das Thema Sulfat-Zellstoffwerk als Nachfolgebetrieb für die Wackersdorfer BBI doch noch nicht abgeschlossen? Der Teublitzer Bundestagsabgeordnete Jobst (CSU) hofft dies, nachdem er gestern mittag ein Gespräch mit dem Bayerischen Wirtschaftsminister Anton Jaumann in München geführt hatte. Der Minister schloß sich der Sorge um die Arbeitsplätze in der mittleren Oberpfalz nachdrücklich an und versicherte gegenüber Jobst, die Trägergesellschaft für das Sulfat-Zellstoffwerk zu bitten, ein Raumordnungsverfahren auch für Wackersdorf zu beantragen . . . Vielleicht, so darf gehofft werden, entscheidet sich das Unternehmen doch noch für die mittlere Oberpfalz. Schon in absehbarer Zeit soll versucht werden, die Trägergesellschaft soweit zu bringen, daß sie beim Wirtschaftsminister das ersehnte Raumordnungsverfahren für Wackersdorf beantragt." (s. Dok. Nr. 3)

Jedenfalls wurde mit diesen Wechselbädern von Hoffnungen, Erfolgsmeldungen, Resignation und Verzweiflung der Raum Wakkersdorf psychologisch gut vorbereitet.

Als dann die Arbeitslosen in Wackersdorf immer zahlreicher wurden, als die Nöte und Ängste der Bevölkerung immer mehr um sich griffen, konnte man mit der Akzeptanz, in der Not, alles hinzunehmen, was Arbeitsplätze bedeutete, rechnen. Dies wurde von verantwortlichen CSU-Politikern dieses Raumes noch massiv unterstützt.

Anfang Januar 1984 traf sich eine seltsame Konstitutionsversammlung der „Arbeitsgemeinschaft mittlere Oberpfalz“ im Gasthaus Jakob in Bodenwöhr. Dort sprachen u.a. der Arbeitsamtsdirektor des Arbeitsamtes Schwandorf, der die Meinung vertrat, daß sich die mittlere Oberpfalz aus „arbeitsmarktlicher Sicht den Verzicht auf die Erhaltung oder Schaffung von Arbeitsplätzen – wie dies auch durch den Bau einer WAA geschehen würde – nicht leisten könne“. Der selbstverständlich ebenfalls anwesende Repräsentant der DWK, Herr Klaus Sagemühl, äußerte, es stehe fest, daß etwa 1800 (!) Arbeitsplätze über einen Zeitraum von mindestens 40 Jahren hinweg (!) durch den Betrieb der WAA gesichert wären. In der Diskussion dieser Tagung, die auf Initiative des früheren, schon zitierten, Staatssekretärs Franz Sackmann zustande kam, äußerten einige Anwesende unbotmäßigerweise Bedenken, ob eine WAA wirklich solche Verbesserungen für die Region mit sich bringen würde, wie in den beiden Vorträgen angeklungen sei. Dem widersprachen die anwesenden CSU-Vertreter mit Vehemenz: Nach Ansicht des Amberger CSU-Bundestagsabgeordneten Hermann Fellner dürften im Zusammenhang mit dem Bau einer WAA nicht soviele „spezielle Wünsche“ geäußert werden, denn die Alternative dazu laute immerhin „gar keine Verbesserungen“.

Und damit ließ er die Katze aus dem Sack: „Wenn wir Arbeitsplätze schaffen wollen, dann sollen wir einfach nicht so heikel sein, daß wir uns etwas besonders Schönes wünschen.“ Und noch deutlicher: „Alle Arbeitslosen und vor allem die verantwortlichen Kommunalpolitiker sollten Gewehr bei Fuß stehen, wenn überhaupt Arbeitsplätze angeboten werden, egal welche!“

Mit diesen wenigen Beispielen wollte ich deutlich machen, wie der Raum Wackersdorf systematisch und psychologisch auf die künftigen „eigentlichen Nachfolgearbeitsplätze“ für die verlorenen BBI-Arbeitsplätze vorbereitet wurde. Erst ließ man die Industrieregion verfallen, versprach viel, hielt wenig, kündigte den nahtlosen Übergang an, ließ Arbeitslosigkeit einkehren, um dann als Zukunftsvision die sauberen, sicheren Arbeitsplätze (August R. Lang: Ehemalige BBI-Arbeiter werden in weißen Mänteln Arbeit finden) anzukündigen. Dies führte zu so bitter-naiven Überlegungen, wie bei der Jahreshauptversammlung der Metall-Innung Schwandorf Anfang 1985, bei welcher der Obermeister und Kreishandwerksmeister „zum Thema WAA vorschlug, Arbeitsgemeinschaften zu bilden, um z. B. den WAA-Metallzaun herstellen zu können."

Soweit die psychologische Vorbereitung unseres Raumes. – Nunmehr ist aber von Interesse, wie es überhaupt zur erstmaligen Kenntnis über einen möglichen Standort WAA Wackersdorf kam und wie der Raum reagierte.

4. Gerüchte über ein atomares Zwischenlager

Im Jahr 1979 schon, also im selben Jahr, in dem die stufenweise Rücknahme des Braunkohleabbaus in Wackersdorf eingeleitet wurde (an dessen Ende eben der Verlust von über 1400 Arbeitsplätzen stehen sollte), tauchte der Name Wackersdorf erstmals im Zusammenhang mit Plänen zur Errichtung eines nuklearen Zwischenlagers in Bayern auf. Ein Sprecher des Bayerischen Wirtschaftsministeriums wurde deutlich: „Wenn die Bundesregierung ihr Konzept zur Entsorgung von Kernkraftwerken ändert und Bayern doch ein Zwischenlager akzeptiert, soll diese Anlage in Wackersdorf bei Schwandorf entstehen."

Zur damaligen Zeit war ich gerade wenige Monate als Abgeordneter des Bayer. Landtags gewählt. Unverzüglich brachte ich am 9. 7. 1979 eine schriftliche Anfrage ein, in der ich in aller Deutlichkeit meine Abneigung gegen derartige Vorhaben zum Ausdruck brachte. U. a. fragte ich: „Ist der Staatsregierung bewußt, daß die bloße Tatsache der Veröffentlichung dieser Überlegungen dazu führen kann, daß ansiedlungswillige Unternehmen, die im Raum Wackersdorf als Nachfolgebetriebe für die BBI dringend benötigt werden, abgeschreckt werden und daß sämtliche Bemühungen, die Standortgunst dieses Raumes zu verbessern, auch im Hinblick auf den Fremdenverkehr, dadurch zunichte gemacht werden? Ist die Staatsregierung bereit, unverzüglich und unmißverständlich eine Erklärung dahingehend abzugeben, daß der Raum Wackersdorf für ein Nuklear-Zwischenlager nicht mehr als Standort in Frage kommt?"

In der Antwort des Staatsministers Dick vom 27. 9. 1979 wird schlicht behauptet, es gäbe keine Pläne für ein Zwischenlager in Wackersdorf (s. Dok. Nr. 4).

Wie es der Zufall wollte, hielt der SPD-Unterbezirk Schwandorf (zu dem die beiden Landkreise Schwandorf und Cham gehören und dessen 1. Vorsitzender ich seit dem Jahr 1975 bin) am Samstag, den 14. 7. 1979 seinen ordentlichen Parteitag in der Kreuzberggaststätte in Schwandorf ab. Für diesen Parteitag hatte ich schon geplant, mir die Zustimmung zum kategorischen Anti-Kernkraftkurs geben zu lassen. Im Vorfeld hatte ich diesbezüglich ein paar „Probleme" mit dem Landtagskollegen Hölzl aus Bruck. In der Berichterstattung zum Parteitag hieß es dann nach unserer Beschlußfassung: Die zuerst spontane Ablehnung der SPD gegenüber dem Zwischenlager bezeichnete Zierer in seinem Referat als richtig. Das Dementi der Staatsregierung sei unglaubwürdig und entspringe übergeordneten bundespolitischen Plänen. Zierer verwies auf die dichte Besiedlung im Raum Wackersdorf und stellte die polemische Frage, ob wohl – da es seit kurzem in Schwandorf einen Fremdenverkehrsverein gäbe – Ausflüge zum atomaren Zwischenlager mit Bratwürsten und Freibier veranstaltet werden sollten. Die Staatsregierung nütze die Not der Arbeitnehmer aus und glaube, man sei für jeden Brosamen dankbar, selbst wenn er giftig sei.

Der Unterbezirksparteitag lehnte dann ein Zwischenlager kategorisch ab! Die Staatsregierung wurde aufgefordert, die Schubladenpläne zu veröffentlichen. Wackersdorf ins Gespräch zu bringen, sei eine bodenlose Zumutung und ein Akt politischer Erpressung. Das Argument der 200 Arbeitsplätze betrachte man als Bauernfängerei, weil sich darunter sehr viele auswärtige Spezialisten befänden und nur wenige Wackersdorfer als Hilfsarbeiter eine Stelle bekämen. Anschließend stellte ich fest, daß mit der Zustimmung des Landtagsabgeordneten Hans Hölzl nun auch die Meinungsverschiedenheiten ausgeräumt seien. Letzteres war allerdings ein Trugschluß und ein Wunschbild. Allerdings ist dem Kollegen Hölzl hoch anzurechnen, daß er seine unterschiedliche Meinung zur friedlichen Nutzung der Kernenergie und auch zur Errichtung einer WAA – im Gegensatz zum Landtagskollegen Xaver Wolf – wenigstens nicht öffentlich vor sich hergetragen hat. Wichtig zu wissen ist auch, daß den einstimmigen Beschluß auch die Wackersdorfer SPD-Delegierten beim Parteitag, darunter die SPD-Bürgermeister Sepp Ebner und Max Politzka, mitgetragen haben. Es ging ja damals auch „nur“ um 200 Arbeitsplätze eines möglichen nuklearen Zwischenlagers. Die DWK mußte erst noch 1400 Arbeitsplätze „draufsatteln“, um einen eklatanten Meinungsumschwung der Führungsspitze der Wackersdorfer SPD verbuchen zu können.

Während noch das Thema nukleares Zwischenlager Wackersdorf in aller Munde war und auch die DWK in einem Gutachten bestätigt hatte, daß das Braunkohlegebiet von Wackersdorf „zumindest rein technisch und von seiner geologischen Struktur her“ für ein solches Zwischenlager geeignet wäre, tauchten im Frühjahr 1980 plötzlich Gerüchte auf, in Wackersdorf solle möglicherweise eine WAA errichtet werden. Der Kommentar damals von Bayerns Umweltminister Alfred Dick: „Abwegig“.

5. Erstmals konkret: WAA Wackersdorf möglich

a) Versteckspiele

Seit der Aussage des Bayerischen Ministerpräsidenten in seiner Regierungserklärung vom 3. 12. 1980, daß die Staatsregierung bereit ist, zu prüfen, ob in Bayern ein geeigneter Standort für eine Wiederaufarbeitungsanlage vorhanden ist, tauchte immer wieder der Name Wackersdorf auf. Bis zum Februar 1982 dauerte aber auch das Versteckspiel der Bayerischen Staatsregierung und der DWK an. Von der so oft propagierten „offenen Informationspolitik“ konnte überhaupt nicht die Rede sein.

Schon wenige Wochen nach dieser Regierungserklärung, nämlich am 18. 2. 1981, brachte ich eine klare schriftliche Anfrage im Bayer. Landtag ein (s. Dok. Nr. 5). Interessant ist die Antwort des zuständigen Umweltministers Dick vom 8. 4. 1981, die ich in den Zeitungen vom 11. 5. 1981 veröffentlichte. Der entscheidende Satz lautete: „Der Raum Schwandorf-Wackersdorf ist derzeit ebensowenig, wie irgendein anderer Ort in Bayern, als Standort für die Errichtung einer Wiederaufarbeitungsanlage für abgebrannte Brennelemente vorgesehen." Dieses Datum ist deshalb so wichtig, da diese Antwort, die noch mehrmals wiederholt wurde, die schlichte Unwahrheit bedeutete.

Im Verlauf des Jahres 1981 kochte die Gerüchteküche über. Ende August/Anfang September hieß es dann immer wieder, Franz Josef Strauß wolle die Standortentscheidung über ein Zwischenlager bzw. eine WAA aus wahltaktischen Überlegungen nicht mehr vor der Landtagswahl 1982 treffen. So lautete auch die Vermutung der FDP-Landtagsfraktion in einer schriftlichen Anfrage vom 26. 8. 1981. Ich selbst habe dann am 3. 9. 1981 nochmals eine schriftliche Anfrage im Landtag eingebracht, in der es u.a. hieß: „Wann wird die Staatsregierung die schon lange angekündigten landesspezifischen Kriterien für eine bayerische Anlage zur Wiederaufarbeitung ausgebrannter Uranstäbe bekanntgeben? Gibt es in der Staatsregierung derzeit schon irgendwelche Vorüberlegungen, Schubladenpläne oder Denkspiele, wonach Wackersdorf als Standort für eine solche Wiederaufarbeitungsanlage in Frage käme?"

Allein aus der Formulierung Vorüberlegungen, Schubladenpläne oder Denkspiele kann man die allgemeine Verunsicherung erkennen. (s. Dok. Nr. 6)

Aufgrund dieser schriftlichen Anfrage, die ich selbstverständlich der Presse zur Kenntnis gab, und von weiteren Gerüchten machte die Mittelbayerische Zeitung am 5. 9. 1981 eine Umfrage bei den Landtagsabgeordneten MdL Manfred Humbs (CSU) und MdL Dietmar Zierer (SPD), sowie den beiden Kommunalpolitikern Landrat Hans Schuierer (SPD) und Bürgermeister Josef Ebner, Wackersdorf (SPD).

Nachträglich betrachtet, sind die Aussagen der vier Politiker von höchstem Interesse. Der damals zuständige und direkt gewählte CSU-Landtagsabgeordnete behauptete noch Anfang September 1981 folgendes: „Fest steht, daß die Staatsregierung noch keinen einzigen Ort namentlich genannt hat, der als Standort in Frage kommt, auch wenn in der Öffentlichkeit viele Namen, darunter Wackersdorf, aufgetaucht sind. Ein Standort steht noch nicht fest. Im übrigen hat sich die CSU mit dem Thema WAA noch nicht befaßt, da dazu kein konkreter Anlaß besteht."

Ich dagegen habe mich schon damals und deutlich grundsätzlich gegen die Ansiedlung einer WAA in unserem Raum ausgesprochen, da ich die Risiken für die Bevölkerung und die negativen Auswirkungen auf die Gesamtstruktur höher einschätzte, als eventuelle positive Impulse für den Arbeitsmarkt.

Ich verlangte, daß die Staatsregierung nunmehr endlich die Katze aus dem Sack lassen solle. Landrat Schuierer, damals noch sehr zurückhaltend, wollte sich zur Gefährlichkeit bzw. Ungefährlichkeit einer WAA nicht äußern. Eine solche Frage könne er nicht beantworten, da er kein Atomphysiker sei. Zweifellos sehe er einen Vorteil in der Verbesserung der Arbeitsmarktsituation, allerdings, wenn dies mit der Gefährlichkeit für die Bevölkerung erkauft werden müsse, dann sei dies, so Schuierer damals, uninteressant.

Und noch bemerkenswerter: Bürgermeister Josef Ebner sah im Fall des Standorts einer WAA in Wackersdorf künftige Betriebsansiedlungen, als Nachfolge für die BBI, gefährdet. Ebner glaubte damals, daß eine atomare Wiederaufarbeitungsanlage potentielle Interessenten abschrecken könnte. Ferner macht Josef Ebner auf die zeitliche Diskrepanz aufmerksam. Bis in der WAA die ersten Arbeiten stattfinden könnten, würden Jahre vergehen, gab er zu bedenken.

Hätte sich mein Freund Sepp Ebner seine damalige Skepsis nur bewahrt!

In der Plenarsitzung des Bayer. Landtags vom 30. 9. 1981 habe ich dann nochmals eine mündliche Anfrage nach einem möglichen Standort WAA Wackersdorf gestellt, Staatsminister Dick hat diese Anfrage noch einmal ausweichend und nichtssagend beantwortet. Diese meine Anfrage führte allerdings dazu, daß mir Staatsminister Dick, über den Kollegen Hölzl, Bruck, ein Gespräch in seinem Dienstzimmer anbot. Dieses Gespräch am (meiner Erinnerung nach) 30. 9. 1981 sollte für mich und auch für den Widerstand gegen die WAA von ganz entscheidender Bedeutung sein.

b) Die geheime Standortkarte

An diesem 30. September 1981, etwa um die Mittagszeit, rief mich in meinem Zimmer im Landtag der Kollege Hölzl an und fragte mich, ob ich Interesse habe, mit ihm zu Umweltminister Dick in dessen Ministerium zu fahren, um ein Gespräch in einer „wichtigen Angelegenheit“ zu führen. Das Gespräch hinge auch zusammen mit meiner mündlichen Anfrage vom Vormittag. Mir war klar, daß es um die

WAA ging. Nun ist von Bedeutung, daß ich zu diesem Zeitpunkt schon eine taktische Vorstellung darüber hatte, wie es gelingen könnte, die SPD im Unterbezirk möglichst einhellig auf den Anti-WAA-Kurs zu bringen. Insbesondere wollte ich bei einem Sonderparteitag im Spätherbst 1981 den zuständigen Ministerialbeamten Josef Vogl als Referenten haben. Ferner war mir bekannt, daß der Landtagskollege Hölzl schon seit längerem in Sachen WAA mit dem Minister Dick in Verbindung stand und von diesem gewisse Informationen erhalten hatte. Ich habe mich deshalb bewußt bei diesem Informationsgespräch im Amtszimmer des Ministers etwas naiv und blauäugig gestellt. Für mich sensationell war, daß er während dieses Gesprächs eine bisher absolut geheime Standortkarte auf den Tisch legte und mit Erstaunen stellte ich fest, daß auf der Karte unten aufgedruckt war: Herausgeber Bayer. Staatsministerium für Landesentwicklung und Umweltfragen – Juni 1981. Diese Standortkarte enthielt 11 grundsätzlich für eine WAA in Bayern geeignete Standorträume. Darunter waren zwei Standorträume, die meinen politischen Bereich, die Landkreise Schwandorf und Cham, betrafen, nämlich der Standortraum 3 im südlichen Bereich des Landkreises Schwandorf und der Standortraum 4 in der Nähe von Nittenau im Einsiedlerforst. Nun war mir klar, daß diese Karte eine politische Bombe bedeutete. Während des Gesprächs, das in einer sehr freundlichen Atmosphäre stattfand (Teilnehmer Staatsminister Dick, der Landtagskollege Hölzl und der Persönliche Referent des Ministers), plauderte Minister Dick sehr offen über seine Vorstellungen. Er verwies auf die 11 möglichen Räume und deutete an, daß Wackersdorf dann eine große Chance habe, den „Zuschlag“ zu erhalten, wenn man mit der Unterstützung auch der regionalen Politiker, insbesondere der SPD, rechnen könne. Die positive Haltung der Bevölkerung könnte, so Alfred Dick, bei der Entscheidung der planenden und ausführenden Gesellschaft zu entsprechenden Schlußfolgerungen führen. Natürlich wäre die ganze Angelegenheit an dem Standort leichter zu realisieren, wo der Widerstand am geringsten scheint. Jahrelange Gerichtsverfahren, die bei einer krassen Ablehnung die Folge wären, könnte man hier vermeiden. Welchen Raum er favorisiere, ließ der Minister dabei zumindest formell offen, jedoch die Tendenz des Gespräches war eindeutig, es lief wohl auf Wackersdorf zu. Immer wieder betonte Minister Dick, er wolle eine offene Informationspolitik und verwies auf eine Kabinettssitzung am 27. 10. 1981, wonach dann die landesspezifischen Standortkriterien der Öffentlichkeit vorgelegt werden sollten. Ich erinnere mich sogar, daß er flapsig sagte: „Sie können mir sogar a Watschn geben, wenn dies nicht so geschieht!“ Ich will hier in diesem Zusammenhang gleich anmerken, daß ich ihm die Watschn nie gegeben habe, obwohl alles ganz anders kam, als von dem treuherzigen Minister Dick vorausgesehen und sicherlich auch gewollt war. In der Kabinettssitzung am 27. 10. 1981 hat Strauß eben nicht zugelassen, die Standortkriterien zu veröffentlichen, da er in den letztlich nicht vorgesehenen anderen 10 Standorträumen keine Unruhe wollte und damit zugestand, daß die anderen 10 Standorträume von vorneherein nur Spielmaterial waren.

Ich habe am 28. 10. 1981 im Landtag nochmals ein kurzes Gespräch mit Minister Dick gehabt, ihm Vorhaltungen gemacht, warum denn nunmehr die Kriterien nicht bekanntgemacht werden. Darauf er kleinlaut: „Strauß hat's nicht zugelassen“.

Nun aber noch einmal zurück zu dem Gespräch vom 30. 9. 1981 bei Minister Dick in dessen Dienstzimmer. Bevor wir uns freundlich verabschiedeten, nahm ich unauffällig die 1 1/2 mal DIN A 4 große ausgedruckte Karte 12 der „Standortstudie für eine WAA in Bayern“ und legte sie vor den Augen des Ministers Dick so sorgfältig zusammen, daß ich sie in die Innentasche meines Sakkos stecken konnte. Ich sagte noch, „die nehme ich mit“. Eine Reaktion, weder des Ministers, noch der anderen beiden Anwesenden, erfolgte nicht. Besondere Vertraulichkeit bezüglich dieser Karte wurde nicht vereinbart. Allerdings bat mich der Minister, falls ich der Presse über das Gespräch etwas sagen sollte, mich nur allgemein zu fassen und insbesondere nichts über die Anzahl der Standorträume und die Lage der Standorträume zu sagen. Es kam dann noch zu einem interessanten Hin und Her und einem kurzen Briefwechsel zwischen dem Minister und mir (s. Dok. Nr. 7).

Der Persönliche Referent des Ministers, Herr Eisenried, hatte sich nämlich nach der Berichterstattung in den örtlichen Zeitungen über mein Gespräch mit Minister Dick, die ich initiiert und veranlaßt hatte, beschwert, daß zum Teil falsche Angaben enthalten wären. So hat eine Zeitung verlautbart, der Minister hätte den Raum Schwandorf zum

Bau einer WAA persönlich für geeignet erachtet. Dies paßte dem Minister nicht.

Mir ist dies deshalb nach 7 Jahren noch so gut im Gedächtnis, weil ich mir genaue Aufzeichnungen über dieses Gespräch gemacht habe und am 1. 10. 1981 an die Sozialdemokratische Pressekorrespondenz einen Brief geschrieben habe, in dem ich das wesentliche Ergebnis dieses Gesprächs mit Minister Dick zusammengefaßt und aufgezeichnet habe.

Die „Schlitzohrigkeit" meiner Taktik kann man aus der Anmerkung entnehmen, die ich gegenüber dem Mitarbeiter der Pressestelle, Herrn Metz, in meinem Schreiben machte: „Lieber Parteifreund, ich gebe Dir die Ergebnisse dieses Gesprächs anbei zur Kenntnis. Da der Minister mich sehr sachlich und offen informierte, darf ich ersuchen, in Deinem Bericht vorläufig von einer Kritik an dem Minister oder der Staatsregierung abzusehen. Es wäre unfair, die Information zu einem scharfen Angriff zu mißbrauchen. Die Angriffe kann man immer noch zu einem späteren Zeitpunkt, aus gegebenem Anlaß, nachholen . . . ." (S. Dok. Nr. 8).

Seit 30. 9. 1981 trug ich nun diese bislang geheime Standortkarte mit mir herum. Ich hatte sie in meiner Aktentasche in einem Mittelfach untergebracht.

Die nächsten Wochen und Monate waren das reinste politische Kasperltheater. Allerdings waren die Schauspieler einmal die DWK, einmal Mitglieder der Staatsregierung, insbesondere der Minister Dick, der Kasperl sollte die Öffentlichkeit sein. So ließ die DWK am Freitag, den 30. 10. 1981, ein Fernschreiben an die Medien los, in dem der Raum östlich von Schwandorf als Standort für eine WAA als grundsätzlich geeignet erklärt wurde. Am Tag zuvor war Minister Dick noch bei einer Bezirksvorstandssitzung der Christlich Sozialen Union in Regensburg als Referent zu Gast gewesen. Nach Dick's Ausführungen zu der WAA faßte der Bezirksvorstand den nahezu einstimmigen Beschluß, sich für eine solche Einrichtung in der Oberpfalz auszusprechen. Lediglich der Schwandorfer Abgeordnete Manfred Humbs enthielt sich der Stimme. In einer örtlichen Zeitung vom 31. 10. 1981 war zu lesen, daß man aus einer „gewöhnlich sehr gut unterrichteten Quelle" erfahren habe, daß von den 11 auf einer vom Umweltministerium erarbeiteten Rasterkarte eingezeichneten Aufneten Aufarbeitungsanlagen-Standorten zwei um Landkreis Schwandorf liegen. Minister Dick erklärte dann wenige Tage danach, er habe wohl den Ministerrat am 27. 10. 1981 die Nennung der möglichen Standorte vorgeschlagen, doch überstimmte man ihn. Die SPD-Landratsfraktion forderte mit markigen Worten die Staatsregierung auf, sofort diese erarbeitete Rasterkarte zu veröffentlichen. Der Beschluß wurde in einer Fraktionssitzung gefaßt, neben mir stand meine Aktentasche, in der diese geheime Standortkarte lag. Naiv, wie ich damals immer noch war, traute ich mich nicht, die Karte der Öffentlichkeit zuzuspielen. Obwohl ich mich, das gebe ich zu, immer wieder mit dem Gedanken trug.

Dann wieder Minister Dick: Im Landtag erklärte er, er lehne gleichzeitige Raumordnungsverfahren für alternative Standorte in mehreren Regierungsbezirken ab. Dies würde bedeuten, daß bei einer positiven Entscheidung und einem entsprechenden Antrag der DWK zunächst nur der Standort im Raum Schwandorf ins Auge gefaßt würde. Nach Angaben des Umweltministeriums dürfte allein dieses Raumordnungsverfahren rund zwei Jahre in Anspruch nehmen. (Anmerkung: Auch Staatsminister Jaumann und Regierungsdirektor Ruckdeschl sprachen noch Anfang 1982 von einem zweijährigen Raumordnungsverfahren, in Wirklichkeit dauerte es etwa 7 Monate!).

Den absoluten Höhepunkt des Kasperltheaters dieser Monate stellte eine Presseerklärung des Betreibers DWK von Ende Oktober 1981 dar, in der ein Herr Markwardt erklärte, daß der DWK zwar der Kriterienkatalog, erarbeitet von der Bayer. Staatsregierung, zur Verfügung stehe, nicht aber eine Rasterkarte, die 11 mögliche Standorte in Bayern enthalte und die ebenfalls vom Umweltministerium erarbeitet wurde! Ferner behauptete die DWK gegenüber der staunenden Öffentlichkeit, „sie habe im Laufe der letzten Zeit auch schon eine hausinterne Suche im bayerischen Raum durchgeführt und aus dieser Suche heraus sei die DWK zu bestimmten Einschätzungen gekommen".

Über 4 Monate, nachdem die sog. geheime Standortkarte schon ausgedruckt war, über 4 Wochen, nachdem ich sie selbst im Ministerium gesehen und mitgenommen hatte, behauptete die DWK immer noch, sie habe überhaupt keine Kenntnis von diesen möglichen Standorträumen für eine WAA in Bayern.

c) Die Veröffentlichung der geheimen Standortkarte

Der Besitz dieser geheimen Standortkarte wurde mir immer unbehaglicher. Zwischenzeitlich hörte ich, die Staatsregierung habe auch unseren Fraktionssprecher Rothemund über diese Karte vertraulich in Kenntnis gesetzt und ich fühlte und merkte, daß man bewußt die raffinierte Art der Volksverdummung weiterbetreiben wollte, möglichst um sich über die Landtagswahl 1982 hinwegzuschaukeln. Da gab mir der Fraktionsvorsitzende der CSU-Landtagsfraktion (damals hieß er noch Gustl, jetzt wieder August Richard), Lang, die Gelegenheit, diesem Verwirrspiel ein Ende zu machen.

Am Samstag, den 30. 1. 1982, fand in Schwandorf eine CSU-Mandatsträgerkonferenz zur WAA statt, in der die CSU-Mandatsträger der Oberpfalz auf die WAA eingeschworen werden sollten, wobei die anwesenden Sprecher der DWK in der Verharmlosung der WAA nicht mehr zu überbieten waren. So sagte ein Herr Salander, Radioaktivität sei so zu behandeln, daß sie keine Gefahr für die Bevölkerung darstelle. Ein Herr Schuller meinte, das technische Verfahren der WAA sei längst reif für eine großtechnische Anlage, Gesundheitsgefährdungen seien weder für die Belegschaft, noch für die Bevölkerung zu fürchten (so Mittelbayer. Zeitung vom 1. 2. 1982). In der regen Diskussion sorgte dann Gustl Lang für eine Überraschung: Mit dem Hinweis, nur Kabinettsmitglieder seien an ihre Zusage zum Stillschweigen gebunden, er aber könne reden, nannte Gustl Lang erstmals auch andere mögliche Standorträume für eine WAA, so u.a. Bamberg, Forchheim, Griesbach, Fürstenfeldbruck, ein Gebiet nördlich des Ammersees und Räume in Schwaben. Dies war eine der zwischenzeitlich berühmten Fehlleistungen des CSU-Politikers August R. Lang. Eine weitere Fehlleistung, die für uns WAA-Gegner eine Langzeitmotivationswirkung hatte und hat, folgte auf den Fuß. Während dieser Mandatsträgerkonferenz der CSU leistet sich Lang einen geradezu historischen Ausrutscher.

Er sagte nämlich, vor laufenden Kameras, in der Sendung der Tagesschau am 31. 1. 1982 wiedergegeben, folgendes: „Wenn wir die WAA hier in diesem Raum nicht bauen, dann können wir die Anlage nirgends anders in Bayern errichten!“ Gerade diese Bemerkung hat bei uns Oberpfälzern eingeschlagen, wir werden diese Bemerkung nie vergessen. D. h. ja, was keinem anderen Raum in Bayern zuzumuten ist, ist uns Oberpfälzern noch am leichtesten und ehesten zuzumuten. Diese Äußerung hat zu einer Vielzahl von Leserbriefen und Kommentaren geführt, so u. a. in der MZ vom 13./14. 2. 1982 „Unter der Lupe“, wo es u. a. hieß: „Es brodelt in den Seelen unserer Volksvertreter von all dem Ungesagten, von Unaussprechlichem und von Halbausgesprochenem. Hin und wieder entringt sich ihnen sogar unbeabsichtigt eine Äußerung, die dem gefährlich nahekommt, was sie wirklich denken. Gustl Lang z. B. leistete sich bei der Mandatsträgerkonferenz in Schwandorf einen solchen Ausrutscher (Wenn die WAA nicht in der Oberpfalz durchzusetzen ist, dann nirgends in Bayern), an dem Sigmund Freud, Erfinder des nach ihm benannten Versprechers, seine Theorie über das Unbewußte bestätigt gefunden hätte. Gustl Lang aber dürfte der Spaß an Freud längst vergangen sein, denn unglücklicherweise zeichnete eine Fernsehkamera diese menschlich verständliche, politisch aber höchst bedenkliche Aussage auch noch auf. Die bundesweite Wiedergabe zu den besten Sendezeiten – sonst höchstes Ziel politischer Öffentlichkeitssucht – dürfte diesmal nur gedämpfte Freude bei dem Betroffenen ausgelöst haben. Doch was tun? Zurücknehmen, dementieren, das Zitat als aus dem Zusammenhang gerissen erklären, den Medien unseriöse und tendenziöse Berichterstattung vorwerfen? Nein, das konnte nicht verfangen.

Denn jeder, der es sehen und hören wollte, konnte Lang sehen und hören: Wenn die WAA . . . usw. usw. Da hilft keine nachträgliche Umdeutung. Freud macht es möglich: Nun wissen wir aus berufenem Munde, welche Rolle den Bewohnern dieser Region zugedacht ist. Sie allein sind als Versuchskaninchen auserkoren, denen man nach der Wiederaufarbeitung das Fell gleich mehrfach über die Ohren ziehen wird.“

Soweit der Kommentar. Später allerdings ließ, der zum Justizminister avancierte August R. Lang, doch dementieren: Nach einer meiner Veranstaltungen im oberbayerischen Raum und einem Bericht der Fürstenfeldbrucker Neuesten Nachrichten vom 8. 9. 1986, in dem ich den berüchtigten Satz von Lang zitierte, erhielt ich prompt unter dem

16. 9. 1986 eine Abmahnung des damaligen Pressesprechers des Justizministers, Herrn Regierungsdirektor Bernhard Knittel, in dem Lang frech behauptet, diese angebliche Aussage sei frei erfunden. Lang habe eine solche Äußerung weder wörtlich, noch sinngemäß zu irgendeinem Zeitpunkt getan. Ihm sei bekannt, daß seit einiger Zeit aus durchsichtigen Gründen versucht werde, ihm – ebenso wie übrigens gelegentlich auch dem Herrn Ministerpräsidenten – eine derartige Aussage zu unterstellen, obwohl die Urheber dieser Fälschung bezeichnenderweise weder den Ort noch den Zeitpunkt belegen können, an dem der angebliche Ausspruch gefallen sein soll. Es wurde mir dann verboten, derartige Äußerungen zu wiederholen, und abschließend hieß es: „Die rechtlichen Abwehrmöglichkeiten gegen das Unterschieben erfundener Zitate darf ich als bekannt voraussetzen". (s. Dok. Nr. 9) Also, Herr Staatsminister Lang, jetzt habe ich Ihnen Ort und Zeitpunkt genannt, machen Sie doch endlich von Ihren rechtlichen Abwehrmöglichkeiten Gebrauch!

Von diesen beiden Freud'schen Fehlleistungen Langs habe ich noch am Sonntagabend erfahren. Am Montag habe ich dann der örtlichen Presse in Schwandorf die geheime Standortkarte zur Veröffentlichung gegeben. Am Dienstag, den 2. 2. 1982 war die bislang geheime Standortkarte mit den grundsätzlich geeigneten 11 WAA-Standorträumen in den beiden heimischen Zeitungen „Mittelbayerische Zeitung" und „Der Neue Tag" abgedruckt. Sämtliche bundesdeutschen Zeitungen druckten diese Karte dann nach. In den nächsten Tagen und Wochen war in der Presse und politisch der Teufel los.

d) Reaktionen auf die Veröffentlichung

Besonders überrascht war ich vom Verhalten etlicher SPD-Landtagskollegen, die schlicht der Meinung waren, „so was tue man nicht als Abgeordneter". Ich wurde tagelang von einigen dieser lieben Kollegen sogar bewußt „geschnitten". In einer fränkischen Zeitung hieß es unter der Überschrift „Landtag leidet an sich selbst: Bei der SPD hat zum Beispiel der Oberpfälzer SPD-Abgeordnete Dietmar Zierer (der die Standortraumkarte veröffentlichte, die er von Minister Alfred Dick unter dem Siegel der Vertraulichkeit erhalten hatte, weil der Ministerpräsident sie nicht veröffentlicht haben wollte) den Zorn mancher seiner Genossen auf sich gezogen; intern natürlich nur. Bei der CSU muß sich Fraktionschef Gustl Lang höchst selbst ähnlicher Kritik stellen. Aber: Die Oberpfälzer sind halt eine besondere Rass', heißt es dann resignierend bei den Kritikern." Viel wurde auch spekuliert über die Frage, woher ich denn diese geheime Karte erhalten hätte. Gustl Lang selbst fabulierte, ich hätte die Karte auf dem Marktplatz in Schwandorf halb aus der Aktentasche heraushängen lassen, worauf ich von einem Journalisten angesprochen worden sei, was es denn damit auf sich habe. So seien die Standorte bekannt geworden. Der CSU-Landtagsabgeordnete Humbs aus Schwandorf verbreitete unter der Hand das Gerücht (laut Presse vom 5. 2. 1982), er habe eigentlich die Karte vom Minister Alfred Dick erhalten, sie sei ihm aber aus schleierhaften Gründen spurlos verschwunden. Dies veranlaßte mich dann, klipp und klar die Herkunft der Karte zu offenbaren. Alfred Dick hat mich dann auch in den Wandelgängen des Maximilianeums zur Rede gestellt. Ich habe nur schlicht darauf hingewiesen, daß ich kein Versprechen abgegeben und außerdem keinen Grund mehr gesehen hätte, die angebliche Vertraulichkeit zu wahren, nachdem Gustl Lang eben schon fünf weitere mögliche Standorte öffentlich bekanntgemacht hatte. Seit dieser Zeit herrscht allerdings Funkstille zwischen dem Umweltminister und mir.

Die weiteren Reaktionen sind schnell berichtet. Strauß griff in seiner üblichen Art ein. Erst kamen August Lang und Alfred Dick in den Genuß einer „Naßrasur ohne Einseifen" von höchster Hand. Strauß sah es als erwiesen an, daß Lang mir den Vorwand geliefert hatte, die Karte zu veröffentlichen, Dick warf er vor, mir überhaupt diese Karte gegeben zu haben. Um einen Flächenbrand in den anderen 10 möglichen Standorträumen zu verhindern, entschied Strauß, letztlich ganz allein: Bayerns geplante WAA kommt, unabhängig vom Ausgang der Genehmigungsverfahren, entweder in die Nähe der Stadt Schwandorf, oder nirgends hin. Auf diese klare Aussage hätten sich Franz Josef Strauß, Alfred Dick und Gustl Lang in München in einem Gespräch unter sechs Augen „geeinigt". Gleichzeitig verkündete die DWK noch einmal, daß sie nur für den Standortraum Schwandorf Antrag stellen werde.

Mit diesem Verhalten stand nunmehr endgültig und eindeutig fest, daß die Staatsregierung und die DWK gemeinsam die Bürger an der

Nase herumführten. Die Ausweisung der übrigen 10 Standorte war eine reine Farce.

Nachträglich bin ich wirklich froh und ein wenig stolz, mit der Veröffentlichung dieser geheimen Karte die Schauspielerei der Staatsregierung und der DWK beendet zu haben. Die Karte selbst bewahre ich noch immer auf, zur Erinnerung (s. Dok. Nr. 10)

e) Nachtrag

Nachzutragen ist als kurios bittere Reminiszenz die öffentliche Reaktion in den 10 anderen Standorträumen. Schon wenige Tage nach der Veröffentlichung der Karte empörten sich nicht nur die dortigen Kernkraftgegner, sondern auch die sonst so kernkraftfreundlichen örtlichen CSU-Mandatare. Diese CSU-Größen, wie der damalige Kultusminister Prof. Maier taten alles, um „Befürchtungen der Bevölkerung" zu zerstreuen. Im Raum Krumbach, ließ Prof. Maier die Bevölkerung über die „Günzburger Zeitung" wissen, gebe es überhaupt keinen Grund zur Aufregung. Die Alternativvorschläge seien nicht aktuell, es gehe nur um Schwandorf. Der oberbayerische CSU-Landtagsabgeordnete Thomas Goppel, jetzt Wissenschaftsstaatssekretär, betonte gegenüber dem „Fürstenfeldbrucker Tagblatt" – im Bewußtsein der Brisanz des Themas – : „Für unseren Raum besteht absolut keine Gefahr!" Er bedauerte, daß durch die Veröffentlichung des SPD-Abgeordneten Zierer Unruhe in die Bevölkerung hineingetragen worden sei und unterstrich, daß es „keinen Anlaß zu ernsthafter Sorge" gebe.

Der stellv. Landrat des Landkreises Forchheim, Paul Lachmeier, wetterte im „Fränkischen Tag": „Wenn die Meldungen einen realen Hintergrund hätten, würden wir möglichst laut protestieren, um zu verhindern, daß der Mist zu uns kommt!" Aus allen Kommentierungen und Reaktionen kam deutliche Erleichterung zum Tragen, daß man nunmehr „Entwarnung" verkünden konnte.

Wielang wird es wohl noch dauern, bis wir im Raum Schwandorf Entwarnung geben können?

6. Organisierung des Abwehrkampfes

a) In der SPD

Seit Beginn meiner Tätigkeit bei den Jungsozialisten in der SPD also Juso-Ortsvorsitzender von Burglengenfeld, Juso-Kreisvorsitzender und Mitglied des Bezirksvorstandes der Jungsozialisten war mir die friedliche Nutzung der Kernenergie immer schon suspekt, ohne als Kernkraftgegner besonders hervorgetreten zu sein. Erst als ich im Frühjahr 1975, in der Nachfolge des Bundestagsabgeordneten Paul Simon, zum 1. Vorsitzenden des SPD-Unterbezirks Schwandorf-Cham gewählt wurde, geriet ich immer mehr in Distanz zum offiziellen Kurs der SPD. Mit dem einstimmigen Beschluß des Unterbezirksparteitags vom 14. 7. 1979 in Schwandorf kam der Unterbezirk mit seinen 3000 SPD-Mitgliedern fast in eine Außenseiterlage. Den Beschluß der Regierungschefs von Bund und Ländern zur Entsorgung der Kernkraftwerke vom 28. 9. 1979 hat der Unterbezirk in seiner mehrheitlichen Position nie mitgetragen. In diesem Beschluß hieß es u. a.: „Die Regierungsschefs von Bund und Ländern stimmen dahin überein, daß die Wiederaufarbeitung der bestrahlten Brennelemente mit Rückführung der unverbrauchten Kernbrennstoffe und Endlagerung der Wiederaufarbeitungsabfälle nach dem heutigen Stand von Wissenschaft und Technik sicherheitstechnisch realisierbar ist und die notwendige Entsorgung der Kernkraftwerke unter den Gesichtspunkten der Ökologie, wie auch der Wirtschaftlichkeit, gewährleistet . . . Damit die notwendige und . . . mögliche Zwischenlagerung bestrahlter Brennelemente auf einen möglichst kurzen Zeitraum begrenzt wird, muß darauf hingewirkt werden, daß eine Wiederaufarbeitungsanlage so zügig errichtet werden kann, wie dies möglich ist . . . Gleichzeitig werden auch andere Entsorgungstechniken, wie z. B. die direkte Endlagerung von abgebrannten Brennelementen ohne Wiederaufarbeitung, auf ihre Realisierbarkeit und sicherheitstechnische Bewertung untersucht . . . “

Die SPD in den Landkreisen Schwandorf und Cham hat mit dem Beschluß vom 14. 7. 1979 diese Politik schon bewußt und gewollt unterlaufen. Damit waren die Weichen für die spätere Ablehnung auch einer WAA gestellt. Es war mir von Anfang an klar, daß dies Konflikte geben wird, sowohl im örtlichen Bereich, als auch mit der damaligen überörtlichen SPD-Politik. Wenn ich heute, nach über 9 Jahren, meine damaligen Erklärungen nachlese, wundere ich mich, daß ich diesen Konflikt so deutlich vorausgesehen habe. Wichtig war mir, eine möglichst breite Konsensfähigkeit im Widerstand zu erreichen. Als deshalb beim Unterbezirksparteitag am 25. 7. 1981 in Kötzting Anträge der Jungsozialisten gegen eine evtl. geplante WAA vorlagen und ich merkte, daß wichtige Funktionsträger, wie Landrat Schuierer, Bezirksrat Zimmermann und MdL Hölzl die Ablehnung nicht mittragen wollten, verwies ich die Entscheidung auf einen Sonderparteitag, den ich zum 7. 11. 1981 nach Wackersdorf (ganz bewußt und gezielt) einberief. Wichtig ist, daß auch auf Landesebene, z. B. schon im Schwabacher Beschluß vom 22. 9. 1979, deutliche Ausstiegstendenzen zu erkennen waren. So hat die Landes-SPD (zwei Monate nach der Festlegung des Unterbezirks) bekräftigt, daß „alle Maßnahmen ergriffen werden müssen, um den Verzicht auf Kernenergie zu ermöglichen. Ein Programm für einen geordneten Rückzug aus der Kernenergie ist vorzulegen . . . Die technischen und wirtschaftlichen Möglichkeiten des Schnellen Brüters werden zunehmend skeptisch beurteilt, sein Gefahrenpotential liegt weit über dem der Leichtwasserreaktoren. Nach dem Stand der Kenntnisse scheint das Konzept einer Endlagerung ohne Wiederaufarbeitung machbar zu sein, deshalb sollten die Forschungsarbeiten für eine direkte Endlagerung vorangetrieben werden.“ (s. Dok. Nr. 11)

In der Phase zwischen dem Kötztinger Unterbezirksparteitag vom 25. 7. 1981 und dem von mir einberufenen Sonderparteitag am 7. 11. 1981 in Wackersdorf gab es Aktivitäten, auch von SPD-Mandatsträgern zugunsten einer WAA-Wackersdorf, insbesondere durch den Brucker Landtagsabgeordneten Hans Hölzl und den damaligen Bezirksvorsitzenden und Regensburger Abgeordneten Xaver Wolf. Urplötzlich – und ohne dies mit mir als Unterbezirksvorsitzenden abzusprechen – lud z. B. die SPD-Kreistagsfraktion zu einer gemeinsamen Sitzung mit dem Kreisvorstand für den 31. 8. 1981 in die Gaststätte „Zur Schwefelquelle“ in Schwandorf ein. Einzige Tagesordnung: „Die Ansiedlung von technischen Anlagen im Raum Wackersdorf“, Sachvortrag von MdL Hans Hölzl. Zu dieser Sitzung war auch der Bezirksvorsitzende MdL Xaver Wolf, Regensburg, geladen.

Wegen der Wichtigkeit dieses Problems wurde um vollzähliges Erscheinen gebeten. (s. Dok. Nr. 12)

Fast schon kurios ist, nunmehr nach über 7 Jahren, wenn man liest, wie der damalige und heutige Vorsitzende der SPD-Kreistagsfraktion Schwandorf, mein lieber Freund Josef Fretschner, den Begriff der WAA mit „technischer Anlage“ umschrieben hat. In der Sitzung selbst kam es zu einer massiven Konfrontation zwischen den WAA-Befürwortern und den WAA-Gegnern. Ich habe dann – bewußt – diese vertrauliche und geheime Sitzung bei einem Pressegespräch am 2. 9. 1981 „umgesetzt“, was eine harsche Reaktion des Kollegen Hölzl verursacht hat.

Der Kollege Hölzl hat dann bei einer Wahlkampfauftaktveranstaltung im Mai 1982 und auch noch später, so z. B. bei seiner Wiederaufstellung für den Bayer. Landtag, betont, daß er „beim gegenwärtigen Sachstand die WAA ablehne“. Später hat er dann allerdings diese seine Entscheidung revidiert, aus Solidarität zur Partei unseren Widerstand zumindest aber nicht beeinträchtigt.

Der klare und deutliche Durchbruch zum Widerstand gegen die WAA konnte beim außerordentlichen Unterbezirksparteitag am 7. 11. 1981 in Wackersdorf erzielt werden.

Ich halte den Ablauf dieses wohl bedeutendsten UB-Parteitags nach dem Zweiten Weltkrieg für eine Sternstunde innerparteilicher Demokratie. Im Pfarrheim Wackersdorf hatten sich neben den 70 stimmberechtigten Delegierten noch weit mehr als 200 interessierte Sympathisanten der SPD eingefunden.

Die örtliche Presse hat am Montag, den 9. 11. 1981 ganzseitig über diesen denkwürdigen Parteitag berichtet. Wichtige Rollen spielten der „Pro-Anwalt“ und gleichzeitig zuständige Referent im Umweltministerium für die spätere Genehmigung der WAA, Ministerialdirigent Josef Vogl (den mir Umweltminister Dick dankenswerterweise abstellte) und der Contra-Anwalt, der Europaabgeordnete und heutige SPD-Bezirksvorsitzende Gerhard Schmid. Landrat Hans Schuierer sah sich damals noch zu keiner Pro- oder Contra-Stellungnahme in der Lage.

MdL Hans Hölzl war verwundert, daß sich Sozialdemokraten gegen eine Weiterentwicklung der Kernenergie aussprechen wollten. Ich selbst habe zunächst den Parteitag laufen lassen und dann, nach den beiden Referaten von Josef Vogl und Gerhard Schmid, massiv Stellung gegen die WAA genommen. Ich sagte u.a.: „Mit einer WAA ist grundsätzlich der Einstieg in die Plutoniumwirtschaft geöffnet und ein Ausstieg aus der Kernenergie unmöglich. Ich fühle mich von der Bayerischen Staatsregierung erpreßt: Erst läßt man uns halb verhungern und dann reicht man uns den vergifteten Apfel hin." Nach fruchtbarer Debatte sprach sich dann der Unterbezirksparteitag mit 51 gegen 7 Stimmen klar gegen die WAA aus, dagegen votierte der Landtagskollege Hans Hölzl aus Bruck, Landrat Schuierer enthielt sich der Stimme (s. Dok. Nr. 13, Einladung zum UB-Parteitag, sowie Dok. Nr. 14, Antrag und Beschluß gegen eine WAA).

Ich bin froh und dankbar, daß die übergroße Mehrheit des Unterbezirks seit diesem 7. 11. 1981 im Abwehrkampf gegen die WAA weder gewackelt, noch gefackelt hat.

Der nächste Schritt war dann die Durchsetzung unserer Politik gegen die WAA bei den überörtlichen SPD-Gremien. An sich hatte ja der SPD-Bezirk Niederbayern/Oberpfalz durch den sog. Thurmannsbanger Beschluß vom 6. 10. 1979 bereits eine vergleichsweise klare Linie festgelegt. Damals bekräftigte die SPD, daß alle Maßnahmen ergriffen werden müßten, um den Verzicht auf Kernenergie zu ermöglichen. Ein Programm für einen geordneten Rückzug aus der Kernenergie sei vorzulegen. Die technischen und wirtschaftlichen Möglichkeiten des Schnellen Brüters würden zunehmend skeptisch beurteilt. Und schließlich: „Das Konzept der Endlagerung verbrauchter Brennelemente ohne Wiederaufarbeitung hatte klaren Vorrang!" (s. Dok. Nr. 15)

Mir war jedoch bewußt, daß insbesondere der damalige Bezirksvorsitzende Xaver Wolf anderer Meinung war. Allerdings hatten wir schon Ende 1981, nicht zuletzt durch die Unterstützung von Gerhard Schmid, eine klare Mehrheit gegen die WAA im SPD-Bezirksvorstand, der am 13. 11. 1981 eine Entschließung verabschiedete, in der es hieß: „Der Bezirksvorstand der ostbayerischen SPD wendet sich gegen die Pläne der DWK, im Raum Schwandorf eine atomare WAA zu errichten." Zur offenen Feldschlacht (soweit dieser Begriff zwischen sog. Parteifreunden angebracht erscheint) kam es dann beim SPD-Bezirksparteitag am Samstag, den 6. 2. 1982 im TV-Sportheim in Sulzbach-Rosenberg. Schon im Vorfeld zu diesem Parteitag heizte der damalige Bezirksvorsitzende die Stimmung an. So war am 5. 2. 1982 in der Mittelbayer. Zeitung zu lesen: „Auf die Sache selbst angesprochen, erklärte Wolf, daß der Burglengenfelder Abgeordnete offenbar die Beschlußlage der Partei und die technologischen Zusammenhänge nicht zu überblicken vermag, die einen Weiterbau des Projektes Kalkar (Schneller Brüter) sehr wohl abdeckten. Das ist für einen Kulturpolitiker auch nicht sehr einfach", fügte er lächelnd hinzu. Außerdem verstreute der Kollege Xaver Wolf im Vorfeld des Bezirksparteitags gezielt ein Gerücht, wonach er sich erstaunt darüber zeigte, wie aus „ursprünglich entschiedenen Kernenergiebefürwortern plötzlich entschiedene Gegner werden, wenn sie unvermutet standortbetroffen sind. Die Patenschaft des heiligen St. Florian ist bei solchen Meinungsänderungen nicht zu übersehen."

Auf meine Veröffentlichung der geheimen Standortkarte angesprochen, meinte Xaver Wolf, „zur Fragwürdigkeit der Weitergabe vertraulicher Informationen würde er möglicherweise eine etwas altmodische Ansicht vertreten: In der seriösen Politik kann man auf Anstand und Charakter nicht verzichten." Damit war die innerparteiliche Frontlage klar. Der Sulzbach-Rosenberger Bezirksparteitag war dann absolut überschattet vom Konflikt zwischen Xaver Wolf und mir. Ich ließ mich auf keinerlei Kompromisse ein, obwohl der heutige stellv. SPD-Landesvorsitzende Ludwig Stiegler und der heutige SPD-Bezirksvorsitzende Gerhard Schmid immer wieder versuchten, mir dies nahezulegen. Mit überwältigender Mehrheit, gegen wenige Stimmenthaltungen (so Protokoll) wandte sich dann die gesamte SPD Ostbayerns gegen die Pläne der DWK, im Raum Schwandorf eine WAA zu errichten.

Xaver Wolf war unbelehrbar. Er hielt und hält nach wie vor an dem Projekt der WAA fest. Noch Ende März 1982 war er davon überzeugt, daß die SPD weiterhin für den Ausbau der Kernenergie votieren werde, so daß der „Beschluß von Sulzbach-Rosenberg nur Makulatur sein werde". Gottlob hat sich hier Xaver Wolf gründlich geirrt!

Überrascht zeigte sich auch der damalige SPD-Landtagsfraktionsvorsitzende Helmut Rothemund über das nahezu einstimmige Nein der Delegierten der ostbayerischen SPD zur WAA. In einer ersten Stellungnahme versprach Rothemund, „an der Haltung der Landtagsfraktion, die ein Raumordnungsverfahren für diese Anlage billige, werde sich dadurch nichts ändern. Die Linie der Fraktion enthalte allerdings weder ein Ja noch ein Nein zu diesem Projekt, weil eine solche Entscheidung im Augenblick noch nicht notwendig sei." Leider dauerte es über zwei Jahre, bis sich die SPD-Landtagsfraktion eindeutig (mit Ausnahme der Stimme des Kollegen Hans Hölzl) gegen die WAA aussprach. Dies geschah erst am 3. Oktober 1984! Diese späte, aber letztendlich nicht zu späte, Festlegung der SPD-Landtagsfraktion war nicht zuletzt dem damaligen stellv. Fraktionsvorsitzenden Karlheinz Hiersemann und dem umweltpolitischen Sprecher Hans Kolo mit zu verdanken. Selbstverständlich wurde uns im Unterbezirk Schwandorf-Cham, und seit Anfang 1982 auch in der ostbayerischen SPD, immer wieder mit gewissem verständnisvollen Schmunzeln unterstellt, wir würden nur aus lokaler Betroffenheit den Widerstand organisieren. Wenig Hilfe erhielten wir damals auch von der Bundes-SPD.

Gerade die örtlichen CSU-Mandatare, mit dem unbeirrbaren WAA-Befürworter Dionys Jobst an der Spitze, versuchten immer wieder, unsere Glaubwürdigkeit dadurch zu erschüttern, indem sie sich auf den damaligen Bundeskanzler Helmut Schmidt, gleichsam als „Kronzeugen", beriefen. Außerdem wurde mir durch Leute im Dunstkreis um Franz Josef Strauß bekannt, daß es einen Briefwechsel zwischen Strauß und Schmidt geben sollte, wonach Helmut Schmidt gegenüber Strauß ausdrücklich die Bereitschaft der Bayerischen Staatsregierung begrüßt und unterstützt hatte, einen Antrag auf Errichtung und Betrieb einer WAA zu prüfen. In dieser schwierigen Phase schrieb ich am 26. 2. 1982 einen persönlichen Brief an Helmut Schmidt und bat ihn um ein „klärendes Wort an die Parteigenossen in Bayern". (s. Dok. Nr. 16)

Das Antwortschreiben kam, ich hätte auf dieses rückblickend gerne verzichten können. Der damalige Staatsminister beim Bundeskanzler, er hieß Gunter Huonker, schrieb mir am 8. April 1982, im Auftrag von Helmut Schmidt, einen für uns alle verheerenden Brief, indem er meine Vermutungen über die Kontakte zwischen Schmidt und Strauß in Sachen WAA voll bestätigte. Immerhin war ihm noch bewußt, daß mich seine Antwort „nicht völlig befriedigen" wird. Abschließend empfahl er mir auch noch, die Haltung von Helmut

Schmidt bei meiner „sicherlich nicht leichten Parteiarbeit des Unterbezirks Schwandorf-Cham“ im Auge zu behalten. (s. Dok. Nr. 17)

Selbstverständlich habe ich diesen Briefwechsel absolut vertraulich behandelt und nicht einmal meinen besten Freunden zur Kenntnis gegeben. Mir war klar, daß dieser Briefwechsel den WAA-Gegnern in der SPD, wenn er bekanntgemacht würde, erheblich schaden müßte. Wer kann deshalb meine Überraschung, ja meine Empörung nachvollziehen, als in der Kreistagssitzung vom 26. Juli 1982, in der es um die WAA ging, der CSU-Bundestagsabgeordnete Jobst, offenbar im Besitz meines Briefwechsels, genüßlich aus der Antwort des Staatsministers beim Bundeskanzler Helmut Schmidt vom 8. 4. 1982 zitierte. Uns allen wurde überdeutlich klar, daß in unmittelbarer Nähe des Bundeskanzlers Helmut Schmidt und seines Staatsministers Zuträger und Spitzel sitzen mußten, die solch vertrauliche Briefe an den politischen Gegner vor Ort weitergaben. Die Vorstellung, daß Helmut Schmidt oder Staatsminister Huonker selbst solche Briefe dem „zuständigen“ CSU-Wahlkreisabgeordneten weitergegeben haben, konnte ich weder glauben, noch nachvollziehen.

Nachsatz zu Helmut Schmidt: Auch in späteren Jahren versuchte und versucht die Atommafia immer wieder, Helmut Schmidt für die WAA zu vereinnahmen. Insbesondere wird immer wieder behauptet, Helmut Schmidt habe den Bau der WAA Wackersdorf in seiner Regierungszeit „beschlossen“. Wir sind deshalb Frau Ilse Bögl aus Leonberg sehr dankbar, daß sie am 8. 1. 1986 Helmut Schmidt angeschrieben hat, wodurch dieser die Gelegenheit hatte, am 11. 2. 86 eindeutig klarzustellen, daß zu seiner Regierungszeit der Bau einer WAA nicht beschlossen wurde. Erst die jetzige Bundesregierung und die CDU-geführten Länder haben im März 1985 den positiven Beschluß zum Bau gefaßt, daran haben sich die SPD-geführten Länder nicht beteiligt. Die SPD-Bundestagsfraktion hat seit der „Wende in Bonn“ strikt und glaubwürdig den Bau einer WAA in Wackersdorf und anderswo abgelehnt. Helmut Schmidt verschwieg in seinem Brief vom 11. 2. allerdings auch nicht, daß er weiterhin die Kernenergie aus Gründen einer sicheren Stromversorgung für nötig hält. Bezüglich des einzuschlagenden Entsorgungsweges hat er aber den Beschluß der SPD-Bundestagsfraktion gegen eine WAA und für eine direkte Entsorgung durch ein Endlager mitgetragen. (s. Dok. Nr. 18)

b) Zusammenarbeit im Widerstand

Am 9. Oktober 1981 wurde die erste Bürgerinitiative gegen die geplante WAA in Schwandorf (BI SAD) gegründet. Eine Vielzahl von Ortsgruppen, sog . BI's, im gesamten Bereich der Oberpfalz, und darüber hinaus, kamen hinzu. Diese BI's versuchen, einen breiten Bürgerkonsens gegen die WAA herzustellen. Es ist oft außerordentlich bewundernswert, wie hier überzeugte und überzeugende Idealisten am Werk sind. Ohne die BI's hätten wir den Widerstand über all die Jahre nie und nimmer durchgehalten. Die Zusammenarbeit der im Widerstand tätigen politischen und sonstigen Gruppierungen in den BI's und mit den BI's ist vor Ort nicht immer reibungslos, im Prinzip aber erfolgreich. Viele SPD-Mitglieder sind in den BI's tätig und voll integriert. Am Anfang hat die „obere Heeresleitung der SPD" immer wieder mit Mißtrauen diese Zusammenarbeit betrachtet. Ich erinnere mich an ein Flugblatt zur Großdemonstration am 27. 3. 1982 in der Schwandorfer Oberpfalzhalle, das von den bayerischen Bürgerinitiativen gegen die WAA herausgegeben wurde und auf dem es hieß: Es schließen sich an u. a. der SPD-Bezirksparteitag Niederbayern/Oberpfalz, wobei selbstverständlich der von Sulzbach-Rosenberg am 6. 2. 1982 gemeint war. Ich räume ein, daß dies, auf Anfrage der BI-Verantwortlichen, von mir ausdrücklich so gebilligt wurde. Was entstand daraus für ein lächerliches und unsinniges Hick-Hack mit dem damaligen Bezirksvorsitzenden Xaver Wolf! Als er zum erstenmal von diesem Flugblatt erfuhr, gab er eine geharnischte Presseerklärung heraus, in der es wörtlich hieß, daß die ostbayerische SPD ohne jede Zustimmung als Mitveranstalter der Demonstration auf das Flugblatt gesetzt wurde, daß man die Ordnungbehörden von diesem Sachverhalt bereits informiert habe, und er, Xaver Wolf, es in seiner Eigenschaft als Bezirksvorsitzender für einen ungeheuerlichen Vorgang halte, was da passierte. „Die Veranstalter der Demonstration werden aufgefordert, die Verteilung dieser Flugblätter sofort einzustellen, um gerichtliche Schritte zu vermeiden", drohte Xaver Wolf. Die heimische Presse berichtete unter dem 19. 3. 1982 fast ganzseitig: „Offene Feldschlacht um BI-Flugblatt: Xaver Wolf ist empört, Zierer kontert". Dabei wurde auch „entlarvt", wer denn die Zusage zur Erwähnung des Bezirksparteitages auf diesem Flugblatt gab. Die Antwort war am Dienstagmorgen, so hieß es in der Presse, durch einen Anruf auf dem Tisch: Zierer! Darauf haben wir uns verlassen, unterstrich ein Sprecher der Bürgerinitiative. „Der Zierer ist doch nicht irgendein Dahergelaufener. Der ist Jurist und muß es wissen".

Diese Konflikte zu Beginn des Widerstands waren einfach notwendig, um die Fronten zu klären. In einer Bezirksvorstandssitzung ist dann Xaver Wolf klar unterlegen. Die Teilnahme an der Großdemonstration wurde offiziell abgesegnet. Dies war der Anfang vom Ende des Bezirksvorsitzenden Xaver Wolf, obwohl die Probleme mit ihm bis heute noch nicht ausgestanden sind, auf dies komme ich aber bei anderer Gelegenheit noch zu sprechen. (s. Dok. Nr. 19)

Nicht nötig sind Konflikte, die auch immer wieder dadurch entstehen, daß z. B. die Spitzengremien der Grünen oder einzelne Grüne-Abgeordnete den Sozialdemokraten vorwerfen, im Widerstand nicht energisch genug zu sein, zu wenig vor Ort präsent zu sein, nicht die wahren und echten WAA-Gegner zu sein, usw. Im Regelfall versuche ich hier, zu vermitteln, zumal ich zu den meisten Grünen-Abgeordneten ein spannungsfreies Verhältnis habe, wie z. B. zu Armin Weiß, der im Widerstand eine ganz erhebliche Rolle spielt und auf dessen Unterstützung wir überhaupt nicht verzichten könnten. Manchmal ist aber auch die Haltung der SPD-Oberen der Basis der WAA-Gegner schlichtweg nicht zu vermitteln. Hier habe ich schon so manchen Streit in Fraktionssitzungen oder in der Landtagsfraktion in München auszuhalten gehabt. Auf Unverständnis vielerorts stieß z. B. die Nichtzulassung einer WAA-Interpellation der Grünen im Bayer. Landtag, die von Armin Weiß im März 1988 eingebracht wurde, mit über 300, zum Teil ausgesprochen detaillierten Fragen. Die SPD-Vertreter im Ältestenrat des Bayer. Landtags haben diese Interpellation, gemeinsam mit dem Landtagspräsidenten Heubl und den CSU-Vertretern nicht zugelassen. Dies führte zu einem bösen Schreiben (das natürlich gleichzeitig der Presse übergeben wurde) der Schwandorfer BI-Sprecherin Erna Wellnhofer. Diese Reibereien schwächen selbstverständlich die Widerstandsbewegung insgesamt. Ich sage immer wieder, daß die Koalition der WAA-Gegner nicht breit genug sein kann. Jeder, der guten Willens ist und uns im Widerstand gewaltfrei unterstützt, ist herzlich willkommen! Dies gilt selbstverständlich auch und gerade für CSU-Mitglieder und CSU-Mandatsträger.

7. Verhalten der CSU-Mandatsträger

a) Vor Ort

Hier trat in den letzten Jahren ein unerfreulicher Wandel ein. Man müßte den früheren WAA-Gegnern in der CSU, wie dem Schwandorfer Oberbürgermeister Hans Kraus, dem damaligen Stimmkreisabgeordneten Manfred Humbs, oder dem CSU-Fraktionsvorsitzenden im Stadtrat Schwandorf, dem Rechtsanwalt Kaplitz, alle ihre früheren markigen Äußerungen noch einmal vorhalten, dafür reicht aber der Platz in diesem Buch nicht aus. Deshalb nur wenige Beispiele: In einem Presseartikel vom 13. 10. 1981 wird über eine Versammlung des CSU-Fraktionsvorsitzenden Kaplitz aus Schwandorf im Stadtteil Gögglbach berichtet. Die Überschrift lautete: „Sturmlauf gegen Aufbereitungsanlage". In dem Bericht heißt es u. a.: „Auf die Gerüchte um eine evtl. Wiederaufarbeitungsanlage auf dem Gelände der BBI Wackersdorf eingehend, gab Kaplitz zu, daß in der Aktentasche des Umweltministers Dick unter 12 Orten sicher auch Wackersdorf sei, doch werde die CSU dagegen Sturm laufen. Die CSU würde hierdurch die Gefahr eines zweiten Gorlebens mit Krakeelern und Terroristen herankommen sehen! Das wollen und müssen wir unseren Bürgern ersparen!" Bei der schon erwähnten Großdemonstration am 27. 3. 1982, die mit 12.000 Teilnehmern (damals) die machtvollste Demonstration war, die der Landkreis Schwandorf bisher gesehen hatte trat der gleiche Herr Kaplitz „entschieden gegen eine WAA auf". Besonderen Applaus gab es für ihn, als er sagte: „Unsere Gegner sind stark. Geld spielt da keine Rolle". Der DWK schrieb er ins Stammbuch, daß sie bei einer Realisierung des Projekts Gorleben bis heute nicht wissen würde, wo Schwandorf liege und die Arbeitsplätze hier wären ihr egal! Bei der gleichen Kundgebung sprach Oberbürgermeister Hans Kraus vor mir, die Presse brachte Fotos vom Schwandorfer OB und mir miteinander mit der Bildunterschrift: „Entschiedene Gegner einer WAA Hans Kraus und Dietmar Zierer". Hans Kraus wandte sich damals „mit Nachdruck dagegen, daß bei uns etwas mit Biegen und Brechen durchgesetzt werden soll, was woanders politisch nicht möglich ist". (Ich selbst habe damals den zwischenzeitlich oft zitierten und auch kritisierten Satz gesagt, wir befänden uns auf dem falschen Dampfer in Richtung Atomstaat und die Bordkapelle spiele das Lied vom Tod.)

Ein besonderes Kapitel ist die Haltung des damaligen direktgewählten CSU-Landtagsabgeordneten Manfred Humbs aus Schwandorf. Im November 1981 trug er die klare Resolution des Schwandorfer CSU-Ortsverbandes mit, in dem die Errichtung einer WAA im Landkreis Schwandorf abgelehnt wurde. Im Dezember 1981 sagte er ein klares Nein zur WAA, solange die Entsorgung nicht gesichert ist. Im März 1982 sagte er (laut MZ vom 13. 3. 1982): „Ob wir die Kernenergie brauchen oder nicht, in der heutigen Situation sage ich Nein zur WAA". Kurz vor der Landtagswahl im Herbst 1982 „verdeutlichte er noch seine ablehnende und deshalb im Gegensatz zur Ansicht anderen CSU-Gremien stehende Haltung." Nach der Landtagswahl 1982, bei der er mit deutlichem Vorsprung vor dem SPD-Kandidaten Hans Hölzl (der über die Liste wieder in den Landtag einrückte) wiedergewählt wurde, führte er dieses gute Ergebnis vor allem auch darauf zurück, daß er sich so klar gegen die WAA ausgesprochen hatte. Nach der Landtagswahl 1982 ist der frühere Landtagskollege Humbs, wie auch die CSU-Politiker Kaplitz und Kraus, Schritt für Schritt von seiner „klaren Haltung" abgerückt. Ende 1984 hieß es plötzlich: Er stehe mit positiv-kritischer Haltung diesem Projekt gegenüber, und zwar nicht mehr so hart dagegen, sondern eher positiv. (So in einer CSU-Mitgliederversammlung des Ortsvereins Nittenau, laut Presse vom 23. 11. 1984)

Anfang 1985 kritisierte Humbs Schuierers starre Haltung in Sachen WAA. Humbs warf Schuierer vor, er verstoße damit in eklatanter Weise gegen die Interessen der Bevölkerung der gesamten Region. Bis zur Landtagswahl 1986 hatte dann der CSU-Abgeordnete Humbs seine Wende vollends vollzogen. Die Quittung erhielt er mit seiner Abwahl. Bei einer Wahlnachlese im Frühling 1987 meinte er dazu: „Mit Bitterkeit könne er feststellen, daß bei den zurückliegenden Wahlen die Bürger den Blick für die Realität verloren haben. Die Wahlkämpfe seien von der SPD und den Grünen technikfeindlich geführt worden . . . " Jedenfalls haben die Wähler real erkannt, daß der frühere CSU-Mandatsträger Humbs schlicht umgefallen ist. Ähnliche „Differenzierungen" und „Meinungsabschwächungen" waren bei einer Vielzahl anderer CSU-Politiker zu verspüren.

Im Herbst 1985, als sich die CSU in Schwandorf massiv beim Feilschen über künftige Gewerbesteuereinnahmen der WAA beteiligte,

Das Rathaus auf dem Marktplatz
von Wackersdorf:
Kleine Gemeinde – große Bedeutung

meinte Michael Kaplitz: „Bei der Frage der Verteilung der Gewerbesteuer sei es völlig belanglos, ob jemand die geplante Errichtung einer WAA begrüße oder ablehne. Die dann zu erwartende Gewerbesteuer könne man ja, je nach Standpunkt, als Lohn seiner Bemühungen oder auch als Schmerzensgeld betrachten." So einfach war das dann plötzlich.

Und der Schwandorfer Oberbürgermeister Hans Kraus fiel sogar soweit ab, daß er später einen bekannten WAA-Gegner im Stadtrat wegen dessen Äußerungen gegen die WAA bei dessen Dienstherrn denunzierte. Der Ehrlichkeit und Objektivität halber soll jedoch auch darauf hingewiesen werden, daß es eine Vielzahl, meist weniger bekannter, CSU-Anhänger gibt, die nach wie vor entschieden gegen die WAA sind, deutlichstes Beispiel ist der CSU-Bürgermeister von Steinberg, Jakob Scharf, weniger deutliches Beispiel der CSU-Bürgermeister der Stadt Neunburg, Josef Manlik. Ansonsten schwankt die Haltung der meisten CSU-Funktionsträger und -Mandatare zwischen botmäßiger Liebedienerei, dümmlicher Anbieterei an die DWK und treuer Gefolgschaft gegenüber der CSU-Landeszentrale in München. Auf welch primitive Art und Weise die CSU in der Oberpfalz im Meinungsstreit „Pro oder Contra WAA" Einfluß nehmen will, beweist das Rundschreiben des CSU-Bezirksgeschäftsführers Konrad Schwarzfischer vom 23. 10. 1987 an „eine Anzahl engagierter CSU-Mitglieder im Bereich des CSU-Bezirksverbandes Oberpfalz". Unter der zweimal unterstrichenen Überschrift „eilt sehr" schreibt der Bezirksgeschäftsführer an die lieben Parteifreunde, u. a.: „Bisher waren die Gegner der WAA und der Kernenergie, oftmals auch Gegner unseres Staates überhaupt, bei der Veröffentlichung von Sympathieanzeigen in den Zeitungen allein. Woher sie das Geld dazu haben, ist oft fraglich, doch sicher gibt es unter ihnen auch Idealisten (in deren Sinne), die selber Inseratanteile zahlen. Durch einen großzügigen Gönner wurde es jetzt ermöglicht, daß auch eine Pro-Anzeige gestartet werden kann, in allen Zeitungen der Oberpfalz. Ich darf Sie sehr herzlich bitten, diese Aktion zu unterstützen . . . Wenn Sie mitmachen, dann wird nur Ihr Name und Ihr Beruf angegeben, den Ort oder gar die Anschrift werden wir nicht veröffentlichen . . . Für Sie ist die Sache kostenfrei . . . Für Ihre Unterstützung darf ich mich, auch im Namen unseres Bezirksvorsitzenden, Herrn Staatsminister Gustl

Lang, sehr herzlich bedanken. Mal sehen, wie es wird, wenn sich auch die vernünftigen Bürger auf diese Weise zu Wort melden!" Und dann war ein Rückmeldebogen für diese Inserataktion beigefügt, auf dem ein Inserat abgedruckt war mit der Überschrift: „Oberpfälzer Bürger, wir meinen es reicht", und dann heißt es in diesem Inserat, daß es die Oberpfälzer Bürger satt haben, daß ständig ihre Häuser und öffentlichen Einrichtungen mit Anti-WAA-Parolen beschmiert werden usw. usw. (s. Dok. Nr. 20)

Kuriosität am Rande: Der für die Oberpfalz zuständige damalige CSU-Europaabgeordnete Heinrich Aigner richtete exakt während der Zeit, als in Tschernobyl das schreckliche Unglück geschah, eine Zuschrift an den Chefredakteur des in Sachen WAA berüchtigten Regensburger Bistumsblattes mit folgendem Wortlaut: „WAA. Lieber Freund Wurstbauer, mit viel Interesse und Anteilnahme lese ich Deine ausgezeichneten politischen Leitartikel im Regensburger Bistumsblatt. Auch Dein mutiges Eintreten für ein objektives Urteil in Fragen Wackersdorf habe ich mit Freude zur Kenntnis genommen. Meine französischen Kollegen lachen uns schon aus wegen der Berührungsängste, die wir mit dem Atom haben. Sie sagen mir eindeutig, wenn ihr so weitermacht, müßt ihr bald den größten Teil billigen Stroms von uns kaufen. Wir sind darüber nicht unglücklich. Ich hoffe, Du läßt Dich durch die Schreier nicht verunsichern.

Ich bin nach jahrelanger politischer Attacke soweit, daß ich diese unqualifizierten Schreier und ideologischen Holzköpfe nicht einmal mehr ignoriere. Mit herzlichen Grüßen Dein Dr. Heinrich Aigner, MdEP." Wohlgemerkt, dies erschien im Regensburger Bistumsblatt am 4. 5. 1986, wenige Tage nach Tschernobyl!

b) Die überörtlichen CSU-Mandatare

Auf die machtpolitischen Strukturen des CSU-Landesverbandes habe ich schon hingewiesen. Es wird deshalb niemanden groß wundern, wenn man feststellt, daß mit der einseitigen Festlegung von Franz Josef Strauß zugunsten der WAA Wackersdorf abweichlerische Meinungen bei den überörtlichen CSU-Mandats- und Funktionsträgern nicht mehr gefragt sind. Wer in der CSU Karriere machen will, wird es tunlichst vermeiden, eine anderslautende Meinung, selbst wenn er diese hätte, öffentlich zu äußern. Der damalige CSU-Generalsekretär und Günstling von Franz Josef Strauß, der heutige bayerische Wirtschaftsminister und außenpolitische Sprecher der CSU (ferner noch der Postwirt von Altötting) Tandler sprach Ende 1987 in Wackersdorf, wo er sich auf Einladung der DWK aufhielt, in geradezu frappierender Offenheit: „Die WAA ist ein Segen für die Region. Eine Diskussion über die WAA findet innerparteilich nicht mehr statt. Die Meinungsbildung ist abgeschlossen!"

Und August R. Lang (und wenn ma's da nicht durchbringen, bring ma's nirgends in ganz Bayern durch) nennt die WAA schlicht einen „Glücksfall für die Oberpfalz".

Auf eine Auswahl weiterer Lobeshymnen der überörtlichen CSU-Mandatare zugunsten der WAA will ich verzichten. So ein Glücksfall!

III. Akzeptanz und innerer Friede

Das Wort von der Akzeptanz der WAA durch die Bevölkerung im Landkreis Schwandorf und in der Oberpfalz fließt bei allen Debatten immer wieder ein. Akzeptieren kommt vom Lateinischen acceptare, heißt annehmen, billigen. Akzeptanz ist somit die Bereitschaft, eine Entscheidung über die WAA entweder positiv anzunehmen, oder zumindest billigend in Kauf zu nehmen. Nur wenn dies der Fall ist, ist der innere Frieden in der Region gewährleistet. Ist die Akzeptanz nicht gegeben, kommt es zum Unfrieden, zu negativen Reaktionen, zum Widerstand. Am Anfang der Entwicklung haben DWK und Befürworter immer wieder versucht, diese Akzeptanz zu beschwören. Es wurde behauptet, die Mehrheit der Bevölkerung sei für die WAA. Akzeptieren kann man jedoch nur, wenn man Vertrauen hat, Vertrauen zu den Genehmigungsbehörden, Vertrauen zu den Betreibern. Wenn aber Mißtrauen vorhanden ist und Mißtrauen immer wieder entsteht durch das Verhalten der Genehmigungsbehörden und der Betreiber, kann und wird keine Akzeptanz entstehen, kann und wird innerer Friede um die WAA herum nicht einkehren können.

1. Zweifel an Objektivität und Unvoreingenommenheit der staatlichen Behörden

a) Verdächtigungen und Beschimpfungen der WAA-Gegner

Die Art und Weise, wie von Anfang an die Spitzenpolitiker der Bayer. Staatsregierung, allen voran Franz Josef Strauß, alle WAA-Gegner, und insbesondere selbstverständlich Schuierer, Zierer und Co., beschimpft und verdächtigt haben, läßt auch unvoreingenommene und von vorneherein nicht festgelegte Beobachter Zweifel an der Objektivität der staatlichen Stellen aufkommen. Die Maßlosigkeit der Beschimpfungen muß Mißtrauen entstehen lassen. So hat Franz Josef Strauß Ende Juni 1986 bei einem Volksfest in München-Trudering generell die Kritiker der Kernenergie und der WAA als „Schwätzer, Demagogen und Drahtzieher" beschimpft. Bei der Kundgebung der CSU in Schwandorf im Sepp-Simon-Stadion am 29. 9. 1986 rief Strauß, angesichts der im Rund vorhandenen WAA-Gegner, diesen zu: „Ihr seid die apokalyptischen Narren Euerer eigenen Dummheit!"

Der für die WAA-Genehmigungen zuständige Umweltminister Alfred Dick bezeichnete, als Vorredner beim politischen Aschermittwoch der CSU in der Passauer Nibelungenhalle, Ende Februar 1985, die WAA-Gegner als eine „Koalition der Verweigerer, Traumtänzer und Trittbrettfahrer". Besonders schlimm ergeht es hier Landrat Hans Schuierer und mir, die wir besondere Ziele der Aggressionen von Spitzenpolitikern der Staatsregierung sind. Rädelsführer, Volksverhetzer, Saboteure, ist die gängige Bezeichnung, die man uns angedeihen läßt. Der damalige Vorsitzende der CSU-Landtagsfraktion und heutige Innenminister August R. Lang warf mir schon Anfang 1982 vor, im Zusammenhang mit der WAA üble Demagogie und mit meinem Aussteigen aus verantwortungsbewußtem politischen Handeln Sabotage an den Lebensgrundlagen des Volkes zu betreiben (!). Im Diffamieren von WAA-Gegnern ist Lang sowieso unbestritten Meister. Insbesondere die Besucher der Andachten beim Franziskusmarterl am Sonntagnachmittag sind Zielscheibe seiner bösartigen Kampagnen. Beim sog. Berchinger Roßmarkt Ende Januar 1988 sagte Lang, in Bezug auf die ihm offenbar besonders zuwideren Andachten am Sonntagnachmittag: „Messen gehören in den Kirchen abgehalten, nicht unter Bäumen, wo man dann versucht, ideologische Zielsetzungen notfalls auch mit Gewalt durchzusetzen."

Als Lang die Anti-WAA-Demonstrationen mit den Karnevalsumzügen in Mainz verglich, war dies selbst dem Schwandorfer JU-Kreisvorsitzenden zuviel, der mit Nachdruck feststellte, daß es „uns (gemeint war die CSU) sehr schadet, wenn Lang friedliche Demonstrationen gegen eine WAA mit Karnevalsumzügen vergleiche, das sei polemisch und unsachlich und keineswegs angetan, der Sache die Schärfe zu nehmen." Als Minister Lang, damals noch Justizminister, sogar öffentlich behauptete, ein Teil der seit Wochen im Taxöldener Forst bei Wackersdorf gegen den Bau einer WAA protestierenden Menschen würden mit Tagegeldzahlungen für diesen Einsatz belohnt, mußte er, auf den wütenden Protest von uns allen (ich habe ihm, mit sieben anderen Landtagskollegen, einen Brief geschrieben und ihn aufgefordert, sich in aller Form öffentlich zu entschuldigen), einen peinlichen Rückzieher machen, mit dem Hinweis, er habe nur ein in der Oberpfalz kursierendes Gerücht weitergegeben und einen Stein ins Wasser werfen wollen. Dies alles bringt in unserer Region nur weiteren Unfrieden.

b) Abqualifizierung von sachverständigen WAA-Gegnern

Besonders mißtrauisch macht auch die Art und Weise, wie generell alle sachverständigen WAA-Gegner durch die Staatsregierung und die von ihr bezahlten offiziellen Pro-WAA-Gutachter abqualifiziert werden. Jeder Wissenschaftler, der sich in die Reihe der WAA-Gegner begibt, Bedenken äußert, Widersprüche aufweist, wird als unfähig und unqualifiziert niedergemacht. Dies traf Prof. Begemann, dies trifft die Physiker an der Uni Regensburg, dies traf die Sachbeistände beim Erörterungsverfahren in Neunburg v. Wald, dies traf die Gutachter Prof. Erwin Rutte und Jürgen Bruggey, die erhebliche Bedenken gegen den Standort Wackersdorf, insbesondere im Hinblick auf die mögliche Grundwassergefährdung, geltend gemacht haben. In der Antwort auf eine schriftliche Anfrage, die ich am 14. 7. 1987 im Bayer. Landtag einbrachte, heißt es u. a. lapidar: „Die von den Herren Prof. Rutte und Herrn Bruggey vertretenen Auffassungen halten einer kritischen fachlichen Beurteilung nicht Stand.“ So einfach ist das.

c) Parteiisches Verhalten der Staatsregierung

Auch hier können nur einige wenige Beispiele angeführt werden. Skandalös ist die einseitige Durchführung von Lehrerfortbildungsveranstaltungen in der Oberpfalz, z. B. bei den Realschullehrern und den Lehrern an beruflichen Schulen. Seitdem die WAA für Wackersdorf im Gespräch ist, mißbraucht die Staatsregierung ihre Möglichkeiten als Dienstherr, um insbesondere Lehrer, aber auch andere Beamte, als Meinungsträger und Multiplikatoren in absolut einseitig ausgerichteten Informationsveranstaltungen zugunsten der WAA zu beeinflussen. Ich habe von Anfang an hartnäckig versucht, dagegenzuhalten. Eine Vielzahl von Briefen, Anfragen, ja selbst ein Antrag im Bayer. Landtag, in dem die Staatsregierung aufgefordert wurde, bei der Referentenauswahl regionaler Fortbildungsveranstaltungen der

Regierung der Oberpfalz für Lehrer zu Themen wie „Entsorgung von Kernkraftwerken durch Wiederaufarbeitung von Kernbrennstoffen" dafür Sorge zu tragen, daß auch Referenten eingesetzt werden, die eine kritische Haltung zur Kernenergie haben, waren ohne jeden Erfolg. Die Lehrerfortbildungsveranstaltungen im Regierungsbezirk Oberpfalz wurden so dreist durchgeführt, daß z. B. Treffpunkt der Lehrer das Informationszentrum der DWK in Wackersdorf war.

Referenten waren regelmäßig Mitarbeiter der DWK oder des Kernforschungszentrums Karlsruhe oder der Kernforschungsanlage in Jülich usw. Besonders entlarvend ist eine Passage aus einem Brief, den der damalige Kultusminister Prof. Hans Maier am 22. 7. 1984 in diesem Zusammenhang an mich schrieb. Auf Seite 2 heißt es u. a.: „Ich bin der Überzeugung, daß heute und in Zukunft weder die Energiewirtschaft, noch Medizin, Naturwissenschaft und Technik auf die nutzbringende Anwendung der Kernenergie verzichten können. Damit diese Grundthematik auch in den Schulen eine sachgerechte Behandlung im Unterricht erfahren kann, ist es ein wesentliches Anliegen meines Hauses, die Lehrer mit sachlichen Informationen zu einer objektiven Einstellung gegenüber der friedlichen Nutzung der Kernenergie zu führen." Der Kultusminister hat also nicht einmal bestritten, daß von vorneherein geplant war, die Lehrerfortbildungsveranstaltungen nur zugunsten der friedlichen Nutzung der Kernenergie durchzuführen und kritischen Gegnern der Kernenergie überhaupt kein Forum einzuräumen. Noch deutlicher wurde diese einseitige Haltung der Staatsregierung bei der Debatte im Kulturpolitischen Ausschuß des Bayer. Landtags am 19. 6. 1985, bei der der CSU-Landtagsabgeordnete Goppel schlicht sagte: „Wir müssen gegenhalten, weil in den Medien zu kritisch zur Kernenergie berichtet wird". Im übrigen war ein Teil dieser Fortbildungsveranstaltungen mit Dienstbefreiung und Reisekostenerstattung verbunden.

Hierfür gab es also Dienstbefreiungen, während die Volksschullehrer, die zum WAA-Erörterungstermin in Neunburg v. Wald am 11. 7. 1988 Dienstbefreiung haben wollten, dies nicht erhielten. Mir wurde das Schreiben des Schwandorfer Schulamtsdirektors Vogl vom 14. 7. 1988 an „alle Lehrkräfte, welche Dienstbefreiung für den 11. 7. 1988 beantragt hatten", zugespielt. Zur Begründung für die Ablehnung der Dienstbefreiung heißt es: „Inzwischen wird von der Regierung mitgeteilt, daß Herr Ministerialrat Dr. Amberg vom Staatsministerium für Unterricht und Kultus der Regierung für die Ablehnung als Begründung mitteilt, daß es sich beim Erörterungstermin nicht um ein Gerichtsverfahren im üblichen Sinne handelt und außerdem die persönliche Betroffenheit der Einwender fehlt. Es besteht keine Anwesenheitspflicht. Die Einwendungen werden auch ohne Teilnahme der Betreffenden behandelt." Man muß sich das einmal vorstellen, für die Teilnahme an Pro-WAA-Veranstaltungen gibt es Dienstbefreiung und Reisekostenerstattung, während andererseits den Lehrern, die persönliche Einwendungen gegen die WAA erhoben haben und diese in Neunburg beim Erörterungstermin begründen und vorbringen wollen, dies damit verweigert wurde, daß bei ihnen die persönliche Betroffenheit fehle und außerdem die Einwendungen auch ohne ihre Teilnahme behandelt werden würden (s. Dok. Nr. 21).

Wen wundert es dann noch, daß auch Bayerns Polizeibeamte vor den staatlichen WAA-Karren gespannt werden. So soll es künftig eine „offensivere Informations- und Öffentlichkeitsarbeit" des Innenministeriums geben, weshalb alle den Polizeibereich betreffenden Pressemitteilungen der Behörde den Dienststellen der Polizei zur Kenntnis gegeben werden.

In staatsbürgerlichen Dienstversammlungen der Polizeidirektionen wird den, gegebenenfalls am WAA-Zaun diensttuenden Polizisten das Ja zur WAA eingeimpft, wie es z. B. bei der Polizeidirektion Passau im Zeitraum vom 13. 11. 1987 bis 24. 11. 1987 geschah. (s. Dok. Nr. 22)

Es gibt auch keinen Zweifel, daß der zwischenzeitlich berüchtigte sog. Maulkorberlaß für die 161.669 bayerischen Beamten, davon fast die Hälfte Lehrer, der zum 1. 5. 1983 in Kraft gesetzt wurde, unmittelbar mit dem Widerstand vieler Beamter gegen die WAA in Zusammenhang zu bringen ist. Gerade dieser Erlaß hat der Staatsregierung die Handhabe für eine Vielzahl disziplinarer Maßnahmen gegeben, auf die ich noch im Einzelnen zu sprechen kommen werde. Die Staatsregierung schreckt aber auch nicht davor zurück, gleichsam als vorbereitende Maßnahme, diese ihre Meinung auch schon bei der Bayerischen Verwaltungsschule, dem Fachlehrgang für den mittleren Verwaltungsdienst, Lehrgangsjahr 1982/83, bei den Anleitungen zur Lösung einer Aufsichtsarbeit einfließen zu lassen. So wurde bei der

Das Hüttendorf –
Ausdruck des
friedlichen Widerstands

CENTER

Verwaltungsschule ein Fall konstruiert, in dem ein Lehrer „in einer Stadt in der Oberpfalz“ Sprecher einer Bürgerinitiative gegen Atomanlagen war. In der Lösungsanleitung heißt es dann u. a.: „Die Verteilung von Broschüren der Bürgerinitiativen gegen Atomanlagen und die Aufforderung zum Widerstand gegen die geplanten atomaren Einrichtungen sind außerhalb des Dienstes ein Verstoß gegen beamtenrechtliche Pflichten, wenn er . . . in besonders aggressiver Weise den Kampf gegen die fraglichen Anlagen betreibt, z. B. als Vorstand der Bürgerinitiative oder durch Aufforderung zum passiven oder gar aktiven Widerstand.“

Nachdem mir diese Lösungsanleitung schon Anfang Januar 1983 von einem Lehrgangsteilnehmer zugesandt wurde, konnte ich durch eine schriftliche Anfrage im Landtag vom 9. 2. 1983 beweisen, daß der an Ostern 1983 bekanntgemachte und zum 1. 5. 1983 in Kraft getretene „Maulkorberlaß“ nicht kurzfristig eingeführt wurde, sondern daß die Bayer. Staatsregierung die Strategie der politischen Abstinenz von Beamten schon seit langem im Hinterkopf hatte.

Der Maulkorberlaß kam übrigens unter Federführung des bayerischen Finanzministers Max Streibl zustande, der wohl auch unmittelbar Einfluß darauf nahm, daß die Bürgerinitiativen enorme Schwierigkeiten hatten, die Gemeinnützigkeit anerkannt zu bekommen.

Ich hatte mich schon am 20. 7. 1982 an den Finanzminister gewandt, weil das Finanzamt Amberg den Antrag der Schwandorfer Bürgerinitiative abgelehnt hatte, diesen als gemeinnützigen Verein anzuerkennen, und um Aufklärung gebeten. Erst am 11. 1. 1983 teilte mir der Minister u. a. mit, daß er keine Möglichkeit sehe, Bürgerinitiativen die Gemeinnützigkeit zuzuerkennen, die sich mit politischen Mitteln gegen die Energiepolitik des Bundes und der Länder wenden.

Auch aus diesem Beispiel sieht man, wie schon im Vorfeld auf allen Ebenen und in jeder Beziehung die Möglichkeiten der WAA-Gegner eingeengt wurden. (Später allerdings hat man dann die Gemeinnützigkeit doch noch zuerkannt)

Geradezu abenteuerlich ist die Einseitigkeit der Öffentlichkeitsarbeit der Staatsregierung. Hier gewinnt man den Eindruck, als wäre die Staatsregierung und nicht die DWK die WAA-Betreiberin.

Ein geradezu klassisches Eigentor schoß die Staatsregierung allerdings bei ihrem servilen Zuarbeiten mit der Herausgabe einer bunten Hochglanzbroschüre „Inmitten der Oberpfalz", die im Herbst 1984 erschien. Im Zentrum dieser Broschüre stand die Wiederaufarbeitungsanlage Wackersdorf, die auf zwei ganzen Seiten dargestellt wurde. Diese Broschüre entstand zu einem Zeitpunkt, als die DWK noch nicht einmal die Standortentscheidung (Wackersdorf oder Dragahn) getroffen hatte, zu einem Zeitpunkt, wo nicht einmal das atomrechtliche Verfahren abgeschlossen war. Eine wohl trügerische Hoffnung war die Behauptung in dieser Broschüre, daß die „Mitarbeiter der geplanten WAA, die als Führungs- und Fachkräfte in die mittlere Oberpfalz zuziehen, hier von einer aufgeschlossenen Bevölkerung erwartet werden würden." Ich habe am 20. 11. 1984 eine schriftliche Anfrage dazu im Bayer. Landtag eingebracht und u. a. gefragt, wie es die Staatsregierung mit dem eigenen Anspruch auf Objektivität und Unvoreingenommenheit vereinbaren könne, wenn das für die Genehmigungsverfahren zuständige Ministerium vor den Entscheidungen im laufenden Verfahren bereits werbend für die geplante WAA tätig wird. (s. Dok. Nr. 23) In der Antwort auf meine Anfrage hat die Staatsregierung eingeräumt, daß der DWK und den 12 Muttergesellschaften der DWK sogar noch 431 Stück dieser Broschüre zum Herstellungspreis in Höhe von je 12,– DM (Gesamtpreis somit 5.172,– DM) kostenlos als Werbemittel zur Verfügung gestellt wurden.

Als die bayerischen Jungsozialisten der Staatsregierung vorgeworfen hatten, sie würde regierungsamtliche Propaganda für die WAA betreiben, obwohl sie doch als Genehmigungs-, Subventions- und Aufsichtsbehörde zur Neutralität verpflichtet sei und dies so weit gehe, daß im April 1986 insgesamt 18 großformatige Anzeigen für die WAA in den bayerischen Zeitungen gestartet worden seien, antwortete die Staatsregierung in der Ende Mai 1988 herausgegebenen Broschüre („Zerbricht die WAA die Demokratie") kühl, die Staatsregierung sei verpflichtet, eigene Öffentlichkeitsarbeit gerade dann zu betreiben, wenn es um umstrittene Entscheidungen und Vorhaben gehe. Es gibt gar keinen Zweifel, daß man mit massivem Einsatz von Steuergeldern versucht, die Akzeptanz für die WAA zu erhöhen.

d) Verflechtungen

Zweifel und Mißtrauen gegenüber den staatlichen Stellen wird dadurch noch verstärkt, wenn man weiß, in wie vielfältiger Weise die Personen, die für die Genehmigungsbehörden handeln, mit gutachtlich tätigen Stellen und der Betreiberin „verflochten“ sind. Allein die Beteiligungsverhältnisse und Mitgliedschaften in Aufsichtsräten von Ministern und Ministerialbeamten bei den Muttergesellschaften der DWK wäre ein eigenes Kapitel wert. Wie kann ein Minister, der im Aufsichtsrat des Bayernwerkes sitzt und dort die expansive Atomenergiepolitik mit vertritt, dann im Kabinett einen zügigen Ausstieg aus der friedlichen Nutzung der Kernenergie propagieren? Dabei unterstelle ich, daß die Aufsichtsratsdiäten nicht entscheidungserheblich sind. Aber selbstverständlich sind diese Spitzenpolitiker dann nicht mehr unvoreingenommen. Dies gilt für Spitzenpolitiker aller Parteien, die ja, je nach Mehrheitsverhältnissen, in den Ländern in den Aufsichtsräten der Energieversorgungsunternehmen sitzen! Wie kann der TÜV Bayern noch als objektiver Gutachter Vertrauen finden, wenn man die wirklich skandalöse Geschichte der sog. „Goldenen Regeln“ des TÜV Bayern mitbekommen hat, als ein TÜV-Gutachter ein Protokoll über Verhaltensanleitungen bei WAA-Erörterungen gegenüber den Anwälten der WAA-Gegner angefertigt hat. Tatsächlich handelt es sich hier unzweideutig um einen Angriff auf die Unparteilichkeit und Neutralität des TÜV als Gutachter. Statt über die Sicherheit der Anlagenkonzeption und damit über die Interessen der Bürger zu wachen, soll der TÜV die „Risiken“ abwehren, die durch Anfragen der Anwälte der WAA-Gegner entstehen könnten. Noch skandalöser als die Tatsache dieser „Goldenen Regeln“ des TÜV Bayern ist aber die Reaktion des zuständigen Abteilungsleiters im Umweltministerium, Herrn Josef Vogl. „Die TÜV-Ingenieure hätten sich zusammengefunden, weil sie rhetorisch gegenüber den Anwälten der WAA-Gegner vielleicht ein bißchen harmlos und naiv seien“. Wie soll man in Zukunft auch nur einem TÜV-Gutachten Glauben schenken, wenn man weiß, daß hier eine Kameraderie besteht zwischen den Interessen des Betreibers einer WAA und den Gutachtern?! Wie kann man dem auch für die Rechtsaufsicht des TÜV zuständigen Ministerialdirigenten Josef Vogl Glauben schenken, wenn man weiß, daß dieser gleichzeitig im Verwaltungsbeirat des TÜV für die Staatsregierung sitzt?! Wie kann man dem „Spitzengutachter“ der Genehmigungsbehörde, dem Prof. Baumgärtner, Ordinarius des Lehrstuhls für Radiochemie der Technischen Universität München, Gallionsfigur jener 16 Kernwissenschaftler, die derzeit als WAA-Zugpferde vor den Wagen der Bayerischen Staatsregierung gespannt werden, Glauben schenken, wenn man weiß, daß gewisse Querverbindungen auch zur DWK bestanden?! Immerhin hat die DWK 1983 beabsichtigt, unter finanzieller Beteiligung des Bundesforschungsministeriums, einen Demonstrationsstand „passive Nachkühlung" zu errichten und für die Fragen der Planung, Einrichtung und Versuchsdurchführung Unteraufträge auch an den Lehrstuhl von Prof. Baumgärtner vergeben. Prof. Baumgärtner wendet ein, die DWK habe zwar den Demonstrationsstand geplant, das Ministerium aber habe ihr dieses Vorhaben aus den Händen genommen, so daß rechtlich und tatsächlich der Versuchsstand im Auftrag des Bundesforschungsministeriums geplant, gebaut und betrieben wurde. Die Kosten allerdings hierfür hätten sich das Ministerium und die DWK geteilt. Eben Querverbindungen! Der von der Staatsregierung so hochgelobte und vielzitierte Prof. Baumgärtner ist selbstverständlich auch über eine Gutachtergemeinschaft wiederum für den TÜV Bayern tätig gewesen. Und über all diesen Querverbindungen sitzt der zuständige Beamte im Verwaltungsbeirat des TÜV, Josef Vogl, der öffentliche Versammlungen für die WAA abhält.

Auch die Art und Weise, wie der Leitende Ministerialrat Rudolf Mauker – bis zu seiner plötzlichen Erkrankung – den WAA-Erörterungstermin in Neunburg leitete, gibt Anlaß zu Zweifeln und Mißtrauen. Ununterbrochen drohte er mit Abbruch! Obwohl der Kreistag des Landkreises Schwandorf über den Koordinierungsausschuß der Bürgerinitiativen mit ihm einen festen Termin für die Erörterung der Einwendungen des Landkreises Schwandorf für Freitagnachmittag, 29. 7. 1988, vereinbart hatte, ließ er die Kreisräte über zwei Stunden warten, bis Landrat Schuierer und auch ich endlich zu Wort kamen. In der örtlichen Presse hieß es: „Versammlungsleiter fuhr die harte Linie". Ich selbst habe ihm zweimal in aller Deutlichkeit gesagt, er solle mehr Verständnis für emotionell vorgetragene Einwendungen aufbringen. Erst später erfuhr ich, daß auch er Mitglied im Aufsichtsrat der Gesellschaft für Reaktorsicherheit mbH, Neuherberg, ist. An dieser Gesellschaft, die ebenfalls wieder gutachtlich tätig ist, sind der Bund mit 46,10 %, der Freistaat Bayern und die anderen Bundesländer und – wie könnte es auch anders sein – selbstverständlich auch der TÜV beteiligt.

Nun kennen wir diese Dinge ja nur mehr oder weniger zufällig. ich sagte im Bayer. Landtag dazu: „Wo man hinlangt, stößt man auf Filz!"

e) Subventionen

Gegenüber der DWK ist die Staatsregierung von frappierender Großzügigkeit. Ist ja auch kein Wunder, nachdem Franz Josef Strauß selbst in seinem schon zitierten Brief vom 16. 1. 1985 an die DWK erklärt hat, die Bayerische Staatsregierung werde auch künftig darauf achten, daß das Projekt mit keinen ungerechtfertigten Forderungen finanziell belastet wird. Strauß hat dabei eine Vielzahl von staatlichen Subventionen angekündigt, in Aussicht gestellt oder angedeutet. Was den Grunderwerb anbelangt, so versprach Strauß, daß die „für das Projekt benötigte, mit Wald bestockte Grundfläche von rund 130 Hektar aus staatseigenen Grundstücken an die DWK zu einem Preis verkauft werde, der dem Waldbodenverkehrswert entspricht." In der Tat wurde dann das 138 Hektar große Grundstück vom Freistaat Bayern – wohlgemerkt für die Errichtung einer großtechnischen „Atomfabrik" – zu einem qm-Preis von 2,– DM verschleudert. Der Kaufpreis war ca. 2,7 Millionen DM. Selbst der Finanzminister Streibl bezifferte den Subventionswert – einschließlich der Bestokkung – auf 3 bis 3 ½ Millionen DM. Ein leitender Mitarbeiter des Finanzministeriums hat im Haushaltsausschuß vom 20. 3. 1985 bestätigt, daß der Grundstückswert eigentlich 5 Millionen DM betragen hätte. Wenn man von den Grundstückspreisen ausgeht, die die Bayer. Staatsregierung Gemeinden im Landkreis Schwandorf bei Tauschgeschäften angerechnet hat, so dürfte der Subventionswert gegenüber der DWK noch weitaus höher liegen. Dazu kommen die Zuschüsse für die WAA-Infrastrukturmaßnahmen. Für Verkehrs-, Wasser- und Energieanschlüsse wurden allein 47 Millionen DM ausgegeben, wobei der staatliche Förderanteil noch nicht bekannt ist.

f) Absprachen

Für besonders problematisch halte ich auch die sog. Koordinierungsgespräche zur Realisierung der WAA. In regelmäßigen Abständen treffen sich dabei alle beteiligten staatlichen Stellen, alle wesentlichen Fachbehörden, die DWK, die DWW und die Bürgermeister der betroffenen Gemeinden Wackersdorf und Bodenwöhr. Über jedes Koordinierungsgespräch gibt es dann (VS – nur für den Dienstgebrauch) streng geheime Vermerke, in denen alles Wesentliche, was vereinbart, ich sage was ausgeheckt wurde, niedergeschrieben wird. Aus den Vermerken kann man überhaupt keine unterschiedliche Interessenanlage zwischen dem privaten Betreiber, der DWK und den beteiligten Genehmigungsbehörden erkennen. Und, was noch gravierender ist, es werden Hinweise des zuständigen Obersten Bayerischen Verwaltungsgerichts, VGH, mit „eingespeist". Beim 9. Koordinierungsgespräch am 5. 6. 1987 ging es insbesondere um den Bebauungsplan für die WAA, das Normenkontrollverfahren vor dem VGH, und die Frage, ob die Gemeinde Wackersdorf den Bebauungsplan nachträglich nachbessern könnte. So heißt es etwa: Dem Vernehmen nach will der VGH hinsichtlich des Normenkontrollantrags gegenüber dem Bebauungsplan für Juli 1987 terminieren. Wegen der unterschiedlichen Auffassungen des Bayer. VGH und des Oberverwaltungsgerichts Berlin zur Frage des Verhältnisses von Baurecht und atomrechtlichen Verwaltungsverfahrens muß wohl die Rechtsfrage dem Bundesverwaltungsgericht vorgelegt werden. Die Rechtsfrage müßte aber entscheidungserheblich sein. Dies wird dann zweifelhaft, wenn die Gemeinde den Bebauungsplan nachträglich ändern sollte. Und: Es erschiene zweckmäßig, wenn der VGH die mündliche Verhandlung noch nicht ansetzen würde, sondern ein etwaiges Änderungsverfahren zum Bebauungsplan abwarten würde. Die Klageänderung wäre sicherlich sachdienlich (!) und somit zulässig. Der VGH bittet rechtzeitig um entsprechende Information!

Was heißt das, einmal nichtjuristisch formuliert: Der private Bauwerber, die DWK/DWW, die Genehmigungsbehörde für Bauanträge, die zuständige Behörde für den Bebauungsplan und die zuständige Gemeinde für ein Änderungsverfahren sitzen einträchtig beieinander, erhalten Hinweise vom zuständigen in der Sache bereits befaßten Gericht und karten aus, was getan werden kann. Man muß sich dies etwa so vorstellen, wie wenn ein kleiner privater Bauherr, dessen Nachbarn Widerspruch und Rechtsmittel eingelegt haben, sich mit Landratsamt und Gemeinde zusammensetzt und vom zuständigen

Richter einen Hinweis bekommt, wie er sich verhalten muß, damit die Klage der bösen Nachbarn abgewiesen werden kann.

Kurze Zeit nach dem Koordinierungsgespräch vom 5. 6. 1987, nämlich 11 Tage darauf, hat dann der zuständige Beamte im Innenministerium, Herr Ministerialdirigent Zeitler, prompt einen Brief an den Bürgermeister Josef Ebner der Gemeinde Wackersdorf geschrieben, in dem ganz genau aufgezeigt ist, was die Gemeinde tun muß, um die Probleme mit dem Bebauungsplan zu richten. In diesem Schreiben heißt es u. a.: „Die einzelnen Abweichungen vom Bebauungsplan mögen, isoliert betrachtet, systemkonform sein, so daß hierfür im Einzelfall Befreiungen erteilt werden könnten. In ihrer Summe und im Zusammenhang mit den bereits erteilten Befreiungen, insbesondere für die Rodung des 50-m-Streifens und die Beseitigung des sog. Sandschlags, sowie für die Trasse der Ver- und Entsorgungsleitungen, verbunden mit weiteren Rodungen, erscheinen aber nunmehr die Grundzüge der Planung tangiert! . . . Wir regen daher an, daß die Gemeinde alsbald darüber Beschluß faßt, ob und gegebenenfalls inwieweit sie ein Verfahren zur Änderung des Bebauungsplanes „Westlicher Taxöldener Forst“ einleiten will. Mit Rücksicht auf die Terminplanungen des Bayer. Verwaltungsgerichtshofes im Normenkontrollverfahren erscheint es zweckmäßig, einen solchen Beschluß alsbald herbeizuführen! Der Senat (des VGH) hat zu erkennen gegeben, daß er im Falle einer Einleitung eines Änderungsverfahrens zum Bebauungsplan erst zu einem wesentlich späteren Zeitpunkt terminieren will, um sich dann gegebenenfalls mit dem geänderten Bebauungsplan befassen zu können. Die DWK hat zugesichert, die Gemeinde von den Planungskosten im Änderungsverfahren freizustellen.“

Und genauso geschieht es dann. So wie im Koordinierungsgepräch ausgehandelt, vom Innenministerium angeregt, wird dann im Gemeinderat am 25. 6. 1987, also bereits 8 Tage nach Eingang des Briefes vom 16. 6. 1987 der Beschluß gefaßt. Kann man dies nicht als Kumpanei und Absprachen staatlicher Stellen mit der DWK bezeichnen?! (s. Dok. Nr. 24)

Ich habe diese Gelegenheit benützt, um einen persönlichen Brief an Bürgermeister Josef Ebner unter dem 17. 8. 1987 zu schreiben, in dem ich ihm noch einmal meine Rechtsauffassung deutlich gemacht habe. Ich bat ihn inständig, nicht „willfährig" nur noch zum Vollzugsgehilfen des Bauherrn DWK/DWW zu werden, sondern auch die Grundsätze der Rechtsstaatlichkeit und der Gleichbehandlung von Bauwerbern zu beachten. (s. Dok. Nr. 25)

Sepp Ebner hat diesen Brief bis heute noch nicht beantwortet! Am gleichen Tag schrieb ich auch einen Brief an den Innenminister August R. Lang, den er am 23. 9. 1987 beantworte. August Lang hat selbstredend meinen Vorwurf „vertraulicher Kameraderie zwischen Oberlandesanwaltschaft, Innenministerium, DWK und Gemeinde Wackersdorf" mit Nachdruck zurückgewiesen. Die Verknüpfungen zwischen Staatsregierung und DWK, die vielfältigen Verbindungen werden ja, wenn man daraufhin anspricht, sowohl von dem einen „Kameraden" CSU-Staatsregierung, als auch vom anderen „Kameraden" DWK/DWW immer wieder geleugnet.

Hier gibt es oft kuriose Streitigkeiten, z. B. zu der Frage, ob nunmehr die DWK von der Bayerischen Staatsregierung nur ermutigt wurde, die WAA im Raum Schwandorf zu errichten, ob der Standort Schwandorf der DWK von der Staatsregierung empfohlen oder gar zugewiesen wurde.

g) Reaktionen der Staatsregierung auf „Vorfälle um die WAA herum"

Mißtrauen und Zweifel müssen entstehen, wenn man die oft intellektuell nicht mehr nachzuvollziehenden, harschen Reaktionen der Staatsregierung, z. B. auf Vorfälle am Zaun, auf verletzte Demonstranten, auf strafbare Handlungen, usw. zur Kenntnis nimmt. Der zuständige Innen- und Polizeiminister Lang denkt etwa nicht einmal im Traum darüber nach, ob denn verantwortliche Polizeibeamte vielleicht im Dienst etwas Rechtswidriges getan haben. Diese sture und uneinsichtige Haltung hat der Innenminister immer wieder an den Tag gelegt. Weil nicht sein kann, was eigentlich nicht sein darf, wird nicht einmal mehr geprüft, sondern von vorneherein grundsätzlich Position bezogen und bis zum bitteren Ende durchgehalten. Entsprechend war auch die Reaktion des Innenministers in einer Sitzung des Rechts- und Verfassungsausschusses des Bayer. Landtags, in der über die erheblichen Vorwürfe gegenüber einer Sondereinsatzgruppe der Berliner Polizei bei den sog. Aktionstagen am 9./10. 10. 1987 dabattiert wurde. Auch die Reaktionen der Staatsregierung auf immerhin zwei tragische Todesfälle, die im Zusammenhang mit WAA-Demonstrationen bei WAA-Gegnern zu beklagen waren, spricht Bände. Keinerlei Bedauern, sondern rücksichtsloses Beharren auf dem eigenen Standpunkt!

Rotzfrech sind auch die Antworten der zuständigen Mitglieder der Staatsregierung auf Briefe und Vorwürfe, die ich – in Wahrnehmung der berechtigten Interessen der Öffentlichkeit – gemacht habe. Der damalige Staatssekretär im Wirtschaftsministerium Georg von Waldenfels bezeichnete mich in einem Schreiben vom 31. 7. 1987 als scheinheilig, doppelbödig und kam zu dem Schluß, ich hätte als Politiker jegliche Glaubwürdigkeit verspielt. Der allgemein bekannte Staatssekretär Peter Gauweiler schrieb am 23. 11. 1987 an mich: „Völlig deplaziert und skandalös ist dabei, daß Sie rechtmäßige Maßnahmen der Polizei als Ursache einer angeblichen Progromstimmung sehen. Unsere Polizei hat es nicht verdient, derart unverantwortlich diffamiert zu werden." Der Leiter der Bayer. Staatskanzlei, Staatsminister Edmund Stoiber, behauptete in einem Schreiben vom 1. 12. 1986, ich würde durch Veröffentlichung ungeprüfter einseitiger Behauptungen Stimmung gegen die Polizei machen, ich würde Agitationen fortsetzen, die entscheidend dazu beigetragen hätten, das Klima zu vergiften. Ferner: „Die Gewalttaten und Agitationen sind Ursachen für die von Ihnen zitierte Eskalation der Spannungen, nicht der Einsatz der Polizei für Recht und Ordnung. Sie stellen die Dinge auf den Kopf und machen sich – bewußt oder unbewußt – zum Werkzeug derer, von denen Sie sich nur halbherzig abwenden."

Besonders drastisch, wie immer, Innenminister August Lang, zuletzt in einer Erklärung, die am 22. 7. 1988 im „Neuen Tag" abgedruckt war: „Wirklich keine Aussicht auf Einsicht und Respektierung des geltenden Rechts besteht bei dem SPD-Landtagsabgeordneten Dietmar Zierer, wenn es um die legitime Tätigkeit des Verfassungsschutzes geht . . . Wenn Zierer behauptet, daß es für das Handeln des Landesamtes für Verfassungsschutz keine rechtliche Grundlage gebe, so kann dies nur das Ziel haben, den Verfassungsschutz bewußt zu diffamieren."

Ich wollte dies an einigen wenigen Beispielen aufzeigen, um deutlich zu machen, daß in diesem Bereich offenbar überhaupt keine Dialogfähigkeit mehr besteht und diese seitens der Staatsregierung auch nicht gewünscht wird. So verhält sich eine Staatsregierung gegenüber kritischen Landtagsabgeordneten der Oppostition nur, wenn man sich ohne Rücksicht auf den, bei Sonntagsreden gerne zitierten Grundkonsens der Demokraten, mit einer Atomanlage identifiziert und deshalb Mißstände und Auswüchse schlicht nicht mehr zur Kenntnis nimmt.

Dabei schreckt die Staatsregierung nicht einmal davor zurück, den offiziellen Verfassungsschutzbericht, der alljährlich herauskommt, als Propagandamittel zu benützen. In einem Kommentar der Mittelbayer. Zeitung vom 9. 8. 1987 heißt es dazu u. a.: „Geschickt werden in dem Verfassungsschutzbericht Bayern 1986 Zusammenhänge hergestellt oder suggeriert, nach dem Motto: WAA-Gegner sind zu allem fähig. Da werden ungeniert Tatsachen verdreht, Zahlen heruntergespielt, Vorfälle schlichtweg falsch dargestellt, andererseits werden Aktionen der Polizei einfach unterschlagen. Sogar die hiesige Polizei hatte z.B. nach dem Fackelzug am 15. August durch Schwandorf eingeräumt, daß lediglich ein Beamter Wachsflecken auf der Uniform hatte. Im Verfassungsschutzbericht wird daraus ein Angriff, den Demonstranten aus einer Gruppe Autonomer heraus mit einer brennenden Fackel auf einen Polizeibeamten starteten. Verwunderung kommt auf, wenn der Bund Naturschutz und die Bürgerinitiative Schwandorf unter der Überschrift Linksextremer Einfluß auftauchen . . .“

h) Abbruch der WAA-Erörtung in Neunburg v.W.

Die Art und Weise, wie die Bayerische Staatsregierung, vertreten durch die Genehmigungsbehörde Umweltministerium, am Freitag, den 12. 8. 1988, 14.03 Uhr, die Neunburger WAA-Erörterung zur zweiten Teilerrichtungsgenehmigung beendete, hat alle Zweifel an Objektivität und Unvoreingenommenheit der zuständigen staatlichen Stellen zur Gewißheit werden lassen. Der Abbruch stellte eine skandalöse und rechtlich nicht haltbare Vorgehensweise der Staatsregierung dar. Wesentliche Problembereiche waren bis zu diesem Zeitpunkt noch nicht hinreichend oder gar nicht behandelt worden, z.B. die Brennelementefabrik auf dem Gelände der WAA. Der effektive Rechtsschutz wurde mit Füßen getreten. Nur der Wechsel zwischen Frage und Antwort könnte die Schwächen der geplanten WAA aufzeigen. Eine rein schriftliche Erörterung, wie sie von dem zwischenzeitlich die Erörterung leitenden Ministerialrat Hermann Basse in Aussicht gestellt wurde, kann diesen Zweck nicht erfüllen. Hubert Weinzierl, Vorsitzender des Bundes Naturschutz, bezeichnete die Beendigung der Erörterung als handstreichartigen Abbruch und er sprach von „Ganovenmanier“, von einem Vorgehen, mit dem die Demokratie kaputtgemacht werde. Im übrigen hat ja die Staatsregierung schon immer mit dem Abbruch gedroht, spekuliert, kokettiert und letztlich gezielt gerechnet. Ich glaube auch nicht, daß die Entscheidung am 12. 8. 1988, 14.03 Uhr, abzubrechen, erst in der Mittagspause getroffen wurde, wie Ministerialdirigent Josef Vogl es darstellen wollte. Vielmehr war zu erkennen, daß der vom Umweltministerium als Genehmigungsbehörde eingeschlagene Kurs auf ein rasches Ende hinzielte. Ich meine auch, daß die plötzliche Abberufung von Rudolf Mauker als Versammlungsleiter, die zwar mit gesundheitlichen Problemen begründet wurde, schon darauf hinzielte. Die Kommentierungen in der Presse waren entsprechend. So schrieb Der Neue Tag am 13. 8. 1988: „Spätestens seit Beginn dieser Woche nämlich steuerte das Anhörungsschiff ganz klar in Richtung des rettenden Heimathafens München. Daß der Anker aber dennoch so rasch geworfen wurde und man nicht noch 3 oder 4 Tage Schamfrist einlegen wollte, lag wohl an der Schlagseite, die das Boot in den letzten Tagen durch argumentative Einschüsse der Einwenderseite hatte hinnehmen müssen.“ Der Kommentator der Süddeutschen Zeitung vom 13. 8. 1988 meinte: „Daß der Bayerische Staatsregierung der Erörterungstermin zur WAA in Neunburg v. Wald umso lästiger wurde, je tiefer sich die Gegner der WAA in die Materie einarbeiteten, war längst kein Geheimnis mehr. Beobachter hatten schon seit Tagen den Eindruck, daß die Befürworter der Anlage von Mal zu Mal mehr von den immer sachkundiger werdenden Sprechern der Einwender an die Wand argumentiert wurden. Diese Entwicklung sollte wohl jetzt mit dem abrupten Ende der Anhörung gestoppt werden, auch wenn man sich dadurch Blößen gab. Doch darauf kam es wohl offensichtlich nicht mehr an. Vom ersten Verhandlungstag an mußte, wer das Geschehen aufmerksam verfolgte, den Eindruck haben, daß hier nolens volens etwas abgewickelt wurde, was man in der Staatsregierung eigentlich für überflüssig hält. Schon bei der Wahl des Veranstaltungsorts war jedenfalls keinerlei Bemühen erkennbar, es den Einwendern möglichst leicht zu machen – im Gegenteil. Einen Ort, der schlechter erreichbar ist, hätte man kaum finden können. Daß die Einwender im Grund nicht ernstgenommen werden, ließ sich am leichtesten daran ablesen, da es die Vertreter der DWK vielfach gar nicht für nötig hielten, der Sachkunde der WAA-Gegner eigene Argumente entgegenzusetzen. Täuschte der Eindruck, daß sie eigentlich bloß das Ende der Erörterung abwarteten, während sie im Geiste schon weiterbauten?"

Daß diese Vermutung des Kommentators richtig ist, erweist sich an einem weiteren skandalösen Vorgehen der DWK, das am Rande der Erörterung bekannt wurde. Bereits am 30. 3. 1988 hat die Siemens-Tochter KWU eine für das WAA-Hauptprozeßgebäude erforderliche „Frischdampf-Erzeugungsanlage" in Auftrag gegeben. Dabei handelt es sich um eine Gerätschaft, die immerhin rund 5,2 Millionen DM kostet. Das mit der Herstellung betraute, in Duisburg ansässige Unternehmen hat den Auftrag am 13. 7. 1988 bestätigt, also bereits während der Erörterung zum zweiten atomrechtlichen Genehmigungsverfahren. Damit ist doch für jedermann klar, daß die gesamte Erörterung in Neunburg nur eine Farce war, eine Farce mit gesichertem Ausgang. Der DWK und der Atomlobby war dieses Verfahren vollkommen egal. Sie haben dort durch die DWK-Leute lediglich ihrer Präsenzpflicht genügt, sie wußten ganz genau, daß sie auf diese Einwendungen keinerlei Rücksichten nehmen mußten, da sie in Kumpanei und Kameraderie mit der Staatsregierung eben eng verflochten waren. Deshalb konnten sie ohne jedes Risiko schon Monate vor Beginn des Erörterungstermins für viele Millionen DM Geräte bestellen, die für das Hauptprozeßgebäude gebraucht werden könnten oder sollten, obwohl für dieses auch die Baugenehmigung noch nicht vorhanden war. Bedarf es noch eines größeren Beweises? Wohl nicht!

2. Zweifel an Zuverlässigkeit der Betreiberfirma DWK/DWW

Wenn wir die DWK-Leute im Landkreis Schwandorf agieren und agitieren sehen, dann kommen sie uns vor wie „Eindringlinge von einem anderen Stern", die versuchen, das besetzte Gebiet unter Kontrolle zu bekommen. Wo ihr Handlungsfeld liegt, ist ihnen im Prinzip egal. Genauso wie sie sich hier aufführen, hätten sie sich auch an einem der anderen acht ins Auge gefaßten Standorte für die WAA benommen. Sie waren und sind Fremdlinge, die nichts von unserer Mentalität verstehen, die ihre gutbezahlten Jobs ausfüllen, die, was für die WAA-Gegner oft unerwartete Motivation ist, überhaupt kein Fingerspitzengefühl haben. In den ersten Tagen des WAA-Erörterungstermins in Neunburg, gab ein Vertreter der DWK eine geharnischte Erklärung in Richtung des in diesem Augenblick nicht anwesenden Landrats Schuierer in der Stadthalle ab. Der Repräsentant der DWK konnte nicht einmal den Namen des allerseits bekannten und beliebten Landrats aussprechen, er nannte ihn Schu-irer. Selbstverständlich habe ich die Gelegenheit benützt, um – in der mir eigenen Weise – sofort auf diesen Umstand hinzuweisen. Die zuständigen und verantwortlichen Personen und Standortrepräsentanten der DWK und ihrer in Wackersdorf angesiedelten Tochter DWW versuchen auch, in ihren öffentlichen Auftritten keinen Hauch von Zweifel am Sinn ihres Tuns aufkommen zu lassen. Lediglich bei seiner Verabschiedung als Vorstandsvorsitzender der DWK konnte man diesen leichten Hauch von Zweifel verspüren, als Herr Günther H. Scheuten meinte: „Ich hoffe, daß wir letztlich doch etwas Gutes in die Oberpfalz gebracht haben."

a) Massive Einflußnahmen im politischen Bereich.

Die Art, wie die DWK, als private Firma und Bauwerber, bei ihren üblichen Pressekonferenzen mit WAA-Gegnern, deren Sachbeiständen und Anwälten umgeht, erkennt man auch an den unglaublichen Reaktionen während der Neunburger WAA-Erörtungstermine. Laut einem Pressebericht vom 29. 7. 1988 warf das DWK-Vorstandsmitglied Wolfgang Straßburg den Einwendeanwälten der WAA-Gegner kaum zu überbietende Arroganz vor. Es finde tagtäglich ein Politspektakel, ein Tribunal gegen die friedliche Nutzung der Kernenergie statt. Schließlich verstieg sich der Vertreter einer privaten Firma, die aber über die Gebühren der Stromkunden sein erhebliches Gehalt finanziert, zu der Behauptung, daß die Zuhörer bei den WAA-Erörterungsterminen „Psychoterror" inszenierten.

Besonders rüde geht die DWK mit der SPD um. Man muß die Zuverlässigkeit einer solchen Betreiberfirma, bei der ja über die Muttergesellschaften auch die öffentliche Hand beteiligt ist, schon in Frage stellen, wenn einseitig immer nur gegen die SPD agitiert wird.

Ich bin ein besonders beliebtes Ziel dieser Angriffe. Der gleiche Vorstandssprecher der DWK, Wolfgang Straßburg, warf mir Ende Juli 1988 vor, vertrauensschädigende Äußerungen getan zu haben. Die Behauptung, die DWK habe über Mittelsmänner Kontaktversuche zur SPD unternommen mit dem Ziel, bei dieser eine positive Haltung für ein Zwischenlager bei Wackersdorf zu erreichen, falls die DWK von der WAA als solcher abrücke, bezeichnete der Sprecher der DWK als „pervers". Zierer habe sich mit seinen Äußerungen selbst disqualifiziert, usw. usw. Das ist genau die Sprache, mit der die Herrschenden im Dritten Reich oppositionelle Gruppen diffamierten und ausgrenzten. Die DWK ist auch nicht bereit, die Mehrheitsmeinung der SPD für den Ausstieg aus der Kernenergie zu respektieren. Mir ist unbegreiflich, warum die SPD-geführten Bundesländer, die in den Aufsichtsräten der Energieversorgungsunternehmen (z.B. RWE) vertreten sind, nicht auf die Tochtergesellschaft DWK Einfluß nehmen und diese zumindest zu einer parteipolitischen Neutralität veranlassen.

Äußerst problematisch ist es z.B., daß die DWK/DWW „listig" die wenigen, einigermaßen prominenten SPD-WAA-Befürworter „herauspicken", um sie vor ihren Propagandakarren zu spannen. (Eine ganz andere Frage der innerparteilichen Solidarität ist es, daß sich diese „Parteifreunde" auch noch vor diesen Karren spannen lassen!) So hat man in Wackersdorf einen sog. Standortbeirat installiert und nicht nur den SPD-Bürgermeister von Wackersdorf, Josef Ebner, und den SPD-Gemeinderatsfraktionsvorsitzenden Max Politzka dazu eingeladen (das könnte man ja noch wegen der lokalen Situation nachvollziehen), sondern bewußt – unter Umgehung des direkt gewählten Stimmkreisabgeordneten Dietmar Zierer – den über die SPD-Liste in den Landtag gewählten Abgeordneten von Regensburg-Land, den MdL Xaver Wolf aus Hainsacker zur Mitarbeit in den Standortbeirat eingeladen. Oder plötzlich wird einem, sonst nicht sehr bekannten, SPD-Bundestagsabgeordneten namens Erwin Stahl die Gelegenheit eingeräumt, in der Propagandaschrift der DWK/DWW zur WAA ganzseitig seine nicht gerade erleuchtenden Meinungen zur friedlichen Nutzung der Kernenergie zu verbreiten. Was soll das? Jedermann weiß, daß es in der SPD immer noch Minderheitsmeinungen gibt, die die friedliche Nutzung der Kernenergie befürworten. Jedermann weiß, daß es in der SPD selbstverständlich auch Mitglieder gibt, die für die WAA Wackersdorf eintreten. Es ist eben eine Minderheitsmeinung. Diese Minderheitsmeinungsträger benutzt man gezielt und raffiniert, um damit den Widerstand der gesamten SPD unglaubwürdig zu machen, um die SPD-Anhänger zu verunsichern.

Parallel zu diesen Angriffen und Aktionen gegen die SPD läuft die dauernde Unterstützung der CSU. Ausgerechnet mitten in der heißen Wahlkampfphase des Landtagswahlkampfes 1986 inszenierte der frühere Vorstandsvorsitzende der DWK, Herr Scheuten, wieder einmal seine übliche Pressekonferenz in Wackersdorf. Einleitend griff er den damaligen SPD-Kanzlerkandidaten Johannes Rau an, der (bei einem Besuch vor Ort) keinen Kontakt zu der DWK gesucht habe, weil er sich „seine Vorurteile nicht habe erschüttern lassen wollen." Ferner beabsichtige er, Herr Scheuten, „das Wissensdefizit von Karlheinz Hiersemann und Hans Jochen Vogel auszugleichen" usw. Schließlich ließ er die Katze aus dem Sack. Auf die Frage eines Pressesprechers, ob die DWK die CSU im laufenden Landtagswahlkampf unterstütze, meinte er: „Wir sind in Sachen Parteienfinanzierung sehr zurückhaltend. Man habe allerdings dem CSU-Kreisverband Schwandorf kürzlich eine kleine Spende gemacht." Brachte diese kleine Spende bei der CSU vor Ort die Wende? Ich kann das nicht belegen. Auffällig ist schon, daß der CSU-Kreisverband Schwandorf seit Anfang 1986, zumindest was die veröffentlichte Meinung anbelangt, mit großer Mehrheit in das DWK- und WAA-Jubellager hinübergeglitten ist. Als Gegenleistung werden die CSU-Mandatsträger in DWK-Werbeschriften lobend erwähnt, werden zitiert.

Rechtzeitig zur Landtagswahl 1986 hat die DWK mit riesigen Kosten eine ewig lange Inseratenserie mit der Überschrift „Fragen zur WAA" geschaltet. In der Fußnote konnte man dann feststellen, daß diese Fragen vom CSU-Bezirksverband Oberpfalz stammten und die DWK/DWW diese Fragen der CSU nun – selbstverständlich im Sinne der WAA-Befürworter – öffentlich beantworte. Dies führt selbstverständlich zu Dankbarkeiten auf beiden Seiten.

Auf der anderen Seite fängt die DWK die am „Unverstand der Bevölkerung gescheiterten" CSU-Mandatsträger mit ihrem eigenen sozia-

Netz wieder auf. Der frühere CSU-Landtagsabgeordnete Ernst Dietz, der für die Landtagswahl 1982 von seiner Partei nicht mehr nominiert wurde, da er sich öffentlich hinter die umstrittene Lagerstätte für radioaktive Abfälle in Mitterteich gestellt hatte und damit einen großen Teil seiner Parteifreunde und weite Teile der Bevölkerung verprellt hatte, konnte, so berichteten die Zeitungen, seine berufliche Zukunft sichern. Der Mitterteicher Dietz wurde von der DWK zunächst in München im Ressort Öffentlichkeitsarbeit beschäftigt, später wurde er sogar in Wackersdorf als einer der sog. „Standortrepräsentanten“ eingesetzt, in Erscheinung getreten ist er allerdings kaum. Wohl aus gutem Grund.

Die DWK betreibt auch eine eigene parteipolitische Jugendpolitik. So konnte man Ende 1987 erfahren, daß der Bezirksvorsitzende der Jungen Union Oberpfalz, Jakob Landgraf aus Leuchtenberg, der bisher Beamter am Finanzamt Weiden war, im Januar 1988 zur DWK überwechselte. Er soll in der Unternehmenszentrale ein Jahr lang in steuer- und finanztechnischen Fragen eingearbeitet und nach Ablauf dieser Frist zur Wiederaufarbeitungsanlage Wackersdorf versetzt werden. Seine parteipolitische Funktion als JU-Bezirksvorsitzender gab Herr Landgraf selbstverständlich nicht auf. In dieser Funktion konnte er sich ja auch für seinen neuen Arbeitgeber verdient machen.

b) Verflechtung und Verfilzung der DWK/DWW mit den Hanauer Atomfirmen

Während des Erörterungstermins in Neunburg v. Wald spielte die Unzuverlässigkeit der Atomfirmen Nukem und Alkem, RBU und Transnuklear eine besondere Rolle. Der in Neunburg anwesende DWK-Jurist Rechtsanwalt Ludwig Harms wies diese Vorwürfe pflichtschuldigst sofort zurück.

Die Initiativgruppe Umweltschutz Hanau gab hier eine Fülle von Fakten bekannt. Es wurde die Firma Nukem beschuldigt, nicht in der Lage gewesen zu sein, für ihre eigene Brennelementfabrik ein ordnungsgemäßes Genehmigungsverfahren nach § 7 des Atomgesetzes durchzuführen. Ferner hätten Rechenfehler im Genehmigungsantrag zu einer Wiederholung der Erörterung geführt. 1983 sei festgestellt worden, daß sich Nukem in der Angabe ihrer beantragten Uranmengen erheblich verrechnet hatte. Dieser Fehler war auch dem Gutachter des TÜV Bayern nicht aufgefallen! Obgleich die Staatsanwaltschaft Hanau aus strafrechtlicher Sicht die Ermittlungen plötzlich gegen Nukem eingestellt hatte, waren auch in dieser Einstellungsverfügung schwere Vorwürfe gegen die Geschäftsführer der Nukem enthalten. Es ist deshalb unverantwortlich, daß eine solche Firma im Errichtungskonsortium der WAA mitarbeitet. Auch die skandalträchtige Firma Alkem ist immerhin planerisch an der WAA beteiligt, wenn sie auch nicht dem Errichtungskonsortium angehört. Die Kontakte, Verflechtungen und Beziehungen der DWK/DWW mit diesen Hanauer Atomfirmen werfen äußerste Zweifel auch an der Zuverlässigkeit der DWK auf. Die Zweifel an der Zuverlässigkeit all dieser Atomfirmen werden fast Tag für Tag durch Berichterstattungen, z. B. über das Atomtransportgewerbe, verstärkt.

c) Verschleuderung der Gelder der Stromverbraucher

Die Werbekampagnen der DWK sind breitgefächert, sprechen jedoch eine überdeutliche Sprache, in welch unvorstellbarem Maße hierfür Geld vorhanden sein muß. In der Anfangsphase der Debatte „Pro oder Contra WAA" hat die DWK auf ihre Kosten nach Belieben Stammtischvereine, CSU-Frauenunionsgruppen, Schulklassen, Vereine und Verbände, nach La Hague in Frankreich „gekarrt". Ausstellungen wurden finanziert, seltsame Arbeitskreise für friedliche Nutzung der Kernenergie bezuschußt, usw. usw. Interessant war auch, daß z. B. eine 15-köpfige Polizeibeamtengruppe bei diesem WAA-Reisetourismus nach La Hague, auf Kosten der DWK, dabei war. Auch ich habe diese Fahrten immer wieder kritisiert, insbesondere auch die Fahrt der Polizeibeamten. Daraufhin antwortete der damalige Pressesprecher der DWK, Marquardt: „Die DWK wird auch weiterhin in der Standortregion Schwandorf der Bevölkerung, und somit allen gesellschaftlich relevanten Gruppen, ein Spektrum von Informationsmöglichkeiten zum Thema WAA anbieten. Hierzu zählen auch Informationsfahrten zu Orten, wo Wiederaufarbeitungsanlagen betrieben werden. Vermutungen, daß Teilnehmer mit solchen Informationsfahrten für die Sache käuflich seien, sind Unterstellungen, die dem Anliegen der Teilnehmer an solchen Reisen, sich möglichst von allen Seiten umfassend zu informieren, nicht gerecht werden." Und so ist es dann auch weiter geschehen. Nunmehr sind diese Fahrten natürlich nicht mehr so interessant, da man ja schon vor Ort etwas sehen kann.

Besonders problematisch finde ich aber auch, wenn Körperschaften des öffentlichen Rechts, wie eine Industrie- und Handelskammer, sich einseitig informieren. Verfilzungen und Abhängigkeiten können hier nicht ausgeschlossen werden. Oder wie ist es denn zu beurteilen, wenn der Präsident der Industrie- und Handelskammer Regensburg am 2. 6. 1986 „in Verbindung mit unserer internen Vollversammlung" für Donnerstag, den 19. 6. 1986, zu einer Veranstaltung einlädt . . ." Nach einem gemeinsamen Mittagessen ist ab 14.15 Uhr die Besichtigung des WAA-Baugeländes vorgesehen. Um 15 Uhr wird Herr Walter Schüller, Vorsitzender der Geschäftsführung der Wiederaufarbeitungsanlage Karlsruhe (WAK) über das Thema, Diskussion um die WAA – gibt es neue Erkenntnisse?, referieren. Nach der Diskussion können die DWW-Informationsräume besichtigt werden. Die Vollversammlung endet mit einer Brotzeit in den Räumen der DWW (vormals BBI-Gemeinschaftshaus). Ich lade Sie auch dazu herzlich ein und würde mich über Ihre Teilnahme freuen, usw. usw." (s. Dok. Nr. 26)

Die DWK bzw. deren Muttergesellschaften finanzieren auch Pro-Atomkundgebungen in Wackersdorf. So sind Anfang Juli 1988 ein paar Tausend Betriebsräte und Beschäftigte von Betriebsstätten der Energieversorgungsunternehmen nach Wackersdorf gefahren worden, mit Km-Geld und Dienstbefreiung, um für die WAA zu protestieren. Als einer der Redner ist der DWW-Betriebsratsvorsitzende Helmut Kumeth aufgetreten, der sich auch für verschiedene Anzeigen von fünf Betriebsratsvorsitzenden (Braunkohlekraftwerk Dachelhofen, Wiederaufarbeitungsanlage Karlsruhe, Kernkraftwerk Isar I, KWU) verantwortlich zeichnet. Ich bin absolut sicher, daß auch diese teuren Inserate nicht von den fünf Betriebsratsvorsitzenden aus eigener Tasche bezahlt werden. Wenn es anders sein sollte, bitte ich um entsprechenden Hinweis dieser fünf wackeren Kämpfer für die Kernenergie.

Über die von den Muttergesellschaften und der Betreiberfirma eingekaufte Pro-WAA-Demonstration wurde dann auch noch überschäumend glücklich in der DWK-eigenen Propagandapostille berichtet. Interessant ist in diesem Zusammenhang, daß mit dieser

Km-Geld- und Dienstbefreiungslösung wohl einer Pleite dieser Pro-WAA-Demonstration vorgebeugt werden sollte, da bei einer Unterschriftenaktion der Beschäftigten aller Energieversorgungsunternehmen sich nur 35 % der Beschäftigten (und dies bei massivem Druck von oben!) beteiligt hatten.

Die Pressestelle der OBAG Regensburg bestätigte übrigens, daß in einem Rundschreiben des Gesamtbetriebsrats an die Beschäftigten für diese Demonstration geworben wurde und Dienstbefreiung, sowie anfallende Mehrkosten, z.B. Km-Geld, Reisezeit, Mehraufwandsentschädigung, zugesagt wurden. Diese erheblichen Aufwendungen der Pro-WAA-Demonstranten wurden aus einer Kostenstelle des Betriebsrats gedeckt, die von der OBAG wieder über den Etatposten „Mitbestimmungskosten" abgerechnet wurde. Darf ich noch daran erinnern, daß Innenminister August Lang den WAA-Gegnern vorgeworfen hat, für Demonstrationen Tagegelder zu erhalten? Wo sind also jetzt die bezahlten Demonstranten? Bei den WAA-Gegnern oder auf der Betreiberseite?

In Sachen Werbung der DWK noch eine Anmerkung: Unlängst war ich als Schirmherr bei einem Stockschützenturnier eingeladen. Ich habe, wie es üblich ist, den Siegerpokal gestiftet. Einer der weiteren Pokale war von der DWK/DWW gestiftet. Das war dem Verein offenbar peinlich. Sie versuchten, es vor mir zu verbergen und den DWK/DWW-Pokal unauffällig an den Gewinner zu überreichen. Die Betreibergesellschaft spendet also auch Pokale zum höheren Ruhme der WAA!

d) Zinslose Millionendarlehen an Gemeinden

Ein besonders peinliches und würdeloses Schauspiel boten die vier Gemeinden Bodenwöhr, Neunburg v.W., Schwandorf und Wackersdorf beim Poker um die erhofften Steuermillionen aus der WAA. Auch hierbei haben die Bayerische Staatsregierung und die DWK gemeinsam die beteiligten Gemeinden und deren Vertreter wie Marionetten an den Schnüren tanzen lassen. Man hat die Gemeinden dadurch schlicht erpressen können, indem man die Entscheidung, welcher von den Anliegergemeinden das früher und bis dato gemeindefreie Gebiet „Taxöldener Forst" zugeordnet werden sollte, solange zurückgestellt wurde, bis sich alle Gemeinden auf einen Verteilungsschlüssel bezüglich der zu erwartenden Steuererträge aus der WAA geeignet hatten. Es gab eine Vielzahl von Gesprächen mit der Regierung der Oberpfalz, an denen sich sogar Herr Regierungspräsident Karl Krampol persönlich beteiligte. Das Gefeilsche und Gezetere der vier Bürgermeister muß ein richtiges Spektakel gewesen sein. Als sich dann die Herrn Bürgermeister am 24. 7. 1985 wieder einmal zu einer Gesprächsrunde einfanden, lag ihnen ein ausgearbeiteter siebenseitiger Vertrag vor, der öffentlichrechtlichen Charakter besaß und – versehen mit drei verschiedenen Aufteilungsschlüsseln zur Wahl – sofort paraphiert hätte werden können. Bei den drei Alternativen ging man jeweils von einer anderen Standortgemeinde aus, unter der Voraussetzung, daß eben die Regierung eine der drei Gemeinden Wackersdorf, Bodenwöhr oder Neunburg mit dem bislang gemeindefreien Gebiet „beglücken" mußte. Für die Stadt Schwandorf war durchgehend in allen Alternativen ein 20-Prozent-Anteil vorgesehen. Selbstverständlich war der Schwandorfer Oberbürgermeister mit diesen 20 Prozent nicht zufrieden. Bei diesem Gespräch, das im Konferenzsaal der Regierung der Oberpfalz stattfand, erläuterte Leitender Regierungsdirektor Völcker, daß die DWK beabsichtige, den vertragsschließenden Gemeinden in den ersten Jahren, in denen keine nennenswerte Gewerbesteuer anfällt, ein zinsloses Darlehen zu gewähren. Dieses Darlehen sollte keine Gewerbesteuervorauszahlung darstellen, so daß sich daran keine Gewerbesteuerumlage oder Auswirkungen des Finanzausgleichsgesetzes knüpfen. Interessant ist, daß die DWK mit Schreiben vom 9. 7. 1985, also mitten im Steuerpoker der Gemeinden, dem Bayerischen Innenministerium mitteilte, von welchen Gewerbesteuerbeträgen im Zusammenhang mit der WAA während der kommenden Jahre ausgegangen werden könne: Für 1986 wären dies im Zerlegungsanteil 70.000,– DM (33 v. Hundert), für 1988 1.225.000,– DM (50 v. Hundert), für 1990 insgesamt 3.060.000,– DM (75 v. Hundert) und für 1992 insgesamt 3.990.805,– DM (80 v. Hundert). Anzufügen ist, daß eben rund 20 % des gesamten Gewerbesteueraufkommens in den norddeutschen Raum nach Hannover gehen, wo die DWK ihren Hauptsitz hat. Das Angebot der DWK auf Ausreichung von zinslosen Darlehen in vielfachen Millionenhöhen an die umliegenden Gemeinden kam eben genau in dem Augenblick, als keine Einigung der Gemeinden in Sicht war, und wurde ausdrücklich an eine einvernehmliche Regelung zwischen den Gemeinden geknüpft. Damit hat die DWK zum richtigen Zeitpunkt und raffiniert die goldene Angelrute ausgelegt. Es ist ein trauriges Kapitel in der Geschichte der Finanzhoheit der Gemeinden, daß alle beteiligten Gemeinden den goldenen Köder aufnahmen. Besonders ereiferten sich die Wackersdorfer Gemeinderäte während des Millionenpokers darüber, daß auch noch Gemeinden mitpokerten, die eigentlich erhebliche Einwendungen gegen die WAA geltend gemacht hatten. Laut Pressebericht war der Gemeinderat von Wackersdorf der Ansicht, es sei ungerecht, wenn eine andere Gemeinde, die grundsätzlich gegen den Bau und Betrieb einer WAA sei, das Rennen machen würde, während Wackersdorf weitgehend leer ausginge. Hier forderte man ungeniert die Früchte der politischen Botmäßigkeit ein! Der Neunburger Bürgermeister Josef Manlik (der sich – allerdings ein wenig vorsichtig – als WAA-Gegner darzustellen versucht) argumentierte bei einer Besprechung am 24. 5. 1985 für einen höheren Anteil von Neunburg damit, daß die Emissionsbelastung des Gemeindegebietes durch die Hauptwindrichtung Westen von der WAA her besonders groß sei. Dazu wurde allerdings seitens der Regierung ausgeführt, daß mögliche Emissionen im Hinblick auf die zu erwartenden Auflagen in den Genehmigungsverfahren außer Betracht bleiben müßten!

Jedenfalls einigten sich die Gemeinden dann auf die vorgelegten Schlüssel und nahmen mehr oder weniger dankbar die angebotenen zinslosen Darlehen an. Die Gemeinde Bodenwöhr, im Vergleich zum Landesdurchschnitt sehr hoch verschuldet, hat zwischenzeitlich fast die Häfte aller ihrer Darlehen von der DWK erhalten. Es sind derzeit 2,8 Millionen, eine weitere Rate in Höhe von 700.000,– DM steht noch aus. Ich halte es – auch haushaltsrechtlich – für äußerst problematisch, wenn sich eine Gemeinde von solchen Darlehensleistungen abhängig macht. Besonders dann, wenn beim Darlehensvertrag zwischen der DWK und z. B. der Gemeinde Bodenwöhr die Klausel enthalten ist, bei finanziellem Unvermögen der Gemeinde könnte man über die Rückzahlungstermine mit der DWK noch einmal verhandeln. Damit begibt sich die Gemeinde vollends in die Hand der DWK. Ich habe dies dem neugewählten Bürgermeister Wallinger der Gemeinde Bodenwöhr in einem Gespräch erläutert. Er wird sich bemühen, neue Darlehensbedingungen mit der DWK auszuhandeln. (Die politischen Auswirkungen der CSU- Wahlniederlage bei der Bodenwöhrer Bürgermeisterwahl sind übrigens auch noch nicht abzuschätzen. Man kann hier nur hoffen; botmäßiger gegenüber der DWK als der frühere CSU-Bürgermeister kann der neue nicht sein.) Es gibt jedenfalls keinen Zweifel, daß die DWK durch diese, in der Geschichte des Nachkriegsdeutschlands einmaligen, Darlehenszahlungen „Dankbarkeit" seitens der betroffenen kommunalen Parlamente erwartet. Noch zu keiner Zeit hat eine Firma, bevor sie noch mit den Rodungen begonnen hat, bevor sie noch den Bauzaun errichtet hat, bevor sie noch den Erdaushub getätigt hat, schon Millionen an zinslosen Darlehen an Gemeinden ausgereicht, im angeblichen Vorgriff und in Verrechnung mit evtl. künftig fließenden Gewerbesteuereinnahmen, die heute mehr denn je in den Sternen stehen. „Wes Brot ich ess, des Lied ich sing!"

e) Nötigender Druck auf WAA-Gegner

Die rücksichtslosen Praktiken der DWK/DWW kann man an einem kleinen, aber exemplarischen Beispiel deutlich machen: Da schrieb ein Mitarbeiter der AOK Neumarkt, offenbar auch ein überzeugter WAA-Gegner, unter dem 15. 1. 1988 einen Brief an die DWK/DWW in Wackersdorf. In diesem Brief spricht dieser AOK-Mitarbeiter eben seine Ängste und Befürchtungen aus, spricht die Verflochtenheit der DWW als Bauherrn und späteren Betreiber der WAA mit den Stromproduzenten an und befürchtet, daß die DWK/DWW kritische Bürger „kaufen" oder „umwandeln" möchte. Befürchtungen, die ich vollinhaltlich teile. Interessant ist aber die Art und Weise, wie auf diesen Brief der Pressesprecher der DWK, Mühlberger, geantwortet hat. Dieses Antwortschreiben, das über Umwegen in meinen Besitz kam, und das deshalb, weil ich selbst nur eine Kopie erhalten habe und offenbar der Empfänger das Antwortschreiben zunächst einmal in seinem Zorn zerrissen hatte, nicht so gut leserlich ist, muß man sich einmal in Ruhe zu Gemüte führen. Die Aggressionen, die Häme, die Arroganz und die unglaubliche Dreistigkeit, dadurch auf den Arbeitnehmer der AOK Neumarkt Druck auszuüben, indem der Briefwechsel dem Arbeitgeber zugesandt wurde, spricht Bände. Kann man denn zu einem solchen Betreiber einer so gefährlichen Anlage, wie es eine WAA ist, der sich solcher Methoden bedient, Vertrauen haben? Würden Sie von solchen Herren einen Gebrauchtwagen kaufen? Halten Sie solche Herren für zuverlässig? Im Antwortschreiben der DWW heißt es u.a.: „Ich kann Sie beruhigen! Ich sehe die von Ihnen aufgezeigte Gefahr nicht, daß Sie sich ohne die Wiederaufarbeitungsanlage in ein Baumhaus flüchten müssen. Ich will Sie aber gerne auf eine andere Gefahr hinweisen. Es gibt nicht wenige Arbeitnehmer, die durch ihre Tätigkeit in der Kernenergie und in Energieversorgungsunternehmen ganz maßgeblich zu Ihrem beruflichen Fortkommen beitragen. Ich selbst bin z.B. genauso wie viele Tausende meiner Kollegen bei der AOK krankenversichert. Sie haben bisher sicher nicht daran gedacht, daß Arbeitnehmer aus der Kernenergie mit dazu beitragen, daß Sie einen stabilen Arbeitsplatz haben. Vielleicht refektieren Sie Ihre Aussagen einmal unter diesem Aspekt. Da ich annehme, daß Ihre Vorgesetzten in der AOK Neumarkt Ihren Stellenwert als wertvoller Mitarbeiter im Marketing-Bereich bis nur unzureichend erkannt haben, will ich gerne etwas nachhelfen und erlaube mir, sowohl Ihren Brief, wie auch mein Antwortschreiben Ihrem Arbeitgeber zur gefälligen Kenntnisnahme zu senden. Mit freundlichen Grüßen Mühlberger“.

Hier wird also ein Arbeitnehmer schlicht denunziert und hingehängt, nur weil er sich in Sachen WAA erlaubt, eine andere Meinung zu haben als die DWK, und auch noch den Mut besitzt, dies in einem Brief an die DWK/DWW zur Kenntnis zu geben. Soweit sind wir schon gekommen!

3. Spaltprozesse

Es ist bekannt, daß ich zum Regierungspräsidenten der Oberpfalz, Herrn Karl Krampol, ein – um dies sehr milde auszudrücken – sehr gespanntes Verhältnis habe. Aber, wo er recht hat, hat er recht. Anläßlich der feierlichen Verabschiedung des früheren Vorstandsvorsitzenden der DWK, Herrn Scheuten, in Wackersdorf, bei der ja selbstverständlich der Herr Regierungspräsident nicht fehlen durfte (warum laden die eigentlich nie den Stimmkreisabgeordneten für den Bayerischen Landtag ein?), sagte Herr Krampol: „Es hat noch nie ein Projekt gegeben, das die Bevölkerung so stark gespalten hat, wie die

WAA in Wackersdorf." Das Projekt hat bei uns alles verändert. Es hat uns den inneren Frieden genommen.

a) Psychosoziale Folgen.

Die Auswirkungen der WAA auf die Psyche der Menschen wurde auch beim Erörterungstermin in Neunburg v. Wald im Juli 1988 diskutiert. Michael Kortländer, Leiter des Münchner Instituts für Psychologie und Friedensforschung, zeigte sich dabei überzeugt, daß der Bau der WAA bei vielen bereits zu Beziehungsstörungen geführt habe. Insbesondere werfe das WAA-Projekt auch psychosoziale Probleme auf. Bereits jetzt in der Bauphase seien vielfach Beziehungsstörungen zwischen vielen Menschen feststellbar. Langes Anhalten solcher Beziehungsbeeinträchtigungen könnte seiner Meinung nach psychosomatische Erkrankungen nach sich ziehen. Durch die WAA drohe die psychische Militarisierung der Bevölkerung, ein Verdrängen der Angstgefühle führe zu Depressionen und Resignation.

Deutliches Beispiel dafür ist die Sprache, wie WAA-Befürworter und WAA-Gegner miteinander umgehen. Jeder versucht, im Zweifel „noch eins draufzusetzen". Ich schließe mich hier, bei Gott, nicht aus. Eine Seite trägt zur Eskalierung der anderen Seite mit bei. Die Militarisierung der Sprache und damit auch letztlich der Verhaltensbeziehungen zueinander wird deutlich gemacht z. B. durch eine Aussage des CSU-Bundestagsabgeordneten Wolfgang Götzer, der zu den Verhältnissen am WAA-Zaun an Ostern und Pfingsten 1986 schlicht sagt: „Dort oben in Wackersdorf herrscht Krieg". MdB Götzer drückte sein Unverständnis aus, daß die Minimalforderungen der CSU, wie Vermummungsverbot oder Änderung des Haftrechts, nicht Wirklichkeit werden und Wasserwerfer mit CS-Gas-Gemisch in Wackersdorf für ausreichend angesehen werden (!). „Es gab Situationen, die einen Waffeneinsatz gerechtfertigt hätten". Militanter geht es also wirklich nicht mehr.

Ein weiteres Beispiel, auf einem ganz anderen Gebiet, für die kaum mehr zu behebenden Beziehungsstörungen um die WAA herum: Am 5. 3. 1988 schrieb der Dachverband der Oberpfälzer Bürgerinitiativen gegen Atomanlagen an die Geschäftsstelle des Bezirksjagdverbandes Regensburg, zu den atomrechtlichen Genehmigungsverfahren in Sachen WAA. Dabei wurde auf das Reaktorunglück von Tschernobyl hingewiesen, das der Jagd im ostbayerischen Raum großen Schaden zugefügt habe. Immer noch sei zum Teil die Jagdbeute in bayerischen Waldgebieten so hoch mit radioaktivem Cäsium belastet, daß die erlegten Wildtiere nicht in den Handel kommen dürften. Durch eine WAA würde sich das Problem der radioaktiven Verseuchung des Wildes noch verschärfen. Schließlich machte der Dachverband der Oberpfälzer Bürgerinitiativen gegen Atomanlagen den Bezirksjagdverband Regensburg darauf aufmerksam, daß im Rahmen des atomrechtlichen Genehmigungsverfahrens Einwendungen auch aus der Sicht der Jägerei gegen dieses Atomprojekt erhoben werden könnten. Es wurde den Oberpfälzer Jägern dann eigens noch von den Sachverständigen der BI's ein Sammeleinspruch ausgearbeitet, der bei dieser Gelegenheit der Geschäftsstelle zugesandt wurde. Nun kann wohl niemand sagen, daß dieses Anschreiben irgendeine Polemik oder Häme enthält. Ganz anders dagegen das Antwortschreiben des Landesjagdverbandes Bayern, Bezirksverband Regensburg, unterschrieben vom 1. Vorsitzenden Schiel am 14. 3. 1988. Es beginnt mit folgender Einleitung: „Sehr geehrter Herr Konias, es ist schon ein starkes Stück, was Sie sich da leisten. Bei den Jägern werden Sie wohl kaum Verbündete gegen die WAA finden. Wenn Sie noch dazu die absurde Behauptung aufstellen, nämlich daß die WAA Mengen von Radioaktivität an die Außenwelt abgibt, die denen von Tschernobyl vergleichbar ist, so wird Ihr Schreiben von niemanden ernstgenommen. Die Jäger haben einen unermeßlichen finanziellen Schaden durch das Reaktorunglück erlitten, der aber zu keiner Zeit sachlich begründet und gerechtfertigt war, sondern nur durch die Panikmache Ihresgleichen und durch die bewußte Verdrehung und Verfälschung der Tatsachen durch Sie. Jetzt wollen Sie uns auch noch vor Ihren Karren spannen! Nehmen Sie bitte zur Kenntnis, daß wir Jäger mehrheitlich nichts gegen die Kernkraft und schon gar nichts gegen die WAA einzuwenden haben, wohl aber dagegen, daß Sie nicht bereit sind, die Spielregeln einer parlamentarischen Demokratie anzuerkennen und daß Sie stets auf der Lauer liegen, die Rechtsstaatlichkeit zu untergraben und seine Organe zu kriminalisieren. Mit nicht sehr freundlichen Grüßen Schiel, 1. Vorsitzender." (s. Dok. Nr. 28 und 29)

Ich habe dann unter dem 24. 5. 1988 einen Brief an den Landesjagdverband Bayern, Bezirksverband Regensburg, geschrieben, mich über die maßlose Art der Reaktion beschwert und dringend gebeten, mir zu den aufgeworfenen Fragen eine Antwort zu geben, bis heute ohne Ergebnis. Ich bin übrigens sicher, daß es viele Jäger gibt, die die Ansicht des damaligen Bezirksvorsitzenden Schiel in keinster Weise teilen.

b) Beziehungsstörungen in Familien und Partnerschaften

Die WAA verursacht Spaltprozesse auch und gerade in den unmittelbaren Beziehungen zwischen Partnern und in Familien. Bundesweites Paradebeispiel wurde, durch die Veröffentlichung in der Süddeutschen Zeitung, die Familie Ebner aus Wackersdorf. Allgemein bekannt ist, daß der Wackersdorfer Bürgermeister Josef Ebner (SPD) offenbar nach wie vor für den Bau der WAA eintritt. Ich sage nach wie vor, da in letzter Zeit Sepp Ebner entweder nicht mehr in der Lage ist, die Situation abzuschätzen, oder er im Einzelfall doch Zweifel und Skepsis erkennen läßt. Wie anders wäre es zu erklären, daß er in einer der letzten Kreistagssitzungen mit der SPD-Kreistagsfraktion für einen sofortigen Baustop bei der WAA gestimmt hat. Später hat er dann wieder mit der CSU-Kreistagsfraktion gegen die Einwendungen der SPD-Kreistagsfraktion votiert. Jedenfalls hat Sepp Ebner die WAA befürwortet und wohl entscheidenden Anteil daran, daß die DWK davon ausging, mit der Akzeptanz der Bürger in Wackersdorf rechnen zu können. Seine Ehefrau ist anderer Meinung. Anderer Meinung ist auch sein Sohn Wolfgang, der SPD-Kreisvorsitzender ist. Anderer Meinung ist auch seine Schwiegertochter Maria Ebner, die den SPD-Ortsverein in Wackersdorf führt. Es gibt in der Familie Ebner die traurig-kuriose Situation, daß sich die einen Familienmitglieder am Sonntagnachmittag am Franziskusmarterl einfinden und den Segen Gottes gegen die WAA herabflehen, während das andere Familienmitglied zu den treuesten Vollzugsgehilfen der DWK/DWW gehört. Spaltprozesse!

Freundschaften und Partnerschaften gehen an der WAA zugrunde. Viele von uns WAA-Gegnern haben nach und nach gespürt, wie sich Freunde abgesondert und abgesetzt haben, die in Sachen WAA eben anderer Meinung sind. In einer Diskothek in Hofenstetten, deren Besitzer überzeugter WAA-Gegner ist, habe ich an der Bar selbst schon hitzigste Debatten zwischen jungen, frisch „angebandelten“

Paaren miterlebt und gehört, die das schnelle Scheitern und Absterben der ersten Beziehung und der taufrischen Kontakte nach sich zogen.

Übrigens ist der sachkundige und unglaublich engagierte Rechtsanwalt und BI-Prozeßbevollmächtigte Wolfgang Baumann ein Sohn des CSU-Landtagsabgeordneten Wilhelm Baumann aus Schweinfurt, der bei allen Landtagsabstimmungen für die WAA gestimmt hat.

c) Konflikte in den Religionsgemeinschaften

Gerade in den Kreisen engagierter katholischer und evangelischer Christen hat die WAA Spaltprozesse in Gang gesetzt. Weniger bei den sogenannten „normalen" praktizierenden Christen, als insbesondere bei den „Funktionären" der beiden christlichen Kirchen. Fast sämtliche Jugendorganisationen der beiden Kirchen sind im Widerstand aktiv. Es gibt eine eindeutige Beschlußlage bei den evangelischen und katholischen Jugendverbänden gegen die WAA. Besonders wichtig und wertvoll ist die Arbeit des „Arbeitskreises Theologie und Kernenergie Regensburg", der einen Zusammenschluß engagierter katholischer und evangelischer Christen aus allen Schichten der Bevölkerung umfaßt. Ihm gehören allerdings auch zahlreiche Geistliche beider Konfessionen, Theologieprofessoren und Religionslehrer, Naturwissenschaftler und Studenten der Theologie an. Der Arbeitskreis wurde 1983 gegründet, um sich im Hinblick auf die WAA in Wackersdorf intensiv mit den Problemen der Kernenergie zu befassen. In erster Linie sind es wohl ethische Gründe, die diese Christen zur Ablehnung der WAA führen. Symbol des friedlichen und gewaltfreien Widerstands der Christen gegen die WAA ist das Franziskusmarterl, unweit des WAA-Geländes, geworden. Sonntag für Sonntag treffen sich viele dieser engagierten Christen nachmittags um 14 Uhr dort und beten in ökomenischen Andachten gegen die Gefahren der Kernenergie und insbesondere der WAA. Trotz der vielfachen Versuche, die sonntäglichen Andachten zu verunglimpfen, haben es sich diese Christen – weil sie die gehässigen Äußerungen von Vertretern der Staatsregierung als üble Diffamierungsversuche durchschauten – nicht nehmen lassen, unbeirrt daran festzuhalten, was sie als richtig erkannt und vor ihrem Gewissen geprüft haben. (s. Dok. Nr. 30)

Konflikte bleiben hier nicht aus. Auf die erheblichen Probleme, die die katholischen und evangelischen Pfarrer haben, die sich im Widerstand beteiligen, komme ich noch zu sprechen. Schlimm ist auch, daß der für den Bereich Wackersdorf „zuständige“ katholische Bischof Manfred Müller aus Regensburg und sein offizielles Mitteilungsblatt, das „Regensburger Bistumsblatt“, einseitig Stellung zugunsten der WAA und der Kernenergie beziehen.

Helle Empörung hat eine Stellungnahme des Diözesanratsvorsitzenden der Diözese Regensburg, Valentin Graf Ballestrem, zu Beginn des Jahres 1985 bei vielen mündigen Katholiken hervorgerufen. Aus dieser Stellungnahme konnte man entnehmen, daß der Diözesanrat und Bischof Manfred Müller für den Bau der WAA in Wackersdorf seien und daß sie sich gegen Demonstrationen ausgesprochen hätten. Es wurde bei dieser Gelegenheit dringend vor der Teilnahme an einer Großdemonstration Anfang 1985 gewarnt, „weil eine solche Demonstration ein Zeichen für mangelndes Vertrauen in die Verantwortung des Staates und kein Ort für sachliche Auseinandersetzung sei.“ Selten habe ich eine solche Vielzahl empörter Reaktionen engagierter katholischer Christen gehört und gelesen. Allgemeine Tendenz: Die Kirche habe in schlimmen Zeiten des Dritten Reiches „Staatsuntertänigkeit“ bewiesen und zulange geschwiegen. Die Christen verwahrten sich gegen die Bevormundung durch den Bischof und den Diözesanrat, man solle die Entscheidung über bzw. gegen die WAA „dem Gewissen mündiger Christen überlassen“. Bei diesen oft sehr hitzigen Debatten spielt immer wieder die Behauptung der WAA-Befürworter eine Rolle, die friedliche Nutzung der Kernenergie werde Gottes Wort gerecht, „macht Euch die Erde untertan“.

Beispielhaft für viele Auseinandersetzungen vor Ort und für die Spaltprozesse ist auch eine öffentlich geführte Auseinandersetzung zwischen dem Vorsitzenden der Evangelischen Arbeitnehmerbewegung (EAB) im Bereich Burglengenfeld, Walter Möbius, der „rechtzeitig vor Beginn der WAA-Erörterungstermine eine Omnibusreise nach Wackersdorf unternahm, um sich im Informationszentrum über die WAA und über den Stand der Bauarbeiten am Gelände informieren zu lassen“ und zwei evangelischen Pfarrern aus Maxhütte-Haidhof. Die beiden evangelischen Pfarrer Volker Dörrich und Jürgen Bauer-Störch legten gegen diese Auffassung „entschiedenen Widerspruch“ ein. Die beiden evangelischen Pfarrer wenden sich gegen den verschwenderischen Energieverbrauch unserer Zeit und weisen darauf hin, daß zusätzlich die Kernspaltung mit dem Nachteil behaftet sei, daß sie ein ungeheures Unfallrisiko mit sich bringe und nachfolgende Generationen auf Tausende von Jahren mit hochgiftigen, radioaktiven Abfällen belaste. Auf diese Auseinandersetzung angesprochen, hat mir der katholische Pfarrer von Pirkensee wörtlich gesagt, „ich kann jedes Wort der evangelischen Kollegen unterstreichen“.

Die Sprachlosigkeit zwischen offiziellen Vertretern der Mehrheitsfraktion im Bayer. Landtag und diesen kritischen Christen zeigt ein ganz skandalöser Vorgang anläßlich der Durchführung der Landessynode der evangelischen Jugend am 9./10. 11. 1987 in Schwandorf. Die evangelische Jugend Bayerns wollte in Schwandorf einen „Tag der Schöpfung“ abhalten. Im Verlauf der zweitägigen Bildungsveranstaltung diskutierten rund 360 Jugendliche aus vielen Gruppen und Dekanaten Bayerns in zwölf Arbeitsgemeinschaften über die geplante WAA Wackersdorf und die Situation in der Oberpfalz. Im Mittelpunkt stand die Frage, wie Christen ihre Verantwortung für die Bewahrung der Schöpfung wahrnehmen können. Dabei hatte man in der Vorbereitung dieser Veranstaltung bei der Besetzung der Arbeitsgruppen Vertreter verschiedenster Positionen zur WAA berücksichtigen wollen. Man hatte dabei auch zwei CSU-Landtagsabgeordnete aus der Region, nämlich Adolf Beck und Gerhard Merkl, eingeladen. Die CSU-Landtagsfraktion lehnte durch ein Schreiben des Fraktionsgeschäftsführers – im Einvernehmen mit diesen beiden Abgeordneten – die Teilnahme ab und begründete die Absage u. a. wie folgt: „Es sei Agitation gegen die WAA Wackersdorf beabsichtigt und die jüngsten Vorfälle in Frankfurt (Frankfurter Morde!) zeigten, wohin der Weg der Einseitigkeit und Indoktrination führe.“

Geschmackloser und bösartiger geht’s nun wirklich nicht. Da laden junge, in der evangelischen Kirche engagierte Leute zwei CSU-Landtagsabgeordnete ein, mit ihnen über die WAA Wackersdorf zu debattieren und dann werden in der Absage die schrecklichen Morde von Frankfurt ins parteipolitische Kalkül mit einbezogen. So reagieren

„christliche“ Landespolitiker auf einen schlichten Diskussionswunsch, obwohl sie bei passender und unpassender Gelegenheit immer darauf hinweisen, den Namen Jesu Christi im Parteinamen zu führen.

d) Spaltprozesse in den Parteien

Die Debatte um die WAA hat auch in den Parteien zu erheblichen Spaltungen geführt. In der SPD hat insbesondere der frühere SPD-Bezirksvorsitzende Xaver Wolf erheblich mit zu den Beziehungsbeeinträchtigungen innerhalb der „SPD-Familie“ beigetragen. Diese sind bis heute noch nicht ausgestanden. Da der SPD-Ortsverein Duggendorf ein Parteiordnungsverfahren gegen Xaver Wolf eingeleitet hat, will ich hier keine Einzelheiten auf dem freien Jahrmarkt der Öffentlichkeit auftischen. Ich will nur die Gelegenheit benützen, um mit Nachdruck zurückzuweisen, daß ich den SPD-Ortsverein Duggendorf, der ja im Stimmkreis des Landtagsabgeordneten Xaver Wolf liegt, „gesucht und gefunden“ hätte. Dies wird von meinem lieben Freund Hatz in der Passauer Neuen Presse genauso behauptet, wie von meinem lieben Freund MdL Otto Zeitler im sog. CSU-Kreiskurier. Hier wird bewußt die Unwahrheit immer wieder verbreitet.

Der SPD-Unterbezirk Schwandorf-Cham und die Ortsvereine in unserem Unterbezirk haben, auf meine ausdrückliche Bitte hin, davon Abstand genommen, ein Parteiordnungsverfahren gegen Xaver Wolf einzuleiten, obwohl er sich eindeutig parteischädlich verhält. Ich meine, aus meiner eigenen langjährigen, leidvollen Erfahrung, daß Parteiordnungsverfahren nichts bereinigen, sondern nur Märtyrer schaffen. Es geht hier auch nicht um die Meinungsfreiheit in der Partei. Ich habe immer dafür gesorgt – auch gegenüber dem früheren MdL Hans Hölzl – daß Minderheitsmeinungen auch und gerade in Sachen WAA vertreten werden können. Eine ganz andere Frage ist allerdings, ob ein WAA-Befürworter in der SPD nun ausdrücklich und provokativ in den Standortbeirat der DWK/DWW gehen darf. Hier geht es nicht mehr um die Vertretung einer Meinung, hier geht es um Brüskierung der Beschlußlage einer gesamten Partei! Insoweit hat der SPD-Ortsverein Duggendorf selbstverständlich gute Gründe, ein Verfahren einzuleiten. Das Problem muß aber politisch von den Parteigremien im Stimmkreis Regensburg-Land bereinigt werden.

Es ist selbstverständlich dem Wähler nicht vermittelbar, wenn z. B. bei der nächsten Landtagswahl 1990 die Oberpfälzer SPD-Liste mit überzeugten und (so hoffe ich) überzeugenden WAA-Gegnern Christa Meier und Dietmar Zierer angeführt wird und dann weiter unten gleichsam eine Marktnische für den überzeugten, aber (für die Mehrheit der SPD-Mitglieder) nicht überzeugenden WAA-Befürworter Xaver Wolf offengehalten wird. Das wird uns noch mehr Glaubwürdigkeitsprobleme bringen, wir können das nicht durchhalten.

Peinlich ist die Anbiederei an CSU-Politiker. Als der damalige CSU-Justizminister August Lang erkrankt war, ließ es sich Xaver Wolf nicht nehmen, diesem „sehr herzliche und mitfühlende Worte, verbunden mit baldigen Genesungswünschen, zu schreiben". Und weiter: „Wie Du siehst, muß auch ein robuster Oberpfälzer seinen Zoll entrichten, wenn er jahrelang Raubbau treibt. Ich hoffe wenigstens, daß Du nicht auch zum WAA-Opfer geworden bist." Hier baut einer, der Mehrheitsentscheidungen nicht verkraften und tolerieren will, bewußt ein Märtyrerimage auf. Kein Wunder, daß die CSU bei jeder Gelegenheit hier einsteigt („Wolfsjagd in der Oberpfalz") und – übrigens ebenso wie die DWK – behauptet, am Beispiel Dietmar Zierer gegen Xaver Wolf könne man belegen, daß die SPD gegen die Meinungsfreiheit sei.

In der CSU gibt es nämlich im Prinzip ähnliche Probleme. Die Spaltprozesse werden nur deshalb nicht so deutlich, weil von der Führungs- und Herrschaftsstruktur der CSU her der „Führer Franz Josef Strauß" schon im Ansatz keinen Widerspruch duldet. So trat vor einiger Zeit ein Stadtrat aus Bayreuth aus der CSU aus mit dem Hinweis, Strauß ließe keine differenzierende Meinung zur WAA zu. So lehnte der CSU-Ortsverband Schwandorf die Aufnahme eines im Widerstand gegen die WAA ebenfalls engagierten JU-Mitglieds ab. Zu einer besonderen Spaltung kam es erst Anfang August 1988, als der JU-Bezirksvorsitzende Landgraf (Beschäftigter bei der DWK!) alle Verbindungen zur Jungen Österreichischen Volkspartei in Oberösterreich abbrach. Als Grund nannte Landgraf in einer Presseerklärung das Erscheinen von jungen österreichischen Volksparteimitgliedern aus Oberösterreich beim WAA-Erörterungstermin in Neunburg vorm Wald, wo die Nachwuchsmitglieder der ÖVP, die als Einwenderin auftretende österreichische Umweltministerin Flemming mit Plakaten und Transparenten gegen die WAA unterstützten. Der DWK-Arbeitnehmer und JU-Funktionär wertete das Engagement der jungen ÖVP-Mitglieder gegen die WAA als „politischen Skandal und Instinktlosigkeit“. Der JÖVP-Landesvorsitzende in Oberösterreich, Josef Gumpinger, habe durch „billige Effekthascherei und Profilierungssucht einer fast 10 Jahre dauernden Freundschaft der beiden konservativen Jugendorganisationen aus Oberösterreich und der Oberpfalz den Garaus gemacht“, erklärte Landgraf. Menschlich enttäuschend und hinterhältig sei es gewesen, daß Gumpinger – der seit Jahren als persönlicher Freund von ihm, Landgraf, aufgetreten sei und behauptet habe, die JÖVP sei nur aus politischer Opportunität gegen die WAA – nun offen gegen den Bau der Atomfabrik aufgetreten sei. Das Verhalten der oberösterreichischen JÖVP sei nun Anlaß, die Zusammenarbeit im Arbeitskreis für Europakontakte sofort aufzukündigen: „Die JU Oberpfalz wird sich vorerst mit den Oberösterreichern nicht mehr an einen Tisch setzen“, erklärte Landgraf. Spaltprozesse! – Diese Spaltprozesse gehen natürlich auch noch dahingehend weiter, daß (immerhin) die JU Regensburg sich mit der Entscheidung des DWK-Arbeitnehmers und JU-Funktionärs Landgraf nicht einverstanden erklärte und öffentlich distanzierte. Wie tief die Spaltung zwischen Kernkraftbefürwortern und Kernkraftgegnern innerhalb der CSU schon gegangen ist, verdeutlicht eine Aussage des Teublitzer CSU-Bundestagsabgeordneten Dionys Jobst, der (laut „MZ“ vom 11. 2. 1982) folgendes sagte: „Wer in Kenntnis der kernenergiepolitischen Grundtatsachen einen Ausstieg aus der Kernenergie und damit die Stillegung von Kernkraftwerken fordert, handelt kriminell.“

e) Spaltprozesse in der Schwandorfer Kommunalpolitik

Nun muß man vorausschicken, daß die kommunalpolitische Situation im Landkreis Schwandorf schon immer etwas schwierig war. Der Landrat wurde gestellt von der SPD durch direkte Wahl, die Mehrheitsverhältnisse im Kreistag aber wurden bis zur Kommunalwahl 1984 eindeutig von der CSU dominiert. Bis 1984 hatte die CSU auch eindeutige Mehrheiten in fast allen Gemeinden und Städten, mit Ausnahme der SPD-Hochburgen Teublitz, Maxhütte-Haidhof und Wackersdorf. Dies hatte zur Folge, daß die politischen Auseinandersetzungen oft mit besonderer Schärfe geführt wurden. Seit uns die WAA durch die einsame Entscheidung des Herrn Strauß aufs Auge gedrückt wurde, ist dies alles noch wesentlich härter, schärfer und intoleranter geworden, wobei ich ganz offen einräume, daß auch die SPD-Seite kräftig mitmischt. Ich selbst bin einer von den Politikern, die hier viel einstecken müssen, die aber auch kräftig austeilen. Indiskutabel wird es aber dann, wenn man den politisch Andersdenkenden beruflich oder politisch existentiell vernichten will. Hierzu gibt es viele Beispiele. Ein Beispiel besonders gravierender Art ist der Schwandorfer Oberbürgermeister Hans Kraus (CSU), der ja zwischenzeitlich vom Paulus zum Saulus in Sachen WAA geworden ist. Während er früher noch mit mir gemeinsam auf einer Anti-WAA-Großdemonstration aufgetreten ist, schreckt er jetzt nicht einmal mehr davor zurück, einen engagierten WAA-Gegner bei seinem Dienstherrn zu denunzieren. Der Stadtrat der Stadt Schwandorf, Dieter Kersting, und engagierter WAA-Gegner, hauptberuflich Lehrer, hat in einer Veranstaltung der BI am 4. 7. 1986 eine vorbereitete Erklärung verlesen, in der er die CSU-Staatsregierung massiv angriff. Dies nahm der (angebliche frühere WAA-Gegner Hans Kraus) zum Anlaß, um sich in einem Schreiben vom 29. 7. 1986, mit vollem Briefkopf der Stadt, an die Regierung der Oberpfalz zu wenden, damit diese, als zuständige Schulaufsichtsbehörde, das Verhalten des Lehrers Kersting einer beamtenrechtlichen Würdigung unterziehe. Daraufhin leitete die Regierung Vorermittlungen ein. Dieter Kersting wurde zur Stellungnahme aufgefordert, worauf schließlich, nach nochmaliger Prüfung, festgestellt wurde, daß er nicht gegen das Beamtenrecht verstoßen habe. Erst bei einer späteren Akteneinsicht am 4. 2. 1988, erfuhr Herr Kersting, daß er vom eigenen OB „hingehängt" worden ist. Interessant ist, daß die Regierung der Oberpfalz zwischenzeitlich das Denunziationsschreiben des OB Kraus aus der Personalakte Kersting verschwinden ließ. OB Kraus räumte zwar den Sachverhalt öffentlich ein, begründete sein Verhalten aber damit, er habe den erheblichen Verdacht gehabt, daß die Sorgfalts- und Loyalitätspflichten eines Staatsbeamten verletzt worden seien. Das ist übrigens eine ganz probate Methode, einen WAA-Befürworter mit Hinweis auf seine berufliche Tätigkeit unter Druck zu setzen.

Wieder einmal kann hier der CSU-Bundestagsabgeordnete und Kreisrat Jobst als Beispiel genannt werden. In der Kreistagssitzung vom 26. 7. 1982, in der es um die WAA ging und in der immerhin der Kreistag mit 31 gegen 24 Stimmen der WAA eine Absage erteilte, regte sich Herr Jobst, als unbelehrbarer WAA-Befürworter bekannt, schlicht darüber auf, daß ein anderer Kreisrat, der als Berufssoldat der Bundeswehr sein Brot verdient, gegen die WAA sei. Der Kommentator im Neuen Tag schrieb unter dem 29. 7. 1982 zu dem Redebeitrag von Jobst im Kreistag u. a.: „Zum Schluß seiner 70-minütigen Rede, in der er fast schon krampfhaft versuchte, die bereits festgelegten WAA-Standpunkte der einzelnen Kreisräte zu ändern, verlor er völlig den Faden des politischen Anstands, um es einmal gelinde auszudrücken. Falls die Freie Wählergemeinschaft, der auch der Oberviechtacher Hauptfeldwebel der Bundeswehr, Otto Lehner, angehört, einstimmig gegen das Raumordnungsverfahren der DWK stimmen sollte, müsse er, so MdB Jobst, sein gutes Verhältnis zur Bundeswehr überdenken! Nicht nur den Kreisräten der Freien Wähler/FDP und der SPD-Fraktion muß es hier eiskalt über den Rücken gelaufen sein! Jeder, ob er nun schwarz-, rot- oder andersfarbig, kann zur geplanten Wiederaufarbeitungsanlage stehen, wie er will, aber die freie Meinungsäußerung sollte gerade ein Bundestagsabgeordneter, der seit vielen Jahren im Bonner Parlament sitzt und die Demokratie predigt, doch respektieren, oder etwa nicht?“ Ich selbst habe dies noch in der Kreistagssitzung als „unerhörte Ungezogenheit bezeichnet, wenn jemand in dieser Art und Weise angegangen wird, weil er als Bundeswehrangehöriger evtl. Gegner einer WAA wäre. Dies sei ein entscheidender Eingriff in die Meinungs- und Gedankenfreiheit und ein unmöglicher Vorgang“. Man könnte hier noch viele derartige und ähnliche Beispiele aus Kreistagsdebatten oder aus den Debatten in den einzelnen Gemeindeparlamenten anführen. Es wird niemand bezweifeln, daß die WAA das politische Klima in der Kommunalpolitik des Landkreises Schwandorf grundlegend verschlechtert hat. Gerade auch während der Verfahrensbeteiligung der Gemeinden wurde dies deutlich. Die WAA-Gegner in den kommunalen Parlamenten haben deutlich verspürt, daß es den meisten CSU-Gemeinderäten nur um Scheineinwendungen mit Alibifunktion ging. Echten Widerstand konnte man seitens der CSU-Gemeinderäte – mit wenigen Ausnahmen, siehe den Bürgermeister von Steinberg – nicht erkennen. Die Raumordnungsverfahren wurden ja auch, entgegen der Ankündigung, in 7 Monaten durchgezogen. Von echter Mitwirkung konnte da keine Rede sein.

f) Weitere Beispiele

Wir WAA-Gegner vor Ort stellen auf allen Ebenen Beziehungsbeeinträchtigungen wegen der WAA fest. An der WAA scheiden sich die Geister. Zufällig habe ich ein Schreiben eines Arztes aus Berlin vom 25. 10. 1985 an die Zentrale Krankenhausverwaltung des Landkreises Schwandorf in die Hand bekommen. Dieser Berliner Arzt hatte sich zunächst um eine Stelle beim Landkreis Schwandorf beworben. Der Landkreis Schwandorf war an seiner Einstellung sehr interessiert. Nunmehr schrieb dieser Arzt uns ab. Ich darf aus diesem Schreiben wörtlich zitieren: „Tatsächlich ist inzwischen mein Wunsch nach einer Einstellung im Landkreis Schwandorf nicht mehr vorhanden. Ich möchte aber nicht versäumen, Ihnen mitzuteilen, daß dieses Desinteresse mit der geplanten Errichtung der Wiederaufarbeitungsanlage in Ihrer Region zusammenhängt. Die damit verbundenen gesundheitlichen Risiken und Sicherheitsprobleme sind gegenwärtig noch nicht bis in ihrer letzten Konsequenz erforscht. Was aber an diesbezüglichen Erkenntnissen bisher in medizinischen Fachzeitschriften und anderen Stellen veröffentlicht worden ist, zeigt eindeutig, daß eine gesundheitliche Gefährdung der Bevölkerung nicht auszuschließen ist. Dieses Risiko aus fragwürdigen, energiepolitischen Überlegungen einzugehen, halte ich für unverantwortlich. Eine Übersiedlung in Ihren Landkreis kommt für mich deshalb nicht mehr in Frage.“ Diese abwehrende Haltung merken wir immer wieder.

In einer Zeitschrift der IG-Metall wurde behauptet, daß manche Unternehmer sich wegen der WAA weigern, überhaupt Interesse an einer Industrieansiedlung im Landkreis Schwandorf zu zeigen. Als ich vor einigen Jahren bei einer Nürnberger Ausstellung „Consumenta“ versuchte, Fremdenverkehrswerbung für unseren Landkreis zu betreiben, insbesondere für das Schönseer Ländchen, haben mich alle Besucher immer wieder nach der WAA gefragt. Früher war es bei uns gang und gäbe, daß ältere Mitbürger, die aus unserem Landkreis stammten, dann im Verlauf ihres Berufslebens nach Norddeutschland „verschlagen" wurden, sich dann ab dem Zeitpunkt der Pensionierung im Landkreis in irgendeiner Gemeinde ein Häuschen kauften, um ihren Lebensabend bei uns zu verbringen. Dies alles hat deutlich nachgelassen. Die Grundstücksverkehrswerte von Grundstükken, Häusern, insbesondere „um die WAA herum" sind zurückgegangen. Wir werden immer mehr ausgegrenzt, die Spaltung erfolgt also auch auf wirtschaftlichem Gebiet und auf dem Gebiet des Fremdenverkehrs. Ich selbst spüre, außerhalb meines Stimmkreises und meiner Tätigkeit in Ostbayern, deutliche Ausgrenzungsbemühungen. Die Presseberichterstatter außerhalb der Region versuchen, Landrat Schuierer und auch mich immer wieder entweder als Polemiker, Chaoten, oder reine Opportunisten hinzustellen, die nur der Stimmen wegen gegen die WAA sind. So hieß es z. B. im Donaukurier vom 3. 4. 1982: „Mit der politischen Vermarktung der Todesangst von Menschen hat sich der Abgeordnete (Zierer) nun auf ein Niveau begeben, das eines Sozialdemokraten, der das aufklärerische Erbe seiner Partei ernst nimmt, unwürdig ist." Im Straubinger Tagblatt vom 2. 4. 1982 hieß es: „Mit Persönlichkeiten wie dem SPD-Abgeordneten Dietmar Zierer wird eine konstruktive Zusammenarbeit nicht möglich sein." Selbstverständlich schlägt mir die besondere Abneigung, manchmal sogar der blanke Haß, von Seiten der CSU-„Kollegen" im Landtag entgegen. Wenn ich mich zu bestimmten Themen der Region im Landtagsplenum zu Wort melde, entsteht eine besondere Unruhe, die Zwischenrufe von CSU-Seite müßte man einmal auflisten, sie sind zum Teil ungeheuerlich. Aus dem Protokoll des Bayerischen Landtags während einer meiner Reden: Zierer (SPD): „Die WAA ist keine Chance! Sie haben durch Ihr politisches Handeln dieser Region den Bürgerkrieg gebracht, und Sie haben das zu verantworten!"

(Beifall bei der SPD – lebhafte Zurufe von der CSU) „Sie haben nicht nur nicht verhindert, daß diese Region ein Armenhaus geblieben ist, Sie haben aus dieser Region auch einen atomaren Abfallplatz gemacht!"

(Zurufe von der CSU: Volksverhetzer!) (Zurufe von der CSU: Wie der Fidel Castro – weitere Zurufe von der CSU – Beifall bei der SPD).

4. Wahlergebnisse im Landkreis Schwandorf

Was die politische Akzeptanz der WAA anbelangt, so ist richtig, daß, je weiter die Regionen von der WAA entfernt sind, umso weniger man aus Wahlergebnissen Rückschlüsse auf die Akzeptanz ziehen kann. Franz Josef Strauß macht sich's hier einfach. Er verweist auf seine Mehrheit im Landtag, erreicht im Oktober 1986. Auf das Wahlergebnis in Schwandorf angesprochen, meinte er, hier habe die CSU ein vergleichsweise schlechtes personelles Angebot gehabt. Damit versetzte er dem früheren direkt gewählten CSU-Landtagsabgeordneten Manfred Humbs noch einen Fußtritt. Das ist der Dank der CSU dafür, daß Herr Humbs vom früheren WAA-Gegner zum WAA-Befürworter umgefallen ist. Tatsache ist, daß gerade der von der SPD von Anfang an klar und deutlich organisierte und artikulierte Widerstand gegen die WAA auch bei Wahlergebnissen von der Bevölkerung „honoriert" wurde. Landrat Schuierer und auch mir nimmt man offenbar ab, daß wir nicht aus kurzfristigen, wahltaktischen Gründen gegen die WAA sind. Die CSU hat im Landkreis Schwandorf seit 1984 bei jeder Wahl erhebliche Stimmen verloren. Dies gilt insbesondere bei der Landratswahl 1984 und bei der Landtags- und Bezirkstagswahl 1986. Ich führe auch den Verlust des CSU-Bürgermeistersitzes in Nabburg an den SPD-Kandidaten mit auf die Unzufriedenheit und mangelnde Akzeptanz der Bürger „um die WAA herum" zurück. Seien wir uns darüber im klaren: Bei allem Engagement vor Ort werden wir in den nächsten Jahren immer mehr den Pressionen, den nötigenden Einflüssen und dem Abbau von Freiheitsrechten ausgesetzt sein. So wichtig unser Widerstand vor Ort ist, so wichtig unsere Demonstrationen und Aktionen sind, dies alles wird die Gegenseite durch verstärkten Abbau von Freiheitsrechten und durch massiveren Einsatz von Staatsgewalt beantworten. Die Akzeptanz wird dadurch allerdings nicht größer werden, der innere Friede wird immer mehr dahinschwinden.

IV. Der radioaktive Zerfall beginnt

Schon während der Schilderung, wie alles begann, befanden wir uns mitten im Thema, dem radioaktiven Zerfall der Freiheitsrechte. Die Art und Weise, wie Staatsregierung und DWK gemeinsam das Projekt WAA in die Oberpfalz gebracht haben, die Art und Weise, wie man versucht, das Projekt durchzuziehen, die Art und Weise, wie man WAA-Gegner diffamiert, bedeutet ein großes Stück Abbau von Freiheit, zumindest für die WAA-Gegner. Dies alles geschah bis zum Rodungsbeginn im Dezember 1985 noch ohne die äußeren Zeichen von Gewalt. Wir WAA-Gegner selbst haben von Anfang an immer wieder fast flehentlich die im Widerstand Vereinigten gebeten, auf Gewalt zu verzichten. Von 1982 bis 1985 haben wir bei brav und geordnet angemeldeten und auflagengetreu organisierten Kundgebungen „staatserhaltend" gegen die WAA demonstriert. Die Polizei hat uns stets in Massen begleitet, gut abgeschirmt, tausendfach gefilmt und fotografiert, die CSU mehr oder weniger mitleidig belächelt. Wir haben Gewalttaten weder vorhergesehen und schon gar nicht gewollt und provoziert.

1. Polizeiführung und Staatsregierung redeten von Anfang an Gewalttaten herbei

Von 1982 bis 1985 haben die Staatsregierung und die Polizeiführung, ohne jeden Grund, immer wieder von möglichen gewalttätigen Demonstrationen geredet, sogar in Inseraten und öffentlichen Aufrufen – schon im Vorfeld von Demonstrationen – die Gewalt als gleichsam unvermeidlich beschworen und deshalb von der Teilnahme an den Demonstrationen abgeraten. So hieß es z. B. in einer Presseerklärung vor den Osterdemonstrationen 1986, daß „gewalttätige Auseinandersetzungen auf dem Baugelände der WAA nahezu unvermeidlich seien". Schon im Vorfeld appellierte der (damalige) CSU-Fraktionschef Gerold Tandler nachdrücklich an die SPD, sich wegen der befürchteten Gewalttätigkeiten von den Protestaktionen am Ostermontag 1986 zu distanzieren. Die Staatsregierung heizte die Stimmung schon vorher mit plumpen und provozierenden Inseraten „Gewalt an Ostern?" an. (s. Dok. Nr. 31) Der damals sich noch im Amt befindliche Polizeipräsident von Niederbayern/Oberpfalz, Hermann Friker, behauptete, daß „WAA-Gegner gezielt Gewalttaten planen würden". Vor den großen Demonstrationen wurde schon der erstmalige Einsatz von Wasserwerfern angekündigt. Man habe schon seit Wochen Hinweise erhalten, daß „autonome Vermummte bei den Großdemonstrationen im Anschluß an die angemeldete Versammlung den Sicherheitszaun knacken wollten". Das Innenministerium gab Erklärungen heraus, wonach man mit Gewalttätigkeiten rechnete. Ausgerechnet am Tage des Beginns des zwischenzeitlich allgemein berühmten fünften Anti-WAA-Festivals auf dem Lanzenanger in Burglengenfeld am 26. 7. 1986 ließ der damalige Innenminister Hillermeier über Presse und Rundfunk verkünden, der grundsätzliche Einsatz von Gummigeschossen durch die Polizei werde freigegeben. Wenn dann, entgegen den Unkenrufen der verantwortlichen polizeilichen und politischen Einsatzleiter, eine Großdemonstration doch (Gottlob) friedlich abgelaufen war, gab es „Danke-Anzeigen" der Staatsregierung, in denen man darauf hinwies, daß die Demonstration – auch durch den vorbildlichen und massiven Einsatz der Polizei – glimpflich abgelaufen sei. Taktik war also, durch massiven Polizeieinsatz die potentiellen Gewalttäter einzuschüchtern. Es dachte aber niemand darüber nach, daß man hier auch das Umgekehrte hätte erreichen können, nämlich durch massive Präsenz von Einsatzkräften zu provozieren. So las man am Dienstag, den 6. Oktober 1987 in der Zeitung, die Polizei rechne während der Aktionen von WAA-Gegnern in dieser Woche mit Terroranschlägen militanter Atomkraftgegner. Der Präsident des Bayerischen Landeskriminalamtes, Helmut Trometer, drohte sogar, es seien Aktionen der Terrororganisation Rote-Armee-Fraktion (RAF) in und um Wackersdorf nicht auszuschließen. Wie Trometer sagte, befasse sich die RAF seit dem Frankfurter Kongreß im Jahr 1986 mit dem Thema WAA. Und: „Ich gehe davon aus, daß die RAF ihre Handlungsfähigkeit schon in Kürze unter Beweis stellen wird", gab Trometer zu bedenken und erinnerte an die zurückliegende neunmonatige Abstinenz von RAF und illegalen Militanten.

Staatssekretär Gauweiler teilte mit, daß die Polizei, was die Herbstaktion 1987 angehe, gut vorbereitet sei und ihre Kräfte verstärkt hätte. Polizeipräsident Fenzl fügte hinzu, daß während der Aktionstage rund 5000 Beamte im Einsatz seien und Personen, „die sich in verdächtiger Weise bei uns bewegen", im Auge haben würden. Polizeipräsident Fenzl schloß eine weiche Linie gegen Gewalttäter aus.

Ich habe dann unter dem 8. 10. 1987, einen Tag vor Beginn der Aktionstage, noch einmal einen Eilbrief an Staatssekretär Gauweiler geschrieben und mich massiv gegen die Herbeiredung von Gewalt gewendet. Ich zitiere aus meinem Brief: „Gewalt – Gewalt – Gewalt, seit Tagen liest und hört man nichts anderes, als daß Polizei, Staatsregierung, CSU-Mandatare und nun auch der Präsident des Landeskriminalamtes Trometer anläßlich der heute beginnenden Aktionstage terroristische Anschläge befürchten. Die Polizei klebt ganze Plakatwände voll mit dem Slogan: Gewalt – nein danke. Die Staatsregierung fährt eine Vielzahl von Anzeigenserien – der Gewalt keine Chance –. Die Staatsregierung bringt auch noch eine Zeitungsbeilage heraus mit dem Aufmacher – Diskussion statt Gewalt –. Aberwitzige Polizeieinsätze, wie die nächtliche Razzia am vergangenen Mittwoch vor der Wackersdorfer Sportgaststätte, lächerliche Verbote wie das Verbot der strahlenden Naab, absonderliche Auflagen, wie die Auflage, daß Teilnehmer der Traktordemonstration vorher die Zweitschlüssel ihres Traktors bei der Polizei zu hinterlegen haben, erzeugen ein Klima der Beunruhigung und der Einschüchterung. Beim friedlichen Bürger, der als Gegner der WAA potentieller Teilnehmer an diesen Aktionstagen ist, soll der Eindruck erweckt werden, er beteilige sich an etwas Kriminellem, oder zumindest Ungehörigem. Damit sollen die Teilnehmerzahlen schon im Vorfeld gedrückt werden, damit man nachher mit Hohn und Spott auf den Unterschied zwischen angekündigten und tatsächlichen Teilnehmerzahlen verweisen kann . . . Geradezu unverantwortlich und abenteuerlich war aber Ihr gemeinsamer Auftritt mit dem Präsidenten des Landeskriminalamtes Trometer bei einer Pressekonferenz in Schwandorf. Was sollen denn die obskuren Ankündigungen, die RAF werde in oder um Wackersdorf herum zuschlagen? Ist das nicht geradezu eine Aufforderung an die terroristischen Kreise der RAF? Müssen Sie da nicht ein Stück Mitverantwortung übernehmen? . . . Ich darf Sie in aller Deutlichkeit davor warnen, diese Methoden in Zukunft fortzusetzen! Wenn Sie, Herr Gauweiler, oder der Präsident des Landeskriminalamtes, tatsächlich Hinweise haben, daß RAF-Mitglieder Anschläge um Wackersdorf herum planen, dann ist es doch geradezu ein Dienstvergehen, wenn dies in aller Öffentlichkeit verkündet wird . . . Falls diese Aktionstage, was ich hoffe und wünsche, friedlich vorübergehen sollten, dann nicht wegen, sondern trotz des Verhaltens von Polizei und Staatsgewalt . . ." (s. Dok. Nr. 32). Obwohl ich Herrn Gauweiler einen Eilbrief geschrieben habe, antwortete er mir erst am 23. 11. 1987 und wies selbstverständlich meine Befürchtungen und Hinweise mit Nachdruck zurück. Die polizeilichen und staatlichen Führungsstellen haben von Anfang an die Demonstrationen nicht gewollt, sondern WAA-Gegner beeinträchtigt nach der Devise: „Einschüchterung, statt Demonstrationsfreiheit".

2. Rodungsbeginn im Dezember 1985

Das bayerische Umweltministerium erteilte am 27. September 1985 die erste Teilerrichtungsgenehmigung für die WAA. Diese umfaßt die Umzäunung des Baugeländes, die Errichtung eines Brennelementeeingangslagers und die Baugrube für das Hauptprozeßgebäude (der Bauantrag für letzteres wurde später zurückgenommen). Seit November 1985 warten die Bürgerinitiativen und die WAA-Gegner auf den Tag X, also den Beginn der Rodungsarbeiten. Zwischen den verschiedenen Gruppierungen ist insbesondere die Frage strittig, ob bzw. wie die Besetzung des Baugeländes durchgeführt werden soll. Ende November verstärkt die Polizei deutlich und demonstrativ ihre Einsatzkräfte um die WAA herum. Mehrere Hundertschaften werden auf dem ehemaligen BBI-Gelände in Wackersdorf, sowie in umliegenden BGS-Kasernen, untergebracht. Am 3. Dezember 1985 teilt die DWK dem Landratsamt Schwandorf mit, daß sie am 11. Dezember mit der Rodung beginnen wolle. Und tatsächlich werden an diesem Tage, gegen 10 Uhr vormittags, an einer, von den WAA-Gegnern zunächst nicht vermuteten Stelle, die ersten Bäume gefällt. Seit dieser Zeit gibt es Behinderungsaktionen gegen die Rodung, seit dieser Zeit gibt es die ersten Verhaftungen. Am 14. Dezember 1985 wird im Anschluß an eine Großdemonstration das sog. Hüttendorf errichtet. Am 16. Dezember 1985 werden erstmals WAA-Gegner in großer Zahl festgenommen und zur erkennungsdienstlichen Behandlung abtransportiert. Die Rodungsarbeiten werden ohne größere Behinderungen fortgesetzt. Kurz vor Weihnachten 1985 wird das zweite Hüttendorf errichtet. An der Silvesterfeier im Hüttendorf 1985/86 nehmen über 2000 Personen teil. Am 7. Januar 1986 findet die zweite Räumung des Hüttendorfes statt. Dabei werden mehrere WAA-Gegner von Polizeihunden zum Teil erheblich verletzt, es kommt zu insgesamt 734 Festnahmen. Um die Statistik zu manipulieren, werden Platzbesetzer, die wie Oberpfälzer aussehen oder sprechen, offensichtlich gezielt laufen gelassen. Bezüglich des Einsatzes von Polizeihunden spricht Landrat Hans Schuierer von „Terror in Vollendung".

Dies stellt in kurzen Stichworten den entscheidenden Anfang der Eskalation dar. Franz Josef Strauß und die CSU-Landtagsfraktion haben immer wieder in den letzten Jahren die angeblich verspätete Räumung des Hüttendorfes kritisiert. Die Taktik des Polizeipräsidenten Friker geriet immer mehr in das Schußfeld der „Hardliner" bei Polizei und politischer Führung. Tatsache jedoch ist und bleibt, daß die WAA-Gegner damals mit friedlichen Menschenketten zwar die Rodungsarbeiten behindern wollten, jedoch keinerlei Gewalt gegen irgendwelche Personen ausgeübt haben. Erst der massive Einsatz der Polizeikräfte verursachte hier eine neue Dimension der Auseinandersetzung.

3. Die sogenannten „Chaoten"

Ich habe bewußt das Wort Chaot in Anführungszeichen gesetzt, da ich nicht den Sprachgebrauch mancher CSU-Politiker übernehmen möchte. Wer erlaubt es uns, einen anderen Menschen als „Chaot" zu bezeichnen? Wer Gewalttaten begeht, ist den Gerichten zuzuführen und, wenn er verurteilt ist, ist er ein „Krimineller". Vorher nicht. Es gibt aber keinen Zweifel, daß sich „um die WAA herum" auch Gewalttäter aufhalten und betätigen. Wer einen Polizeibeamten verletzt, sei es nun mit einem Stein, einer Zwille, oder einem Molotow-Cocktail, ist selbstverständlich strafrechtlich zu verfolgen. Wer, als Polizeibeamter, ohne gerechtfertigt zu sein, Gewalt anwendet, ist ebenfalls ein

Gewalttäter, ist den Gerichten zuzuführen, ist zu verurteilen, ist kriminell. Ich warne auch davor, die sog. „Autonomen“ und kriminelle Gewalttäter in einen Topf zu werfen. Anläßlich der schrecklichen Polizistenmorde an der Startbahn-West bei Frankfurt hat eine große „Vereinfachung“ stattgefunden. Es hat letztlich eine unheilige Allianz gegeben, zwischen den Mördern von Frankfurt und denen, die diese Morde politisch ausgeschlachtet und ausgenutzt haben, weil sie ihnen ins Konzept der Kriminalisierung und Verunglimpfung politischer Gegner gepaßt haben. Es gab dann SPD-Politiker, die sich bei jeder Veranstaltung zunächst und grundsätzlich von den Mördern von Frankfurt distanziert haben. Ich empfand das als peinlich und unwürdig der 125jährigen Geschichte der SPD. SPD-Politiker haben mit dem Mörder von Frankfurt nichts zu tun. Wir haben deshalb keinen Anlaß, uns von ihnen zu distanzieren. Genauso wenig habe ich Anlaß, mich von kriminellen Gewalttätern am WAA-Zaun zu distanzieren. Wir Sozialdemokraten haben mit kriminellen Gewalttätern am Zaun nichts zu tun. Wir schützen sie nicht, wir unterstützen sie nicht, wir brauchen uns deshalb auch nicht von ihnen zu distanzieren. Deutlich machen müssen wir allerdings, daß die CSU-Politiker, und insbesondere die verantwortlichen Politiker im Innenministerium, keine Gelegenheit auslassen, um generell alle WAA-Gegner als kriminelle Gewalttäter am Zaun zu diffamieren.

a) Gewalttaten am Zaun

Ich selbst habe z.B. an Pfingsten 1986 ohne jeden Zweifel Gewalttaten am Zaun gegenüber Polizeibeamten beobachtet. Meine persönliche Versuche, auf diese gewalttätigen, oft jungen Menschen, einzuwirken, sind ziemlich kläglich gescheitert. Ich habe selbst gesehen, wie am Pfingstsonntag paramilitärisch organisierte, in Trupps von ca. 20 – 30 aufgeteilte, mit Funkgeräten ausgerüstete, mit Gasmasken und entsprechender Kleidung versehene Gruppierungen gezielte Angriffe auf Polizeibeamte am Zaun und auf den Zaun selbst gestartet haben. Nach einem Angriff auf Zaun oder Polizeibeamte wurden dann Einsatzpausen angeordnet („Mittagspause!“). Ich hatte den Eindruck, daß hier zum Teil Freude am Spektakel, Abreaktion des eigenen Frusts, Haß auf Establishment und Staat und Freude an der Gewalttätigkeit in absonderlicher Mischung vorlagen.

b) Fehler der Polizeieinsatzleitung

Auffällig war und ist, daß die polizeiliche Einsatzleitung gegen kriminelle Gewalttäter oft sehr nachlässig und zurückhaltend reagiert. So ist oft schon von Anfang an bekannt, wo und wann solche potentiell gewalttätige Menschen auftauchen. Man kennt oft sowohl die Anfahrtswege, als auch die Ziele. Vor dem Popfestival in Burglengenfeld am 26. 7. 1986 hat man sogar Flugblätter über eine geplante „Betriebsbesichtigung bei Heidelberger Zement" zur Kenntnis erhalten (s. Dok. Nr. 33). Manchmal hat es den Anschein, als ob man diese Gruppierungen bewußt agitieren ließe, weil sie ins politische Bild passen. Vor dem Pfingsttreffen Ende Mai 1986 hat die Polizeieinsatzleitung eine Gruppe solcher junger Menschen von vorneherein beobachtet, man ließ sie das Zeltlager bei Hofenstetten beziehen, man ließ sie am Pfingstmontag wieder abziehen und erst am Pfingstdienstagfrüh wurde das Zeltlager bei Hofenstetten geräumt, selbstverständlich ohne jeden Erfolg.

Im Verfassungsschutzbericht des Freistaats Bayern von 1986 heißt es dazu ganz anders: „Zur Unterbindung weiterer Ausschreitungen räumte die Polizei am 20. Mai das ‚Widerstandscamp', dessen Teilnehmern ein Großteil der am WAA-Gelände verübten Gewalttaten zuzurechnen war. Die Polizei fand dabei Molotow-Cocktails, Leuchtpatronen und Wurfgeschosse und nahm rund 190, im Zeltlager angetroffene Personen, zur Identifizierung vorübergehend fest."

Ich habe dazu am 11. 8. 1987 eine schriftliche Anfrage zum Verfassungsschutzbericht 1986 eingereicht, in der Antwort steht: „Neben den Personen, die lediglich zur Identitätsfeststellung festgenommen wurden, wurden 25 Personen vorläufig festgenommen. Davon wurden zwei Personen dem Ermittlungsrichter vorgeführt, der in einem Fall Untersuchungshaft anordnete." Das heißt also: Bei 190 Festnahmen ein einziger Haftbefehl!

c) Verdächtigungen der WAA-Gegner

Immer wieder versucht die CSU, die WAA-Gegner mit den sog. „Chaoten" zu identifizieren. Franz Josef Strauß selbst hat in Vilshofen (zitiert nach dem Bayernkurier vom 22. 2. 1986) folgendes gesagt: „Da tritt Herr Hiersemann auf und verbindet sich mit den Chaoten". Im Bayer. Landtag sagte August Lang in einer Plenarsitzung am 20.

2. 1986 u. a.: „Wir kämpfen in der Oberpfalz und setzen uns auseinander nicht mehr mit der SPD, wir setzten uns mit Leuten auseinander, die folgendes schreiben – und das sollte sich jeder von uns in diesem Haus durch den Kopf gehen lassen: Die Notwendigkeit, daß dieser Staat zerschlagen werden muß, wird immer offensichtlicher, eben nicht nur wegen Wahnsinnsprojekten wie die WAA, sondern wegen dem ganzen Schweinesystem, was zugegebenermaßen ziemlich reibungslos funktioniert . . . Mit diesen Dingen haben wir uns auseinanderzusetzen, und zwar jeden Tag. Und mit diesen Leuten verbindet (oder verbündet) sich der Kollege Hiersemann."

Diese unglaubliche Behauptung führte dazu, daß die SPD-Landtagsfraktion bis zur Neuwahl jeglichen Kontakt zu Minister Lang ablehnte. Selbstverständlich hat dieser „Boykott" weder bei Herrn Lang, noch bei der CSU irgendwas bewirkt.

4. Erstmals CS-Gas-Einsatz

Der 31. März 1986 wird ebenfalls in die Geschichte des WAA-Widerstands eingehen. Mittlerweile wurde der sog. Sicherheitszaun rund um das Baugelände der WAA fertiggestellt und Demonstranten und Polizei stehen sich durch den Zaun getrennt gegenüber. Polizei innerhalb des Zaunes, Demonstranten außerhalb des Zaunes, zum Teil am Zaun. An diesem 31. März 1986, es war der Ostermontag, fand am frühen Nachmittag eine riesige großartige Protestdemonstration mit weit mehr als 100.000 Teilnehmern gegen WAA und Rüstungswahnsinn statt. Ein Teil der Demonstrationsteilnehmer wurde infolge der unerwartet großen Teilnehmerzahl im hinteren Bereich in Richtung Zaun gedrängt, ein Teil der WAA-Gegner wollte wohl auch zum Zaun hin. Jedenfalls wurde plötzlich, und ohne genügende Vorwarnung, der Wasserwerfereinsatz mit Beimischung von CN- und CS-Gas befohlen. Ein Teil der WAA-Gegner warf Steine und Stahlkugeln gegen die Wasserwerfer. Am Abend kommt ein 38-jähriger Ingenieur aus München ums Leben, der Asthmatiker ist. Natürlich bestreiten Polizei und Regierung einen Zusammenhang zwischen seinem Tod und dem massiven Einsatz von CS- und CN-Gas.

a) Gefährlichkeit von CS-Gas

Gegen die Behauptung, der Einsatz von CS-Gas bei Demonstrationen sei gesundheitlich unbedenklich, hat sich der Kieler Toxikologe Prof. Otmar Wassermann gewandt. In einem Gespräch mit der Deutschen Presseagentur erhob er gegen den Einsatz von CS-Gas schwere Bedenken. Die angeblichen „langen wissenschaftlichen und technischen Untersuchungen und Erprobungen" garantierten nicht, daß unter den turbulenten Umständen eines Einsatzes von Reizmitteln der „bestimmungsgemäße Gebrauch" eingehalten wird und nicht doch akute und chronische Schäden bei Zivilbevölkerung und Polizei auftreten, hatte Wassermann in einem Zeitungsbeitrag geschrieben. Unter den möglichen Schäden nannte Wassermann Schleimhaut- und Augenverletzungen, Atemkrampf mit möglicher Todesfolge, Allergien und möglicherweise sogar Krebs. Der Professor, der die Abteilung Toxikologie an der Kieler Universität leitet, erhob den Vorwurf, daß bei der Entscheidung für die Reizstoffe Kinder, Behinderte, zu Asthma oder zu Allergien neigende Personen, unberücksichtigt geblieben seien. Trotz sorgfältigster Prüfung und vorheriger Warnung könnten sie den schädigenden Auswirkungen dieser Stoffe ausgesetzt sein. „Über welche spezifischen toxikologischen Fachkenntnisse verfügen die Berufsverbände der Polizei?" fragte Wassermann, „und wie weit ist es mit der Sorgfaltspflicht der Polizeigewerkschaft gegenüber ihren Mitgliedern her, daß sie unbekümmert den Einsatz dieser aggressiven Substanzen befürworten?" Auch der Chef des Toxikologischen Zentrums der Technischen Universität München, Max Daunderer, erläutert tags darauf die Gefährlichkeit, des eingesetzten CS-Gases. Bei der Anwendung dieses giftigen Lungenreizstoffes in geschlossenen Räumen sei es zu Todesfällen gekommen. Demonstranten, die dem CS-Gas-Einsatz, wie in Wackersdorf, bis zu einer halben Stunde getrotzt haben, droht, nach Darstellung Daunderers, eine Lungenschädigung, die sich u. U. erst in zwei Wochen bemerkbar machen werde. Daunderer empfahl Demonstranten, die von Wasserwerferstrahlen mit CS-Gas-Zumischung erfaßt wurden, ihre Kleider nicht in geschlossenen Räumen zum Trocknen aufzuhängen. Das CS-Gas entfalte seine volle Wirkung nämlich erst, wenn es aus den Kleidern verdampfe.

b) Auswirkungen

Die tatsächlichen Auswirkungen beim erstmaligen CS-Gas-Einsatz am Ostermontag 1986 waren verheerend. Durch den ungezielten und flächigen Einsatz der Wasserwerfer mit CS- und CN-Gas-Beimischung und durch die Verbreitung des Gases über die Luft wurden wohl Tausende von Demonstranten betroffen, die nicht zu der kleinen Gruppe von „Störern“ gehörten. Laut Bericht der Süddeutschen Zeitung vom 2. 4. 1986 versuchte sogar eine Anzahl von friedlichen Demonstranten eine Menschenkette zu bilden, um die vermummten Störer vom Zaun fernzuhalten. Sie hatten zunächst Erfolg. Doch dann hält die Polizei mit 40 Wasserwerfern, die sich abwechseln, in die Menge. Daraufhin reißt selbstverständlich die Menschenkette. Die Leute fliehen. Die Wirksamkeit des CS-Gas-Einsatzes bekommen, neben dieser kleinen Gruppe der Störer, eben auch Tausende von friedlichen Bürgern, darunter Rentner, Mütter und Kinder, zu spüren. Kinder, auf deren Gesichtern sich ein fleckiger Ausschlag bildet, schreien wie am Spieß. Gasgranaten schlagen in der Menge ein, die sich mit tränenden Augen vom Zaun zurückzieht. Franz Xaver Schmidt, der Vorsitzende der „Ärzteinitiative für Frieden und Abrüstung“ ist fassungslos und erbittert. Er hat ein Notlazarett eingerichtet. Er und seine Helfer haben alle Hände voll zu tun. Allein bei ihm werden in diesem Augenblick an die 70 Demonstranten und 4 Helfer, die es besonders schlimm erwischt hat, versorgt. Viele von ihnen haben verätzte Augen und Lungen. Schmidt verabreicht seinen Patienten Cortison „zur Vorbeugung gegen ein Lungenödem“. Plötzlich sind die Wasserkanister weg. Die Wasserkanister sind dringend erforderlich, da mit Wasser die verätzten Augen ausgewaschen werden. Die Polizei hat sie beschlagnahmt! Schmidt starrt auf einen Zettel, auf dem ihm was mitgeteilt wird: „Mit freundlichen Grüßen, Ihr Bundesgrenzschutz“. Schmidt und die Ärzte beschließen, neues Wasser zu besorgen. Die Zeit ist knapp.

Hilfe ist an diesem Ostermontag vom Bayerischen Roten Kreuz nicht zu erwarten. Das BRK ist auf dem Gelände nicht präsent. Der BRK-Kreisgeschäftsführer begründet dies damit, daß die Einsatzfahrzeuge von den Menschenmassen blockiert wurden. Man habe deshalb in Wackersdorf und an dem Autobahnausfahrten, viele Kilometer vom Ort des Geschehens entfernt, Rettungsleitstellen eingerichtet. Verletzte sollen mit den Polizeihubschraubern vom Demonstrationsort ausgeflogen werden.

Dies war ein kleiner Stimmungsbericht, wie ihn die Süddeutsche Zeitung, sicherlich keine linkssozialistisch voreingenommene Kampfpresse, schilderte.

c) Reaktionen

Wir haben vor Ort sofort Listen der CS-Gas-Verletzten angelegt, um einen gewissen Überblick zu erlangen. Mir selbst liegen etliche Listen vor. Unter den Verletzten waren übrigens auch einige Landtagskollegen, wie die Kollegen Achim Schmolcke und Peter Kurz, der unverzüglich Strafanzeige und Strafantrag gegen den damaligen Innenminister Karl Hillermeier und den damaligen Polizeipräsidenten Hermann Friker stellte. Selbstredend hat die Staatsanwaltschaft das Verfahren gegen Hillermeier und Friker eingestellt.

Interessant ist aber die Reaktion des Innenministers auf die Vorwürfe des verletzten SPD-Abgeordneten Peter Kurz: Peter Kurz habe sich die Folgen seiner Anwesenheit in der Nähe der Gewaltaktionen am Bauzaun selbst zuzuschreiben. Wenn Kurz jetzt Strafanzeige stelle, so sei dies eine seiner üblichen Gschaftlhubereien. Beim Einsatz der Wasserwerfer und der Zumischung der Reizstoffe seien die gesetzlichen Vorschriften beachtet worden.

Bei der Anhörung, die die SPD-Landtagsfraktion mit den durch CS-Gas verletzten WAA-Gegnern durchführte, kamen ganz erschrekkende Situationsberichte zutage. Manche Bürger hatten noch nach Wochen enorme Schwierigkeiten mit der Lunge, es quälte sie trockener Reizhusten und sie benötigten noch starke Medikamente. (s. ärztl. Attest für Frau Irmgard Gietl vom 7. 4. 1986, Dok. Nr. 34)

Die politischen Reaktionen, insbesondere seitens der SPD und der Grünen, aber auch mancher liberaler Kräfte, waren erheblich. Nach Ansicht des SPD-Bundestagsabgeordneten Ludwig Stiegler, Weiden, sind beim Einsatz der Polizei in Wackersdorf „Ansätze von Staatsterrorismus“ sichtbar geworden. Es habe für die Polizei keinen Grund gegeben, derart massiv von den Distanzmitteln Gebrauch zu machen. „Die Polizei hat ziemlich grundlos Wasserwerfer und Reizstoffe auch gegen Schaulustige und Neugierige eingesetzt. Wer so vorgeht, erzeugt Staatsverdrossenheit“

Innenminister Hillermeier und die CSU-Landtagsfraktion bezeichneten den Polizeieinsatz als „besonnen und erfolgreich"(!)

CS-Gas sei verwendet worden, weil „Gewalttäter und Chaoten" mit anderen Mitteln nicht daran zu hindern gewesen seien, den Bauzaun zu beschädigen.

Von jetzt an glichen sich die Abläufe immer mehr. Der Polizeieinsatz wurde immer härter, die Provokationen immer größer, die Reaktionen ebenfalls. SPD und Grüne kritisierten dann das Verhalten, CSU-Politiker fanden alles besonnen.

d) Politische und rechtliche Bewertung des CS-Gas-Einsatzes

Der Einsatz von CS-Gas, gleichsam als chemische Waffe der Polizei, ist eine politische Verirrung. M. E. ist es auch eine Verniedlichung, wenn CS-Gas immer als Reizmittel bezeichnet wird. In Wirklichkeit ist CS (bekannt nach seinen Entdeckern Corson und Stroughton im Jahre 1928) ein Kampfstoff, den die amerikanische Armee in Vietnam einsetzte, um unterirdische Tunnelsysteme des Vietkong zu begasen. Die Folge im Vietnamkrieg: Mindestens 650 Tote, wie das Russel-Tribunal feststellte. Auch im nordirischen Bürgerkrieg und bei den Auseinandersetzungen in Südafrika findet CS Verwendung, auch dort wird immer wieder von Todesfällen berichtet. Seit August 1981 steht dieses Gas als sog. „Distanzwaffe" in den Arsenalen der bayerischen Polizei. Nach dem erstmaligen Einsatz von CS-Gas kam es zu einem Gerichtsverfahren vor den Bayerischen Verwaltungsgerichten (Regensburg und München) zur Frage der Rechtswidrigkeit des CS-Gas-Einsatzes gegenüber friedlichen Bürgern. In der ersten Instanz erreichten die Kläger einen deutlichen Teilerfolg. Die 7. Kammer des Verwaltungsgerichts Regensburg stellte fest, daß es rechtswidrig war, die Kläger am Ostermontag, gegen 15 Uhr, in der Nähe des Bauzauns der WAA, der Einwirkung von Reizstoffwurfkörpern auszusetzen. Dieses Urteil hat insbesondere bei Innenminister August Lang Empörung ausgelöst. Er werde die Entscheidung der Kammer nicht akzeptieren, notfalls durch alle Instanzen gehen, um ein für die Polizei adäquates Urteil zu bekommen. Lang äußerte die Überzeugung, ein Fehlverhalten der Polizeiverantwortlichen liege nicht vor. Es sei auch kein Grund ersichtlich, ein Bedauern oder gar eine Entschuldigung für letztlich selbst verschuldete Beeinträchtigungen auszusprechen. Leider hat dann der Verwaltungsgerichtshof (VGH) das von Lang verlangte „adäquate“ Urteil gefällt. Der 21. Senat hob im Juli 1988 das Urteil des Verwaltungsgerichts Regensburg wieder auf und wies die Klagen ab. Interessant ist insbesondere, daß der VGH im Völkerrecht kein Hindernis für den Einsatz von CS- und CN-Gas sieht. Ein Zusatzprotokoll zur Genfer Konvention vom 17. Juni 1925 verbietet zwar die Verwendung von erstickenden, giftigen oder ähnlichen Gasen im Krieg. Dies gelte jedoch nur für die Verwendung solcher Stoffe „im Krieg zwischen den Staaten“. Es berühre nicht den „innerstaatlichen Einsatz solcher Stoffe durch die Polizei bei bürgerkriegsähnlichen Auseinandersetzungen, zumal die dabei verwendeten Konzentrationen nur kurzfristige und keinesfalls schwerwiegende gesundheitliche Beeinträchtigungen zur Folge haben,“ urteilten die drei Richter des 21. Senats. Ich halte diese Begründung für ungeheuerlich. Was im Krieg nicht erlaubt ist, soll im Einsatz gegen Bürger im Meinungsstreit um die WAA erlaubt sein?!

Abschließend, ohne Wertung und ohne Kommentar, eine persönliche Meinung von Michael Kortländer, Münchener Institut für Psychologie und Friedensforschung, der zum CS-Gaseinsatz am WAA-Zaun, (laut „NT“ vom 29. 7. 1988) folgendes sagte: „Wenn Strauß das verantwortet, bezeichne ich ihn als tyrannisch und diktatorisch im Sinne des etymologischen Dudens.“

5. Weitere Beispiele des Zerfalls unserer Freiheit

a) Freigabe des Einsatzes von Gummigeschossen

Seit Juli 1986 ist es in Bayern möglich, bei Polizeieinsätzen auch auf sog. Gummischrotpatronen zurückzugreifen. Der damalige Innenminister erklärte, der Einsatz hänge allein von polizeitaktischen Gesichtspunkten ab. Der von Bayern immer wieder angekündigte Alleingang bei der Verwendung der umstrittenen Distanzmittel könne stattfinden. Die Schweizer Geschosse könnten auf kürzere Distanz eingesetzt werden, als die bei MBB in der Entwicklung befindlichen, für die ein Abstand von rund 60 Metern vorgesehen ist. Man muß wissen, daß diese Gummigeschosse, auch Wuchtgeschosse genannt, eine äußerst gefährliche Waffe sind. Die Betäubungswirkung ist bis ca. 25 m Entfernung garantiert, bis 100 m bewirkt ein Treffer noch große Schmerzen, aus kurzer Entfernung besteht Lebensgefahr, aus etwa 5 bis 8 m kann es zu Organrissen kommen. Erfahrung mit diesen schrecklichen Waffen hat man in Europa insbesondere in Nordirland. Dort sind bei verschiedenen Einsätzen 12 Menschen, darunter 7 Kinder unter 12 Jahren, durch Gummi- oder Plastikgeschosse getötet worden. Hunderte von Menschen haben schwere Verletzungen erlitten, in vielen Fällen schwere Kopfverletzungen mit Hirnschäden, Verlust eines Auges oder völlige Erblindung. Eine große Anzahl dieser Verletzungen ist nicht in Krawallsituationen entstanden und hat völlig Unbeteiligte getroffen. Bei den sog. Züricher Unruhen wurden diese Waffen auch eingesetzt. In Zürich verloren durch Gummigeschosse 7 Menschen ganz oder teilweise ihr Augenlicht. Das geschah entweder durch Querschläger oder gezielte Schüsse ins Gesicht aus kürzester Entfernung.

Aus diesen Gründen hat sich auch am 13. 5. 1982 das Europäische Parlament mit überwältigender Mehrheit gegen die Verwendung von Plastikgeschossen gegen Zivilpersonen in allen Ländern der Europäischen Gemeinschaft ausgesprochen. Die Entschließung des Europäischen Parlaments wurde mit den Stimmen der CDU-CSU Abgeordneten verabschiedet. Es ist eine unglaubliche Frivolität, daß die Unions-Vertreter im Europäischen Parlament die Mitgliedstaaten auffordern, den Einsatz von Plastikgeschossen in der Gemeinschaft zu verbieten, während die CSU diesen Einsatz im Freistaat Bayern für zulässig erachtet.

b) Einsatz von Vorderschaftrepetierflinten für „Schwarze Sheriffs"

Am 14. April 1987 hat das Bayerische Innenministerium die Bayerische Bekanntmachung zum Vollzug des Waffengesetzes vom 28. 8. 1980 geändert. Dahinter verbirgt sich ein ganz eklatanter Vorgang. Man muß nämlich wissen, daß sich noch am 28. August 1980 in der (nunmehr geänderten) Bekanntmachung das damalige Bayerische Innenministerium klar gegen die Verwendung bestimmter Waffen im zivilen Wachbereich festgelegt hat. Damals hieß es wörtlich: „Schrotwaffen sind für die gewerblichen Bewachungsunternehmen nicht geeignet". Jetzt hat man davon ausdrücklich die sog. Vorderschaftrepetierflinten ausgenommen, soweit sie zum Schutz von Kernkraftwerken, Einrichtungen der Daseinsvorsorge und sonstigen durch politisch motivierte Gewaltkriminalität gefährdeten Betriebseinrichtungen verwendet werden, wenn diese Objekte durch eine Umzäunung nach außen abgegrenzt und die genannten Waffen zur Sicherheit der Objekte gegen Angriffe von Personengruppen notwendig sind.

Selbstverständlich hängt diese Änderung zusammen mit der WAA Wackersdorf, auch wenn dies offiziell nicht zugegeben wird. Ich habe deshalb unter dem 22. 6. 1987 eine schriftliche Anfrage im Landtag eingereicht und am 6. 11. 1987 die Antwort von Staatssekretär Rosenbauer vom Innenministerium erhalten, die ich in Auszügen zur Kenntnis gebe. Die Staatsregierung meint, „daß nach neueren Erkenntnissen in bestimmten, sehr begrenzten Fällen Situationen auftreten können, bei denen der Einsatz von Schrotflinten gegenüber Pistolen einen Sicherheitsgewinn beim Schutz bestimmter, besonders wichtiger und durch terroristische Angriffe besonders gefährdeter Anlagen bringen kann. Angesichts der bedrohlichen Entwicklung in der Terrorszene kann die Lage jetzt nicht mehr mit früher verglichen werden." Eiskalt auch die Antwort, was die Gefährlichkeit dieser Waffen anbelangt. Es heißt in der Antwort der Staatsregierung: „Die Gefährlichkeit von Schrotwaffen hängt im wesentlichen auch von der Auswahl der Munition ab, auf die die Waffenrechtsbehörde Einfluß hat. Die Auswahl wird so getroffen, daß unbeteiligte Dritte sowenig wie möglich gefährdet werden. Man kann bei den in aller Regel verwendeten Bleischrotgeschossen – wie im Prinzip bei allen Geschoßarten und unter Außerachtlassung der Schrotgröße – zwischen vier Bereichen unterscheiden: Eine tödliche Wirkung tritt bei einem Schuß bis 15 m ein. Von 15–150 m reicht der waffentechnisch optimale Einsatzbereich; eine optimale Wirkung, d.h. ein sicheres Stoppen des angreifenden Gegners, setzt dabei, wie bei jeder Schußwaffe, die Inkaufnahme schwerster und gegebenfalls auch tödlicher Verletzungen voraus. Die Entfernung von 150–500 m ist eine Distanz der relativen Ungefährlichkeit und damit auch der relativen Wirkungslosigkeit. Über 500 m ist ein Schuß grundsätzlich ungefährlich und wirkungslos." Auf meine Frage, ob das Landratsamt Schwandorf nach der Rechtslage auch dem bei der WAA Wackersdorf tätigen Bewachungsunternehmen auf Antrag das Tragen dieser Vorderschaftrepetierflinten erlauben müßte, antwortet die Staatsregierung am 6. 11. 1987: „Nein, zum jetzigen Zeitpunkt befinden sich auf dem Gelände der WAA noch keine besonders sicherheitsempfindliche Objekte im Sinne der geänderten Verwaltungsvorschrift." D.h., daß diese schlimmen Waffen von den Bewachungsmannschaften dann getragen werden dürfen, wenn sich auf dem Gelände der WAA „besonders sicherheitsempfindliche Objekte" befinden!

c) Waffen und Reizstoffe

Hochinteressant ist das Schreiben des Staatsministeriums des Innern vom 4. 6. 1986 (Ministerialdirektor Süß) an das Bayerische Staatsministerium der Finanzen unter dem Az. IZ 6-0726-86-1. Dort heißt es: „Bis 31. Mai 1986 sind für durchgeführte Einsätze (überwiegend in Wackersdorf) Mittel in Höhe von 13.790.000,– DM festgelegt worden . . . Spätestens seit der Katastrophe von Tschernobyl muß mit einer Verschärfung der Einsatzlage auf nicht absehbare Zeit gerechnet werden. Hinzu kommt die in der Ministerratssitzung vom 13. 5. 1986 beschlossene offensivere Einsatzkonzeption, die nicht ohne erheblich stärkeren Kräfte- und Materialeinsatz durchzuführen ist. Auch die Landtagswahlen im Herbst 1986 und der noch 1986 beginnende Bundestagswahlkampf werden erheblich zur Verschärfung der Einsatzlage beitragen. Allein für die bis Pfingsten 1986 angefallenen Einsätze sind 290.000 Mehrarbeitsstunden zu vergüten, weil dafür Freizeitausgleich wegen der angespannten Personallage nicht gewährt werden kann. Für künftige Einsätze auf dem Gelände der WAA und zu den Landtagswahlen muß mit weiteren 400.000 zu vergütenden Mehrarbeitsstunden gerechnet werden." (s. Dok. Nr. 35)

Dieser Brief ist deshalb so von Bedeutung, weil hier die Gedanken aus der Kabinettssitzung so typisch bürokratisch in Finanzmittel und Kosten umgesetzt werden. Nach Schätzungen von Experten hat die öffentliche Hand bisher schon für die polizeilichen Einsätze im Zusammenhang mit der WAA etwa 100 Millionen DM aufgewendet (ich sage bewußt nicht, aufwenden müssen). Jedenfalls hat der Innenminister beim Finanzminister bereits am 26. Mai 1986 für „überörtliche Einsätze der Polizei" 30,75 Millionen DM beantragt, gegenüber einem vom Landtag beschlossenen Haushaltsansatz von nur 2,55 Millionen DM für diesen Bereich. Mit diesem Brief von 4. 6. 1986 wurde nochmals eine Aufstockung auf insgesamt 50,7 Millionen DM verlangt, allein für Sachmittel.

In einer ebenfalls bemerkenswerten Anlage zu diesem Schreiben gibt es eine Bedarfszusammenstellung für die Polizeieinsätze. So sind darunter auch ein Gefangenentransportomnibus weiß/grün zum Preis von 360.000,– DM, zwei Wasserwerfer 9, grün, á 800.000,– DM, zusammen 1,6 Millionen DM, eine Vielzahl von foto- und kriminaltechnischen Geräten (um WAA-Gegner auch bei jeder Gelegenheit fotografieren und filmen zu können), Richtmikrofone, Teleobjektive, 120 Atemschutzmasken, usw. usw., Besonders interessant ist der Unterpunkt II. 2 (s. Dok. Nr. 36).

Unter dem Titel „Waffen und Reizstoffe" sind hier 40 Abschußgeräte für Gummikörper à 900,– DM = 36.000,– DM, 3000 Gummischrotpatronen à 20,– DM = 60.000,– DM, 3000 Treibpatronen à 1,50 = 4.500,– DM, 3300 Reizstoffwurfkörper RW 70/2 CN à 32,– DM = 106.000,– DM, 6000 Reizstoffwurfkörper RW 70/2 und 70/3 à 35,– DM = 210.000,– DM 5000 Reizstoffwurfkörper RW 515 à 110,– DM = 550.000,– DM, sowie 5000 Reizstoffwurfkörper RW 519 à 110,– DM = 550.000,– DM, fein säuberlich aufgeführt. Dies sind also die sog. Strukturfördermittel des Freistaates Bayern für die mittlere Oberpfalz! Damit kann man einen Großteil der Bevölkerung der mittleren Oberpfalz ausräuchern und vergiften. Aus einer Antwort des Innenministeriums vom 10. 8. 1987, auf eine schriftliche Anfrage der Grünen im Bayer. Landtag hin, kann man entnehmen, daß allein im Jahre 1986 im Raum Wackersdorf 1700 Liter Stammlösung CN, rund 1400 Liter Stammlösung CS und etwa 4800 (!) Reizstoffwurfkörper „verbraucht" wurden. Man verwendet hier den Ausdruck „verbraucht", wie andere Leute Körperspray verbrauchen. Wen wundert es, daß all dies Emotion, ja Wut der Oberpfälzer hervorgerufen hat.

6. Polizei und die Wut der Oberpfälzer

Ich merke immer wieder, daß meine kritischen Worte gegenüber überzogenen und unverhältnismäßigen Einsätzen der Polizei im Raum Wackersdorf zu einer gewissen Solidarisierung der Polizeibeamten untereinander gegen mich führen. Die CSU schürt dies natürlich, so daß manche Polizeibeamten meinen, ich hätte eine bestimmte Polizeifeindlichkeit im Sinn. Das ist mitnichten der Fall! Selbstverständlich brauchen wir Polizeibeamte und selbstverständlich müssen auch diese im Einsatz geschützt werden. Ich finde es ein Armutszeugnis und das geht bei mir an die Grundlagen meines demokratischen Selbstverständnisses, wenn dies immer wieder – z. B. zum Teil in lächerlicher Form – betont werden muß. So gab es einen Dringlichkeitsantrag der CSU-Landtags-Fraktion vom 10. 11. 1987, in dem u. a. steht: „Auch Polizeibeamte sind Mitmenschen und Mitbürger, die – wie jeder andere – ein Recht auf Achtung ihrer Persönlichkeit und körperlichen Unversehrtheit haben." Sind wir wirklich soweit, daß dies in einem Antrag an den Bayerischen Landtag ausdrücklich gesagt werden muß? Uns WAA-Gegnern ist klar, daß die Polizeibeamten dort den Kopf hinhalten müssen für Fehlentscheidungen, die die politische Einsatzleitung und – zum Teil auch die polizeitaktische Einsatzleitung – zu verantworten hat.

a) Polizeitaktische Fehler

Durch die Ablösung des früheren Polizeipräsidenten Hermann Friker und des früheren Abteilungsleiters IC, Joachim Schweinoch, gestand ja die politische Führung polizeitaktische Einsatzfehler mehr oder weniger ein. Ich kann mich noch gut an den Pfingstsonntag 1986 (18. Mai) erinnern, als der damals noch verantwortliche Polizeipräsident Friker eine Hundertschaft junger Bereitschaftspolizisten plötzlich aus dem gesicherten Innenraum des Zauns in die aufgebrachte Menge schickte, die dort „im Feindesland" regelrecht zerrieben wurde. Ich stand damals wenige Meter entfernt und habe die Situation mitbekommen. Das Ganze war so unwirklich und so abenteuerlich, daß ich mich an einen der letzten John-Wayne-Filme erinnerte. Die paramilitärisch organisierten „Vermummten" waren mit ihren Turnschuhen viel beweglicher als die schwerfällige Hundertschaft. Es war schlicht unsinnig, die Hundertschaft aus dem umzäunten „Fort" hinauszubefehlen. Dies war wirklich „Westerntime in Germany".

Dies ist aber nur eine Seite der Medaille. Viel wichtiger wäre, daß man den polizeilichen Einsatz anders darstellt. Wichtig wäre, daß man die eigenen Schwächen und Fehler einräumt, daß man auch einmal Rechtsbrüche bei den Einsatzkräften zugibt und denen ausdrücklich nachgeht. Die einseitige und plumpe Kameraderie mit den Einsatzkräften im Sinne von „ein Polizist macht keinen Fehler, für einen Polizeibeamten gibt es kein Zurück, etc.", ist ein besonders schlimmer polizeitaktischer Fehler.

Es nützt den Polizeibeamten auch nichts, wenn man sie in plumper Anbiederei, meist um die Weihnachtszeit, besucht, sie bedauert und, wie Staatssektretär Peter Gauweiler es gerne tut, ihnen Weißwürste aus München mitbringt. Peinlich war auch, die Art und Weise, wie der Beauftragte der Freisinger Bischofskonferenz für die Polizeiseelsorge in Bayern, Weihbischof Heinrich Graf von Soden-Frauenhofen, am Heiligen Abend 1987 einen Weihnachtsgottesdienst für die Einsatzkräfte der Bereitschaftspolizei in Wackersdorf abgehalten hat. Der Bischof begann seine Predigt an die Polizeikräfte in Wackersdorf wie folgt: „Vielleicht müssen Sie zum erstenmal in Ihrem Leben weit weg von zu Hause Weihnachten feiern und das nur, weil einige Unruhestifter sogar in diesen heiligen Tagen auf den Gedanken kommen können, hier ihre politischen Absichten auf ihre Weise geltend zu machen. Zusammen mit den meisten Bürgern des Landes, deren Stimme freilich in der Öffentlichkeit nicht genug zur Geltung kommt, möchte ich Ihnen meine Bewunderung nicht verhehlen, in welch beherrschter Bereitschaft Sie als junger Erwachsener Ihren Dienst hier und anderswo erfüllen ... Sie wehren auch mit Entschlossenheit den Revolutionären, deren Gedankengänge hier nicht dargestellt werden können, deren geistige Väter Sie aber sicher in Ihrem Unterricht kennengelernt haben. Das Fernziel ist ein völlig utopisches und unwirkliches irdisches Paradies und die wichtige Voraussetzung dafür, der Umsturz der bestehenden Gesellschaftsordnung, die deshalb für alle Schäden der Gegenwart verantwortlich gemacht wird. Der Weg zur Revolution ist raffiniert ausgedacht. Zunehmender Terror soll eine Verschärfung der Gerichtsbarkeit herbeiführen und die Unzufriedenheit der sozial Schwachen nach sich ziehen ... Gott gebe es, daß Sie die Beschimpfungen und Verdächtigungen ertragen lernen. Die Verunglimpfung der Polizei gehört zum revolutionären Plan, was freilich manche Arglose nicht merken. Aber alle, denen es um die freiheitliche Ordnung im Lande geht, stehen auf

Ihrer Seite. Im Auftrag aller bayerischen Bischöfe, aus deren Diözesen Sie kommen, möchte ich Ihnen danken." (s. Dok. Nr. 37)

Ich halte diese Predigt in ihrer Einseitigkeit für schlimm und unehrlich. Nicht diejenigen sind die wahren Freunde der Polizeibeamten, die an Weihnachten tröstende Worte oder Weißwürste bringen, sondern diejenigen, die durch vernünftige politische Beschlüsse im Sinne der Bevölkerung die Akzeptanz für ihre politischen Entscheidungen erreichen. Dazu genügt es eben nicht, sich nur alle 4 Jahre wiederwählen zu lassen.

Wichtig wäre aber, daß auch die Gewerkschaft der Polizei dies erkennt und nicht den undifferenzierten „Law- and- Order-Politikern" auf den Leim geht. So habe ich zur Kenntnis genommen, daß der Landesverband Bayern der Deutschen Polizeigewerkschaft die neugebildete „Bundesarbeitsgemeinschaft kritischer Polizisten und Polizistinnen" massiv kritisiert hat. Diese Gruppe stehe nach Auffassung des Landesvorsitzenden dieser Polizeigewerkschaft, Gerhard Vogler, nicht auf dem Boden der Verfassung, wenn sie Polizisten dazu auffordert, nach eigener subjektiver Rechtsauslegung gewisse Dienstleistungen zu verweigern. Was war geschehen? Die Bundesarbeitsgemeinschaft kritischer Polizisten und Polizistinnen hat bei einer Tagung in Schwandorf alle Polizeibeamten aufgefordert, in Zukunft stärker von ihrem Recht auf Widerspruch bei dienstlichen Anordnungen Gebrauch zu machen.

Der Bundessprecher dieser „neuen Art von Polizisten" Manfred Such, hat bei einem öffentlichen SPD-Unterbezirksparteitag am 11. 6. 1988 ein außerordentlich bemerkenswertes Referat gehalten. Dabei sagte er u. a.: „Wenn es zu Gewalt bei Demonstrationen kommt, so vertreten wir die Auffassung, daß hinter einer verfehlten Politik die oft verfehlte Einsatzkonzeption der Polizei ein nicht unwesentlicher Verursacher von Gewalt bei Demonstrationen ist, ja – wie wir alle wissen – durch die Polizei in unerträglicher Weise Gewalt ausgeübt wurde. Solche Gewaltausübung wird immer wieder neue Gewalt nach sich ziehen . . . die Polizeieinsätze u. a. der Berliner Kommandos mit „Prügelpolizisten" in Wackersdorf sind solche polizeischädigenden Verhaltensweisen und Ursachen für neue Gewalt."

Viele dieser Denkansätze sind äußerst überlegenswert und auf jeden Fall diskussionswürdig und auch diskussionsbedürftig. Nun hat es aber auch Manfred Such „erwischt“, obwohl er in Nordrhein-Westfalen Dienst tut. Er wurde als Kripo-Chef von Werl, Landkreis Soest, vom dortigen CDU-Oberkreisdirektor des Dienstes entbunden. Vorgeworfen wird ihm, daß er in einer Talk-Show des Westdeutschen Fernsehens in Köln zum früheren Berliner Innensenator Lummer gesagt hat, „was glauben Sie denn, was passiert, wenn man als Polizist hingeht und sagt, da hat ein Polizist rechtswidrig gehandelt? Das erlebe ich in meinem praktischen Dienst, ich möchte sagen, fast täglich. Der Polizist, der sich hinstellt und sagt, hier hat die Polizei rechtswidrig gehandelt, muß damit rechnen, daß er geschnitten wird, daß er letztlich unmöglich gemacht wird bei der Polizei und daß er dann seinen Dienst quittieren muß . . .“ Dies waren geradezu hellseherische Worte, dies zeigt aber auch, wie schwierig es für kritische Polizisten ist, vom bisherigen Weg abzuweichen.

b) Die Wut der Oberpfälzer

Immer wieder höre ich von auswärtigen WAA-Gegnern, daß sie beeindruckt sind über den langjährigen Widerstand der Oberpfälzer. Richtig ist, daß es eigentlich für uns untypisch ist, so „zornig“ zu sein. Von der Mentalität her sind wir eher zurückhaltend und ein Stück duldsam. Die „traditionelle“ Arbeitslosigkeit im Winter, das verhältnismäßig rauhe Klima, die langjährigen Abhängigkeiten von Kirche und Herrschaft trugen dazu bei. Mit dieser unserer Mentalität haben DWK und CSU-Staatsregierung kalkuliert. Der hier ansässige CSU-Bundestagsabgeordnete und bekannte WAA-Befürworter Jobst sagte gegenüber dem Westdeutschen Rundfunk in einem Interview am 7. 2. 1988: „Ich hätte nicht gedacht, daß diese harte Auseinandersetzung in der Oberpfalz in der Weise möglich ist und ich hätte auch nicht geglaubt, daß sich die Oberpfälzer, die ja konservativ sind, die fest auf dem Erdboden stehen, so in Angst und Schrecken jagen lassen.“ Worauf sind denn dann dieser Widerstand und diese Wut der Oberpfälzer zurückzuführen?

Selbstverständlich hat uns wütend gemacht die Art und Weise, wie die WAA in die Oberpfalz kam. Selbstverständlich hat uns der jetzige Innenminister August Lang mit seiner entlarvenden Bemerkung „und wenn ma’s da nicht durchbringen, bring ma’s nirgends in ganz Bayern durch“ hellhörig gemacht, und selbstverständlich werden wir im Widerstand immer wieder durch die Fehler der „anderen Seite“ motiviert. Ich will noch einmal auf die Pfingsttage 1986 zurückblenden. Am Pfingstsonntag wurden durch das Unvermögen des damaligen Polizeipräsidenten Hermann Friker junge Bereitschaftspolizisten im Einsatz „verheizt“. Am Pfingstmontag 1986 erfolgte dann die „Rache“. Hier gehen ja wieder die Berichte der beiden Seiten weit auseinander. Im zwischenzeitlich wegen seines Wahrheitsgehalts schon „berüchtigten“ Verfassungsschutzbericht Bayern 1986 des Bayerischen Innenministeriums heißt es auf Seite 93 dazu: „Am Nachmittag des 19. Mai (1986) kam es erneut zu schweren Gewalttaten am WAA-Gelände, wo etwa 1000 brutale (!) Gewalttäter aus einer Menge von rund 10.000 Personen heraus die eingesetzten Polizeikräfte mit Stahlkugeln beschossen, sowie mit Steinen und Molotow-Cocktails bewarfen. Vermummte Störer griffen im Außenbereich des WAA-Geländes eine Polizeistreife an und setzten zwei Dienstfahrzeuge in Brand. Erst durch Einsatz von Reizstoffwurfkörpern aus Hubschraubern konnten die Gewalttäter zurückgedrängt und rund 30 massiv attackierte Beamte in Sicherheit gebracht werden.“ Soweit die „Wahrheit“ der Staatsregierung. Die Mittelbayer. Zeitung kommentierte „Unter der Lupe“ am 8. 8. 1987: „Die Darstellung im Verfassungsschutzbericht Bayern 1986 der Vorfälle vom 19. Mai 1986 auf dem WAA-Gelände entbehrt einer gewissen sachlichen Grundlage. Vermummte Störer hatten zwar bei den Pfingsttumulten eine Polizeistreife angegriffen. Die Dienstfahrzeuge der Polizei waren jedoch erst in Brand gesetzt worden, nachdem die Polizei aus Hubschraubern Reizstoffwurfkörper über einer großen Menge, weitgehend friedlich demonstrierender WAA-Gegner eingesetzt hatte – und nicht umgekehrt.“

Der Kommentator der MZ hat recht. Ich selbst habe gesehen und miterlebt, wie am Pfingstmontag überraschend, ohne jede Notwendigkeit, plötzlich aus dem Hubschrauber die CS-Gas-Wurfkörper abgeworfen wurden, ungeordnet, wahllos über Kinder, alte Leute, sogar in der Nähe eines Rot-Kreuz-Fahrzeuges ging eine solche Gasbombe nieder. Ich gebe zu, daß dies auf unserer Seite helle Wut hervorgerufen hat. Neben mir stand ein langjähriger persönlicher Freund, der viele Jahre bei der Polizei Dienst getan hat. Der sagte: „Und wenn ich jetzt meine Dienstpistole dabeigehabt hätte, hätte ich diesen Hubschrauber runtergeholt." Bekannt geworden ist ja auch das Beispiel der etwa 70jährigen Wackersdorfer Bürgerin (Name und Adresse sind mir bekannt), die am Pfingstmontag in einer „Aldi-Tüte" Feldsteine gesammelt und den sog. „Vermummten" gegeben hat, damit diese die Steine in Richtung Polizeibeamte werfen konnten. Noch einmal, ich finde das nicht gut, dies soll aber nur die Wut und die manchmal vorhandene gewisse Sympathie von einzelnen Oberpfälzern mit den kriminellen Gewalttätern erläutern.

c) Übertreibungen der „anderen" Seite

Dazu kommen die maßlosen und gewohnheitsmäßigen Übertreibungen der „anderen" Seite. Wenn über Verletzungen von Demonstranten berichtet wird, so heißt es immer im Innenministerium, die sind ja selber schuld, wären sie doch nicht an den Zaun gegangen. Immerhin sind bisher zwei WAA-Demonstranten im Umfeld des Zaunes gestorben. In beiden Fällen hat das zuständige Innenministerium keinerlei Betroffenheit erkennen lassen. Die Verletzungen der Polizeibeamten, die bedauerlich und nicht im Sinne der WAA-Gegner sind, werden aber im Regelfall dramatisiert. Der Bayerische Beamtenbund, Kreisausschuß Schwandorf, hat in einer Presseveröffentlichung vom 4. 8. 1986 der erschrockenen Öffentlichkeit zur Kenntnis gegeben, daß bis zu diesem Zeitpunkt 200 Beamte der Bayerischen Bereitschaftspolizei im Zusammenhang mit ihrem Einsatz am WAA-Bauzaun verletzt worden seien. Davon seien vier Beamte durch Steinwürfe schwer verletzt worden. Ein Beamter habe in Ausübung seines Dienstes ein Auge verloren. Einem weiteren Beamten sei aus 6 m Entfernung mit einer Präzisionsschleuder ins Genick geschossen worden, so daß der Polizeibeamte nun gelähmt sei.

Ich wandte mich dann unter dem 5. 8. 1986 an den damaligen Innenminister Karl Hillermeier und erfuhr von ihm am 23. 9. 1986, dankenswerterweise in der gebotenen Klarheit, daß die Angaben des Kreisausschusses Schwandorf des Bayerischen Beamtenbundes in der geschilderten Form nicht den Tatsachen entsprachen. Was soll aber dann diese Horrormeldung! Damit will man Stimmung machen. Es ist schlimm genug, daß Polizeibeamte am Zaun verletzt werden, Gott sei Dank hat kein Polizeibeamter bei Einsätzen im Bereich der WAA ein Auge verloren, Gott sei Dank ist kein Beamter durch einen

Schuß mit einer Präzisionsschleuder gelähmt worden. Wenn über Verletzungen von Beamten berichtet wird, so umfaßt dies auch den Fall, wenn ein Beamter sich den Fuß verstaucht oder einen blauen Fleck zuzieht, weil er ausgerutscht ist. Tatsache ist, daß nach dem Schreiben des Innenministers bis 23. 9. 1986 sich „nur" 7 Beamte infolge von Verletzungen am WAA-Gelände in stationäre Behandlung begeben mußten. (s. Dok. Nr. 38)

Manchmal ist es auch kurios, was die Polizei so alles als „gefährliche Gegenstände" bei Kontrollen in PKW's und bei anreisenden WAA-Gegnern beschlagnahmt oder sichergestellt. Angeblich sind zwischenzeitlich Tausende solcher Gegenstände sichergestellt worden, so jedenfalls aus einer Antwort von Innenminister Lang am 6. 5. 1987. Einen Teil dieser sichergestellten Gegenstände habe ich bei einer polizeilichen Vorführung gesehen. Manche Gegenstände sahen aus, als seien sie aus entsprechenden Archiven der Polizei zusammengestellt worden. Tausende von Gegenständen sollen auch um Burglengenfeld herum am 26./27. 7. 1986 beschlagnahmt und sichergestellt worden sein. Ich selbst bin am 26. 7. 1986 bei einer Fahrt zu einer Versammlung dreimal in solche Polizeikontrollen gekommen. Man konnte abends diese Polizeikontrollen schon von weitem erkennen durch Blaulicht etc. Ich kann mir nicht vorstellen, daß sog. „Chaoten" schnurstracks und guter Dinge, im Wissen der gefährlichen Gegenstände im Kofferraum, voll auf diese Polizeikontrollen zufahren, um sich die Molotowcoctails dann aus dem Kofferraum nehmen zu lassen. Dies alles sind Vorgänge, die ein gewisses Mißtrauen gegenüber Erklärungen der politischen und polizeilichen Einsatzleitung haben wachsen lassen. Vertrauensbildende Maßnahmen wären hier dringend erforderlich! Man sollte versuchen, mehr auf die Vorschläge der Arbeitsgemeinschaft kritischer Polizisten und Polizistinnen, einzugehen.

Das alles, was bisher geschildert wurde, hat die Situation im Umfeld der WAA weitgehend verhärtet. Die Meinungsbildung ist ja weitgehend abgeschlossen. Es gibt keine „Pro- und Contra-WAA-Veranstaltungen" mehr. Weder DWK und Staatsregierung auf der einen Seite, noch die Contra-Parteien SPD und Grüne, sowie Bürgerinitiativen auf der anderen Seite, können durch Informationsarbeit entscheidungserheblich neue Anhänger gewinnen. Gerade der Einsatz von

CS-Gas war ein historischer Fehler der Pro-Seite, damit wurde gleichsam der Rubikon einer möglichen Dialogfähigkeit überschritten. Staatsregierung und DWK wissen, daß nunmehr der sog. „Endkampf um die WAA“ (so Hubert Weinzierl) begonnen hat. Seit die Staatsregierung mit dem Einsatz von CS-Gas die letzte Hemmnisschwelle überwand, werden in allen Bereichen systematisch die Freiheitsräume abgebaut, erfolgt die Vorverlegung der Sicherungslinie in die Gesellschaft hinein.

Gewalt – Nein Danke!

Die sogenannten „Caoten“?

V. Eingriffe im Gesetzesbereich

Mit dem Garantieversprechen in seinem Schreiben vom 16. 1. 1985 hat Franz Josef Strauß der Betreiberin DWK zugesagt, auf allen Ebenen alles zu tun, um – koste es was es wolle – Störungen gegen die WAA zu verhindern. Insbesondere galt dies für den Rechtsbereich. Strauß sagte eine erhebliche Verminderung der Rechtsrisiken zu. Während sich jeder andere Bauwerber an die bestehende Gesetzes- und Rechtslage halten muß, wie die örtlichen Bauvorschriften, die Bayerische Bauordnung, das Baugesetzbuch, wurden zugunsten der WAA, systematisch vorweg und gezielt, so manche gesetzlichen Grundlagen verändert, um die „Rechtsrisiken zu mindern".

1. Verfahrensrecht

a) Änderung der Verwaltungsgerichtsordnung

Um juristische Hürden leichter nehmen zu können, wurde auf Initiative der Bayerischen Staatsregierung die Verwaltungsgerichtsordnung dahingehend geändert, daß nun auf die erstinstanzliche Zuständigkeit der Verwaltungsgerichte verzichtet und sofort der Bayerische Verwaltungsgerichtshof (VGH) zuständig wurde. Offenbar waren die Verwaltungsrichter der Staatsregierung nicht immer botmäßig genug. Ab und zu hat z.B. das Verwaltungsgericht Regensburg schon „Zähne gezeigt". Ich darf daran erinnern, daß das Verwaltungsgericht Regensburg den CS-Gas-Einsatz für rechtswidrig hielt, während der VGH dann dieses Urteil wieder aufhob.

Hier muß man auch ein Wort zur Problematik der Karriere-Juristen in Bayern einfügen. Ein begabter Jurist, der aus dem zweiten Staatsexamen mit der Staatsnote herauskommt und im Freistaat Bayern Karriere machen will, muß bei passender Gelegenheit das richtige Parteibuch der Mehrheitspartei unauffällig aus der Tasche fallen lassen. Mutige Richter, wie die sog. „Blockade-Richter" bei Mutlangen werden geächtet und durch die Justizministerin, sogar bei der Haushaltsrede im Landtag, öffentlich vorverurteilt. Ende Juli kam ich bei einer Klassenfeier mit einem ehemaligen Schulkameraden meiner Abiturklasse zusammen, der nun wirklich kein SPD-Anhänger ist. Selbst er beklagte, daß nunmehr auch im Justizbereich, wie schon früher im Kultusbereich, Karrieren nur mehr nach Parteibuchgesichtspunkten möglich sind. Man wird, so sagte er, ungeniert gefragt, ob man der CSU nahestünde. Erst dann habe man Aussicht, über den normalen Weg hinaus, Karriere zu machen.

Interessant ist, wie sich die Staatsregierung in der schon mehrfach erwähnten Schrift „WAA Wackersdorf, zerbricht die WAA die Demokratie?" zum Wegfall der VG-Instanz stellt. Die Anwort der Staatsregierung: Erstinstanzliche Zuständigkeit des Bayerischen Verwaltungsgerichtshofes bedeutet schnelleres Recht, nicht schlechteres Recht.

Also, im unverständlichen Juristendeutsch heißt dies: Durch das Gesetz zur Änderung des Gesetzes zur Ausführung der Verwaltungsgerichtsordnung vom 1. 12. 1985 wurde von der durch Art. 1 Nr. 2 des Gesetzes zur Beschleunigung verwaltungsgerichtlicher und finanzgerichtlicher Verfahren vom 4. 7. 1985 eröffneten Möglichkeit Gebrauch gemacht, auch für Streitigkeiten über Besitzeinweisungen bei technischen Großanlagen die erstinstanzliche Zuständigkeit der Oberverwaltungsgerichte – hier des Bayerischen VGHs – zu begründen. Gerade bei den besonders gefährlichen Großprojekten – an erster Stelle nennt das Bundesgesetz Anlagen im Sinne von §§ 7 und 9a des Atomgesetzes – ging damit dem Betroffenen eine Tatsacheninstanz verloren.

b) Die CSU will den Gerichten Grenzen zeigen lassen

Erstaunlicherweise leugnen die Kollegen der CSU-Landtagsfraktion überhaupt nicht, daß sie im Zusammenhang mit der WAA-Wakkersdorf alles vorweg richten wollen, um Hindernisse aus dem Weg zu räumen. Die Süddeutsche Zeitung berichtet unter dem 9. 10. 1985, daß die CSU zwei Vorstöße zugunsten der Verwirklichung von Großprojekten im Landtag eingebracht hat. Bei dem einen Vorstoß geht es eben um die von mir schon erwähnte Besitzeinweisung, d. h. grob gesprochen, darum, ob die Bagger anrollen dürfen, ehe Eigentum im Grundbuch eingetragen ist. Die zweite Initiative trägt die Überschrift

„Verminderung der gegen ein technisches Großvorhaben rechtlich zulässigen Einwände" und ist von 28 CSU-Abgeordneten unterschrieben, darunter einer Reihe von Rechts- und Wirtschaftspolitikern. Die Staatsregierung soll, dem Wortlaut dieses Antrags zufolge, alles tun, damit die Zahl der gegen ein technisches Großvorhaben rechtlich zulässigen Einwände auf ein vertretbares Maß vermindert wird". So einfach ist das! All diese Bemühungen haben ein Ziel, daß in Zukunft technische Großprojekte, Flughafenbauten oder Atomkraftwerke und Wiederaufarbeitungsanlagen, nach dem Wunsch der CSU, leichter alle gerichtlichen Instanzen unangefochten passieren können.

2. Das Selbsteintrittsgesetz vom 23. 7. 1985

Ende September 1984 machte die – zeitlich begrenzte – Weigerung von Landrat Hans Schuierer, den Auslegungsbeschluß für den WAA-Bebauungsplan zu unterschreiben, Schlagzeilen. Die Haltung Schuierers führte schließlich dazu, die Einführung eines Selbsteintrittsrechts des Staates zu planen. Unmißverständlich erklärte der damalige CSU-Generalsekretär Gerold Tandler: Ohne den renitenten Hans Schuierer hätte man nie ins Auge gefaßt, die Landräte zu „schuriegeln". Auch Franz Josef Strauß hat bereits in seinem Schreiben vom 16. 1. 1985 an die DWK, in dem er von einer erheblichen Minderung der Rechtsrisiken sprach, gesagt: „Auch das geplante Gesetz zur Änderung des Bayerischen Verwaltungsverfahrensgesetzes (Einführung eines Selbsteintrittsrechts der vorgesetzten Behörde) wird die Vorteile in dieser Richtung noch verstärken." Dieses sein Vorhaben hat Strauß auch im Anschluß an eine Kabinettssitzung am 5. 2. 1985 noch einmal nachdrücklich verteidigt. Er sagte damals: „Die Sabotageversuche des Landrats Schuierer mußten aufgefangen werden." Er deutete an, daß es bei weiteren Behinderungen durch Schuierer auch die Möglichkeit einer Dienstenthebung über das Disziplinarrecht gebe. Wenn ein Landrat staatlichen Weisungen nicht nachkomme, dann müsse er entfernt werden. Auf Hinweis eines Redakteurs der Süddeutschen Zeitung, daß ja auch der stellv. Landrat noch vorhanden sei, sagte Strauß, und wenn dieser nicht spure, könne auch dieser seines Postens enthoben werden. Dies war eine deutliche Warnung in meine Richtung! Selbstverständlich habe ich in der örtlichen Presse am 8. 2. 1985 dann gleich erklärt, daß auch ich nicht spuren werde.

a) Das Zustandekommen des Selbsteintrittsgesetzes

Dieses Gesetz, auch „Lex Schuierer" genannt, wurde im Eilverfahren noch kurz vor der Sommerpause 1985 durch den Bayerischen Landtag gepeitscht. Im Bayer. Gesetz- und Verordnungsblatt Nr. 14/ 1985 nimmt es nur eine knappe Seite ein und wirkt sehr harmlos. Es heißt dort unter Art. 3a Selbsteintritt: „1. Kommt eine staatliche Behörde einer schriftlichen Weisung der Aufsichtshörde nicht fristgerecht nach, so kann der Leiter der Aufsichtsbehörde anstelle der angewiesenen Behörde handeln (Selbsteintritt). 2. Der Selbsteintritt gegenüber einem Landratsamt als Staatsbehörde ist nur zulässig, wenn der fachlich zuständige Minister ein sofortiges Handeln aus wichtigen Gründen des öffentlichen Wohls, insbesondere in Fällen von überörtlicher oder landesweiter Bedeutung, im Einzelfall für erforderlich hält und dies gegenüber der Aufsichtsbehörde erklärt." Das Gesetz trat am 1. August 1985 in Kraft. In einer gemeinsamen Bekanntmachung der Bayerischen Staatsministerien vom 9. 9. 1985 wurden dann die Kriterien dieses Gesetzes noch erläutert. (s. Dok. Nr. 39 und 40)

Beschämend war die Reaktion der CSU-Landräte und des Landkreisverbandes Bayern. Noch im Februar 1985 übte der Landkreisverband erhebliche Kritik an den Absichten der Staatsregierung. Man empfand die allgemeine Einführung der neuen Paragraphen als „erheblichen Verlust an Demokratie auf Kreisebene". Der Regensburger CSU-Landrat Rupert Schmid hielt die Gesetzesänderung für schlicht überflüssig. Später ist dann der Landkreisverband , wie nicht anders zu erwarten war, umgefallen. Von den CSU-Landräten meldete sich keiner mehr zu Wort.

b) Die erstmalige Anwendung des Selbsteintrittsgesetzes

Am Montag , den 30. 9. 1985, mußte Landrat Hans Schuierer überraschend ins Krankenhaus wegen einer Blinddarmreizung. Seine Frau Lilo rief mich noch am gleichen Tag an. Ich trat den Dienst dann am 1. Oktober 1985 als amtierender Landrat des Landkreises Schwandorf an. Der damalige Vorstandsvorsitzende Der DWK äußerte in der Presse, er habe „zunächst vermutet, daß die Erkrankung des Landrats ein bißchen zum Theater um die Baugenehmigungsverfahren gehöre". Ich selbst war noch keine zwei Tage im Amt, als ich die Unterlagen mit den WAA-Baugenehmigungen auf dem Schreibtisch vorfand. Ich erhielt Besuch von DWK-Vertretern, ich wurde angerufen von vorgesetzten Behörden. Es war eine sehr schwierige Zeit, zumal ich damals mit den rechtlichen Grundlagen und Voraussetzungen für die Baugenehmigungen, sowie mit der ersten atomrechtlichen Teilerrichtungsgenehmigung im Detail noch nicht vertraut war. Dazu kam, daß meine ganze Familie unter der Belastung des schrecklichen Leidens meiner einzigen Schwester Ursula stand, die schon vom Tode durch eine Krebserkrankung gezeichnet war. Ich mußte während des Dienstes dem Druck der staatlichen vorgesetzten Stellen standhalten und abends versuchen, am Krankenbett Hoffnung und Mut zu geben.

Die Süddeutsche Zeitung berichtete unter dem 12. 10. 1985 folgendes: „Der Stellvertreter verspürt Druck von verschiedenen Seiten, der ihn zwingen soll, die Baugenehmigung möglichst rasch zu erteilen. Der Abgeordnete, von Beruf Rechtsanwalt, will sich aber weder nötigen, noch erpressen lassen. Von Eilfertigkeit oder gar einer Gefälligkeitsentscheidung, wie sie ihm von höherer Stelle nahegelegt worden sei, halte er nichts. Ich will nicht der erste sein, auf den diese Lex Schuierer angewendet wird", wehrt sich jetzt der Schuierer-Stellvertreter. Er will sich auch nicht auf einen Ausweg einlassen und die Unterschrift dem juristischen Staatsbeamten im Landratsamt überlassen. „Das halte ich für feige", sagte Zierer zur „SZ".

Nun hatte ich zunächst einmal hinhaltend gekämpft. Ich habe darauf verwiesen, daß ich erst den 258 Seiten starken atomrechtlichen Genehmigungsbescheid lesen müsse. Dabei kamen mir schon erhebliche juristische Bedenken. Allein die Begründung für den Sofortvollzug der Teilerrichtungsgenehmigung hielt ich für äußerst problematisch. Allzulange konnte ich die Regierung der Oberpfalz und vor allen Dingen die Staatsregierung nicht besänftigen. Am 16. 10. 1985 wurde ich von der Regierung der Oberpfalz angewiesen, bis spätestens 25. 10. 1985, 12 Uhr, der DWK die sieben Genehmigungen für die Errichtung einer WAA im Taxöldener Forst zu erteilen. (s. Dok. Nr. 41)

Die Tage zwischen dem 16. 10. und 25. 10. 1985 waren geprägt von unglaublicher Hektik im Landratsamt selbst. Meine Mitarbeiter und ich suchten alle möglichen „Fluchtwege". Wir diskutierten, ob ich die Genehmigungen schlicht versagen oder mich weigern sollte, die Genehmigungen zu unterschreiben. Ich habe mich dann auch mit Landrat Schuierer im Krankenhaus abgestimmt, der mir selbstverständlich die Entscheidung überlassen hat. Ich habe ihn informiert, daß ich mich schlicht weigern werde, die Baugenehmigungen und sonstige Genehmigungen für die WAA zu erteilen. Bei einer Pressekonferenz im Landratsamt am 25. 10. 1985, eine Stunde vor Ablauf des Ultimatums der Regierung, habe ich mich dann erklärt. Die Erklärung umfaßte 2 1/2 Seiten. Im wesentlichen lautete sie wie folgt: „Ich habe die Prüfungen abgeschlossen. Ich bin zu einer Entscheidung gekommen. Auf Grund der eigenen gründlichen Prüfung sehe ich mich nicht in der Lage, der Weisung der Regierung zu folgen. Ich muß gegen die Weisung der Regierung mit Nachdruck remonstrieren. Die Weisung der Regierung ist rechtswidrig, sie wird von der Rechtsordnung nicht gestützt. Und schließlich: Ich lehne es ab, im jetzigen Zeitpunkt die Genehmigung zu erteilen. (s. Dok. Nr. 42)

Dann ging alles Schlag auf Schlag. Der bayerische Innenminister hat am 25. 10. 1985, vorab mit Telekopie, dem Regierungspräsidenten Karl Krampol den Selbsteintritt mitgeteilt und Krampol gebeten, das Landratsamt hiervon zu unterrichten und über die genannten Bauanträge und wasserrechtlichen Gestattungen selbst zu entscheiden. (s. Dok. Nr. 43)

Das Ganze fand am Freitag, den 25. 10. 1985, nachmittags, statt. Ich befand mich zu dieser Zeit in Dieterskirchen, um unser neues Nachbarschaftsbusprojekt einzuweihen. Regierungspräsident Karl Krampol war mit mir bei der feierlichen Einweihung. Nach meiner Festansprache und der Ansprache des Regierungspräsidenten kam plötzlich über Telefon die Nachricht, Herr Krampol solle zurück nach Regensburg, der Selbsteintritt wäre da.

Mit Telex vom 28. 10. 1985, also dem darauffolgenden Montag, 10.42 Uhr, wurde mir der Selbsteintritt, den ich selbstverständlich längst über die Nachrichten, Fernsehen und die Presse zur Kenntnis erhalten hatte, nochmals mitgeteilt. Es wurde mir befohlen, die einschlägigen Akten an die Regierung sofort per Boten zu übersenden. (s. Dok. Nr. 44)

Ich habe dann noch Antrag auf vorläufigen Rechtsschutz gegen den Selbsteintritt an das Verwaltungsgericht Regensburg gestellt, ohne Erfolg, die Gerichtskosten hatte ich selbst zu tragen. Im übrigen war auffällig, wie schnell das Verwaltungsgericht Regensburg gegen mich entschied. Ich habe dann auch noch den Landkreisverband Bayern um Unterstützung gebeten, ohne jeden Erfolg. Wie jämmerlich und botmäßig die Haltung des Landkreisverbandes war, kann man dem letzten Schreiben vom 4. 12. 1985 entnehmen, in dem man mir keine Chancen einräumte und Rechtsschutz ablehnte. (s. Dok. Nr. 45)

Besonders empörend fand ich das Verhalten des Regierungspräsidenten Karl Krampol. Am Montag, den 28. 10. 1985 habe ich auf Weisung eine Menge von Leitzordnern an den Regierungspräsidenten per Boten übersenden lassen. Am gleichen Tag, als er noch nicht einmal im Besitz der Akten war, hatte er bereits öffentlich verlauten lassen, er wolle noch im Oktober die sieben Bescheide unterschreiben. Die DWK solle auf jeden Fall noch in diesem Jahr mit den Arbeiten am Baugelände beginnen können und, so Krampol, eine „große Prüfung der WAA-Akten findet nicht mehr statt."

Damit hat sich der Regierungspräsident Krampol wieder einmal als reiner Befehlsempfänger der Staatsregierung bewährt. Dies hat mich persönlich sehr verärgert, das räume ich ein, weshalb ich mich kurz darauf in Furth i. W. zu einem oft kritisierten Vergleich (Krampol habe kein politisches Gesicht) hinreißen ließ. Das war der Sachdebatte sicherlich nicht förderlich. Man kann es aber aus der Verbitterung der damaligen Tage verstehen. Klar wurde mir auch, wie sehr wir in unserem Abwehrkampf auf uns selbst gestellt waren und sind.

3. Änderung des § 35 BauGB

Zur Erinnerung: Als ich dem Innenminister Lang am 17. 8. 1987 einen Brief schrieb, in dem ich ihn darauf hinwies, daß – offenbar in Absprache mit den Genehmigungsbehörden – die Gemeinde Wackersdorf nunmehr ein Änderungsverfahren zum Bebauungsplan einleiten wollte, um dessen Mängel zu heilen, antwortete mir der Innenminister am 23. 9. 1987: „Richtig verstandene Planung ist ein dynamischer Vorgang. Das am 1. 7. 1987 in Kraft getretene Baugesetzbuch trägt dadurch Rechnung, daß es die Gemeinden u.a. dazu verpflichtet, ihre Bauleitpläne aufzustellen, zu ändern oder zu ergänzen, sobald und soweit es für die städtebauliche Entwicklung und Ordnung erforderlich ist . . . Die Entscheidung darüber ist allein Sache der Gemeinde Wackersdorf im Rahmen ihrer Planungshoheit. Mein Haus hat nach der Gemeindeordnung die Gemeinden bei der Erfüllung ihrer Aufgaben zu beraten und zu fördern, sowie die Entschlußkraft und die Selbstverwaltung der Gemeindeorgane zu stärken.“ Hier muß man zwischen den Zeilen lesen. Auf der einen Seite ist richtig, daß mit der Eingemeindung des WAA-Baugebietes in die Gemeinde Wackersdorf diese die Planungshoheit hierfür hat. Auf der anderen Seite hat man ja eigens mit der Eingemeindung solange gewartet, bis der Bebauungsplan, der früher so hochgelobte und als notwendig erscheinende, durch die staatliche Verwaltung erstellt wurde. Nachdem dieser (allerdings noch nicht rechtskräftig) vom Verwaltungsgerichtshof als nichtig erklärt wurde, setzte man eben auf die Planungshoheit der Gemeinde. Für diesen Fall hat man „vorsorglich“ nunmehr seit 1. 7. 1987, von der Öffentlichkeit fast unbemerkt, in den § 35 Abs. I des Baugesetzbuches eine neue Ziffer 6 für das Bauen im Außenbereich eingeführt. Hier heißt es: Im Außenbereich ist ein Vorhaben nur zulässig, wenn öffentliche Belange nicht entgegenstehen, die ausreichende Erschließung gesichert ist und wenn es . . . der Erforschung, Entwicklung oder Nutzung der Kernenergie zu friedlichen Zwecken oder der Entsorgung radioaktiver Abfälle dient. Hier haben wir also wieder eine „Lex WAA“. Wenn man weiß, wie streng und einschränkend das Bauen im Außenbereich bisher von den Behörden behandelt wurde, daß im Prinzip nur sog. privilegierte Vorhaben im landwirtschaftlichen oder forstwirtschaftlichen Bereich erlaubt wurden, bei Jagdhütten und Bienenhäusern strengste Auflagen erteilt wurden, so ist es geradezu schon kurios, wenn nunmehr den Bauernhäusern, kleinen Jagdhütten und Bienenhäusern die gigantischen Atomanlagen, was die Privilegierung anbelangt, gleichgestellt werden. Aber auch in diesem Falle führt kein Weg an der Gemeinde Wackersdorf vorbei. Zwar ist das Landratsamt

Genehmigungsbehörde (aber Widerspruchsbehörde ist die Regierung der Oberpfalz, ferner Selbsteintritt!), aber es muß das Einvernehmen mit der Gemeinde Wackersdorf hergestellt werden. Damit liegt nun eine geradezu ungeheuerliche Verantwortung auch bei dem Gemeinderat der kleinen Gemeinde Wackersdorf. Bei der jetzigen Zusammensetzung des Gemeinderats und den überaus freundschaftlichen Kontakten zur Betreiberin DWK ist vorauszusehen, wie sich der Gemeinderat entscheiden wird. Allerdings im März 1990 sind wieder Gemeinderatswahlen!

4. „Antiterrorgesetze" des Bundes

Schon seit Jahren wird insbesondere den Strafverfolgungsbehörden eingeredet, man bräuchte neue Gesetzte, damit Sicherheit und Freiheit gewährleistet werden könnten. Mit Freiheit meint man immer die eigene Freiheit, mit Sicherheit meint man immer die Sicherheit vor dem anderen. In der Bayerischen Staatszeitung, dem sog. Forum der Fraktionen, hat der rechtspolitische Sprecher der CSU-Landtagsfraktion, Gerhard Merkl, schon am 28. 11. 1986 in aller Offenheit gesagt: Die Freiheit braucht neue Gesetze. Selbst Gerhard Merkl, der innerhalb der CSU-Fraktion noch als vergleichsweise liberal gilt, benützte hier das übliche Strickmuster. Erst stellt er breit die Mordanschläge der RAF-Terroristen dar, dann heißt es, es müssen aber nicht immer „Terroristen" sein, es reichen auch schon militante Demonstranten, um Menschen in Angst und Schrecken zu versetzen und ihnen plastisch vor Augen zu führen, daß der Staat nicht mehr in der Lage ist, ihre Sicherheit zu gewährleisten. Und schon ist MdL Merkl bei der WAA gelandet. Er bringt dann zwei Beispiele. In einem Beispiel spricht er wenigstens noch von „militanten Atomkraftgegnern" und berichtet über Anschläge auf Firmen, die am Bau der WAA beteiligt sind. Im anderen Beispiel läßt er das militant schon weg und spricht nur noch von WAA-Gegnern, die am Wochenende in eine neue, leerstehende Pension eingedrungen seien und im ausgebauten Dachgeschoß sämtliche Wasserhähne aufgedreht hätten, weil während der Woche dort angeblich oder tatsächlich WAA-Monteure wohnten. Er liefert auch noch eine Erklärung: Der Unterschied zwischen den eingangs geschilderten Morden und den Beispielen von Gewalt gegen Sachen sei nur ein gradueller. Deshalb, um es nochmals zu sagen: „Der Staat muß handeln!"

Was wollen denn die CSU-Abgeordneten noch mehr? Der Staat hat ja auch in den letzten Jahren schon ganz erheblich gehandelt, zum Teil noch unter der sozialliberalen Koalition. Der Straftatbestand des § 129 a StGB, Bildung terroristischer Vereinigung, wurde schon 1976 eingeführt, geändert 1980. Der § 130 a StGB, Anleitung zu Straftaten, der 1981 aufgehoben wurde, zwischenzeitlich wieder eingeführt. Die Mitte-Rechtskoalition hat die sog. Kronzeugenregelung eingeführt und das Vermummungsverbot als Straftatbestand installiert. Ich setze dies alles als bekannt voraus. Die generelle Strafbarkeit (als Vergehen) der Vermummung bei Demonstrationen wird eher zur weiteren Eskalation beitragen. Schon früher konnte die Polizei jederzeit bei Vermummung eingreifen. So war die vermummte Teilnahme an einer friedlichen Versammlung auch unter freiem Himmel verboten, strafbar als Ordnungswidrigkeit mit einer Geldbuße bis zu 1.000,– DM. Die vermummte Teilnahme an einer unfriedlichen Versammlung war schon bisher ein Vergehen, wenn man, nach Aufforderung durch die Polizei, die Vermummung nicht ablegte oder sich nicht entfernte. Der Strafrahmen war Geld- oder Freiheitsstrafe bis zu einem Jahr. Bei der früheren Rechtslage blieb es eben der Polizei überlassen, ob sie eingreifen wollte oder nicht, da das „Opportunitätsprinzip" galt. Jetzt muß die Polizei eingreifen wegen des Legalitätsprinzip, das bei einem Vergehen gilt. Zu Recht hat sich deshalb der Vorsitzende der Polizeigewerkschaft, Hermann Lutz, eindeutig gegen eine Verschärfung der derzeitigen Rechtslage in diesem Bereich ausgesprochen. Zur Klarstellung: Ich spreche hier von Vermummung bei ansonsten friedlichen Demonstranten.

Wo fängt übrigens die Vermummung an? Wenn jemand sein Gesicht verdeckt, weil er immer wieder von zivilen Polizeibeamten gefilmt und fotografiert wird? Wenn jemand im Winter sein Gesicht mit einem Schal verdeckt, wegen der Kälte? Selbstverständlich kann jeder friedliche Demonstrant offen sein Gesicht zeigen und soll es auch, damit er jederzeit identifiziert werden kann. Wie sieht es aber auf der anderen Seite mit der Identifizierungsmöglichkeit von Polizeibeamten im Einsatz aus? Warum tragen sie immer noch kein Namensschild oder zumindest eine deutlich erkennbare Identifizierungsnummer? Ich meine, daß die bislang geltenden Gesetze völlig ausgereicht hätten. Schärfere Gesetze haben noch nie zur Befriedung, sondern immer zur Eskalation, zum Anheizen von Auseinandersetzungen und zur Solidarisierung mit Rädelsführern und Kriminellen geführt. Ich bin übrigens gar nicht so sicher, daß es besonders viele Strafurteile allein wegen des „Tragens von Klamotten" geben wird. Die Polizeibeamten müssen ermitteln, die Verfahren dauern zwei Jahre und dann werden sie vermutlich eingestellt werden, da viele Verurteilungen schon am Nachweis des subjektiven Tatbestands, des Vorsatzes, scheitern werden.

Abschließend zu diesem heiklen Kapitel noch eine Stellungnahme des sog. Strafrechtsausschusses der Bundesrechtsanwaltskammer, also einer, „linker Umtriebe" wirklich unverdächtigen Organisation. Anfang 1988 haben ja die Länder Baden-Württemberg und Bayern eine Novellierung des Demonstrationsstrafrechts mit folgendem Inhalt vorgeschlagen: Der § 125 Abs. 2 StGB soll folgenden Wortlaut haben: „Werden Gewalttätigkeiten oder Bedrohungen begangen und fordert ein Träger von Hoheitsbefugnissen die Menschenmenge oder einen bestimmten, räumlich abgrenzbaren Teil der Menschenmenge, aus dem diese Handlungen begangen werden, auf, auseinanderzugehen, so wird derjenige, der sich nicht aus der aufgeforderten Menge entfernt, oder sich den der Aufforderung Zuwiderhandelnden anschließt, mit Freiheitsstrafe bis zu einem Jahr oder mit Geldstrafe bestraft." Der Strafrechtsausschuß der Bundesrechtsanwaltskammer hat nun gegen diese Neuregelung erhebliche Bedenken vorgebracht. Es sei das Trennungsgebot in großen Menschenmengen praktisch nur schwerlich vom einzelnen zu befolgen. Es werde zu einer so erheblichen Unruhe führen, die geeignet sei, daß bisher friedliche Ansammlungen in Chaos und Panik endeten, welche das Leben und die Gesundheit des einzelnen friedlichen Teilnehmer gefährdete, es sei für friedliche Demonstranten praktisch unzumutbar, auf Grund polizeilicher Anordnung nun plötzlich zu gehen, obwohl sie selbst ihr Demonstrationsrecht korrekt wahrnehmen, und es könne wenige Gegner einer friedlichen Demonstration geben, die es dann in der

Hand hätten, friedliche Demonstrationen per Gewalt umzufunktionieren. Schließlich seien obrigkeitsstaatliche Elemente der Neuregelung nicht zu übersehen.

So ist es!

5. Neue Initiativen der CSU

a) Antrag der CSU-Landtagsfraktion vom 23. 9. 1987

Die CSU-Landtagsfraktion nützte populistisch die vermeintliche Stimmungslage der Bevölkerung aus und schlug 1987 ein umfangreiches „Maßnahmenpaket" vor. (s. Dok. Nr. 46). Dabei haben die CSU-Kollegen nicht nur alles zusammengefaßt und aufgegriffen, was zwischenzeitlich auf Bundesebene schon geschehen ist und was ich zum Teil bei „Antiterrorgesetzen" des Bundes abhandelte, sondern sie haben umfassend zugeschlagen. Die vorgelegte Liste von Strafverschärfungen ist – im Ganzen gesehen – unverantwortlich. Sie würde den Rechtsstaat in seiner Qualität verändern. Im übrigen sind auch Gesetzesverschärfungen vorgeschlagen worden, die nicht „nur" WAA-Demonstranten treffen. Wenn z.B. klarzustellen ist, daß der Nachweis eines festen Wohnsitzes allein für die Verneinung des Haftgrundes Fluchtgefahr nicht ausreichend ist, so trifft dies jeden, der vorläufig festgenommen wird. Die Initiative zur Strafbarkeit von Sitzblockaden geht selbstverständlich in Richtung von WAA-Demonstranten. Schlimm sind auch so unauffällige Merksätze wie „Datenschutz darf nicht zur Schwächung der inneren Sicherheit führen".

b) Novelle zum Polizeiaufgabengesetz

Erst Ende Juli 1988 wurde bekannt, daß die CSU-Staatsregierung eine Änderung des Bayer. Polizeiaufgabengesetzes plant. Das Ziel der Änderung ist, daß der einer Straftat Verdächtige nicht mehr nur bis zum Ende des der Festnahme folgenden Tages (also maximal 48 Stunden), sondern 14 Tage von der Polizei festgehalten werden kann. Selbstverständlich wird die SPD-Landtagsfraktion alle Möglichkeiten im Landtag selber, aber auch vor den Verfassungsgerichten ausschöpfen, um gegen diesen „Unterbindungsgewahrsam" zu kämpfen. Selbst der bayerische FDP-Landesvorsitzende hat den Ministerratsbeschluß als verfassungsrechtlich problematisch und rechtspolitisch unerträglich bezeichnet. Ich sehe diese geplante 14-tägige Vorbeugehaft eindeutig im Zusammenhang mit dem Kampf gegen die WAA. Die CSU-Landesregierung beabsichtigt wieder einmal, die kritischen Bürger einzuschüchtern, die ja sowieso schon jetzt jederzeit mit vorläufigen Festnahmen und Verbringung zu den Sammelstellen nach Amberg und anderswo rechnen müssen. Wenn aber die WAA-Gegner befürchten müssen, auch noch 14 Tage „vorbeugend in Gewahrsam genommen zu werden", so werden Bedenken und Ängste immer mehr um sich greifen, überhaupt noch an Demonstrationen teilzunehmen. Dies haben die Kommentare der nicht parteipolitisch gebundenen Zeitungen auch so gesehen. Geradezu unglaublich ist jedoch die Reaktion des Innenministers Lang auf unsere Kritik an seinen Plänen. Laut Presseberichten vom 3. 8. 1988 sonderte Herr Lang folgendes ab: Als hysterisch und höchst unsachlich hat Innenminister August Lang die Kritik an der geplanten Änderung des Bayer. Polizeiaufgabengesetzes zurückgewiesen. Lang begründete die Ausdehnung des Gewahrsams von bisher 48 Stunden auf 14 Tage erneut mit Ausschreitungen bei den Herbstaktionen 1987 gegen die WAA in Wackersdorf. Der Neuregelung mißt die CSU auch eine Präventivwirkung bei. Wenn der Gewalttäter weiß, daß er 10–14 Tage in Gewahrsam genommen werden kann, wird er schön daheimbleiben, sagt Herr Lang. Und weiter: „Auch Eltern sind heilfroh, wenn ihre Kinder rechtzeitig ein bisserl abgesondert werden, bevor sie größere Straftaten begehen!" Da verschlägt es einem wirklich die Sprache, mit welch verniedlichenden Worten hier eingeschüchtert wird. Radioaktiver Zerfall unserer Freiheit!

VI. Eingriffe in Zuständigkeiten

Die Durchsetzbarkeit der WAA beschäftigt die Staatsgewalt auf allen Ebenen. Zuständigkeiten, Abgrenzungen und Kompetenzbereiche spielen keine Rolle mehr. Selbst vom Grundgesetz klar formulierte Zuständigkeiten werden mißachtet.

1. Weisungen und Pessionen gegenüber Verwaltung und Selbstverwaltung im Landkreis Schwandorf

Seit Beginn der Rodungs- und Bauarbeiten auf dem WAA-Gelände liegt die Verwaltung des Landratsamtes Schwandorf im besonderen Blickfeld der staatlichen Behörden. Fast sämtliche Auflagen für WAA-Veranstaltungen erfolgen nur auf Weisung oder zumindest unter Druck der Regierung und des Innenministeriums. Die Auflagen gehen hin bis zum Kuriosen, z.B. das Verbot, während der Demonstrationen Luftballone fliegen zu lassen. Es könnte ja die Gefahr bestehen, daß durch die Luftballone die dauernd über den Veranstaltungen tieffliegenden Hubschrauber gefährdet werden.

Im Raum Wackersdorf wurde auch ein vorübergehendes Fugbeschränkungsgebiet errichtet. So besagt es jedenfalls eine Bekanntmachung des damaligen CSU-Bundesverkehrsminister Werner Dollinger vom 10. 12. 1985. Ich bin auf diesen seltsamen Umstand vom Flugsport-Club Schwandorf aufmerksam gemacht worden. Dessen Aktivitäten drohten praktisch zum Erliegen zu kommen, weil sich beispielsweise auch ihr kleiner Flugplatz in der Verbotszone befand. Ich habe dann in einem Schreiben an Verkehrsminister Dollinger die Bitte des Flugsport-Clubs weitergegeben, diese Flugbeschränkung wieder aufzuheben. Selbstverständlich habe ich gleich die Vermutung geäußert, daß diese Maßnahme mit der Errichtung der WAA zusammenhängt. Etwas „schlitzohrig“ fragte ich den Bundesverkehrsminister, ob sein Ministerium vermute, daß es gar zu Luftkämpfen zwischen Sportfliegern und Polizeihubschraubern über dem

WAA-Gelände kommen könnte. Und tatsächlich bestätigte der Bundesverkehrsminister in seinem Antwortschreiben den Zusammenhang zwischen Flugverbot und WAA: „Das Bayerische Staatsministerium für Wirtschaft und Verkehr hatte mich kurz vor Beginn der Rodungsarbeiten auf dem Baugelände der künftigen WAA bei Wakkersdorf gebeten, einem Antrag des Bayerischen Innenministeriums auf Einrichtung eines vorübergehenden Flugbegrenzungsgebietes zu entsprechen." Und so ist es auch geschehen. Der Bundesverkehrsminister schrieb weiter: „Nach den seinerzeit vorliegenden polizeilichen Erkenntnissen hatte die Anti-Kernkraftbewegung mit dem Rodungsbeginn zu Großdemonstrationen zur Verhinderung der geplanten WAA aufgerufen und es mußte mit erheblichen Störungen der öffentlichen Sicherheit und Ordnung durch gewalttätige Störer wie in Brokdorf oder Grohnde gerechnet werden. In Anbetracht dieser Tatsache sollte u.a. der Einsatz von mehreren Hubschraubern den Schwerpunkt der polizeilichen Einsatzmaßnahmen zum Zwecke der Aufklärung und zur Verlastung von Einsatzkräften bilden. Da sich in der Vergangenheit in ähnlich gelagerten Fällen immer wieder Schaulustige mit Luftfahrzeugen einfanden, mußte ich das damit verbundene Risiko eines Zusammenstoßes von Luftfahrzeugen und somit einer Gefährdung aller vermindern."

Bemerkenswert ist, wie man für kaum begründbare Eingriffe sogar Begründungen „erfinden" kann, wonach der Abbau von Freiheitsräumen zum Schutze aller, also auch der WAA-Gegner, nötig ist.

Was die Weisungen an das Landratsamt als untere staatliche Behörde anbelangt, so herrscht am Ende „Befehl und Gehorsam" und das Landratsamt hat die Anweisungen schlicht zu vollziehen. Wenn dann die Veranstalter von Demonstrationen die Auflagen „des Landratsamtes Schwandorf" verlesen, richtet sich der Unmut manchmal auch gegen Landrat und stellv. Landrat.

Besonders „sensibel" sind Regierung der Oberpfalz und Innenministerium vor allem dann, wenn es um die Baugenehmigungen für die WAA geht. Nachdem der Bayerische Verwaltungsgerichtshof (VGH) am 29. 1. 1988 den vom Landratsamt Schwandorf erlassenen Bebauungsplan „Westlicher Taxöldener Forst" (vom 14. 2. 1985) für nichtig erklärt hatte, verstärkte sich in der Öffentlichkeit die Forderung gegenüber Landratsamt und Regierung der Oberpfalz auf Aufhebung der sofortigen Vollziehbarkeit der (durch Selbsteintritt) erteilten Baugenehmigung für das Brennelementeeingangslager der WAA. Diese Aufhebung der sofortigen Vollziehbarkeit hätte ja den sofortigen Baustop auf dem Baugelände der WAA zur Folge gehabt. Der SPD-Unterbezirksvorstand, dessen Vorsitzender ich seit 1975 bin, verlangte in seiner Sitzung am 8. 2. 1988 in Schwandorf, daß nunmehr dem juristischen Erfolg Taten folgen müßten. Alle für die Aufhebung des sofortigen Vollzugs der Baugenehmigungen zuständigen Behörden, nämlich Landratsamt Schwandorf, Regierung der Oberpfalz und Innenministerium, wurden einstimmig aufgefordert, unverzüglich die neue rechtliche Situation zu prüfen. Da die rechtliche Grundlage für die 11 Einzelgenehmigungen zur WAA durch das Urteil des VGH weggefallen sei, müßte man bei jeder einzelnen Genehmigung in die Prüfung und Abwägung eintreten. Soweit bei diesen 11 Einzelgenehmigungen die sofortige Vollziehbarkeit angeordnet wurde, seien diese Anordnungen unverzüglich aufzuheben und die aufschiebende Wirkung der schon eingelegten Rechtsmittel wiederherzustellen. Soweit dieser klare Beschluß der SPD.

Nun war zwischen den Verwaltungsjuristen höchst umstritten, ob das Landratsamt überhaupt noch die Möglichkeit hatte, die sofortige Vollziehbarkeit aufzuheben und damit den Baustop zu verfügen. Rechtsanwalt Wolfgang Baumann von den Bürgerinitiativen drängte, auch öffentlich, das Landratsamt. Auch ich selbst habe in einer Veranstaltung in Nabburg am 19. 2. 1988 diese Forderung erhoben. Dem Landrat selbst wurde von seinem juristischen Staatsbeamten im Baureferat dringend abgeraten. In dieser Situation schaltete sich wieder die Regierung der Oberpfalz als Aufsichtsbehörde ein und verlangte eine klare Aussage des Landratsamtes. Mit Schreiben vom 24. 2. 1988 hat dann das Landratsamt mitgeteilt, daß es die Baugenehmigung für das Brennelement-Eingangslager und die Anordnung der sofortigen Vollziehbarkeit nicht aufheben werde. Mit Schreiben vom 19. 2. bzw. 25. 3. 1988 wies die Regierung der Oberpfalz das Landratsamt Schwandorf an, die Akten vorzulegen. (s. Dok. Nr. 47). Mit Vorlage der Akten war die „Chance" vorbei! Dies ist nur ein Beispiel von vielen um zu zeigen, wie die Regierung der Oberpfalz das Landratsamt am kurzen Zügel hält. Denn wohlgemerkt, nach wie vor ist das Landratsamt Schwandorf Baugenehmigungsbehörde, auch für die WAA!

Mit meiner Entscheidung vom 22. 8. 1988 – ohne vorherige Rücksprache – den Bauantrag für das Hauptprozeßgebäude schlicht abzulehnen, habe ich offenbar Aufsichtsbehörde und DWK auf dem „falschen Fuß“ erwischt. (s. Kapitel XII 3, Nachtrag)

2. Aufhebung des Kreistagsbeschlusses „Anti-Atom-Partnerschaft mit Salzburg“

Die engen Beziehungen im WAA-Widerstand zu Österreich, insbesondere zu Salzburg, sind der CSU-Staatsregierung ein stetes Ärgernis.

a) Kreistagsbeschluß vom 23. 6. 1986

Der Kreistag des Landkreises Schwandorf beschloß am 23. 6. 1986 mehrheitlich eine Anti-Atompartnerschaft mit der Landeshauptstadt Salzburg einzugehen. Die Idee wurde vom Salzburger Bürgermeister Reschen bei einer gemeinsamen Veranstaltung gegen die WAA auf dem Volksfestplatz Schwandorf geboren und von Landrat Schuierer spontan aufgegriffen. Josef Reschen hat dann am 30. 5. 1986 einen förmlichen Antrag gestellt worauf die Mehrheit des Kreistages (selbstverständlich gegen die Stimmen der CSU) am 23. 6. 1988 folgenden Beschluß faßte: „Dem Antrag der Stadt Salzburg (Österreich) zur Bildung einer Anti-Atompartnerschaft zwischen dem Landkreis Schwandorf und der Stadt Salzburg wird zugestimmt. Modalitäten der Partnerschaft bleiben weiteren Verhandlungen mit der Stadt Salzburg vorbehalten.“

Im Vollzug dieses Beschlusses haben Landrat Hans Schuierer und Bürgermeister Josef Reschen am 27. 7. 1986 in Salzburg eine Partnerschaftsurkunde mit folgendem Text unterzeichnet: „Die Landeshauptstadt Salzburg und der Landkreis Schwandorf setzen mit ihrer Anti-Atompartnerschaft ein sichtbares Zeichen ihrer Ablehnung der WAA Wackersdorf. Mit dieser Partnerschaft soll ferner die Sorge der Bevölkerung vor den grenzüberschreitenden Gefahren der Atomenergie zum Ausdruck gebracht werden. Die Bevölkerung der Landeshauptstadt Salzburg und des Landkreises Schwandorf will mit dieser Partnerschaft einen Beitrag zu einer atomfreien Zukunft leisten und mit gemeinsamen friedlichen und demokratischen Aktionen helfen, den Bau der WAA Wackersdorf zu verhindern." Es kam, wie es kommen mußte. Die Regierung der Oberpfalz erließ am 25. 8. 1986 einen rechtsaufsichtlichen Bescheid, in dem es u.a. hieß: „Der Beschluß des Kreistages des Landkreises Schwandorf wird rechtsaufsichtlich beanstandet. Der Landkreis Schwandorf wird aufgefordert, den beanstandeten Beschluß innerhalb einer Frist von drei Monaten aufzuheben. Kommt der Landkreis Schwandorf der Aufforderung zur Aufhebung des Beschlusses nicht nach, ist mit einer Aufhebung des Beschlusses durch die Rechtsaufsichtsbehörde zu rechnen. Mit diesem Bescheid werden keine Kosten erhoben! (s. Dok. Nr. 48). Wir haben dann diesen Eingriff der Regierung der Oberpfalz in unsere Selbstverwaltungsrechte unterlaufen und eine allgemeine Partnerschaft mit den Salzburgern geschlossen.

b) Anmerkung: „Unsere Österreicher"

Man kann die Unterstützung durch die österreichischen WAA-Gegner gar nicht hoch genug ansetzen. Wichtig ist hier insbesondere, daß sich alle drei großen österreichischen Parteien einig sind. Der österreichische Bundeskanzler Franz Vranitzky hat erst am 6. 8. 1988 noch einmal im „Vorwärts Nr. 32" die Ablehnung Österreichs gegenüber der WAA mit Nachdruck deutlich gemacht. Beeindrukkend auch der Auftritt der (ÖVP-) Umweltministerin Marianne Flemming bei der WAA-Anhörung in Neunburg v. Wald. Neben dem schon erwähnten Salzburger Bürgermeister Josef Reschen ist insbesondere auch der für Umweltfragen des Landes Salzburg zuständige Landesrat Sepp Oberkirchner immer wieder vor Ort tätig. Etwas ins Zwielicht geraten ist der österreichische Bundespräsident Kurt Waldheim (auch) wegen seiner Haltung zur WAA Wackersdorf. Ein Münchner Kabarettist, der die Stimme von Franz Josef Strauß sehr gut imitieren kann, rief Herrn Waldheim an und führte mit ihm ein Gespräch auch über die WAA-Gegner von Wackersdorf, das dann veröffentlicht wurde. Dabei soll Waldheim gesagt haben, es handle sich bei den Personen, die sich an Protestaktionen gegen die geplante WAA in Wakkersdorf beteiligen, um eine ganz merkwürdige Ansammlung von allen möglichen Negativisten und Nihilisten. Ich habe daraufhin am 7. 9. 1987, als damals amtierender Landrat, einen – vergleichsweise – bösen Brief an Kurt Waldheim geschrieben und habe dem Salzburger Bürgermeister Josef Reschen einen Durchschlag gegeben. Ich habe bis heute keine Antwort vom Bundespräsidenten erhalten. Josef Reschen hat dann mit mir telefoniert und wir sind dann so verblieben, daß er nachhakt. Ebenfalls kabarettreif ist die Antwort des österreichischen Bundespräsidenten vom 22. 3. 1988 an den Salzburger Bürgermeister, indem er schlicht behauptet, daß durch ein bedauerliches Kanzleiversehen er erst heute in der Lage ist, das Schreiben vom 23. Februar zu beantworten. Nachforschungen nach dem Schreiben des Abgeordneten Dietmar Zierer hätten ergeben, daß dieses nicht in der Präsidentschaftskanzlei eingelangt ist (welch seltsame Wege geht die österreichische Post, der Durchschlag erreicht Salzburg, das Originalschreiben verschwindet vor Wien). Immerhin äußert sich Kurt Waldheim wie folgt: „Sowohl vor, als auch nach meiner Wahl zum Bundespräsidenten, habe ich mich wiederholt gegen die Errichtung einer WAA in Wackersdorf ausgesprochen. Meine von Ihnen zitierte Bemerkung hat sich somit keinesfalls auf die von ehrlichen Absichten getragenen Gegner dieser Anlage bezogen, sondern vielmehr auf jene Elemente, die – wie wir aus Polizeiberichten wissen – immer wieder demokratische Protestaktionen zugunsten des Umweltschutzes infiltrieren und durch ihr Verhalten die guten Absichten der Initiatoren stören." (s. Dok. Nr. 49, 50 u. 51) Kein Kommentar mehr dazu!

Die mutige und klare Haltung der österreichischen WAA-Gegner hat ja zu den zwischenzeitlich allgemein bekannten (und wohl auch etwas belächelten) harschen Reaktionen der CSU-Staatsregierung geführt. Am 4. 7. 1986 erfolgte ein Einreiseverbot für österreichische WAA-Gegner. Vor allem Ärzte, Geistliche, Ordensfrauen und Krankenschwestern wollten an einer Demonstration in Regensburg und an der ökomenischen Andacht am Franziskusmarterl teilnehmen. Sie wurden an der österreichisch-bayerischen Grenze zurückgehalten. Auf meinen Hinweis, warum man denn jetzt auch schon Ordensfrauen daran hindere, in Wackersdorf gegen die WAA zu demonstrieren, sagte ein CSU-WAA-Befürworter: „Auch unter einem Nonnenrock kann sich ein Chaot verbergen!" Staatsminister Stoiber drohte sogar, den bayerischen Luftraum für österreichische Flugzeuge sperren zu lassen. Nicht vergessen werden darf in diesem Zusammenhang der Maulkorb, den Franz Josef Strauß höchst persönlich zwei Kabinettsmitgliedern, nämlich Staatsminister August Lang und dem damaligen Staatssekretär im Umweltministerium Alois Glück verpaßte, als diese ihre Teilnahme an einer Livesendung des Bayerischen Rundfunks zum Thema WAA in Salzburg zugesagt hatten. In österreichischen Zeitungen war von einer Schimpforgie des bayerischen Ministerpräsidenten die Rede, da Strauß den Maulkorb für Mitglieder des Kabinetts noch ordentlich verbrämte: „Das nächstemal geht der Bayerische Rundfunk nach Prag und Moskau oder nach Kuba. Ich kenn' doch die Szenerie dort!" Vor Journalisten sagte Franz Josef Strauß im Bayer. Landtag zu diesem Verbot auch noch: „Warum sollen wir in Salzburg diskutieren? Wenn die Österreicher etwas wissen wollen, dann sollen sie hierher kommen." Im übrigen äußerte er noch Befürchtungen, daß die zwei Kabinettsmitglieder Lang und Glück in Salzburg angepöbelt würden und dann möglicherweise einer Diskussion nicht gewachsen seien. Man sieht, Abbau von Freiheitsrechten auch für CSU-Kabinettsmitglieder, wenn es um die WAA geht.

3. Freiwillige Feuerwehr und THW als „Hilfssheriffs"

Die „Kontrollfahrten" unserer Freiwilligen Feuerwehr und des Technischen Hilfswerkes am Wochenende des 24. und 25. 1. 1987 sind eine weitere, nicht nur seltsame, sondern rechtsstaatlich äußerst bedenkliche Blüte. Was ist geschehen? Das Innenministerium beauftragte die Regierung der Oberpfalz, bei unserem Kreisbrandrat Anton Gietl und beim zuständigen Beauftragten des Technischen Hilfswerks vorstellig zu werden, mit dem Ziel, daß Freiwillige Feuerwehr und THW nach Strommastensägern und anderen kriminellen Elementen um die WAA herum fahnden sollten. Der Kreisbrandrat nimmt selbstverständlich das „Ersuchen" dienstlich und damit sehr ernst. Er trommelt die Herren des Polizeiführungsstabs, den Ortsbeauftragten des THWs und Feuerwehrkräfte zu einer Dienstbesprechung zusammen. Dabei wird der Einsatz genau geplant, die Durchführung minutiös vorbereitet. Das Ganze natürlich „top secret". Der Kreisbrandrat entwirft auch gleich eine Einteilung der Organisationen bzw. Feuerwehren. Die Feuerwehren von Schwandorf, Wackersdorf, Bodenwöhr, Taxöldern, Alberndorf, Sonnenried, sowie Neuenschwand und Altenschwand, und das THW Schwandorf haben Dienst zu tun. Es ist die Vollbesetzung der Fahrzeuge anzustreben! Außerdem schreibt der Kreisbrandrat auch noch ein äußerst vertrauliches Schreiben (VS: Nur für den Dienstgebrauch!) unter dem 24. 1. 1987 an die sehr geehrten Kommandanten, wehrten Feuerwehrkameraden: „Im Auftrag des Bayerischen Innenministeriums wurde die Regierung der Oberpfalz durch Herrn Leitenden Regierungsdirektor Wirner beauftragt, die Freiwilligen Feuerwehren und das THW davon zu informieren, daß im Bereich der beiliegenden Karte Wartungsfahrten unternommen werden sollen.

Der Grund für diese Aktion ist, daß am Wochenende 24./25. Januar 1987 Anschläge auf Gas- und Energieversorgungseinrichtungen geplant sind. Bei einer gemeinsamen Besprechung mit den Herren des Polizeiführungsstabes, dem Ortsbeauftragten des THW, Herrn Kagerer, Herrn Kreisbrandinspektor Schmidt und dem Unterzeichnenden wurde die Fahrstrecke laut beiliegendem Plan festgelegt. Ich darf Sie bitten, bei Wahrnehmung von verdächtigen Personen, Gruppen oder Fahrzeugen dies der FFW-Alarmzentrale über Funk (Kanal . . .) mitzuteilen. Eingriffe sind in jedem Fall zu vermeiden! . . .“ (s. Dok. Nr. 52, 53 + 54)

Ich finde diese Angelegenheit, auch im zeitlichen Abstand von über einem Jahr betrachtet, nach wie vor nicht zum Lachen, sondern einen ausgewachsenen Skandal. Im übrigen war Landrat Schuierer nicht einmal informiert. Was wäre denn gewesen, wenn die wackeren Helfer der Freiwilligen Feuerwehr und des THW tatsächlich – wie vom Polizeiführungsstab erwartet – mit gewalttätigen Elementen, wie Strommastensägern, zusammengestoßen wären? Wer hätte denn die Verantwortung übernommen, wenn es zu gewalttätigen Auseinandersetzungen gekommen wäre? Sicherlich nicht das veranlassende Innenministerium! Die Verantwortung wäre beim gutgläubigen und pflichtbewußten Kreisbrandrat hängengeblieben. Ganz zu schweigen von verletzten freiwilligen Helfern, für die wohl kaum eine Versicherung eingesprungen wäre. All dies war dem Innenministerium völlig egal. Wichtig war ihm nur, daß mit diesen Einsätzen die Polizeikräfte entlastet werden sollten. Dies bestätigt die Aussage eines Sprechers der Polizeidirektion Amberg (lt. Presse): „Wenn die Feuerwehr Patrouille fährt, dann bleiben unsere Leute für andere Aufgaben frei!" Bis heute ist auch kein Wort des Bedauerns oder der Entschuldigung aus dem Bereich der politisch Verantwortlichen gekommen. Ich habe unter dem 3. 2. 1987 eine umfangreiche schriftliche Anfrage im Bayer. Landtag dazu eingebracht. Die Antwort des Staatsministers Lang stammt vom 24. 4. 1987. Lang bestreitet nur, daß irgendein Polizeisprecher die von mir oben zitierte Aussage gemacht hat, die ich von einem Journalisten erfahren habe. Sei's drum. Kühl weist Lang darauf hin, daß eine Ermittlung der Kosten, die durch die Fahrten der Freiwilligen Feuerwehren und des THW entstanden sind, nicht veranlaßt ist, da diese von den jeweiligen Gemeinden als Träger der öffentlichen Einrichtung der Freiwilligen Feuerwehr bzw. vom Technischen Hilfswerk selbst zu tragen sind! Schließlich wird das Verhalten auch noch als „Normalität im Rahmen des vorbeugenden Brandschutzes" hingestellt. Unverfrorener geht es nicht mehr. Hier werden freiwillige ehrenamtliche Helfer, die ihre Freizeit in den Dienst der hilfesuchenden Nächsten stellen, gröblichst mißbraucht, um die Sicherheitslinie weiter vorverlegen zu können! Dabei wird auf Zuständigkeiten und Kompetenzen keinerlei Rücksicht genommen.

4. Popfestival in Burglengenfeld

Die Erinnerung an das großartige Anti-WAA-Popfestival am Wochenende des 26./27. 7. 1986 läßt so manches, was um dieses Festival herum geschah, als Sommer-Schmierentheater der Regierung der Oberpfalz, der Staatsregierung und beteiligter CSU-Mandatare bis hin zum Burglengenfelder Bürgermeister und zum Stadtrat von Burglengenfeld, erscheinen. Die Größen der deutschen Pop-Szene, wie Lindenberg, Grönemeyer, BAP und viele andere haben vor über 100.000, nicht nur jugendlichen, begeisterten Zuhörern, auf dem Lanzenanger an der Naab bei Burglengenfeld den friedlichen Widerstand in geradezu einmaliger Weise demonstriert. Meine Heimatstadt Burglengenfeld hätte die unwiederbringliche Chance gehabt, die „Jugend der Welt" freundlich zu empfangen und zu bewirten. Die kleinkarierten Scharfmacher aller politischen Ebenen haben dies leider verhindert. Gleichzeitig kann man mit diesen Vorgängen deutlich machen, daß die Vorverlagerung der Sicherungslinie bis in kulturelle Veranstaltungen hinein, sogar den angeblichen „Freiraum Kunst" massiv beeinträchtigt.

a) Antrag auf Überlassung des Lanzenangers zur Durchführung des Pop-Festivals am 26. und 27. 7. 1986

In der Stadtratssitzung am 18. 6. 1986 wurde der Antrag der Veranstalter für das Popfestival zum erstenmal ausführlich beraten und verbeschieden. Wissen muß man, daß sich im Stadtrat zwei gleich große Blöcke mit je 12 Stadträten gegenüberstehen. Auf der einen Seite die SPD-Fraktion, auf der anderen Seite die CSU-FW-Fraktion. Der CSU-Bürgermeister Bawidamann gibt mit seiner Stimme den Ausschlag, so daß im Regelfall die Abstimmungsergebnisse mit 13:12 zugunsten der CSU ausgehen. Die Haltung der SPD war, wie immer, klar. Ich selbst habe als SPD-Unterbezirksvorsitzender (und Stadtrat) von Anfang an dieses Popfestival mit Nachdruck (und einer finanziellen Beteiligung) unterstützt. Interessant ist es, die Argumente des CSU-Bürgermeisters Bawidamann und seiner CSU-Stadträte nachzulesen. Bürgermeister Bawidamann war in dieser Sitzung klar gegen die Überlassung des Lanzenangers an die Veranstalter. Er müsse auch die Interessen der Gesamtbevölkerung vertreten. Er habe in den letzten Tagen viele Telefonanrufe bekommen, wonach dieses Festival nicht stattfinden solle. Leider könne man keine Namen offen nennen, weil diese Bürger befürchten, daß dann ihre Häuser beschmiert oder sonst in Mitleidenschaft gebracht werden. Der CSU-Fraktionsvorsitzende Graf wies die Meinung der Antragsteller zurück, die Stadt sei mehr oder weniger verpflichtet, den Lanzenanger zu überlassen, da sie früher schon kleinere Festivals dort habe stattfinden lassen. Herr Graf verwies mit Nachdruck auf das Selbstverwaltungsrecht der Gemeinden! Außerdem bringe das Festival, bei der Annahme von ca. 50.000 Besuchern, Probleme auch für das nahegelegene Krankenhaus, welches einen besonderen Schutz erfordere (?). Herr Graf meinte, ein Gericht müsse eben dann die Rechtmäßigkeit des Stadtratsbeschlusses überprüfen (was es auch getan hat). CSU-Stadtrat Fischer befürchtete, daß wieder einige Chaoten kommen würden und es zu Ausschreitungen käme. Nicht zu übersehen seien Landschaftsschäden. Es sei auch zu fürchten um das Eigentum und Personenschäden. Die Veranstalter würden nicht mehr alles im Griff haben. Auf einen ganz „wesentlichen“ Gesichtspunkt wies (wie immer) der CSU-Stadtrat Möbius hin. Burglengenfeld sei für die angekündigten 50.000 Besucher und die ankommenden Fahrzeuge überhaupt nicht geeignet. Wie werde das Gelände aussehen bei Regenwetter? Dies könne Burglengenfeld einfach nicht verkraften! Es sei auch unverantwortlich, wenn sich 50.000 Personen auf der grünen Wiese treffen wollen! Hinzu kämen die Umweltbelästigungen! Die Umsetzung von Rauschgift müsse mit eingerechnet werden. Ferner „bedrückte“ offenbar Stadtrat Möbius noch ein anderes Problem. „Die Verrichtung der Notdurft dürfte ebenfalls nicht in geregelten Bahnen zu lenken sein!“ Die CSU-Stadträte malten also das Chaos in düsteren Farben an die Wand. Davon unbeeindruckt zeigte sich jedoch der CSU-Stadtrat und JU-Mitglied Bachfischer, der in einer Abwägung das Festival als kulturelle Veranstaltung ansah und deshalb mit der SPD-Fraktion für die Überlassung des Lanzenangers stimmte. Damit wäre an sich alles gelaufen gewesen. Aber es kam anders.

Hektische Presseveröffentlichungen und Aktivitäten entstanden. So äußerte das Innenministerium schon Anfang Juli 1986 die klare Absicht, das Popfestival zu verbieten. Die Regierung der Oberpfalz äußerte, daß das Anti-WAA-Festival zu stoppen sei; man könne nach den vorliegenden Erkenntnissen davon ausgehen, daß wieder Gewalttäter in großer Zahl anreisen würden und aus der zu erwartenden großen Menschenansammlung heraus kriminelle Handlungen durchgeführt werden.

Gleichzeitig begann man, den Veranstalter des Festivals, den Vorsitzenden des Vereins zur Beratung und Förderung kultureller Jugendarbeit auf subtile Art öffentlich zu diffamieren, indem man verlauten ließ, gerade bei ihm existierten Erkenntnisse, wonach er seinen Widerstand gegen die WAA keineswegs nur mit friedlichen Mitteln kundtue.

Auf den Bürgermeister Bawidamann wurde Einfluß genommen. Er wurde zum Innenministerium zitiert und erhielt auch Besuch von Ministerialbeamten im Rathaus. Nach diesen Gesprächen fand man dann den Dreh, wie man den Beschluß des Stadtrats vom Tisch bringen könnte. Der Bürgermeister wurde veranlaßt, für Dienstag, den 15. Juli 1986 eine erneute Sondersitzung, nur mit dem Thema Durchführung des 5. Anti-WAA-Festivals, anzusetzen. Ausgerechnet am Tage der Stadtratssitzung ließ der Bürgermeister über die Presse den noch nicht einmal zusammengekommenen Stadträten mitteilen, daß er gegen dieses Festival sei und – ungeachtet des Abstimmungsergebnisses – die Verantwortung für die Aufrechterhaltung von Sicherheit und Ordnung nicht übernehmen könne. Für den Fall einer Genehmigung durch den Stadtrat, werde er den Beschluß für rechtswidrig erklären. Die Entscheidung liege zwar dann beim Landratsamt Schwandorf, dem gegenüber sei aber die Bezirksregierung in dieser Sache weisungsbefugt!

b) Einmischung der Regierung der Oberpfalz

Besonders skandalös hat sich der Regierungspräsident der Oberpfalz, Karl Krampol, auch in dieser Angelegenheit verhalten. In einem vertraulichen Schreiben an den Bürgermeister Bawidamann persönlich vom 11. 7. 1986 bezog er sich auf eine Fachstellenbesprechung vom 9. 7. 1986 in Burglengenfeld. Ferner wies der Regierungspräsident darauf hin, daß die Erlaubnisse versagt werden müssen! Er fügte dann auch noch eine rechtliche Stellungnahme an, um dem Bürgermeister Argumente zu liefern. Und dann folgte der unglaubliche Satz: „Falls der Stadtrat gleichwohl durch Beschluß eine Erlaubniserteilung vorsehen sollte, so ist gemäß Art. 59 Abs. 2 Gemeindeordnung dieser rechtswidrige Beschluß vom 1. Bürgermeister zu beanstanden und sein Vollzug auszusetzen. Der Veranstalter ist von der Aussetzung unverzüglich zu unterrichten. Vorsorglich kündigt die Regierung als Obere (!) Rechtsaufsichtsbehörde an, daß sie im Falle der Vollziehung eines rechtswidrigen Gemeinderatsbeschlusses unverzüglich aufsichtliche Maßnahmen einleiten wird". (s. Dok. Nr. 55)

Dies ist deshalb so bemerkenswert, da die Weisung der Regierung bereits vor der Beschlußfassung des Stadtrats angekündigt und mit dem Bürgermeister abgesprochen war. Interessant ist auch, daß das Landratsamt Schwandorf als unmittelbare Rechtaufsichtsbehörde in diesem Schreiben überhaupt nicht vorkommt. Hier hat man Landrat Schuierer aus amtsbekannten Gründen schlicht umgangen. Wenn schon der Bürgermeister einer Gemeinde der Meinung ist, er müsse einen Gemeinderatsbeschluß beanstanden und er dürfe ihn aus rechtlichen Gründen nicht vollziehen, so muß er sich nämlich an das Landratsamt und nicht, unter dessen bewußter Umgehung, an die übernächste Instanz wenden. Außerdem ist die Verpachtung eines Lanzenangers für ein Popfestival wirklich eine ureigenste Angelegenheit der Selbstverwaltung. Wo blieben da die Bedenken des CSU-Fraktionsvorsitzenden Graf? Geradezu abenteuerlich ist die hanebüchene Begründung in der auch als vertraulich gekennzeichneten Stellungnahme vom 11. 7. 1986, die ebenfalls persönlich vom Regierungspräsidenten Krampol unterzeichnet ist (s. Dok. Nr. 56)

Krampol meinte, „daß militante Gewalttäter autonomer Gruppen aus der ganzen Bundesrepublik in einer solch großen Menschenmenge mit einer eindeutigen Zielrichtung gegen die WAA ein geradezu ideales Aktionsfeld gegen alle mit der WAA in Zusammenhang stehenden Einrichtungen finden werden. Hierzu gehört in erster Linie der nur 20 km entfernte Bauzaun der WAA, der mit Kraftfahrzeugen aufgrund der guten Verkehrsverbindungen in weniger als einer halben Stunde zu erreichen ist." Krampol wies darauf hin, daß der Polizeischutz für die Stadt Burglengenfeld und ihre Umgebung nicht mehr gewährleistet ist. Die Erlaubnis betreffe damit eine außerordentliche Verantwortung für Leben, Gesundheit und Vermögen der Bürger.

Vom gleichen Tag stammte auch die (schon wieder vertrauliche!) Stellungnahme des Polizeiführungsstabs Wackersdorf (s. Dok. Nr. 57).

Auch der Polizeiführungsstab wies darauf hin, daß das WAA-Gelände zwar 20 km vom geplanten Veranstaltungsort Burglengenfeld entfernt ist, durch die Mobilität potentieller krimineller Gewalttäter jedoch in 20 Minuten erreichbar ist. Diese Gewalttäter, für die das Anti-WAA-Festival den besten Unterschlupf biete, könnten durch die Veranstalter weder ausgeschlossen, noch abgegrenzt werden. Und, „es darf erwähnt werden, daß bei der Polizei bereits zum jetzigen Zeitpunkt Befürchtungen von Burglengenfelder Geschäftsleuten bekannt sind und schriftliche Anträge auf Polizeischutz während der Zeit des Anti-WAA-Festivals vorliegen". Einer besonderen Gefährdung sollte nach den Stellungnahmen des Polizeiführungsstabes und der Regierung auch das Burglengenfelder Zementwerk ausgesetzt sein, da dieses in unmittelbarer Nähe des geplanten Veranstaltungsortes liege und eine „proletarische Aktionsgruppe“ angekündigt habe, daß der Kampf gegen die WAA dorthin getragen werde, wo die Betreiber, Unterstützer und Profiteure in Ruhe sitzen. (Das Zementwerk ist dann während des Festivals auch besonders geschützt worden. Der Direktor des Zementwerks hat mit mir als stellv. Landrat auch Kontakt aufgenommen, Gottlob ist aber nichts passiert.)

c) Landesweite Turbulenzen

Im Bayer. Landtag wurde mindestens zweimal ausführlich über das Popfestival debattiert. Große Aufregung – auch bei Teilen der SPD-Landtagsfraktion – hat die Unterschrift unter das Veranstaltungsplakat für das Popfestival hervorgerufen. Darauf stand nämlich als Veranstalter: Verein zur Beratung und Förderung kultureller Jugendarbeit e. V., in Zusammenarbeit mit den Bürgerinitiativen Oberpfalz, Jugendzentrum im Städtedreieck, Die Grünen, DKP, SPD (Unterbezirk Schwandorf-Cham) und Jusos. Der sicherheitspolitische Sprecher der SPD-Landtagsfraktion hat mir unter dem 4. 7. 1986 einen sehr gesorgten Brief geschrieben und mir fünf Fragen gestellt, ob dieses Plakat nicht zu Mißverständnissen führen könnte. Damals habe ich noch groß erwidert und erläutert, daß wir mit DKP und Grünen nicht zusammenarbeiten, sondern halt das Popfestival unterstützen. Heute, 1988, würde diese Frage – so hoffe ich – als Marginalie angesehen werden. Unter dem 7. 7. 1986 schrieb ich einen Brief an den damaligen Innenminister Karl Hillermeier. Darin hieß es u. a.: „Ich warne Sie dringend davor, nunmehr alles zu unternehmen, um dieses 5. Anti-WAA-Festival verbieten zu lassen. Ich kann Ihnen nur sagen, daß Sie damit gerade bei der Jugend politisch schwer Schaden nehmen würden. Wir haben bereits zweimal in Burglengenfeld auf dem Lanzenanger dieses Anti-WAA-Festival erlebt, es gab nie irgendwelche Schwierigkeiten, im Gegenteil, es war ein friedliches und fröhliches Popmusikfest.“ Am 14. 7. 1986 antwortete er mir prompt und es hieß u.a.: „Nach den vorliegenden Erkenntnissen der Sicherheitsbehörden muß ich leider davon ausgehen, daß, entgegen allen verbalen Beschwichtigungen der Veranstalter, militante Gruppen aus der autonomen Szene der gesamten Bundesrepublik die Veranstaltung des Anti-WAA-Festivals benutzen werden, um gewalttätige Aktionen zu verüben. Es ist mir unbegreiflich, wie gerade bei der derzeitigen Sicherheitslage ein stellv. Landrat und ein Stadtrat der SPD Burglengenfeld die Behauptung wagen kann, es handle sich bei dem Anti-WAA-Festival nur um ein friedliches und fröhliches Popmusikfest."

Zum Glück hat nicht er recht behalten, sondern wir, die wir dieses Popfestival unterstützt haben. Zum Glück hat der Stadtrat dann auch am 15. 7. 1986 mit der gleichen Mehrheit, wie in der Sitzung vom 18. 6. 1986, wiederum den Lanzenanger zur Verfügung gestellt und die entsprechenden Erlaubnisse erteilt.

Da wir nicht wußten, ob Innenministerium und Regierungspräsident diesen Beschluß nun endlich respektierten, brachte die SPD-Landtagsfraktion noch unter dem 17. 7. 1986 einen Dringlichkeitsantrag ein, in dem die Staatsregierung aufgefordert wurde, die Entscheidungen des Stadtrats der Stadt Burglengenfeld vom 18. 6. 1986 und 15. 7. 1986 zugunsten der Abhaltung des Festivals hinzunehmen und rechtsaufsichtliche Maßnahmen oder sonstige Einflußnahmen gegen die Abhaltung dieses Festivals zu unterlassen. Daraufhin kam es am 17. 7. 1986 zu einer schlimmen Debatte im Bayer. Landtag. Es ist aus Platzgründen nicht möglich, das Protokoll meiner Rede, einschließlich der Zwischenrufe, voll abzudrucken. Als ich im Plenum berichtete, daß schon am 18. 6. 1986 der Stadtrat von Burglengenfeld mehrheitlich beschlossen habe und als ich auf das Votum des CSU-Stadtrates und JU-Mitglieds hinwies, rief der CSU-Landtagsabgeordnete Hans Spitzner dazwischen: „Der sein Grundstück dazu gegen Entgelt verpachtet hat." Damit diffamierte Spitzner den eigenen Parteifreund, den CSU-Stadtrat Bachfischer. In Wirklichkeit meinte er einen ganz anderen Vorgang. Es ist richtig, daß der Sohn eines anderen CSU-Stadtrats, der allerdings gegen die Überlassung des Lanzenangers gestimmt hat, eigene, im Anschluß an den Lanzenanger befindliche Grundstücke für ca. 4.000 DM an den Veranstalter verpachtet hat, eben zur Durchführung dieses Popfestivals. Schlimm war auch die Art und Weise, wie man immer wieder versuchte, eine Linie von Brokdorf über Wackersdorf zu den Morden von Straßlach zu ziehen. Besonders peinlich auch die Entgleisung des Nürnberger Abgeordneten (und damaligen Vorsitzenden des Sicherheitsausschusses des Bayer. Landtags) Beckstein, der folgendes ausführte:

„Ist richtig, Herr Kollege Zierer, daß gegen denjenigen, der das macht (das Popfestival), ein Ermittlungsverfahren wegen Steinewerfens am 11. Mai 1986 durchgeführt wird? Mit der Gesellschaft möchte ich nicht zusammenarbeiten!“ Auch hier wieder der glatte Versuch, aus einem Ermittlungsverfahren, (dem meines Wissens später keine Anklage folgte) nicht nur den Veranstalter in aller Öffentlichkeit im Landtag zu diffamieren, sondern damit die ganze Veranstaltung selbst. Selbstverständlich hat die CSU-Mehrheitsfraktion im Landtag unseren Dringlichkeitsantrag abgelehnt.

d) Nachtrag

Der guten Ordnung halber ist noch nachzutragen, daß das Popfestival nur durchgeführt werden konnte, da der Veranstalter eine gerichtliche Entscheidung des Bayerischen Verwaltungsgerichts Regensburg gegen die Stadt Burglengenfeld am 18. 7. 1986 (also 8 Tage vor Veranstaltungsbeginn) erreichen konnte, wonach die Stadt Burglengenfeld durch einstweilige Anordnung verpflichtet wurde, dem Antragsteller die entsprechenden Erlaubnisse zu erteilen. Nachzutragen ist auch, wie zwischenzeitlich allgemein bekannt, daß dieses Anti-WAA-Festival wirklich ein friedliches und fröhliches Popfestival wurde, das niemand vergißt. Tatsache ist aber auch, daß letztlich die Polizei dies auf die ungeheure Präsenz der Sicherheitskräfte zurückgeführt hat.

In einem Schreiben vom 13. August 1986 behauptet der damalige Innenminister Hillermeier, daß es nur durch einen enormen Kräfteeinsatz von mehr als 6000 (!) Polizeibeamten aus dem gesamten Bundesgebiet gelungen ist, Sicherheitsstörungen größeren Ausmaßes zu verhindern. Und weiter: „An den errichteten Kontrollstellen der Polizei auf den Anfahrtswegen nach Burglengenfeld und um das WAA-Gelände herum wurden rund 74.000 Personen und 20.000 Kraftfahrzeuge kontrolliert. Dabei stellten die Polizeibeamten etwa 3000 Gegenstände, darunter 10 Würgehölzer, 182 Springmesser, 19 Gaspistolen, 5 Handsprechfunkgeräte, 203 Schlagstöcke, 81 Bolzenschneider, 137 Molotow-Cocktails, 200 Spezialrundkugeln, 19 Stahlrohre und 24 Präzisionsschleudern sicher.“ Zu den aufgefundenen gefährlichen Gegenständen sage ich noch einmal, hier sind Zweifel angemeldet! Am 13. 8. 1986 spricht der zuständige Innenminister davon, daß im Zusammenhang mit dem Anti-WAA-Festival in Burglengenfeld im Juli 1986 insgesamt rund 3000 Gegenstände sichergestellt worden sind. In einer Antwort auf eine schriftliche Anfrage der Grünen im Landtag antwortet der dann zuständige Innenminister August Lang am 16. 4. 1987 folgendes: „Nach Mitteilung des Polizeipräsidiums Niederbayern/Oberpfalz wurden von der Polizei im Zusammenhang mit dem Anti-WAA-Festival in Burglengenfeld im Juli 1986 insgesamt 4.093 Gegenstände sichergestellt bzw. beschlagnahmt. Dabei handelt es sich um Gegenstände, die nach ihrer Art oder Beschaffenheit dazu geeignet oder bestimmt waren, zur Begehung von Straftaten bzw. Ordnungswidrigkeiten verwendet zu werden." Es ist also interessant, festzustellen, daß zwischen dem 13. 8. 1986 und dem 16. 4. 1987 auf „wunderbare Weise" aus ca. 3000 gefährlichen Gegenständen über 4000 gefährliche Gegenstände geworden sind.

Zwischenzeitlich ist aber, am Beispiel des Popfestivals Burglengenfeld aufgezeigt, in Bayern die Frage nach dem Stellenwert von Versammlungsfreiheit und Meinungsfreiheit aufzuwerfen, wenn es um Demonstrationen geht. Ich begrüße einen Kommentar der Süddeutschen Zeitung zu den Eingriffsmaßnahmen der Staatsregierung „um das Popfestival herum", in dem es heißt: „Haben kommunale Eigenständigkeit und Selbstverwaltung in Bayern dort ihre Grenze, wo die Regierung anderer Meinung ist? Mit dem Begriff der Kulisse von 50.000 friedlichen Besuchern (es waren dann über 100.000), aus der heraus womöglich einige Hundert gewalttätige Chaoten zum 20-km-Marsch an den Bauzaun hervorbrechen könnten, operiert die Regierung seit Wochen gegen das Festival. Niemandem ist bisher eingefallen, ein Fußballspiel nur deshalb zu verbieten, weil sich in der Masse der friedlichen Fans auch Schläger und Randalierer befinden könnten. Und niemandem kann man einreden, daß Veranstaltungen umso gefährlicher sein sollen, je größer die Kulisse der Friedfertigen ist. Wenn nach dieser Konstruktion künftig Demonstrationen und andere Veranstaltungen erlaubt oder verboten werden, sind elementare Rechte in Gefahr." Richtig, es geht um unsere Freiheitsrechte!

5. Bundeswehr und WAA

Seit bei sog. „Großlagen“ anläßlich von WAA-Demonstrationen Polizeieinheiten in Bundeswehrkasernen wie Neunburg und Pfreimd Unterkunft fanden und auch teilweise logistisch versorgt wurden, hört die Debatte über Amtshilfemaßnahmen oder gar den Einsatz der Bundeswehr bei WAA-Demonstrationen nicht mehr auf. Die Debatte zeigt aber, daß staatliche Stellen auch vor der Verbiegung des Grundgesetzes nicht zurückscheuen, wenn es um die WAA geht.

a) Amtshilfe der Bundeswehr für WAA-Polizeieinsätze

Wenn ich mich richtig erinnere, habe ich als erster bereits Ende 1985 das Problem aufgegriffen. Ich schrieb am 30. 12. 1985 dem damaligen Bundesverteidigungsminister Wörner einen Brief, in dem ich schon erhebliche Bedenken geltend machte.

Der damalige Staatssekretär im Verteidigungsministerium, Ermisch, antwortete mir dann unter dem 12. 2. 1986 u.a.: „Die gewährte Unterstützung der Bundeswehr beschränkte sich auf die Bereitstellung von Unterbringungsmöglichkeiten. Nach Art. 35 Abs. 1 GG leisten sich alle Behörden des Bundes und der Länder gegenseitig Rechts- und Amtshilfe . . . Zu diesen Behörden zählen auch die Streitkräfte. Nach § 5 Abs. 2 Verwaltungsverfahrensgesetz darf die ersuchte Stelle Hilfe dann nicht leisten, wenn sie aus rechtlichen Gründen hierzu nicht in der Lage ist . . . Dies lag nicht vor. Das Bereitstellen von Unterkünften, wie sie im Rahmen der logistischen Unterstützung der Polizeien des Bundes und der Länder vorgesehen ist, erfolgt im Rahmen der Amtshilfe und ist rechtlich kein Einsatz von Streitkräften im Sinne des Art. 87 a Abs. 2 GG.“ (s. Dok. Nr. 58)

In einer Antwort auf meine schriftliche Anfrage vom 3. 2. 1986 hat dann die Staatsregierung unter dem 26. 3. 1986 bestätigt, wie es zu der Unterstützungsanforderung gekommen ist. Es heißt dort unter Drucksache 10/9765: „Aus Anlaß der Großdemonstration am 12. 10. 1985, der Großdemonstration und der Hüttendorfräumung in der Zeit vom 14. mit 16. 12. 1985 und aus Anlaß der zweiten Hüttendorfräumung am 7. 1. 1986 wurde um Unterstützung durch Bereitstellung von Unterkünften in den Bundeswehrkasernen Pfreimd und Neunburg v. Wald für Einheiten der Bayerischen Bereitschaftspolizei ersucht. Die Ersuchen wurden vom Staatsministerium des Innern mit Schreiben vom 27. 9. 1985, 6. 12. 1985 und 31. 12. 1985 an den Bundesminister des Innern mit der Bitte um entsprechende Weiterleitung an den Bundesminister für Verteidigung gerichtet. Dieses Verfahren entspricht dem Beschluß der Innenministerkonferenz vom 6. 5. 1981."

b) Offizier vom Dienst (OvD) – Befehl der 4. Panzergrenadierdivision

Zur gleichen Zeit, als ich beim Bundesverteidigungsminister schon vorstellig war, hat, unabhängig davon und selbständig, der mir befreundete Oberleutnant Dieter Staude, der beim Stab der 4. Panzergrenadierdivision Dienst tat, gegen einen sog. OvD-Befehl Beschwerde eingelegt, bei dem es hieß: „Betreff: Amtshilfe für Polizei im Zusammenhang mit dem Bau der WAA Wackersdorf gemäß Art. 35 GG. Bei einem Amtshilfeersuchen außerhalb der Dienstzeiten ist der OffzFü zu verständigen." Mit Schreiben vom 15. 1. 1986 hat Dieter Staude förmlich diesen Befehl als rechtswidrig erklärt, sich geweigert, ihm zu folgen und Beschwerde eingelegt. (s. Dok. Nr. 59)

Später erhielten wir noch Kenntnis eines Standortbefehls des Standortältesten des Verteidigungskreiskommandos 621, Amberg, wo es hieß, die Bundeswehr stellt im Wege der Amtshilfe bei Delikten schwerster Gewaltkriminalität und bei Demonstrationen zur Rettung verletzter Personen nach Möglichkeit Sanitätspanzer M 113, einschließlich Soldaten als Kraftfahrer, auf Anforderung zur Verfügung. Anforderungsberechtigt ist nur das Bayerische Staatsministerium des Innern, Lagezentrum Bayern. (Standortbefehl 1/83 i.V. 36/81)

Ende Juli 1988 hat dann die Mittelbayerische Zeitung den Fragenkomplex noch einmal aufgegriffen und darauf hingewiesen, daß auch Hubschrauberunterstützung der Bundeswehr für die Polizei bei Demonstrationsgroßlagen möglich ist.

c) Bundeswehr im „Einsatz"

Die Regelung sollte eigentlich jedermann klar sein. Die Streitkräfte dürfen nach unserem Grundgesetz außer zur Verteidigung nur „eingesetzt" werden, soweit das Grundgesetz eben dies ausdrücklich zuläßt. Dies ist die Kernbestimmung des Art. 87 a Absatz 2 GG. Ausdrücklich zugelassen ist nach dem Grundgesetz der Einsatz der Bundeswehr in Friedenszeiten aber nur bei Naturkatastrophen oder bei besonders schweren Unglücksfällen gemäß Art. 35 Abs. 2. Der Trick, den nunmehr Bund und Freistaat Bayern anwenden, ist, daß man den Begriff des „Einsatzes“ auf operativen Einsatz beschränkt, während man die bloße „logistische“ Unterstützung der Polizei nicht unter dem Begriff des Einsatzes definiert. Dies ist eine klare Aushöhlung des Grundgesetzes und ein äußerst bedenklicher Mißbrauch der Bundeswehr zur Unterstützung der Polizei bei WAA-Demonstrationen.

Typisch für die schleichende Aushöhlung der Kompetenzgrenzen des Grundgesetzes ist der zeitliche Ablauf: Am 6. Mai 1981 beschlossen die Innenminister bei einer Konferenz das Amtshilfeabkommen. Am 14. 5. 1982 (also noch in Zeiten der sozial-liberalen Koalition) haben dann der Bundesminister der Verteidigung und der Bundesinnenminister abgesprochen, die Polizisten des Bundes und der Länder durch die Bundeswehr bei Einsätzen außerhalb ihrer Standorte versorgungs- und unterbringungsmäßig zu unterstützen. Der jetzige Bundesinnenminister Friedrich Zimmermann bemühte sich dann 1985 erfolgreich um eine konkrete Zusage des damaligen Verteidigungsministers Wörner für Demonstrationen am WAA-Bauzaun!

Interessant ist noch, daß in der Offizierschule der Bundeswehr in Hannover beim Fach „Verfassungsrecht“ eine Aufgabe gestellt wurde, die von einer Großdemonstration vor einer Atomanlage ausgeht. Bei dieser Aufgabe, wie sie den Offiziersanwärtern und Offizieren gestellt wurde, bat die Polizei die Bundeswehr, sie im Wege der Amtshilfe zu unterstützen. In der sog. Musterlösung heißt es: „Die logistische Unterstützung der Polizei ist verfassungswidrig und daher abzulehnen. Unter dem Begriff Einsatz ist jede Verwendung der Streitkräfte zu verstehen, die innenpolitisch nicht als neutral zu bezeichnen ist.“ Jetzt aber versuchen sich Bundesinnenminister und Bundesverteidigungsminister mit einem neuen Begriff des „Einsatzes“ über die Problematik hinwegzumogeln. Keine Skrupel hat selbstverständlich das bayerische Innenministerium! Nach Auffassung von August Lang sind Hinweise auf Verfassungswidrigkeit des Bundeswehreinsatzes bei WAA-Demonstrationen völlig haltlos. Auch der mögliche Einsatz von Sanitäts- oder Bergepanzern und Hubschraubern verstoße nicht gegen das Grundgesetz.

Es ist nur zu hoffen, daß das SPD-geführte saarländische Innenministerium seine Ankündigung wahrmacht, bei der nächsten Sitzung der Innenministerkonferenz das „Amtshilfeabkommen" auf die Tagesordnung zu bringen und es aufzukündigen. Immerhin erklärte der Sprecher des saarländischen Innenministeriums gegenüber der Öffentlichkeit, daß man den möglichen Einsatz von Bundeswehrhubschraubern bei Demonstrationen für „verfassungswidrig" halte.

Nur noch als kurios zu bezeichnen ist die Reaktion des sog. „wehrpolitischen Sprechers" der CSU-Landtagsfraktion, der es schlicht für eine Selbstverständlichkeit hält, daß beispielsweise Sanitätssoldaten der Bundeswehr gewissermaßen nicht mit den Händen in den Hosentaschen dabeistehen, wenn im Verlauf gewalttätiger Aktionen Verletzte zu versorgen seien. Unter Umständen würden sie sonst sogar den Straftatbestand der unterlassenen Hilfeleistung erfüllen. Jeden Verletzten sei es zudem völlig egal, „ob seine Helfer eine graue, olivgrüne oder blaue Uniform tragen." So einfach kann man es natürlich auch sehen. Es gibt keinen Zweifel, daß entscheidende, grundgesetzlich garantierte Prinzipien „um die WAA herum" zerfallen.

6. Anforderungen der Antiterroreinheit GSG 9

Auf einer gleichen Linie und Ebene bewegte sich die Diskussion, als Ende des Jahres 1985 bei den WAA-Gegnern Gerüchte kursierten, anläßlich der Räumung des Hüttendorfes am WAA-Gelände am 16. 12. 1985 sei die bekannte Antiterroreinheit des Bundesgrenzschutzes, die sog. GSG 9, angefordert worden. Landrat Schuierer äußerte öffentlich solche Vermutungen, worauf ihm der damalige Innenminister Hillermeier entgegenhielt, Schuierer müsse tatsächlich „schlicht geträumt" haben. Der SPD-Bundestagsabgeordnete Ludwig Stiegler reichte Ende Januar 1986 im Bundestag eine Anfrage ein, ob es zutreffe, daß Einheiten der GSG 9 für evtl. Einsätze nach Wackersdorf verlegt worden seien und was denn den Bundesinnenminister veranlaßt habe, gegen friedliche Demonstranten Antiterroreinheiten einzuplanen. Die Antwort: „Das Bayer. Staatsministerium des Innern hat zur Unterstützung seiner Polizei Einsatzkräfte des Bundesgrenzschutzes angefordert. Die Anforderung erstreckte sich auch auf die Zurverfügungstellung von Polizeivollzugsbeamten der GSG 9." Entweder hatte der bayerische Innenminister selbst geträumt und von dieser Anforderung nichts gewußt oder diese Anforderung verschwiegen.

Ich habe dann am 29. 1. 1986 eine schriftliche Anfrage im Landtag eingebracht und gefragt, wer diese Einheit angefordert hat, wielange diese Einheit im Raum Wackersdorf zur Verfügung stand, warum diese Einheit angefordert wurde und ob das Innenministerium die Anforderung und Zurverfügungstellung der GSG 9 mit polizeitaktischen Grundsätzen die Verhältnismäßigkeit für vereinbar halte. In der Antwort des Staatssekretärs im Innenministerium, Rosenbauer, vom 10. 3. 1986 heißt es u. a.: „Die GSG 9 ist keine Antiterroreinheit, sie kann vielmehr bei außergewöhnlichen polizeilichen Lagen angefordert und eingesetzt werden, die den Einsatz von besonders geschulten und speziell ausgerüsteten Einsatzkräften erfordern. Die GSG 9 stand im Raum Wackersdorf ab Beginn der Räumungsmaßnahmen in den frühen Morgenstunden des 16. 12. 1985 zur Verfügung. Nachdem der Unterstützungseinsatz der Einheit nicht erforderlich war, wurde sie noch im Verlauf des 16. 12. 1985 entlassen . . . Die militante Entwicklung ließ befürchten, daß die Gewalttäter im Hüttendorf bei der Räumung massiv Widerstand leisten würden. Auf Grund des militanten Verhaltens der Störer war es geboten, neben den eigenen Kräften der Spezialeinsatzkommandos auch die Beamten der GSG 9, die über einen entsprechenden Ausbildungsstand und besonderer körperliche Fertigkeiten verfügen, zur Hüttendorfräumung bereitzuhalten . . . Das Staatsministerium des Innern wird auch künftig die GSG 9 anfordern und gegebenenfalls einsetzen, wenn dies zur Bewältigung einer außergewöhnlichen Sicherheitslage auch im Bereich der künftigen Wiederaufarbeitungsanlage bei Wackersdorf erforderlich ist.

Damit steht fest, daß die Anforderung und auch der Einsatz der Antiterroreinheit GSG 9 des Bundesgrenzschutzes bei WAA-Demonstrationen in Bayern zur sog. „bayerischen Linie“ gehört.

Dies waren einige Beispiele über systematische Einriffsmaßnahmen, Verletzung von Zuständigkeiten und Mißachtung des Grundsatzes der Verhältnismäßigkeit. Für den Bürger noch unmittelbar spürbarer und drastischer ist der Zerfall der Freiheit im Bereich der Strafverfolgungsbehörden.

VII. Eingriffe der Polizeibehörden

Hier liegt mir eine solche Fülle von Material vor, daß ich mich in der Auswahl sehr beschränken muß. Ich bevorzuge die mir persönlich bekannten, zum Teil miterlebten oder von Augen- und Ohrenzeugen glaubwürdig geschilderten Vorfälle, die ich meist auch politisch aufgegriffen habe und zu denen mir auch Antworten der staatlichen Stellen vorliegen. Ich habe hier Kurioses, Alltägliches und Dramatisches ausgewählt. In all diesen Fällen ist eine gewisse Methode der schikanösen Einschüchterung zu erkennen, mit dem Ziel, den Widerstand gegen die WAA schon im Keim zu ersticken. Die Eingriffe liegen somit schon im System der Einsatzbefehle, sowie in der Art und Weise, wie Übergriffe von den Einsatzbehörden und den politisch Verantwortlichen abgedeckt werden. Dadurch wird dem einzelnen Vollzugsbeamten vor Ort oft die Unverhältnismäßigkeit seines Wirkens gar nicht mehr bewußt.

1. Razzia wegen angeblicher Fälschung von Einlaßkarten

Kurz vor der Landtagswahl am 12. Oktober 1986 kündigte sich Franz Josef Strauß persönlich an, um am 29. 9. 1986 in einer großen öffentlichen Kundgebung im Sepp-Simon-Stadion in Schwandorf für den amtierenden CSU-Landtagsabgeordneten Manfred Humbs zu retten, was nicht mehr zu retten war, nämlich das Direktmandat. Um den Landesvater vor seinen Landeskindern auch ordnungsgemäß zu schützen, wurde auch hier weisungsgemäß die Sicherungslinie weit vorverlegt. Damit man rechtzeitig kontrollieren konnte, wer beabsichtigte, diese öffentliche Kundgebung zu besuchen, wurden von der CSU-Landesleitung in München und von den örtlichen CSU-Verbänden sog. Einlaßkarten herausgegeben. Nun erhielt, laut späterer Auskunft des Innenministers Lang, die Polizei einen sog. „Hinweis", daß in einer Veranstaltung der Bürgerinitiative Bruck im Ortsteil

Mögendorf im Gasthaus Ziegler am Freitagabend, den 26. 9. 1986, also drei Tage vor dieser „historischen" Kundgebung, solche Einlaßkarten gefälscht und verteilt werden würden. Dieser bloße Hinweis genügte der polizeilichen Einsatzleitung, um am Freitagabend eine Razzia in Mögendorf im Gasthaus Ziegler durchzuführen. Die bescheidene Zusammenkunft der BI Bruck wurde von einem Polizeiaufgebot „gestürmt", es wurden Personalien festgestellt, die Personen durchsucht und es wurden auch 13 (!) derartige Einlaßkarten festgestellt. Diese Karten wuden nach Art. 24 des Polizeiaufgabengesetzes (so der Staatsminister später) zur Abwehr einer gegenwärtigen Gefahr (!) sichergestellt. Wie mir die BI Bruck später mitteilte, waren diese 13 Karten gar nicht gefälscht, sondern über Mittelsmänner von den CSU-Verbänden angefordert worden.

Nun habe ich mir erlaubt, in einer schriftlichen Anfrage im Bayer. Landtag vom 27. 11. 1986 die Verhältnismäßigkeit einer solchen Razzia zu hinterfragen. In der Antwort meinte dann der neuernannte Staatsminister August R. Lang: „An der Veranstaltung in Schwandorf am 29. 9. 1986 hat mit dem bayerischen Ministerpräsidenten eine Persönlichkeit des öffentlichen Lebens teilgenommen, die als maßgebender politischer Entscheidungsträger eine mögliche Zielperson für Angriffe aus dem terroristischen Bereich ist. Da die Veranstaltung zudem in unmittelbarer Nähe der geplanten WAA Wackersdorf stattfand, war mit tätlichen Auseinandersetzungen von Gegnern der WAA zu rechnen ... Der Veranstalter der Kundgebung am 29. 9. 1986 in Schwandorf hat an seine Mitglieder spezielle Eintrittskarten ausgegeben, um mit dieser Maßnahme eine aus Sicherheitsgründen erforderliche räumliche Trennung von Befürwortern und Gegnern der WAA am Veranstaltungsort zu erreichen." Als ich dann in der Öffentlichkeit die Frage aufwarf, ob es denn überhaupt noch sinnträchtig sei, wegen des Vorwurfes oder des Hinweises, da würden Einlaßkarten für eine öffentliche Kundgebung hergestellt oder gefälscht, Razzien durchzuführen, meinte (laut Aussage eines Reporters) ein Mitglied des Polizeieinsatzstabes kleinlaut, man könne doch am Freitagabend von der Polizei nicht auch noch die Beachtung der Grundsätze der Verhältnismäßigkeit verlangen. Und die Moral von der Geschicht: Merke, ein Anruf oder ein Hinweis genügt, um eine Razzia auszulösen.

2. Beschlagnahme des PKW's der BI-Sprecherin Irene Sturm

Während der Tage der WAA-Erörterung in Neunburg v. Wald war dort selbstverständlich auch die Sprecherin der Bürgerinitiative Schwandorf, Irene Maria Sturm, Tag für Tag anwesend. Es war ja überhaupt bewundernswert, wie viele WAA-Gegner unermüdlich in der Stadthalle Neunburg v. Wald ausharrten. Irene Sturm war mit dem Auto in Neunburg, einem VW Golf. Nun hatte sie sich aber erlaubt, am Rückfenster ihres PKW's einen kleinen 8 x 8 cm großen quadratischen Aufkleber anzubringen, auf dem (wenn man ganz nahe hinging) zu lesen stand: „Widerstand braucht Phantasie". Abgebildet war darauf noch eine Karikatur von Männlein, dem Struwelpeter ähnlich. Offenbar stellte sich der Karikaturist und Zeichner dieses Aufklebers so einen „Chaoten" vor. Dieser hatte, nun wird es wirklich „dramatisch", in der rechten Hand eine sog. Zwille (oder Zwistel). Diese Zwille aber hatte die BI-Sprecherin deutlich mit einem Kreuz durchgeixt, um gegenüber jedermann zu erklären, von Gewalt halte sie nichts.

Am Mittwoch, den 27. 7. 1988 erhielt Frau Sturm vormittags einen Anruf der Polizei, aus dem hervorging, daß gegen sie wegen dieses Aufklebers ein Verfahren laufe. Stunden später dann, als sie gerade in der Stadthalle Neunburg einer Pressekonferenz teilnahm wünschte ein Herr Oberkommissar des bayerischen Staatsschutzes Frau Sturm zu sprechen. Das Gespräch zwischen dem Beamten und Frau Sturm fand dann auch statt, wobei sie aufgefordert wurde, Zeugen beizubringen, daß sie bereits vor längerer Zeit die Zwille auf dem Aufkleber durchgestrichen hatte (eine solche Zeugin wurde beigebracht), sowie im übrigen den Aufkleber ganz zu entfernen. Frau Sturm weigerte sich, dies zu tun, weil sie der Meinung war und ist, daß dieser Aufkleber in der von ihr veränderten (Zwille durchgeixten) Form zulässig sein müsse. Es war dann gegen 15 Uhr, als Frau Sturm mit ihrem Auto von der Kripo gestoppt wurde! Ein Zivilfahrzeug stellte sich quer vor den PKW der Frau Sturm, damit diese nicht weiterfahren konnte. Man erklärte ihr, daß gegen sie eine Fahndung laufe und wenn sie den Aufkleber nicht unverzüglich entferne, werde der ganze PKW beschlagnahmt. Als sie sich weigerte, den Aufkleber abzumachen, wurde in der Tat das Fahrzeug beschlagnahmt und nach Schwandorf zur dortigen Polizei verbracht! Man könnte über diese Geschichte nur noch lachen, wenn sie nicht wiederum deutlich machen würde, wie unverhältnismäßig die Reaktionen der Strafverfolgungsbehörden sind! Wegen eines solch lächerlichen, noch dazu in seinem Aussagegehalt umgedrehten Aufklebers wird eine Pressekonferenz gestört, wird ein Polizeifahrzeug quergestellt, wird ein Auto beschlagnahmt, wird dieses Auto nach Schwandorf verbracht. Nun saß die gute Irene Sturm ohne Auto in Neunburg v. Wald. Sie rief mich dann gegen 17.25 Uhr an, um mich zu bitten, ihr das Auto wieder zu besorgen. Es ist mit dann gelungen, mit einem diensthabenden Staatsanwalt beim Landgericht Amberg den „Sturm im Wasserglas" zu beenden. Wir vereinbarten, wenn Frau Sturm den Aufkleber durch einen anderen Aufkleber wiederum so überklebe, daß er nicht zu erkennen sei, würde sie ihren PKW zurückbekommen. Das ist dann auch geschehen. Ich habe bei den Telefongesprächen, die ich mit dem Staatsanwalt geführt habe, immer wieder gesagt, gerade an kritischen und gegenüber der Staatsgewalt mißtrauischen Bürgern beweist sich das Funktionieren des Rechtsstaats. Mehr Gelassenheit ist dringend erforderlich. Wenn es um eine Angelegenheit in Sachen WAA geht, wird die gesamte Bandbreite der rechtlichen Möglichkeiten durchexerziert.

Ferner schrieb ich noch, wie in solchen Angelegenheiten bei mir schon fast üblich, den Polizeipräsidenten von Niederbayern/Oberpfalz, Herrn Fenzl, an und bat ihn um eine Stellungnahme. Er vertrat tatsächlich die Meinung, daß bei dem ganzen Zirkus um den Aufkleber der Grundsatz der Verhältnismäßigkeit beachtet worden sei. (s. Dok. Nr. 60) Nun muß Frau Sturm noch auf das Strafverfahren warten. Der Staatsanwalt teilte mir mit, es würden noch entsprechende Fotoaufnahmen gemacht, um Beweise für das Strafverfahren zu sichern.

Nachtrag: Der Aufkleber hat ein gerichtliches Nachspiel. Am 13. 9. 1988 erließ der Schwandorfer Amtsrichter – auf Antrag des Staatsanwalts – gegen Frau Sturm einen Strafbefehl wegen eines Vergehens der öffentlichen Aufforderung zu Straftaten! Ich legte Einspruch ein.

3. Beschlagnahmeaktion bei der Mittelbayerischen Zeitung am 29. 7. 1988.

Von besonders grundsätzlicher Problematik war der Fall, als die Kriminalpolizei erstmals in Ostbayern in der Redaktion einer Zeitung Fotos beschlagnahmte, die ein Pressefotograf in Ausübung seines Dienstes bei einer Wackersdorfer Demonstration gemacht hatte. Eine solche Vorgehensweise ist angeblich durch das Urteil des Bundesverfassungsgerichts vom Oktober 1987 gedeckt. Damals hatte das ZDF vor dem 2. Senat des Bundesverfassungsgerichts Beschwerde gegen eine Beschlagnahmeaktion eingelegt, bei der Aufnahmen von einer Demonstration vor dem Kernkraftwerk Brokdorf konfisziert worden waren. Weil dieses Bildmaterial nicht freiwillig herausgegeben wurde, ordnete die Staatsanwaltschaft die Beschlagnahme an. Die Karlsruher Richter wiesen die Klage mit der Begründung zurück, daß sich das Zeugnisverweigerungsrecht von Journalisten nur auf Informanten beziehe, die ihre Namen nicht preisgeben wollen.

Hinsichtlich selbsterarbeiteten oder selbstrecherchierten Materials von Journalisten sehe die Strafprozeßordnung kein Zeugnisverweigerungsrecht vor. Das Interesse des Staates an einer wirksamen Strafverfolgung sei höher zu bewerten, als die Vertraulichkeit journalistischer Arbeit. Bei der Aktion der Kriminalpolizeiinspektion Regensburg am 29. 7. 1988 wurden Negative von Bildern beschlagnahmt, die während der Demonstration am Bauzaun der WAA in Wackersdorf am 10. 10. 1987 aufgenommen wurden. Nun ist diese Beschlagnahmeaktion selbstverständlich auf Grund einer richterlichen Anordnung erfolgt. Das Interessante daran ist weiter, daß es um Ermittlungen geht, die gerade auch für WAA-Gegner von großer Bedeutung sind, nämlich gegen Beamte einer Berliner Sondereinsatzgruppe, die, nach vielen Zeugenaussagen, bei diesen sog. Aktionstagen am 10. 10. 1987 besonders brutal gegen friedliche Demonstranten vorgegangen sein soll. Insoweit war es ein geschickter Schachzug der Strafverfolgungsbehörden, die äußerst problematische Beschlagnahme mit grundsätzlich wünschenswerten Ermittlungen zu verknüpfen. Die Folgen für die friedlichen Demonstranten und auch für die eine Demonstration begleitenden Journalisten sind aber verheerend. Jedes Foto, das ein neutraler (oder sogar mit den

WAA-Gegnern sympathisierender) Journalist macht, kann jetzt – über die Beschlagnahme – als Beweismaterial in einen Prozeß eingeführt werden. Die Journalisten werden in Zukunft bei Demonstrationen mit ganz anderen Augen angesehen werden. Die friedlichen Demonstranten werden keine Informationen geben und den Kontakt meiden. Die militanten Demonstranten werden Journalisten als Spitzel beschimpfen und behandeln, d.h. die Journalisten werden als Hilfsorgane der Staatsanwaltschaft mißachtet werden. Die gerade bei Demonstrationen „um die WAA herum" in der Vergangenheit äußerst sinnvolle und hilfreiche Funktion der Fotografen und Berichterstatter als mehr oder weniger unabhängige Schiedsrichter, als Kontrolleure der wahren Abläufe, gerät in Gefahr. Damit ist es noch leichter, die Sicherheitslinie unkontrolliert in die Gesellschaft vorzuverlegen. Im übrigen muß man wissen, daß bei jeder Polizeihundertschaft im Einsatz ein Polizeibeamter mit Videokamera dabei ist, der den Einsatz filmt und fotografiert. Ich habe deshalb am 1. 8. 1988 eine schriftliche Anfrage im Landtag eingereicht und gefragt, ob denn die Staatsanwaltschaft Amberg bei den am 8., 9. und 10. Oktober 1987 im Raum Schwandorf-Wackersdorf im Einsatz befindlichen Polizeieinheiten selbst Film- und Fotomaterial angefordert hat und ob dies herausgegeben wurde. Es ist schon oft passiert, daß gerade dann, wenn das Film- und Fotomaterial Unregelmäßigkeiten und Übergriffe von Polizeibeamten im Einsatz dokumentieren sollte, dieses Filmmaterial entweder nicht mehr auffindbar war oder „leider nichts geworden ist".

4. Razzien in Burglengenfeld und Ponholz am 18. 10. 1986

Zwei der wohl schlimmsten Razzien erfolgten zur gleichen Zeit am 18. 10. 1986 in Ponholzer Gasthof „Alte Post", in dem Frau Ulrike Buergel-Goodwin eine Tapisserie betreibt und in Burglengenfeld im Anwesen „Am Klingentor 32" der Familie John Davis und Heidi Davis-Miclekevic. Die beiden Razzien spielten sich für die beteiligten Familien wie ein Alptraum ab unter menschenunwürdigen Verhältnissen. Anlaß war wieder ein sog. „Hinweis", weil der „Hinweisgeber" in einem Raum im I. Stock des Anwesens „Alte Post" 20 Personen schlafen sah. Unter diesen 20 Personen glaubte er einen Terroristen erkannt zu haben. Der „Mitteiler“ glaubte, nach Vorlage eines Fahndungsplakates über Terroristen, den gesuchten Henning Beer erkannt zu haben. Auf Anordnung des zuständigen Polizeiführers wurde daraufhin das Anwesen „Alte Post 1“ in Ponholz observiert. Von den eingesetzten Kräften wurde mitgeteilt, daß sich ein PKW in Richtung Burglengenfeld entferne. Dieses Fahrzeug wurde ebenfalls observiert. Es wurde festgestellt, daß es zum Anwesen „Am Klingentor 32“ der Eheleute Davis fuhr. Aufgrund dieser vagen „Hinweise“ spielte sich folgendes ab:

a) Schilderung der Beteiligten.

Eine Woche nach den schrecklichen Vorfällen berichteten die beiden beteiligten Frauen, Frau Ulrike Buergel-Goodwin und Frau Heidi Davis-Miclekevic, bei einer Veranstaltung am Samstag, den 25. 10. 1986, im Gasthaus „Alte Post“ in Ponholz über ihre Erfahrungen bei den Razzien: Ulrike Buergel-Goodwin sprach in diesem Zusammenhang von einer gezielten Einschüchterung der Bevölkerung, einen konkreten Hinweis auf sie selbst habe es nicht gegeben. Während der gesamten Aktion sei sie am Kontakt mit Anwalt und Presse gehindert worden. Die Staatsanwaltschaft in Regensburg und Amberg hätte ihr gegenüber am selben Tag Unkenntnis über die Aktion geäußert, obwohl der Polizeipräsident Wilhelm Fenzl von einer Absprache mit der Staatsanwaltschaft gesprochen habe. Auch ein Hausdurchsuchungsbefehl sei ihr nicht gezeigt worden. Allgemein hätten die Beamten der Kripo nicht gewußt, was los ist. Auf der gleichen Veranstaltung am 25. 10. 1986 berichtete ein in der Wohnung Buergel-Goodwins verhafteter junger Mann von massiver Gewaltanwendung des Einsatzkommandos. Die Festgenommenen seien geschlagen und beleidigt worden und hätten während der gesamten Aktion auf dem kalten Steinfußboden ausharren müssen. Auch Kontakt untereinander sei ihnen verboten worden. Einen terroristischen Hintergrund für die Aktion habe es nicht gegeben. Die Beamten hätten sehr viel Zeit für die Wohnung, insbesondere eine aufgefundene Adressenkartei verwendet, vielmehr als für die Personenkontrolle der 18 in Ponholz Festgenommenen. Auch seien zahlreiche Fotos und Skizzen von Teilen der Wohnung gemacht worden.

Frau Heidi Davis-Miclekevic berichtete in der Veranstaltung in

Ponholz, „Alte Post", am 25. 10. 1986 folgendes: Auch in Burglengenfeld sei in ihrer Wohnung ein ähnlicher Vorfall abgelaufen. Dabei habe ein großes Polizeiaufgebot ihr Privathaus gestürmt, als die Familie und neun weitere Personen frühmorgens noch beim Frühstück saßen bzw. ihre Gäste noch im Bett lagen. Die Beamten hätten der Familie sowohl Kontakt mit dem Konsulat der Vereinigten Staaten (Herr John Davis ist amerikanischer Staatsbürger), als auch mit ihrem Anwalt verweigert. Nur in Begleitung der Polizisten mit vorgehaltener Pistole durfte sie Medikamente für ihren Mann holen. Nur mit Unterwäsche bekleidet sei ihr Sohn auf der Straße durchsucht worden. Einen Hausdurchsuchungsbefehl habe sie ebenfalls nicht erhalten, auch Namen von beteiligten Polizisten seien ihr verweigert worden.

Soweit die Berichte der nach einer Woche noch unter Schock stehenden Frauen.

Ich selbst habe dann später Recherchen durchgeführt, wobei sich der Sachverhalt im wesentlichen bestätigt hat.

b) Stellungnahme des damaligen obersten Polizeichefs im Innenministerium, des Abteilungsleiters der Abteilung I C, Joachim Schweinoch.

Selbstverständlich habe ich die skandalösen Vorfälle bei den beiden Razzien aufgegriffen und öffentlich Vorwürfe erhoben. Außerdem habe ich am 31. 10. 1986 ein entsprechendes Schreiben an Franz Josef Strauß gerichtet. Über ein paar Umwege habe ich dann später eine interne Stellungsnahme des zuständigen Abteilungsleiters Schweinoch an den zuständigen Staatssekretär Peter Gauweiler zur Kenntnis erhalten. (s. Dok. Nr. 61)

In dieser Stellungnahme geht der damalige oberste Polizeichef im Innenministerium auf meine Vorwürfe ein und gibt dann unter dem Stichwort „Sachverhalt" die Meinung der Polizeieinsatzbehörden zur Kenntnis. Dabei schreckt Herr Scheinoch auch vor Diffamierungen nicht zurück. So behauptet er in seinem „Dossier", das Anwesen „Alte Post 1" in Ponholz diene offensichtlich als Unterkunft für kriminelle Gewalttäter.

Besonders interessant ist auch die Stellungnahme zu den Vorfällen in Burglengenfeld. Während der Razzia meldete sich der Burglengenfelder Rechtsanwaltskollege Schreiner und wollte mit den Familienmitgliedern sprechen. Da er sich als Rechtsanwalt nicht ausweisen konnte, entschied der Staatsanwalt, daß eine Kontaktaufnahme nicht gestattet werde. Ein einfacher Anruf bei der Landespolizeiinspektion Burglengenfeld hätte genügt, um den Kollegen Schreiner als Anwalt zu identifizieren. Die Stellungnahme von Herrn Schweinoch ist eine billige Ausrede. Die Replik auf den Vorwurf eines jungen Mannes, er sei geschlagen und beleidigt worden, spricht auch Bände. Herr Scheinoch sagt, die Anwendung von unmittelbarem Zwang erfolgte unter dem Gesichtspunkt, daß nach einem Terroristen gesucht wurde. Deshalb wurde die Durchsuchung auch von Beamten der Spezialeinheiten vorgenommen.

Selbst wenn die Vollzugsbeamten davon ausgingen, es handle sich um Terroristen, müssen die Grundsätze der Verhältnismäßigkeit und des Rechtsstaats gelten. Besonders drastisch ist die Reaktion auf meinen Vorwurf, es sei ein junger Mann auf der Straße, nur mit Unterhose bekleidet, durchsucht worden. Antwort des Herrn Scheinoch: „Aus polizeitaktischen Gründen wurde diese Person für ca. 2–3 Minuten, nachdem sie sich die Schuhe anziehen konnte, vor die Haustüre in den Vorgarten gebracht. Der Vorgarten ist von der Straße aus nicht einsehbar. Während der gesamten Durchsuchung herrschte vor dem Anwesen kein Fußgängerverkehr . . . Bei dem in der Presse als kleinen Sohn bezeichneten dürfte es sich um den oben erwähnten 24jährigen Manfred Kittlaus handeln. Kittlaus ist der Sohn von Frau Davis-Miclekevic, der Wohnungsinhaberin. Der Sohn führt einen anderen Namen als die Mutter, da diese offenbar mehrmals verheiratet war."

Ich fasse zusammen: Ich werfe vor, daß man zum Zwecke der Personalienfeststellung einen jungen Mann, nur mit der Unterhose bekleidet, vor das Haus gezerrt hat. Antwort des obersten Polizeichefs im Innenministerium: Er durfte sich auch noch die Schuhe anziehen, die Durchsuchung dauerte nur 2–3 Minuten und der Vorgarten ist von der Straße aus nicht einsehbar. Außerdem herrschte kein Fußgängerverkehr. Im übrigen wird darauf hingewiesen, daß die Mutter des in so unwürdiger Weise Durchsuchten schon mehrmals verheiratet war! Hat denn die Polizei vermutet, daß der Durchsuchte seinen Paß im Zwickel seiner Unterhose versteckt hatte? Das Ganze wäre zum Lachen, wenn es nicht so massiv den radioaktiven Zerfall unserer Freiheitsrechte deutlich machen würde. Hier werden Zusammenhänge zwischen WAA-Gegnern und der Terroristenszene konstruiert, hier werden bewußt friedliche WAA-Gegner eingeschüchtert, beleidigt und „hart angefaßt". Auf meinen Vorwurf hin, daß die zuständigen polizeilichen Führungskräfte diese total überzogenen und unverhältnismäßigen Einsätze damit begründen, daß dies alles eben wegen der Terroristenszene zur Gefahrenabwehr notwendig sei, meinte Herr Schweinoch: „ Die Durchsuchungen in Ponholz und Burglengenfeld wurden nicht aus Gründen der Gefahrenabwehr durchgeführt und waren auch nicht gegen WAA-Gegner gerichtet. Der Stellenwert, den die WAA in den Planungen des linksgerichteten, terroristischen Umfeldes einnimmt, ist hinreichend belegbar." Was soll das eigentlich? Wenn es im Umfeld um die WAA genügt, mit dem bloßen Hinweis auf Terroristen nicht vorbestrafte, allgemein angesehene und beliebte Bürger mit solchen Razzien heimzusuchen, so ist dies der Anfang vom Beginn des Polizeistaats und der Anfang vom Ende des Rechtsstaats!

Es ist nur ein schwacher Trost, wenn man zur Kenntnis nimmt, daß Herr Schweinoch, durch eigenen Wunsch von seinem Posten abgelöst zu werden, einer bevorstehenden Versetzung zuvorkam. Nachdem er (offenbar auch nach Meinung des neuen Staatssekretärs Peter Gauweiler) in seinem Amt gescheitert war, bekam er einen neuen Posten, für den er angeblich genug Qualitäten aufwies. Er wurde zuständig für Datenschutzaufgaben im Innenministerium. Viel Erfolg! Es ist ja nicht uninteressant, daß sowohl der frühere Polizeipräsident Hermann Friker, als auch der frühere oberste Polizeichef im Innenministerium, Joachim Schweinoch, zwischenzeitlich mit anderen Aufgaben betraut wurden. Auch der frühere Innenminister Karl Hillermeier wurde ja zwischenzeitlich „ersetzt".

Eine glatte Frechheit ist übrigens die Schlußbemerkung in der internen Stellungnahme des früheren Abteilungsleiters Schweinoch gegenüber seinem Staatssekretär: „Unter Hinweis auf die Fürsorgepflicht des Dienstherren schlagen wir vor, die Äußerungen (des Landtagsabgeordneten Dietmar Zierer in diesem Zusammenhang) einer strafrechtlichen Würdigung zu unterziehen." Herr Schweinoch schlug also nicht vor, daß sich die Staatsregierung für das skandalöse Verhalten der Einsatzbehörden entschuldigen sollte, er schlug vor, strafrechtlich gegen den Abgeordneten Zierer vorzugehen.

5. Razzia im Pfadfinderlager

Im Juli 1987 errichteten 13 junge Leute vom Bund Deutscher Pfadfinder ihre paar Zelte am Jugendcampingplatz Gütenland am Eixendorfer Stausee. Am Dienstag, den 28. 7. 1978 besuchten die wackeren Pfadfinder das Informationszentrum der DWK in Wackersdorf. An diesem Tag waren mehrere Besuchergruppen und auch Einzelpersonen in diesem Propagandazentrum der DWK. Später vermißte man bei der DWK aus dem Ausstellungsraum einen Geigerzähler, genannt tragbares Kontaminationsgerät, Marke Berthold, im Werte von etwa 3.500,– DM. Die DWK erstattete Anzeige gegen Unbekannt, nannte aber die Pfadfinder als dringend verdächtig (!) Dies wohl deshalb, weil die hessischen Pfadfinder in Neunburg während der ganzen Tage ihrer Anwesenheit schon eine gewisse deutliche aber friedliche Aktivität gegen die WAA entfaltet hatten. So hatten sie in Neunburg eine Plakatwand gemietet, auf die sie alle zwei Tage neue Parolen gegen die WAA aufpinselten. Die jungen Leute verbrachten nämlich zu dieser Zeit unter dem Motto „Ist unsere Heimat noch zu retten?" einen Bildungsurlaub im Oberpfälzer Wald. Dabei befaßten Sie sich vor allem mit der WAA und den damit zusammenhängenden Problembereichen. Diese friedlichen Aktivitäten hatten schon in den Tagen seit dem 19. Juli 1987 dazu geführt, daß sie sich auf ihrem Campingplatz sehr „sicher fühlen konnten". Zwei bis fünfmal pro Tag fuhren Polizeistreifen in unmittelbarer Nähe des Platzes vorbei, einmal, so berichteten die jungen Leute, wurden sie sogar nachts angeleuchtet. Aufgrund der bösen Verdächtigung der 13 Pfadfinder durch die DWK passierte folgendes: Die Strafverfolgungsbehörden erwirkten beim Amtsgericht Schwandorf am 29. 7. 1987 unter dem Aktenzeichen: Gs 179/87 einen Durchsuchungsbeschluß für die paar Zelte. Am 30. 7. 1987 wurde dies martialisch vollzogen. Gegen die 13 Pfadfinderlein marschierte geradezu eine „Armada" früh morgens um 7.30 Uhr auf: 19 uniformierte Beamte, 6 Kriminalbeamte, 2 Staatsanwälte der Staatsanwaltschaft Amberg und ein Beamter der Stadt Neunburg v. Wald gehörten zu dieser Razziatruppe. Wieder habe ich eine schriftliche Anfrage im bayerischen Landtag eingebracht. Die Antwort erging dann durch Herrn August R. Lang persönlich am 30. 9. 1987: Darin bestätigte er den Vorgang. „Die Aktion dauerte unter Einbeziehung von An- und Rückfahrt von 7.00 bis 9.45 Uhr. Kosten der Aktion sind nicht besonders entstanden, da die Maßnahme im Rahmen des normalen Dienstes durchgeführt wurde. Gegenstände im Zeltlager wurden nicht beschlagnahmt (allerdings Tagebücher der Zeltler gelesen!), Ermittlungen wurden gegen keinen der 13 Pfadfinder eingeleitet." Also, außer Spesen nichts gewesen. Aber die Staatsgewalt hat gegenüber 13 hessischen Pfadfindern machtvoll ihre Präsenz gezeigt. Geweckt wurden übrigens die 13 Pfadfinder morgens kurz nach 7 Uhr mit den Worten: „Steht auf, ihr Egerlinge!" In der Mittelbayerischen Zeitung vom 5. 8. 1987 war zu dieser „Razzia" ein köstlicher Kommentar zu lesen, den ich in Auszügen wiedergebe: „Wer gegen die WAA ist, hat auch das Zeug zum Dieb. So deutlich hat es bisher keiner der einschlägigen Politiker gesagt, die innerhalb der weiß-blauen Grenzpfähle für markige Worte gut sind. Darum wurde wohl auch gegen die Jugendlichen, die extra aus Hessen einreisten, um in Neunburg vorm Wald ihre Haltung gegen die WAA zu verdeutlichen, so viel Polizei aufgeboten . . . Wenn nun diese als Pfadfinder getarnten Chaoten aus einem anderen Bundesland einreisen, um hier die Stimmung zu vermiesen, dann ist diesen Campern am Eixendorfer See auch ohne weiteres zuzutrauen, daß sie bei ihrem Besuch im DWK-Informationszentrum den Geigerzähler klauten. Merke: Anständige bayerische Lehrlinge, die dort zur gleichen Zeit ein Besuchsprogramm absolvierten, tun so was nicht . . . Es scheint, als hätten die omnipotenten drei Buchstaben – WAA – eine bayerische Kanone auf hessische Spatzen gerichtet."

6. „Verbringung" von zwei fünfzehnjährigen Schülern

Laut Polizeibericht fand am 17. 10. 1986 in Schwandorf eine angemeldete Demonstration mit ca. 500 Teilnehmern statt. Gegen 20.05 Uhr wurde die Versammlung beendet. Gegen 20.15 Uhr setzte sich ein nicht angemeldeter Aufzug, bestehend aus 200 bis 300 Personen, vom Schwandorfer Marktplatz in Richtung Friedrich-Ebert-Straße in Bewegung. Der Aufzug wurde aufgelöst, die Teilnehmer wiederholt aufgefordert, sich zu entfernen. An der Reaktion der Demonstrationsteilnehmer (Gelächter, Gepfeife und Gejohle) war zu erkennen, daß die Auflösungsverfügung auch verstanden worden war. Außerdem wurde festgestellt, daß eine größere Anzahl von Personen die polizeiliche Aufforderung befolgten und sich aus dem Zug entfernten. Danach formierte sich der nicht angemeldete Aufzug neu. Er wurde in der Regensburger Straße um 20.48 Uhr angehalten und die Beteiligten wurden zur Identitätsfeststellung wegen einer Ordnungswidrigkeit nach dem Versammlungsgesetz zu den Polizeidirektionen Amberg und Regensburg transportiert. Unter den von Schwandorf nach Regensburg verbrachten Personen waren auch zwei Jugendliche.

Soweit der Bericht des obersten Polizeichefs im bayerischen Innenministerium, des schon erwähnten Herrn Schweinoch (s. Dok. Nr. 61). Am 23. 10. 1986 rief mich der Vater eines der beiden Jugendlichen an und erzählte mir die unglaubliche Geschichte. Ich bat ihn um schriftlichen Bericht. Wir vereinbarten, daß ich – nach Eingang seines schriftlichen Berichts – politisch tätig werden sollte (s. Dok. Nr. 62). Laut Bericht des Vaters ist folgendes geschehen: Sein damals 15jähriger Sohn wollte zusammen mit seinem ebenfalls 15jährigen Freund aus Interesse und einer gewissen Neugier heraus als Zuschauer das Geschehen bei einer Demonstration verfolgen. Um 21.00 Uhr sollten beide Jugendlichen wieder zu Hause sein. Gegen 20.30 Uhr wurden sie jedoch, ohne in irgendeiner Weise aktiv gewesen zu sein (und ohne sich je als WAA-Gegner betätigt zu haben) von einem Polizeikessel umzingelt und mit weiteren Personen festgenommen. In einem Polizeiauto (Kennzeichen BS 3666) wurden sie mit weiteren zwei Jugendlichen, unter Bewachung von zehn (!) bewaffneten Polizeibeamten nach Wackersdorf gebracht. Dort wußten, so meint der Vater, die Beamten offenbar selbst nicht, wie, wo und was zu tun ist und so ging für die beiden 15jährigen die Odyssee auf einer zwischenzeitlich nächtlichen Fahrt nach Regensburg weiter. Irgendwo in Regensburg, es muß in der Nähe des Bahnhofs gewesen sein, wurden danach alle Gefangenen einzeln vorgeführt, befragt und registriert. Anschließend wurden sie wieder auf freien Fuß gesetzt. Mitten in der Nacht, es war zwischenzeitlich Mitternacht vorbei, in einer fremden, 50 km entfernten Stadt. Es wurde ihnen nur gesagt, „wenn ihr euch beeilt, könnt ihr vielleicht noch den D-Zug nach Schwandorf bekommen.“ Es wurde ihnen nicht erlaubt, zu telefonieren und sie wurden auch nicht gefragt, wie sie denn nach Hause kämen. Bei einem ebenfalls festgenommenen jungen Mann haben sich die zwei 15jährigen Freunde Geld ausgeborgt, um die Bahnfahrt bezahlen zu können. Gegen 1.30 Uhr waren dann die beiden 15jährigen Schüler übermüdet und verstört wieder daheim. Der Vater empört sich in seinem Brief an mich zurecht. Er sagt: „Hier sind wohl alle Verstöße gegen unseren demokratischen Staat, besonders an den heranwachsenden Jugendlichen vollzogen worden. 15jährige auf diese Art einzuschüchtern, oder gar Angst einzujagen, sollte nicht die Art eines friedlichen, ernstgemeinten Polizeieinsatzes sein.“ Soweit der besorgte Vater. Ich habe mich dann in einem Schreiben an den bayerischen Ministerpräsidenten selbst gewandt und auch diese Dinge veröffentlicht. Darauf warf mir Staatsminister Edmund Stoiber vor, ich machte damit Stimmung gegen die Polizei und würde die Agitationen fortsetzen, die entscheidend dazu beigetragen hätten, das Klima zu vergiften.

Interessant ist aber wieder die Reaktion des damaligen Abteilungsleiters I C im Innenministerium, Herrn Schweinoch, in seinem „Dossier“ zu meinen Vorwürfen: Die Verbringung nach Regensburg sei notwendig gewesen, da in Schwandorf keine entsprechenden Kräfte und Räumlichkeiten vorhanden waren. Der Transport über Wackersdorf war deshalb erforderlich, weil einige weibliche Personen die Toilette aufsuchen wollten. Die beiden Jugendlichen hätten von sich aus nicht geäußert, kein Geld zu haben. Außerdem hätten sie die Benachrichtigung eines Angehörigen gar nicht begehrt. Im übrigen sei sie Polizei gemäß § 163 StPO gar nicht verpflichtet, eine festgehaltene Person darauf hinzuweisen, daß sie einen Angehörigen oder eine Person ihres Vertrauens benachrichtigen könne. Eine Benachrichtigungspflicht von Amts wegen sei nicht vorgesehen. Es gebe zwar eine Polizeidienstvorschrift (Bearbeitung von Jugendsachen bei der Polizei) die eine Benachrichtigung der Erziehungsberechtigten und des gesetzlichen Vertreters durch die Polizei bei Freiheitsentziehungen vorschreibe. Die Polizei versäumte es, die Eltern gemäß dieser innerdienstlichen Vorschrift zu benachrichtigen. Die Nichtbeachtung dieser Formvorschrift berühre aber die Rechtmäßigkeit der Freiheitsentziehung zur Identitätsfeststellung nicht. (s. Dok. Nr. 61) An diese Stellungnahme schließt der frühere oberste Polizeichef im Innenministerium noch eine interessante Schlußbemerkung an: „Durch die Veröffentlichung nicht überprüfter und haltloser Vorwürfe gegen die Polizei anläßlich von Einsätzen im Bereich der WAA wurde das Ansehen der Polizei in der Öffentlichkeit schwer geschädigt, da ja die Begehung schwerwiegender Straftaten im Amte angelastet wird. Für Polizeibeamte ist es nicht nachvollziehbar, daß ein Landtagsabgeordneter kriminelle Gewalttäter des sogenannten „schwarzen Blocks“ gegen rechtmäßige Maßnahmen der Staatsanwaltschaft und der Polizei in Schutz nimmt. Und dann schlägt, wie schon ausgeführt, Herr Schweinoch vor, meine Äußerungen einer strafrechtlichen Würdigung zu unterziehen.

So weit sind wir also schon! Ein Beamter eines Ministeriums drängt darauf, daß öffentliche Äußerungen eines Landtagsabgeordneten strafrechtlich verfolgt werden, wenn er dies in der Wahrnehmung seines Landtagsmandats tat. Gleichzeitig werden in internen Papieren bösartigste Verleumdungen vorgetragen. Niemand wird mir, der ich von Beruf Rechtsanwalt und damit Organ der Rechtspflege bin, nachweisen können, daß ich auch nur ein einziges mal kriminelle Gewalttäter des sogenannten „schwarzen Blocks“ (oder welcher Gruppierung auch immer) gegen rechtmäßige Maßnahmen der Strafverfolgungsbehörden in Schutz genommen hätte. Damit lenkt man bewußt von dem eigenen fehlerhaften Verhalten ab. Kein Wort des Bedauerns darüber, daß man zwei 15jährige Buben, unbestritten ohne jede Schuld, stundenlang verfrachtet und festgehalten hat und daß man die Eltern nicht informiert hat, wie es zumindest innerdienstliche Vorschriften verlangt hätten. Da wird einem noch eiskalt entgegengehalten: Die Nichtbeachtung dieser Formvorschrift berührt eben die Rechtmäßigkeit der Freiheitsentziehung nicht! Das ist es, was zur Eskalation beiträgt, die undifferenzierte, gefühlskalte und unsensible Haltung der obersten polizeilichen Einsatzleitung.

7. Psychischer Druck

a) Maßnahmen gegen Private (Gastwirte)

Besonders aufreibend sind oft nicht einmal die schlagzeilenauslösenden Anwendungen unmittelbarer Gewalt. Viel diffiziler, aber entnervender sind die kleinen Maßnahmen, die man oft schlecht nachweisen kann. So werden die Häuser bekannter WAA-Gegner kontrolliert, bewacht, auch nachts angefahren. Es halten dann vor diesen Häusern Fahrzeuge mit laufenden Motoren, es wird in Fenster mit Handscheinwerfern hineingeleuchtet, kurzum es wird eine allgemeine psychische Situation der Verunsicherung erzeugt. Besonders „liebevoll" geht man auch mit den Gastwirten bzw. deren Wirtshäusern um, bei denen sich bekannterweise WAA-Gegner regelmäßig treffen. Dazu gehört ein Gasthaus in Neuenschwand, Gemeinde Bodenwöhr. Der junge Gastwirt hat in letzter Zeit sein Wirtshaus umgebaut und eine große Anzahl von Fremdenbetten geschaffen. Gerade in Zeiten von sogenannten Großlagen passiert es immer wieder, daß ein Polizeikonvoi spät nachts vor seinem Wirtshaus anhält und es wird ein kurzer technischer Halt durchgeführt. Türenschlagen, Kommandorufe ertönen, und dann geht's wieder weiter. Selbstverständlich hat dies zur Folge, daß die Urlaubsgäste aus dem Schlaf geweckt werden. Oder eines Tages wird ausgerechnet zur Abendessenszeit die Gaststätte polizeilich kontrolliert. Im Lokal hielten sich auch Hausgäste auf, darunter ein Ehepaar mit Kind. Das Kind hatte Angst, das Ehepaar verließ selbstverständlich dann die Gaststätte. Diese Gäste kommen nie wieder, um in Neuenschwand Urlaub zu machen.

Auf meine entsprechende Anfrage antwortete der Staatssekretär Rosenbauer vom Innenministerium am 3. 12. 1986 u. a.: „Es lag ein Hinweis vor, wonach sich in der Gaststätte D. mehrere Personen treffen würden, die den militanten Gewalttätern zuzuordnen seien. Es bestand der Verdacht, daß diese Personen Blockadeaktionen verabreden. Aus diesem Grund wurden die Personalien von den Gästen überprüft, die möglicherweise der erwähnten Personengruppe zuzuordnen waren."

Der Hinweis auf Terroristen, der Hinweis auf mögliche Gewalttäter wird gebetsmühlenhaft wiederholt, damit will man alle Fragen nach

Verhältnismäßigkeit oder Verstößen gegen den Grundsatz des Übermaßverbotes abschmettern.

Anderes Beispiel: Während der sogenannten Blockadetage am 17. 10. 1986 kontrollierten etwa 5 Polizeibeamte fast „überfallartig" eine Burglengenfelder Gaststätte am Marktplatz, deren Wirt ebenfalls WAA-Gegner ist. Es wurde behauptet, daß aus diesem Gasthaus Flaschenbier an Demonstranten verkauft wurde, mit der Zielsetzung, das Flaschenbier auf Polizeibeamte zu werfen. Es soll nämlich eine volle Bierflasche in Richtung auf Polizeibeamte geworfen worden sein. Die gutbesuchte Gaststätte wurde geschlossen. Der Gastwirt rief mich empört an und behauptete, die Polizei habe wegen Verdachts der Beihilfe zu strafbaren Handlungen die sofortige Schließung des Lokals gefordert. Seine Freundin bestätigte dies telefonisch. Daraufhin habe ich sofort bei der Landespolizeiinspektion Burglengenfeld angerufen und entsprechende Vorwürfe erhoben. Die Antwort der Polizeiinspektion war, man habe das Gasthaus nur kontrolliert und den Wirt entsprechend befragt. Dieser habe dann „freiwillig" sein Wirtshaus geschlossen! Hier steht dann Aussage gegen Aussage. Ich habe dem Wirt geraten, die Sache auf sich beruhen zu lassen, weil er sich sonst auch in Zukunft, gerade zur Zeit der sogenannten Sperrstunde, der besonderen „Beobachtung" durch die örtliche Polizei sicher sein könne. Im übrigen gibt es in Burglengenfeld mehrere Gasthäuser, die die gleiche Marke des Bieres führen, von dem eine volle Bierflasche gegen Polizeibeamte eingesetzt worden sein soll. Die anderen Wirtshäuser wurden nicht kontrolliert. Außerdem, wer uns Oberpfälzer kennt, hält es für absolut unwahrscheinlich, daß wir eine volle (!) Bierflasche in Richtung Polizeibeamte werfen.

Besonders schlimm erging es dem Gastwirt des Gasthauses, das am nächsten zum WAA-Gelände gelegen ist. In diesem Gasthaus haben sich in früheren Zeiten die WAA-Gegner regelmäßig getroffen. Der Gastwirt galt als WAA-Gegner, er hatte auch schon eine Wiese für ein großes Camp zur Verfügung gestellt. Die Zufahrt zu seinem Gasthaus wurde immer mehr von Einsatzfahrzeugen abgeriegelt, er selbst fühlte sich regelrecht „stranguliert". Jedes Wochenende wurde das Wirtshaus „großräumig abgesperrt." Die Gäste mußten also einen erheblichen Weg zu Fuß zum Gasthaus zurücklegen. Gerade die Anzahl der Ausflugsgäste und Mittagstischgäste, verringerte sich daraufhin um ungefähr 2/3. Soviel Sicherheit, meinte der Gastwirt, wollten seine Gäste doch nicht genießen. Auch sei es nicht selten, daß er und seine Gäste, wenn sie keine Schwandorfer Kfz.-Zeichen besäßen, von der Polizei überfallartig belästigt und aufgefordert würden, sich auszuweisen. Als er seine Sorgen dem Leitenden Polizeidirektor Huber in Amberg vortrug und darauf hinwies, daß er auch Tennisplätze bei seinem Anwesen habe, hätte er sich von dem Direktionsleiter Huber auf den Arm genommen gefühlt, als dieser meinte: Es sei nicht schlecht, vor dem Beginn des Tennisspielens aufgewärmt zu sein und dazu sei ein Spaziergang durchaus förderlich.

Ich stelle fest, daß dies keine Ironie mehr ist, das ist schon Zynismus! Ebenso die Reaktion des damaligen Innenministers Dr. Hillermeier. Auf mein Schreiben meinte er: „Da die polizeiliche Sperrung der Zufahrt jeweils in einer Entfernung von nur ca. 500 m von der Waldgaststätte erfolgt, dürfte es für erholungssuchende Waldspaziergänger zumutbar sein, diesen Weg zu Fuß zurückzulegen. Im übrigen wird die Auffassung zur Rentabilität der Gaststätte nicht geteilt. Durch den sogenannten WAA-Tourismus dürfte vielmehr eine spürbare Geschäftszunahme in den gastronomischen Betrieben zu verzeichnen sein."

Der zuständige Innenminister verweist also auf den WAA-Tourismus als fremdenverkehrsbelebend, unsere Erfahrungen vorort sind anders!

b) Fremdenverkehr und WAA

Der Sachgebietsleiter für das Fremdenverkehrswesen im Landkreis Schwandorf stellte in einer Umfrage fest, daß die Inbetriebnahme der WAA etwa 50-60 % der Gäste aus dem Nahbereich Neunburg v. Wald, Bodenwöhr, Burglengenfeld und Nittenau abschrecken würde. Immer wieder kann man jetzt schon feststellen, daß der psychische Druck, der gerade von der Polizei gegenüber Urlaubern mit auswärtigen Kraftfahrzeug-Kennzeichen ausgeübt wird, unsere Urlaubsgäste entnervt. Besonders wild sind die Polizeibeamten bei den Kontrollen auf bestimmte Kennzeichen, wie z.B. auf das große B für Berlin. Einer dieser betroffenen Urlauber ging am 7. Oktober 1987 zu einer der örtlichen Zeitungsredaktionen und machte seinem Unmut freien Lauf. Polizeikräfte hätten ihn innerhalb kürzester Zeit vier mal kontrolliert und in drei Fällen seinen Wagen restlos durchsucht. „Mein Berliner Autokennzeichen macht mich offenbar in den Augen der hier eingesetzten Beamten verdächtig", mutmaßte der 38jährige Urlauber, der schon seit vielen Jahren regelmäßig seinen Urlaub im Schwandorfer Raum verbringt. „Jetzt habe ich aber die Schnauze voll", meinte er. Beim Schwammerlsuchen wurde er mehrfach kontrolliert, zweimal von Polizeibeamten umringt, aufgefordert sein kleines Messer (das er zum Abschneiden der Schwammerl mit sich führte), fallen zu lassen usw. Annähernd eine Stunde hätte man sein Auto durchsucht, unter den Sitzen, im Kofferraum („Wozu brauchen Sie Benzinkanister und Werkzeugkasten?"). Doch damit nicht genug. Am Abend des gleichen Tages (vermutlich am 6. 10. 1987) stieg er mit dem Sohn einer Bekannten am Schwandorfer Marktplatz in sein Auto, um in Richtung Schwarzenfeld aufzubrechen. Nach wenigen Metern schon machte er drei Zivilautos im Rückspiegel aus, die ihm unablässig folgten. Einer der Pkw blieb selbst dann hinter der Stoßstange, als der Berliner in Fronberg rechts abbog, um die vermeintlichen Verfolger abzuschütteln. Dies gelang ihm auch dann nicht, als er später wendete, zurück zur Fronberger Straße steuerte und diese überquerte. Danach war in einer Sackgasse „Ende der Fahnenstange". Drei zivile Polizeiautos mit jeweils zwei Beamten besetzt, versperrten ihm nach einem erneuten Wendemanöver den Weg und setzten zu einer weiteren Kontrolle von Fahrer und Auto an. Auf Anfrage verwies ein Polizeisprecher darauf, daß (wieder) „Anhaltspunkte dafür vorlägen, daß sich Anti-WAA-Gruppen aus Berlin in Marsch gesetzt hätten, um hier Gewalttätigkeiten zu begehen." Und damit ist auch bei der Argumentation wieder das Ende der Fahnenstange erreicht. Abschließend, aus der Fülle des vorliegenden Materials, das zeigt, wie gezielt gegen auswärtige Besucher psychischer Druck ausgeübt wird, zitierte ich, (in Ausschnitten) wörtlich aus einem Leserbrief eines Herrn Thomas A. aus Berlin, abgedruckt in einer Zeitung vom 24. 10. 1987: „Wir befanden uns für ein paar Tage in dem seit Jahren von einem Berliner Verein gepachteten Haus in Stulln, um dort mit unseren Kindern Urlaub zu machen. Am 8. Oktober, morgens um 6.00 Uhr wurden wir und die Kinder von der Polizei geweckt – Durchsuchung. Die Haustür hatten sie einfach eingetreten (!) Ein Grund für den Besuch wurde uns nicht genannt, einen Durchsuchungsbefehl gab es auch nicht. Der Vorwurf an uns, Vorbereitungen und Planung von Straftaten wurde uns erst auf dem Polizeirevier Amberg mitgeteilt. Auf unsere Nachfrage, wie denn die Polizei dazu käme, wurde uns nicht geantwortet. Dabei mußte die Polizei spätestens nach der Durchsuchung von Haus und Auto feststellen, daß ihr Verdacht durch nichts zu begründen sei. Es wurde nichts Verdächtiges gefunden. Mitgenommen wurden bei uns ein Nietengürtel, wie er in jeder Boutique zu erhalten ist, eine Schutzbrille, dabei handelt es sich um die Taucherbrille eines Kindes und zwei alte Radios. Trotzdem mußten wir mit auf's Revier nach Amberg und wurden dort stundenlang festgehalten und erkennungsdienstlich behandelt. Für die Zeit dort sollten unsere Kinder sogar zwangsweise von uns getrennt werden . . . Ein Kind bekam bereits einen Heulanfall, weshalb ein höherer Beamter ein Einsehen hatte . . . Überlegt da eigentlich irgendjemand in der Polizeiführung, was mit derartigen Einsatzbefehlen angerichtet wird? . . . Es wird einige Mühe kosten, den Kindern die Angst, die durch die zumeist äußerst unfreundlichen Beamten erzeugt wurde, wieder abzubauen. Der Spruch eines Beamten, wir wollen eben nicht, daß sie hier Urlaub machen, drückt die feindliche Stimmung aus, die dort herrschte. Ist man in Bayern schon so weit, daß die Polizei bestimmt, wer sich hier wie und wo aufhalten darf? (s. Dok. Nr. 63)

c) Unsinnige Tiefflüge mit Hubschraubern

Bis schon in die Nähe von „Psychoterror" gehen die Auswirkungen der oft unsinnigen und unnötigen Tiefflüge mit Polizeihubschraubern. Hubschrauber werden oft direkt als Waffe gegen WAA-Demonstranten benützt. Diese tieffliegenden Hubschrauber wirken nicht nur provozierend, sondern sie verursachen psychische, ja oft körperliche Leiden. Ich habe selbst gesehen, wie bei Hofenstetten ein Hubschrauber über einem Mopedfahrer in niedrigster Höhe hergeflogen ist. Wie oft sind schon Hubschrauber im Tiefflug am Sonntagnachmittag, gerade zu der Zeit über das Franziskusmarterl geflogen, als sich dort WAA-Gegner friedlich im Gebet versammelt haben. Diese permanente Präsenz der Hubschrauber soll auch die permanente Präsenz der Polizei dokumentieren. Immer wieder beklagen sich Anwohner der Anliegergemeinden der WAA über die erhöhte Lärmbelästigung. So haben sich Kronstettener Bürger bei mir immer wieder bitterlich beklagt, daß gerade am Wochenende vom Bedarfslandeplatz für Hubschrauber in der BGS-Kaserne in Schwandorf Hubschrauber aufsteigen, die dann im Tiefflug über Kronstetten in Richtung WAA-Gelände fliegen. Dies alles ist unter psychischem Druck einzuordnen.

Ein besonders tragisches Ende fand ein tieffliegender Hubschraubereinsatz, den ich gesondert erläutern will.

8. Hubschrauberzusammenstoß mit DB-Triebwagen

Als ich einmal bei einer großen Demonstration davon gesprochen habe, daß wir uns auf dem falschen Dampfer befänden und die Bordkapelle spiele das Lied vom Tod, hätte ich mir nicht vorstellen können, daß zwischenzeitlich drei Todesopfer zu beklagen sind. Zwei friedliche WAA-Gegner und ein unschuldiger Polizeibeamter haben den Tod gefunden. Über die Ursache des schrecklichen Todes des Polizeibeamten Johann Hirschinger ist im Verfassungsschutzbericht Bayern 1986, herausgegeben vom Bayerischen Staatsministerium des Innern auf den Seiten 95 und 96 folgendes zu lesen: „Ein Beamter hat bei einem Hubschraubereinsatz, der durch einen Angriff militanter Kernkraftgegner ausgelöst worden war, den Tod gefunden." (s. Dok. Nr. 64)

Auch dies ist wieder eine glatte Verfälschung der tatsächlichen Begebenheiten. In Wahrheit hat dieser Beamte den Tod gefunden, weil bei der polizeilichen Einsatzleitung die Grundsätze der Verhältnismäßigkeit nicht beachtet wurden. Es ist deshalb erforderlich, über das gesamte unglückliche Ereignis von Anfang an zu berichten.

Am Montag, den 8. September 1986 begann ich die Urlaubsvertretung Landrat Schuierers im Landratsamt Schwandorf. Gleich am Vormittag erhielt ich einen Bericht des Polizeiführungsstabes Wakkersdorf über die Vorfälle vom Sonntag, den 7. 9. 1986 im Bereich des WAA-Geländes.

Dort hieß es: „Um 16.05 Uhr wurde auf dem Schwarzenfelder Weg, Nähe „Chaoten-Eck", zehn Meter vom Waldrand entfernt, ein Reisighaufen angebrannt. Das Feuer wurde von der Freiwilligen Feuerwehr Schwandorf in Zusammenarbeit mit dem Polizeihubschrauber – mit

Wassersack – gegen 16.45 Uhr gelöscht. Ein zweiter Reisighaufen wurde gegen 16.55 Uhr entzündet und ebenfalls vom Polizeihubschrauber gelöscht. Zu diesem Zeitpunkt befanden sich etwa 300 Personen in der Nähe der Feuerstellen. Aus dieser Nähe heraus wurde während der Löscharbeiten der Polizeihubschrauber mit Steinen beworfen. Treffer wurden nicht erzielt. Die Besatzung sprach jedoch von einer konkreten Gefährdung des Luftfahrzeugs. Kräfte der Bereitschaftspolizei und Zivilkräfte der Aufklärung, die bereits zur Festnahme der Feuerleger eingesetzt waren, nahmen daraufhin die Fahndung nach den Steinewerfern auf. Hierbei wurden sie vom Polizeihubschrauber, der drei Beamte der Aufklärung an Bord genommen hatte, unterstützt. Im Verlauf der Fahndung kollidierte der Polizeihubschrauber gegen 17.40 Uhr mit einem Schienenbus und stürzte ab. Von den fünf Insassen des Hubschraubers wurden drei schwer und zwei mittelschwer verletzt. Der Führer des Schienenbusses wurde leicht verletzt. Der Polizeihubschrauber und der Schienenbus sind völlig ausgebrannt. Die Ermittlungen wurden durch die Kriminalpolizei Amberg bzw. die Staatsanwaltschaft beim Landgericht Amberg aufgenommen."

Ich habe sofort noch am gleichen Tag ein Schreiben an den Polizeipräsidenten Fenzl in Regensburg gesandt, in dem ich mich nach dem Ablauf dieses Unglücks erkundigte (Dok. Nr. 65). Am 17. September 1986 antwortete mir Herr Fenzl zur Unfallursache wie folgt: „Der eingesetzte Hubschrauberpilot fühlte sich während des Schwebefluges aus Anlaß des Löschens an der Feuerstelle gefährdet und hatte den Auftrag, mit weiteren aufgenommenen Beamten nach den festgestellten Tätern aus der Luft zu fahnden und die am Boden eingesetzten Fahndungskräfte über den jeweiligen Standort zu unterrichten. Eine Verfolgung hatte aus der taktisch notwendigen aber auch aus Flugsicherheitsgründen sicheren Höhe zu erfolgen . . . Eine Landung des Hubschraubers in unmittelbarer Nähe von erkannten Straftätern kann nur dem Zweck gedient haben, Beamte zur Festnahme abzusetzen oder später wieder aufzunehmen . . ." (s. Dok. Nr. 66). Anders die Auskunft des nunmehrigen Innenministers Lang am 11. 12. 1986: „Es gab keinen Befehl, WAA-Gegner in niedrigster Höhe zu verfolgen . . . Der Polizeihubschrauber befand sich in einem Startvorgang . . . " (s. Dok. Nr. 67).

Klaus Brückner, der Sprecher des Anti-WAA-Büros, gab aufgrund gesammelter Zeugenaussagen unmittelbar nach dem Unglück folgende Darstellung des Sachverhalts: Gegen 16.00 Uhr sei am sogenannten „Chaoten-Eck" ein kleines Feuer entzündet worden, gegen 17.00 Uhr sei dann eine Gruppe von WAA-Gegnern geschlossen vom Bauzaun aufgebrochen und den Schwarzenfelder Weg entlang zur Bahnlinie gegangen. In der Nähe der Bahnlinie seien zwei Polizeifahrzeuge gestanden. Da ein Punker in der Gruppe befürchtete, daß man ihn festnehmen wollte, sei er abgehauen, einige Polizisten hätten die Verfolgung aufgenommen. Nachdem sich ein Beamter den Fuß verstaucht hatte, sei ein Hubschrauber zur Verfolgung eingesetzt worden. Er habe die Bahnlinie niedrig überflogen. Bei der Suche nach dem Punker sei es offenbar zum Zusammenstoß mit dem Triebwagen gekommen.

Dieser ominöse „Punker" (er paßt ja so gut in die Wunschvorstellungen) tauchte auch am Unfallabend in einer Mitteilung des WAA-Führungsstabes Wackersdorf auf. Danach wurde der Polizeihubschrauber bei seinem Löschversuch von einem Punker mit Steinen und Flaschen beworfen. Nachdem der Punker flüchtete, nahm die Hubschrauberbesatzung die Verfolgung auf. Dabei sei es dann zum Zusammenstoß mit dem Triebwagen gekommen. Soweit die unterschiedlichen Darstellungen.

Eines jedoch ist klar. Es ist schon abenteuerlich, zur „Bekämpfung" eines lächerlichen brennenden Reisighaufens Hubschrauber zum Einsatz zu bringen, damit diese aus der Luft „mittels Wassersack" ein Feuerchen löschen. Zumal dann, wenn die Freiwillige Feuerwehr schon alarmiert und vor Ort tätig ist. Zur Illustration dieses Feuerchens lege ich ein Originalfoto vor, das mir von Augenzeugen überlassen wurde. Ferner wurde mir von Augenzeugen ein Originalfoto übergeben, das den Hubschrauber gerade mittels Wassersack beim Löschen dieses Feuerchens zeigt. Selbstverständlich muß der Hubschrauber beim Löschen auf wenige Meter im Tiefflug herabsinken, damit das geöffnete Wasser überhaupt zielgerecht zum Feuer abfließen kann (s. Foto S. 194). Des weiteren muß es als unverantwortlich bezeichnet werden, wenn man der Hubschrauberbesatzung von der Einsatzleitung befiehlt, den Punker aus der Luft mit dem Hubschrauber zu verfolgen. Als der Punker bemerkte, daß ihn der Hubschrauber (in der taktisch notwendigen Flughöhe) verfolgte, schlug er einen Haken, wich vom Weg ab und schlüpfte in das Unterholz. Da die polizeiliche Einsatzleitung sehr bald merkte, daß es enorme Schwierigkeiten macht, mit einem Hubschrauber einen Punker im Gebüsch zu verfolgen, gab man offenbar dann den Befehl den Hubschrauber landen zu lassen, damit er Polizeibeamte absetze, um den Punker zu Fuß im Gebüsch zu verfolgen?! Soweit die Rekonstruierung des unglaublichen Vorgangs.

Man muß ja noch von enormen Glück sprechen, daß der Triebwagen, den der Bundesbahnhauptschaffner Josef Karg, aus Wackersdorf stammend, führte, nicht vollbesetzt mit Fahrgästen, sondern eine sogenannte Leerfahrt war. Nicht vorstellbar, was passiert wäre, wenn sich im Triebwagen 40 oder 50 Fahrgäste befunden hätten! Alle fünf Insassen des Hubschraubers wurden schwer und schwerst verletzt. Am 23. 9. 1986 verstarb der Regensburger Polizeibeamte Hirschinger dann in einer Spezialklinik in München an seinen großflächigen Verbrennungen. Übrigens kam es beim Abtransport des schwerstverletzten Polizeibeamten Hirschinger mit einem Bundeswehr-Rettungshubschrauber zu einem weiteren dramatischen Zwischenfall – während einer kurzen Landung auf dem Hubschrauber-Landeplatz des Regensburger Krankenhauses der Barmherzigen Brüder. Ein Besatzungsmitglied des Bundeswehrhubschraubers bedrohte eine dort diensttuende Ärztin mit der Waffe in der Hand, um sie zu zwingen, den Schwerverletzten an Bord zu versorgen. Die Anästhesistin wollte nämlich zuerst die Versorgung der eigenen Kranken am Wochenende gesichert wissen.

Typisch auch die allererste Reaktion der polizeilichen Einsatzleitung, die vermutet hatte, daß WAA-Gegner eine Baumsperre am Gleis errichtet hätten, um den Bahnverkehr zu blockieren. Dies wurde dann später berichtigt, als man merkte, daß die Baumsperre nach dem Unfall von Polizeibeamten selbst errichtet worden sei, um ein Wegrollen des brennenden Triebwagens zu verhindern. Man merkt aber deutlich, sowohl aus dieser ersten Reaktion, als auch aus der völlig einseitigen und mit der Wahrheit nicht in Einklang zu bringenden Darstellung im Verfassungsschutzbericht, daß man auch den bedauerlichen Tod des Polizeibeamten den WAA-Gegnern in die Schuhe schieben will. Genauso unverantwortlich und geradezu peinlich sind auch die Versuche, dem Triebwagenführer die Schuld an diesem schrecklichen Unfall zuzuweisen. Kriminalpolizei und Staatsanwaltschaft beim Landgericht Amberg haben über viele Monate, ja fast Jahre hinweg, auch gegen diesen Bundesbahnbediensteten ermittelt. Man hat Tests und Versuche unternommen, um festzustellen, ob der Triebwagenführer entsprechend schnell reagiert hat, um den Triebwagen zum Stehen zu bringen. Man hat sogar den Auftrag erteilt, einen Hubschrauber in Pappe und Holz nachzubauen, um entsprechende Tests durchführen zu können. Offenbar muß ein Triebwagenführer der Deutschen Bundesbahn mit so tieffliegendem Luftverkehr auf dem Bahngleis rechnen! Meines Wissens hat die politische Einsatzleitung in Bayern, insbesondere der damalige Innenminister der Familie des Bundesbahnbediensteten bis heute sein Bedauern nicht ausgedrückt. Lt. Presse vom 31. 8. 1988 (MZ) hat die Staatsanwaltschaft nunmehr Anklage gegen den Hubschrauberpiloten Theo M. erhoben. Die Moral von der Geschicht: Schuld an den wirklich schlimmen Verhältnissen um die WAA herum dürfen nicht die politisch Verantwortlichen, nicht die polizeiliche Einsatzleitung, sondern müssen die Kleinsten der Kleinen, der Triebwagenführer, der Hubschrauberpilot oder noch besser, der einfache und friedliche WAA-Gegner selbst sein!

9. Polizist und Demonstrant

Nun liegt mir selbstverständlich eine Menge von Material über angebliche oder tatsächliche Übergriffe von Sicherheitskräften im Einsatz bei den Demonstrationen und Aktionen um die WAA herum vor. Es werden ja von den WAA-Gegnern ganze Mappen gesammelt mit Zeugenaussagen, Berichten usw. Schon bei Räumungsbeginn im Dezember 1985 gab es unglaubliche Szenen. Die örtliche Presse reagierte mit Entsetzen: „Polizei mit unglaublich harter Gangart! Getreten, geschlagen, dann festgenommen." Um aber glaubwürdig zu berichten, müßte man jeden einzelnen Fall darstellen. Dies würde den Rahmen dieses Buches bei Weitem sprengen. Deshalb nur, gleichsam als Schlußbemerkung zu dem Bericht über den Abbau von Freiheitsrechten durch Maßnahmen der Strafverfolgungsbehörden ein paar Anmerkungen zu dem Verhalten der Sicherheitskräfte bei den

Herbstaktionstagen im Oktober 1987. Besonders „hervorgetan“ hatte sich dabei eine aus Berlin herangefahrene Sondereinsatztruppe, die am Freitag, den 9. Oktober und Samstag, den 10. Oktober 1987, nach Aussagen aller Zeugen (und auch nach meiner eigenen Beobachtung vom Freitagabend) völlig überraschend und ohne jeden ersichtlichen Grund wie die Berserker auf Menschen zuliefen und regelrecht wahllos mit Schlagstöcken zuschlugen. Die SPD-Landtagsfraktion führte daraufhin im Bayerischen Landtag eine Anhörung der von diesen überharten Polizeieinsätzen betroffenen Bürgerinnen und Bürger durch und gab die Zeugenaussagen (mit deren Genehmigung) den Strafverfolgungsbehörden zur Kenntnis. Die Reaktion des zuständigen Innenministers war, man werde prüfen, ob sich diese Zeugen strafbar gemacht hätten, da diese ja zum Teil bei einem verbotenen Aufzug am WAA-Zaun gewesen sein müßten. Später sind dann tatsächlich Ermittlungen auch gegen die Berliner Einsatzkräfte eingeleitet worden, die aber, ein Jahr danach, immer noch keine greifbaren Ergebnisse brachten. Wie sagte doch ein Staatsanwalt, als ich ihm die Zeugenaussagen von – durch Polizeieinsatz – verletzten Bürgern ankündigte: Können Sie mir die Namen und Adressen auch der angeblich gewalttätigen Polizeibeamten bringen? Dies war eine sicherlich nicht nur ironische, sondern auch berechtigte Frage. Wie soll es den Bürgern gelingen, die einzelnen Polizeibeamten – etwa in einer Hundertschaft – ausfindig zu machen, die sich rechtswidrig verhalten, wenn man diese nicht identifizieren kann. Zum Abschluß zitierte ich ausschnittweise aus einem Leserbrief einer Frau Bäumler aus Hirschau, erschienen im Neuen Tag vom 20. 10. 1987 (s. Dok. Nr. 68): „Samstagnachmittag, 10. 10. am Bauzaun der WAA. In panischer Angst fliehen Menschen vor martialisch aussehenden Polizeitrupps, die wahllos alles niederknüppeln, was sich ihnen in den Weg stellt . . . Man fühlt sich unwillkürlich nach Südafrika oder Chile versetzt . . . Ich bin gerade noch davongekommen, doch direkt vor mir haben zwei Polizisten einen Mann rechts und links untergehakt, er hängt mit dem Kopf nach unten wie leblos zwischen ihnen, während ein dritter unbarmherzig mit dem Knüppel auf ihn eindrischt . . . Mehrere BGS-Beamte stehen regungslos daneben und schauen scheinbar teilnahmslos zu, ich könnte schreien vor soviel Unmenschlichkeit . . . Ich packe einen der Beamten am Arm und versuche ihn mit mir zu ziehen.

Sehen sie denn nicht, was hier passiert, sie schlagen ihn noch tot, so greifen Sie doch ein, sie müssen ihm helfen, schreie ich verzweifelt auf ihn ein . . . Der scheinbar teilnahmslos dastehende Polizist schaut mich an, fassungslos und mit Tränen in den Augen stammelt er, Sie haben ja recht, aber was soll ich denn machen? Da stehen wir nun beide, Polizist und Demonstrant, beide mit Tränen in den Augen, beide unfähig, diesem wehrlosen Mann zu helfen, wir haben Angst vor den Knüppeln dieser brutalen Schläger in Uniform."

Die durchgeixte Zwille (Dok. zu VII 2, keine Identifizierung!)

Hubschrauber im Tiefflugeinsatz

Das Feuerchen, das zum Tod
eines Polizeibeamten „führte“

Hubschrauber beim Löschen

VIII. Spitzelunwesen

Wenn der Staat, wie Roßnagel behauptet, die Sicherungslinie in die Gesellschaft hinein vorverlegt, so muß ihm alles daran gelegen sein, möglichst frühzeitig potentielle Täter und Tätergruppen zu erkennen und Kenntnisse schon im Planungsstadium zu gewinnen. Die staatlichen Organe im Freistaat Bayern bedienen sich dabei oft äußerst dubioser Methoden. Seit Beginn des Widerstands, etwa Ende 1981 – Anfang 1982, wurden die WAA-Gegner bei all ihren Aktivitäten und Veranstaltungen erfaßt, registriert und nach Möglichkeit durch Foto- und Filmmaterial dokumentiert. Selbstverständlich sind manche Ausforschungsmethoden nicht bekannt geworden, so daß sicherlich nur ein kleiner Zipfel dessen bekannt ist, was im Untergrund tatsächlich passiert.

1. Polizeibeamte in Zivil als Spitzel bei BI-Veranstaltung

WAA-Gegner hatten schon öfter den Verdacht, daß Polizeibeamte in Zivil bei Versammlungen eingeschleust wurden, sich unter falschem Namen in Anwesenheitslisten eintrugen und Aussagen mitstenografierten. Bei den Veranstaltungen mit Hans Schuierer oder mit mir als Referenten sind des öfteren den Anderen unbekannte Personen aufgefallen, die sich auffällig unauffällig verhielten. So in Schwarzenfeld im Gasthaus Bauer, als während meiner Veranstaltung ein allgemein unbekannter Herr an einem Tisch saß und während meines Referats in einer Zeitung schrieb, als wenn er Kreuzworträtsel lösen würde. Ich habe dann feststellen lassen, daß er zwischen den Zeilen offenbar mitgeschrieben hat.

Der klare und unwiderlegbare Beweis für diese Überwachungsmethoden, die wohl nicht viel anders auch in Spanien unter Franco praktiziert wurden, gelang uns durch detektivischen Einsatz aller Kräfte anläßlich der Gründungsveranstaltung einer Bürgerinitiative gegen die WAA in Altenschwand am 31. 1. 1986. Der Vorsitzende dieser neugegründeten Bürgerinitiative, Hans Feuerer, rief mich an und teilte mir mit, daß zwei ortsfremde, unauffällig gekleidete Männer bei der Gründungsversammlung anwesend waren, die sich in die Anwesenheitsliste mit Georg Huber, Hemau, Klauserweg 17 und Karl Keller, Hemau, Birkenweg 5, eingetragen hatten. Außerdem sei in der Nähe des Versammlungslokals zwischen 18.30 und 22.15 Uhr ein unauffälliger beiger Opel Caravan mit Münchner Nummer gesehen worden. Ferner seien die zwei Männer vor der Veranstaltung gesehen worden, wie sie (verbotenerweise) in gebückter Haltung über das Bahngelände beim Bahnhof Altenschwand zum Gasthaus Lorenz gelaufen sind, um sich dann unauffällig unter die Versammlungsteilnehmer zu mischen. Versuche von anderen Versammlungsteilnehmern mit den beiden Herren ins Gespräch zu kommen, scheiterten. Tags darauf konnte mir Feuerer auch noch das Münchner Kennzeichen M-CH 5665 mitteilen. Selbstverständlich habe ich dann in meiner Kanzlei alles daran gesetzt, um die Angaben zu überprüfen. Die beiden Herren waren in Hemau nicht gemeldet, die Straßen gab es in Hemau gar nicht. Bei der Münchner Straßenverkehrsbehörde stellte sich heraus, daß es sich um ein Dienstfahrzeug einer staatlichen Behörde handelte. Es muß sich also um Sicherheitsbeamte in Zivil gehandelt haben. Kurios war noch, daß auf dem unauffälligen Dienstfahrzeug ein Aufkleber „WAA – Nein" angebracht war. Ich wandte mich am 3. 2. 1986 an den damaligen Innenminister Hillermeier. Mit Schreiben vom 27. 3. 1986 antwortete mir der zuständige Staatssekretär Rosenbauer kühl, daß in der Tat diese Veranstaltung am 31. 1. 1986 im Gasthaus Lorenz in Altenschwand von zwei Polizeibeamten in Zivilkleidung „besucht" wurde. „Angesichts der bisherigen Vorfälle und zahlreicher strafbarer Handlungen im Bereich der künftigen WAA ist es völlig legitim und sogar Pflicht der Polizei Informationen über mögliche geplante Straftaten zu gewinnen." (s. Dok. Nr. 69) Das heißt, die Staatsregierung unterstellt, daß bei Veranstaltungen der Bürgerinitiativen gegen die WAA Straftaten geplant werden könnten. Äußerst problematisch ist es, wenn die Staatsregierung dies auch noch nach dem Versammlungsgesetz für zulässig und gerechtfertigt hält. Die Staatsregierung darf sich dann aber auch nicht wundern, wenn die friedlichen WAA-Gegner von abgrundtiefem Mißtrauen gegenüber der Staatsgewalt erfüllt werden. Auch die Art und

Weise, wie sich hier zivile Polizeibeamte Zutritt zu einer Gründungsveranstaltung verschafft haben, kann man nicht als vertrauensbildende Maßnahme bezeichnen.

2. Eklat im Regensburger Kolpinghaus

Das Spitzelunwesen bei den Sicherheitskräften ist ein „Selbstläufer" und kann nicht einmal mehr von der polizeilichen Einsatzleitung selbst unter Kontrolle gehalten werden. Wie anders wäre ein für den Veranstalter und das Innenministerium äußerst peinlicher Vorfall bei einer Podiumsdiskussion zum Thema „Rechtsstaat in Gefahr?" zu werten, die Anfang Januar 1988 im Regensburger Kolpinghaus stattfand. Der Veranstalter war ein Polizeibeamter und CSU-Stadtrat Rudolf Eberwein, in seiner Eigenschaft als Bezirksvorsitzender des Arbeitskreises Polizei in der CSU, dem es gelungen war, Referenten aller Parteien und Schattierungen, darunter den Regensburger Polizeipräsidenten Fenzl, den neuen obersten Polizeichef im Innenministerium, Hermann Häring und den Vorsitzenden des Sicherheitsausschusses des Bayerischen Landtags, den CSU-MdL Günther Beckstein, für das Podium zu gewinnen. Die Vertreter der Grünen, MdB Daniels und der SPD, Rechtsanwalt Franz Schindler (einer unserer wichtigsten Helfer im Widerstand), hatten ausdrücklich ihre Teilnahme an dieser Veranstaltung davon abhängig gemacht, daß auf Bild- und Tonaufnahmen während der Veranstaltung völlig verzichtet werde. Plötzlich wurde jedoch gegen 21.30 Uhr ein Polizeibeamter mit Videokamera an der Brüstung der Empore entdeckt. Es gab daraufhin ein empörtes und heilloses Durcheinander, die Veranstaltung mußte unterbrochen werden. Die anwesenden Vertreter der Staatsregierung und der CSU wirkten äußerst betreten. Völlig überrascht von dieser Sonderlage zeigte sich auch der Mitdiskutant Polizeipräsident Fenzl, der angeblich keine Kenntnis von der Anwesenheit eines Polizeibeamten mit Videokamera auf der Tribüne gehabt hatte. Schließlich wurde festgestellt, daß tatsächlich – trotz gegenteiliger Zusicherung – ein „Beweissicherungstrupp" auf der Empore mit zwei Polizeibeamten, ohne angebliche Kenntnis der Spitzenbeamten (!), anwesend war. Dies war eine fatale Situation für die CSU!

Damit steht fest, das Spitzelunwesen macht sich zwischenzeitlich selbständig! Sogar der zuständige Abteilungsleiter der Polizei im Innenministerium und der Polizeipräsident selbst werden, ohne ihr eigenes Wissen, auf Videobänder gebannt und sei es nur um die „Funktionsfähigkeit der Kamera zu überprüfen, die Lichtverhältnisse zu testen und einen Probeschwenk zu unternehmen", wie sich später die Polizeiführung herauszureden versuchte.

3. Polizeiliche Ausforschungen aufgrund von Verdächtigungen

Ein gutes Beispiel für die Ausweitung der Ausforschungen aufgrund von Verdächtigungen und sog. Hinweisen sind die Ermittlungen der Strafverfolgungsbehörden nach dem Brandanschlag auf das Rathaus in Bodenwöhr am Sonntag, den 11. Mai 1986, gegen 4.15 Uhr. Im Polizeibericht heißt es dort: „Bisher unbekannte Täter durchwarfen mit Steinen die Fenster im Erdgeschoß des Rathauses und warfen drei „Molotow-Cocktails" in den Kassenraum. Der verursachte Brandschaden wird auf ca. 50.000 DM geschätzt. Bei den Tätern handelt es sich aller Wahrscheinlichkeit nach um WAA-Gegner." Interessant ist schon der erste Hinweis, daß die kriminellen Elemente, die Brandanschläge verüben, WAA-Gegner sein müssen. Auf die Idee, daß es sich hier um Kriminelle handelt, die gegen die Behörden als solche vorgehen wollen, weil sie den Staat unterminieren wollen, kommt man nicht. Man nennt sie pauschal eben „die WAA-Gegner". Nun tat sich die Kriminalpolizei Amberg bei den Ermittlungen äußerst schwer. Selbstverständlich wandte man sich auch an den damaligen Bürgermeister der Gemeinde Bodenwöhr und vernahm ihn als „Zeugen". Der Bürgermeister schilderte, daß er etwa 10 Minuten nach dem Sirenenalarm zum Rathaus kam, daß da aber der Brand durch die Feuerwehr bereits gelöscht war. Außer den eingesetzten Feuerwehrleuten seien nach seiner Schätzung etwa 10 Schaulustige beim Rathaus gewesen. Und dann folgt schon der Hinweis, die Vermutung, die Verdächtigung: „Außerdem ist mir aufgefallen, daß der mir als großer WAA-Gegner bekannte O. bereits vor mir an der Brandstelle war. Wie ich erfahren konnte, soll O. bereits mit der Feuerwehr am Rathaus eingetroffen sein. O. war mit seinem dunkelbraunem PKW an der Brandstelle. Ich habe ihn selbst in sein Fahrzeug einsteigen sehen.

Zu Herrn O. muß ich bemerken, daß er ein stark engagierter WAA-Gegner ist." Und dann folgen über fast eineinhalb Seiten nur Einlassungen zu dem Herrn O. Schließlich: „Erwähnen möchte ich noch, daß am Montag, den 12. 5. 1986, gegen 10 Uhr, ein Fernsehteam des ZDF beim Rathaus war, um die Brandstelle zu filmen. Obwohl das Fernsehteam bei mir unangemeldet gekommen ist, hat sich Herr O. kurz nach Eintreffen des Fernsehteams wiederum beim Rathaus aufgehalten und neugierig zum Fenster hereingeschaut." Man kann also sagen, daß etwa die Hälfte der Einlassung des Bürgermeisters zur Sache sich mit dem Herrn O. beschäftigte, der ihm als großer WAA-Gegner bekannt war.

Dies hatte erhebliche Verwicklungen und Nachteile für den Herrn O. und seine Familie zur Folge. Sachbearbeiter der Kriminalpolizei Amberg haben Herrn O. am 3. 6. 1986 vormittags in seinem Haus aufgesucht und ihm „angedeutet", daß (gegen ihn?) wegen des Brandanschlags auf das Bodenwöhrer Rathaus ermittelt wird. Herr O. wurde dann zur „Zeugenvernehmung" vorgeladen zur Landespolizeiinspektion Neunburg. Dort wurde Herr O. (als was eigentlich, als Beschuldigter oder als Zeuge?) vernommen. In den polizeilichen Akten wird es als Zeugenvernehmung geführt. Nach den Personalien war die erste Frage des Vernehmers: Welche Einstellung haben sie zur WAA Wackersdorf. Antwort: „Ich kann sagen, daß ich gegen den Bau der WAA Wackersdorf bin. Ich bin deshalb auch Mitglied der BI Altenschwand-Neuenschwand. In der BI habe ich keine Funktion." Frage: Herr O. was haben Sie für eine Einstellung zu den Straftaten, die bisher gegen die WAA verübt worden sind? Antwort: „Auf diese Frage möchte ich mich nicht einlassen. Das interessiert mich nicht, was die tun." Dann wird Herr O. zur Sache befragt, wann er an den Ort des Geschehens gekommen sei usw. U.a. sagte er, er konnte sehen, daß die Fenster im Erdgeschoß auf der Giebelseite des Rathauses eingeworfen waren und der Raum dahinter schwarz verrußt war.

Daraufhin die listige Frage des Kriminalbeamten: „Herr O. Sie haben soeben erwähnt, daß Sie gesehen haben, daß die Fenster des

Rathauses eingeworfen waren. Woher wußten Sie, daß die Fenster eingeworfen waren und nicht anderweitig zerbrochen waren?"

Antwort: „Daß die Fenster eingeworfen worden waren, habe ich von Leuten an der Brandstelle erfahren. Außerdem lagen noch Steine am Fenster. Ich berichtige, es lag noch ein Stein am Fensterbrett."

Weitere listige Frage: „Herr O. Sie haben vorher gesprächsweise erwähnt, daß Sie zunächst wollten, daß Ihre Ehefrau mit zur Brandstelle fährt. Nachdem Sie über den Feuerwehrfunk gehört hatten, daß es im Rathaus Bodenwöhr brennt, haben Sie, so sagten Sie vorher, zu Ihrer Frau gesagt, daß das Rathaus angezündet worden sei. Woher wußten Sie eigentlich, daß der Brand im Rathaus vorsätzlich gelegt wurde?" usw. usw. Man merkt also deutlich aus dem Vernehmungsprotokoll, daß sich der Verdacht (initiiert vom Bürgermeister) eindeutig gegen Herrn O. als Brandstifter richtete. Er wurde aber nicht als Beschuldigter, sondern als einfacher Zeuge vernommen, als Zeuge wofür? Und noch schlimmer: Die Ehefrau des Herrn O. wurde von der Kriminalpolizei Amberg sogar an der Arbeitsstelle aufgesucht. Sie wurde vom Arbeitsplatz weggeholt und beim Arbeitgeber vernommen. Besonders wollten die Polizeibeamten wissen, wann die Eheleute ins Bett gegangen waren und ob der Ehemann, als gegen 4.30 Uhr die Feuersirene zu läuten anfing, zur gleichen Zeit mit ihr im Bett lag. Antwort: „Mein Mann, der zur gleichen Zeit mit mir ins Bett ging, lag zur Zeit des Sirenenalarms neben mir im Bett. Ich kann mit Sicherheit sagen, daß bis zum Sirenenalarm mein Mann mit mir zusammen war und das Haus nicht verlassen hat." Auch die Ehefrau wurde gefragt, ob sie gegen die WAA sei. Sie ist, ebenso wie ihr Mann Mitglied der BI Altenschwand-Neuenschwand und sogar Kassier der BI. Damit ließ es aber die Kriminalpolizei Amberg immer noch nicht genug sein. Es wurde auch noch die kränkelnde, etwa 70jährige Mutter des Herrn O. peinlichst befragt. Nach diesen Verhören wandte sich die Familie O. an mich in meiner Eigenschaft als Rechtsanwalt. Bereits am 18. 6. 1986 bat ich die Kripo Amberg um Aufklärung und Akteneinsicht. Am 23. 6. 1986 schrieb mir die Kripo Amberg zurück, ich sollte mich wegen der Akteneinsicht direkt an die Staatsanwaltschaft Amberg wenden. Am 1. 7. 1986 schrieb ich noch einmal an die Kripo Amberg. Am 8. 7. 1986 schrieb die Kripo Amberg zurück, daß Herr O. nur als Zeuge vernommen worden sei. Die Ehefrau des Herrn

O. sei am Arbeitsplatz deshalb vernommen worden, weil sie von Herrn O. als Zeugin für die Richtigkeit der von ihm gemachten (ebenfalls Zeugen-)Aussage benannt wurde. Warum dies ausgerechnet am Arbeitsplatz geschehen mußte, wurde nicht gesagt. Ich habe dann immer wieder bei der Kripo Amberg angefragt, so am 7. 8. 1986, am 5. 12. 1986, endlich erhielt ich am 9. 12. 1986 wenigstens das Aktenzeichen der Staatsanwaltschaft. Und dann hat die Staatsanwaltschaft beim Landgericht Amberg erst einmal „gemauert". Es wurde mir am 17. 12. 1986 kühl mitgeteilt, daß mein Mandant lediglich als Zeuge vernommen wurde. Es bedürfe der Darlegung eines berechtigten Interesses an der Akteneinsicht. Am 26. 1. 1987 wandte ich mich mit einem ausführlichen Schreiben an die Staatsanwaltschaft. Am 23. 4. 1987 beschwerte ich mich noch einmal über das Verhalten der Staatsanwaltschaft, diesmal beim Leitenden Oberstaatsanwalt Heusinger selbst. Nachdem ich noch einmal mit Herrn Heusinger telefoniert und ihm angekündigt habe, ich würde den Fall in den Landtag bringen, erhielt ich endlich am 11. 6. 1987, über ein Jahr nach den seltsamen Verhören der Familie O. die Akten zur Einsicht. Diese Ausforschungsmethoden sind Teil des Spitzelwesens. Aufgrund einer bloßen Verdächtigung werden Mitbürgerinnen und Mitbürger, ohne als Beschuldigte belehrt zu werden, als bloße Zeugen vernommen, um ausgeforscht und ausgehorcht zu werden. Wenn man nicht fündig wird, läßt man die Angelegenheit auf sich beruhen. Eine Erklärung, oder gar eine Entschuldigung gibt es nicht. Was soll im übrigen dabei die dauernde Befragung, ob die angeblichen „Zeugen" WAA-Gegner oder gar Mitglieder einer BI gegen die WAA seien? Auch hier werden die Grenzen des Verhältnismäßigkeitsgebots weit überschritten, hier wird bewußt die Strafprozeßordnung ausgeufert. Ich sage noch einmal, recht viel anders können die Ausforschungsmethoden in Diktaturen auch nicht gewesen sein.

4. Ausforschungen durch den Verfassungsschutz in der Gemeinde Bruck

Die Angelegenheit kam eigentlich mehr oder weniger zufällig auf. Dem Bürgermeister der Marktgemeinde Bruck im Landkreis

Schwandorf fiel auf, daß mehrfach Beamte des Bayerischen Landesamtes für Verfassungsschutz zum Einwohnermeldeamt der Marktgemeinde kamen, um ein paar Blicke in die Paßkartei zu werfen und Daten abzulichten. Nach der Personalerfassung von Leuten, die offenbar zu den WAA-Gegnern zu zählen waren, wurden auch noch deren am Karteiblatt haftende Fotos per Polaroid-Kamera abgelichtet. Mit der Zeit wurde dann der Bürgermeister doch stutzig und am 19. Februar 1988 schrieb er einen Brief an das Landratsamt Schwandorf, in dem er fragte, ob das Handeln des Landesamtes für Verfassungsschutz von dem entsprechenden Artikel des Meldegesetzes abgedeckt sei. Die Rechtsaufsichtsbehörde in Schwandorf konnte dies auch nicht ohne weiteres feststellen, weshalb am 7. März 1988 ein Brief an die Regierung der Oberpfalz ging: „Wir bitten, den Sachverhalt zu überprüfen und uns das Ergebnis mitzuteilen. Formell dürfte zwar das Verhalten des Verfassungsschutzes ordnungsgemäß sein, wir halten es jedoch materiell für bedenklich, weil es sich offenbar um keine Einzelfälle handelt und unbescholtene Mitglieder der nicht verfassungswidrigen Bürgerinitiative gegen die WAA erfaßt werden. Es bestehen Zweifel, ob der Grundsatz der Verhältnismäßigkeit gewahrt wird." Die Regierung der Oberpfalz ließ sich viele Wochen Zeit. Erst nach der zufälligen Veröffentlichung des Sachverhalts in der Presse am 21. Mai 1988 wurde man aktiv. In meiner schriftlichen Anfrage vom 25. 5. 1988 im Bayerischen Landtag wollte ich wissen, aufgrund welcher Verdachtsmomente denn gegen die bisher unbescholtenen Brucker Bürger vorgegangen wurde. Gab es irgendwelche strafrechtlichen Ermittlungsverfahren gegen diese Bürger? Ich habe verlangt, daß die eingeholten Daten vernichtet werden müßten.

Unter dem gleichen Datum habe ich auch noch den Innenminister August Lang persönlich angeschrieben. Wie nicht anders zu erwarten war, hat er mir unter dem 5. 7. 1988 erklärt, daß das „Landesamt für Verfassungsschutz durch die Beobachtung politisch-extremistischer Organisationen Hinweise auf eine Reihe von Personen erhalten hat, bei denen zu prüfen ist, ob sich unter ihnen Extremisten – insbesondere auch gewaltbereite – befinden . . . Im übrigen darf ich klarstellen, daß sich der gesetzliche Beobachtungsauftrag des Verfassungsschutzes auf extremistische Bestrebungen und nicht in erster Linie auf strafbare Handlungen bezieht. Ihre Frage, ob strafrechtliche Ermittlungen eingeleitet wurden, ist deshalb für die Rechtmäßigkeit des Vorgehens des Verfassungsschutzes ohne Bedeutung."

Damit steht folgendes fest: Die Schnüffelaktionen des Bayerischen Verfassungsschutzes interessieren im Prinzip den zuständigen Innenminister überhaupt nicht. Niemand interessiert, ob Personen betroffen sind, gegen die Ermittlungsverfahren eingeleitet wurden, niemand interessiert, ob die Bespitzelten Personen sind, die Straftäter waren. Das grobe Netz der Beobachtung politisch-extremistischer Organisationen wird auch und gerade über die WAA-Gegner und Mitglieder der Bürgerinitiativen geworfen. Und sei es nur höchst vorsorglich! Die meisten können ja dann durch die Maschen des Netzes wieder davonkommen. Weil alles angeblich so legal ist, ist deshalb alles auch noch normal? Ausgerechnet im kleinen oberpfälzer Marktflecken sollen Daten versteckt sein, die sich nur mit diesen hinterhältigen Geheimdienstmethoden erfassen lassen? Jedermann weiß, wie solche Ausforschungen in einem kleinen Ort die Runde machen. Die Verleumdung, die Verdächtigung sie ist ein Lüftchen! In der schon mehrfach erwähnten Broschüre der Koordinierungsgruppe WAA der Bayerischen Staatsregierung „Zerbricht die WAA die Demokratie?" steht auf Seite 32 als Antwort auf den Vorwurf der Jungsozialisten, daß die Bürgerinitiativen gegen die WAA grundsätzlich von Verfassungsschutz und Zivilbeamten überwacht und bespitzelt werden, folgendes: „Die Bürgerinitiativen gegen die WAA unterliegen nicht der Beobachtung durch die Verfassungsschutzbehörde!"

Diese Aussage sollte die Bayerische Staatsregierung nach den seltsamen Ausforschungen des Verfassungsschutzes in Bruck gegen drei WAA-Gegner nicht mehr aufrecht erhalten.

5. Agenten als Provokateure am WAA-Zaun

In keinem Bereich gibt es so viele Gerüchte, wie in dem obskuren Graubereich der V-Leute, Spitzel u. Agenten, die als Provokateure in bestimmte „Szenen" eingeschleust werden. Immer wieder wurde mir von WAA-Gegnern, die am Zaun regelmäßig beobachtet haben, mitgeteilt, daß manche besonders auffällige „Schreihälse", „Aufwiegler", offenbar als Verbindungsleute und Spitzel tätig waren. Ein Insasse einer JVA hat mir auch berichtet, es gebe unter seinen „Kollegen" Erzählungen, man könne vorzeitig entlassen werden, wenn man sich bei der BIWAK (Bürgerinitiative in Regensburg) als V-Mann einschleusen lasse. Ich kann dies nicht beweisen und nicht verifizieren und will auch nicht, wie der Innenminister August Lang nur einen „Stein ins Wasser werfen". Klar ist, daß wir hier nur manches zufällig erfahren haben und daß es sicher eine Vielzahl von Aktivitäten im Spitzel-Untergrund gibt. Einige Indizien dazu sollen dargestellt werden.

a) Vera M. aus Ravensburg

Laut Berichten hat die 23jährige Vera M. aus Ravensburg erklärt, sie sei von einer Beamtin des badenwürttembergischen Verfassungsschutzes mit dem Decknamen Melanie Heller bei einem von elf Treffen seit 1986 aufgefordert worden, bei Aktionen von militanten Gegnern der WAA in Wackersdorf selber Steine zu werfen, um andere, die dann polizeilich festgestellt werden könnten, zur Nachahmung anzuregen. Frau M., die nach eigenen Angaben schon lange in der aktiven Szene zu Hause ist, will Mitte Juli auf offener Straße von der Verfassungsschutz-Mitarbeiterin „Melanie Heller" angesprochen und aufgefordert worden sein, Informationen aus Kreisen der örtlichen Anti-AKW-Bewegung und anderen Gruppierungen zu beschaffen. Der Verfassungsschutz habe bei der Anwerbung die miserable soziale Lage von Frau M. ausgenützt, die als ledige Mutter auf jede Verdienstmöglichkeit angewiesen war. Frau M. hat in den drei Monaten ihrer Tätigkeit für den Verfassungsschutz 1.400 DM kassiert.

b) „Subjektiver Bericht" eines kriminellen V-Mannes

Ein V-Mann des Verfassungsschutzes hat, nach Angaben des bayerischen Innenministeriums vom Juli 1986, einen internen Bericht zu den Pfingstereignissen 1986 in Wackersdorf verfaßt, in dem auch nichtgerechtfertigte Übergriffe der Polizei auf Demonstranten kritisiert wurden. Der Pressesprecher des Innenministeriums, Adolf Metzger, erklärte am 9. 7. 1986 in München, daß es sich bei den bekanntgewordenen Aufzeichnungen des „im Chaotenbereich" (!) eingesetzten V-Mannes um einen „subjektiven Bericht" handle, der zahlreiche Fehler enthalte. Am Anfang war nämlich behauptet worden, einen Bericht des Landesamtes für Verfassungsschutz über den Polizeieinsatz an Pfingsten 1986 gebe es nicht, weil der Verfassungsschutz nicht die Aufgabe habe, die Polizei zu beobachten.

Soweit die Information des Innenministeriums selbst. Tatsache ist jedoch, daß damit eindeutig und öffentlich zugegeben wurde, daß V-Leute des Verfassungsschutzes im „Chaoten-Bereich" eingesetzt werden. Tatsache ist, daß in diesem „subjektiven Bericht" eines V-Mannes erstmals von seiten der im staatlichen Bereich Tätigen eingeräumt wurde, daß „gezielt" aus einem Hubschrauber Gasgranaten auf Sanitätsfahrzeuge geworfen wurden. Selbstverständlich hat das Innenministerium diese Berichte als „objektiv falsch" dargestellt.

c) Debatte über V-Leute im Sicherheitsausschuß

Hochinteressant war die nichtöffentliche Debatte im Sicherheitsausschuß des Bayerischen Landtags während einer Sondersitzung über die „gesetzwidrigen Aktivitäten von V-Leuten".

Der damalige Innenminister Hillermeier meinte immerhin: „Wir wissen, daß es sich nicht generell um Ehrenmänner handelt". Hillermeier bestätigte auch, daß ein V-Mann eine erhebliche Anzahl von Straftaten im Jahr 1983 (darunter einen Brandanschlag in einem Kaufhaus) tatsächlich begangen hat. Dieser V-Mann wurde später „abgeschaltet". In dieser Sondersitzung wurde übrigens auch der oben zitierte Bericht des V-Mannes am WAA-Zaun diskutiert. Der damalige Vorsitzende des Sicherheitsausschusses des Bayerischen Landtags, MdL Günther Beckstein (CSU) verteidigte die Notwendigkeit des Einsatzes von V-Leuten, deren Bezahlung nach dem Wert ihrer Informationen erfolge." In Wackersdorf würden diese natürlich in vorderster Front mitjohlen, dürften jedoch nicht im Auftrag des Staates selbst Steine werfen." Mit dieser Aussage des zuständigen Sicherheitspolitikers der CSU steht fest, daß auf Kosten des Steuerzahlers und im Auftrag der Staatsregierung bezahlte und gedungene V-Leute als Provokateure am WAA-Bauzaun auftreten!

6. Anwerbemethoden des Verfassungsschutzes

Mit welch seltsamen und anrüchigen Methoden das Landesamt für Verfassungsschutz in Bayern Spitzel anwirbt, um diese als V-Leute in die Bürgerinitiativen einzuschleusen, macht ein Kleininserat deutlich, daß das Landesamt für Verfassungsschutz in der Wochenendausgabe der Nürnberger Nachrichten vom 23. und 24. April 1988 aufgab. Dort heißt es nämlich „getarnt“ und – wie immer – unauffällig: „Aufstrebende Detektei sucht junge Mitarbeiter/innen, gute Bezahlung, überwiegend nebenberuflich, Kurzbewerbung unter CNZ 34 963.“ Auf dieses Inserat hin bewarb sich ein arbeitsloser Soziologe bei dieser aufstrebenden Detektei über die Anzeigenredaktion der Nürnberger Nachrichten. Etwa eine Woche später meldete sich ein „Herr Fellner“ telefonisch bei ihm und verabredete sich mit ihm. Am darauffolgenden Tag traf sich der „Herr Fellner“ mit dem Soziologen. Bei einem Gespräch in einer Vereinsgaststätte horcht „Herr Fellner“ den Soziologen erst aus. Als der Soziologe erzählt von seinem Studium, in dem er sich vorwiegend durch teilnehmende Beobachtung mit sozialen Randgruppen und Subkulturen beschäftigt habe, bekommt der „Herr Fellner“ glänzende Augen, greift in die Innentasche seines Jakkets und zückt seinen Dienstausweis: Bayerisches Landesamt für Verfassungsschutz. Der arbeitslose Soziologe ist erst platt. Er wollte eigentlich erst gehen, bleibt jedoch aus Neugierde. (Später hat er dann die ganze hochinteressante Geschichte der Zeitung TAZ mitgeteilt.) Der Mitarbeiter des Verfassungsschutzes erklärte, daß es sich hier um einen neuen Versuch des Staatsschutzes handle, im nordbayerischen Raum Fuß zu fassen, um geeignete Leute zu rekrutieren. Interessiert seien sie an allem, was links ist außerhalb der traditionellen Parteien. Und: Es gehe darum, die Autonomen und die WAA-Gegner in den Griff zu bekommen. Und weiter: „Das gewalttätige Verhalten der Chaoten, die den Staat kaputt machen wollen, müsse man schließlich in den Griff kriegen.“

Für den arbeitslosen Soziologen war längst klar, daß er diese Offerte ablehnen werde. Immerhin ist noch interessant, festzuhalten, daß ihm für den Anfang ein Grundgehalt von 1.000 DM angeboten wurde und zwar in bar, zuzüglich Spesen und Urlaubsgeld. Für besondere Infos gebe es „Cash extra“, bei guter Arbeit sei eine Erhöhung des Grundgehaltes vorgesehen. Die eher witzig gemeinte Frage des Soziologen, ob denn die Lohnsteuerkarte gebraucht würde, beantwortete der Verfassungsschutz-Mitarbeiter ernsthaft: „Jede Mark, die an Spitzel geht, wird vorab versteuert.“ Da ich zunächst, als ich diese unglaubliche Story hörte, etwas im Zweifel war, brachte ich unter dem 20. 7. 1988 eine schriftliche Anfrage im Bayerischen Landtag ein. In einer ersten Stellungnahme zu meinen Veröffentlichungen bestritt das Innenministerium diese Art von Anwerbung von Spitzeln nicht. Und dann bekam ich es gleich knüppeldick zurück: „Trotz umfangreicher Bemühungen, ist dem Abgeordneten Zierer nicht klar zu machen, daß ein Verfassungsfeind auch dann beobachtet werden darf, wenn er WAA-Gegner ist," teilte das Innenministerium mit. Mit seinen Ausführungen beweise Zierer wieder einmal das gestörte Verhältnis der SPD zum Verfassungsschutz. Die immerwährende und fortschreitende Ausweitung äußerst zweifelhafter Methoden zur Bespitzelung der ·WAA-Gegner wird nicht einmal bestritten, beschimpft werde wieder ich, weil mich der permanente Zerfall der rechtsstaatlichen Methoden aufregt.

Nach Redaktionsschluß erreichte mich die Antwort des Innenministers August Lang auf meine schriftliche Anfrage vom 20. 7. 1988. Unter dem 7. 9. 1988 schrieb er: „Das Bayerische Landesamt für Verfassungsschutz hat den gesetzlichen Auftrag, verfassungsfeindliche Bestrebungen aufzuklären. Solche Bestrebungen werden häufig konspirativ betrieben. Die erforderlichen Erkenntnisse können daher zum Teil ebenfalls nur verdeckt gewonnen werden. Das Gesetz ermächtigt deshalb das Landesamt für Verfassungsschutz ausdrücklich, zur Wahrnehmung seiner Aufgaben nachrichtendienstliche Mittel anzuwenden. Zu diesen nachrichtendienstlichen Mitteln gehört auch die Informationsbeschaffung mittels sog. V-Leute. Das Bayerische Landesamt für Verfassungsschutz führt solche V-Leute und ist bei Bedarf auch um die Gewinnung neuer Mitarbeiter besorgt. . . . Es ist eine Selbstverständlichkeit, daß zu Einzelfällen einer behaupteten Werbung von V-Leuten grundsätzlich nicht öffentlich Stellung genommen werden kann."

Die von mir in diesem Kapitel behaupteten Anwerbemethoden des Verfassungsschutzes werden also nicht dementiert und somit bestätigt! Der Innenminister Lang, der auch Verfassungsminister ist, kann es sich auch in dieser Antwort nicht verkneifen, einen Gegenangriff zu starten. An anderer Stelle schreibt er: „Ich finde es unverantwortlich und beschämend, wenn nunmehr Abgeordnete des Landtags in diesem Zusammenhang den Ausdruck Spitzel verwenden. Sie diffa-

mieren mit dieser Wortwahl eine bayerische Behörde und ihre Mitarbeiter, deren Arbeit für die Erhaltung unserer freiheitlichen demokratischen Grundordnung und unserer Sicherheit unerläßlich ist."
Ich meine dagegen, daß sich das Landesamt für Verfassungsschutz durch die dubiose Art und Weise, wie V-Leute und Spitzel angeworben werden, selbst diffamiert.

IX. Einflußnahmen im Justizbereich

Im Rahmen der auch im Freistaat Bayern geltenden Grundsätze der Gewaltenteilung sind Eingriffe des „CSU-Staats“ auf den Justizbereich besonders delikat. Es muß dabei klar unterschieden werden zwischen den Einflußnahmen bei der Staatsanwaltschaft, die ja dem Weisungsrecht des Justizministeriums unterliegt und den Einflußnahmen auf die Richter selbst. Versuche der Einflußnahme auf die richterliche Unabhängigkeit sind zu erkennen. Erfolgreich erscheinen derartige Versuche bei Richtern, die primär die Karriere vor Augen haben. Aus meiner Erfahrung, insbesondere auch als Anwalt in Strafverfahren gegen WAA-Gegner, bin ich jedoch alles in allem der Meinung, daß sich die übergroße Mehrzahl unserer Richter, auch in WAA-Verfahren, die richterliche Unabhängigkeit bewahrt hat, was die Urteile selbst anbelangt. Die Art und Weise der Durchführung der Verfahren steht auf einem anderen Blatt, dazu später.

1. Einflußnahmen seitens der Staatsregierung

Bei ihrer Haushaltsrede für den Justizhaushalt 1987/88 erklärte die neue Staatsministerin der Justiz, Mathilde Berghofer-Weichner, vor dem Bayerischen Landtag am 24. Juni 1987 u. a.: „Für die Justizverwaltung ist die Unabhängigkeit der Gerichte eine Selbstverständlichkeit.“ Die Justizministerin bat um Vertrauen zur Justiz. Gleichzeitig gab sie aber auch ein Beispiel für Mißtrauen gegen Richter und Staatsanwälte, die in wichtigen Lebensfragen kritisch eingestellt sind.

a) Dienstaufsichtliche Maßnahmen gegen kritische Richter und Staatsanwälte

Am 13. 2. 1987 erschien in der Wochenzeitung „ZEIT“ eine Anzeige, die mit 554 Unterschriften von Richtern und Staatsanwälten versehen war. In dieser Anzeige solidarisierten sich die Unterzeichner mit den mutigen zwanzig Richtern und Staatsanwälten, die bei der Sitzblockade in Mutlangen gegen den Rüstungswahnsinn eines Atomkriegs protestiert haben. In dieser Anzeige hieß es u. a. : „Auch Richtern steht das Grundrecht auf freie Meinungsäußerung und Demonstration zu. Auch zur Kritik an der Justiz. In den Gesetzesmaterialien zum Deutschen Richtergesetz heißt es: Offene politische Betätigung sollte in einer Demokratie nicht den Verdacht begründen, daß sie die Unbefangenheit und die Fähigkeit zu sauberer und gerechter Amtsführung beeinträchtigt".

Gegen alle bayerischen Unterzeichner dieser Anzeige wurden von der Justizverwaltung dienstaufsichtlich Vorermittlungsmaßnahmen eingeleitet. Die Vorwürfe lauteten dabei im wesentlichen, „daß die Unterzeichner der Unterstützungsanzeige durch die Bekundung von Respekt gegenüber den Blockierern eine rechtswidrige Maßnahme, die jedenfalls eine Ordnungswidrigkeit darstelle, gebilligt hätten." Ich kann nur sagen, damit zeigt die Bayerische Staatsregierung ein weiteres Mal, wie groß inzwischen ihr Unverständnis gegenüber so elementaren Menschenrechten, wie den Grundrechten der freien Meinungsäußerung, der Versammlungsfreiheit und der Demonstrationsfreiheit geworden ist. Im übrigen bin ich davon überzeugt, daß die disziplinarrechtlichen Vorermittlungen gegen die (21) bayerischen Unterzeichner der Unterstützungsanzeige eine Disziplinierung aller anderen, ebenso denkenden Richter in Bayern zum Ziele hat.

Ganz anders verhält sich die Staatsregierung gegenüber den in ihrem Sinne braven und engagierten Richtern.

b) Antrittsbesuch der Justizministerin im Landgerichtsbereich Amberg

Die Staatsministerin der Justiz besuchte am Freitag, den 3. April 1987 ganztägig den Landgerichtsbereich Amberg. Nicht ohne Bedeutung war, daß sie sich am Nachmittag auf der WAA-Baustelle der DWK aufhielt. Dort ließ sie sich von der DWK den Baufortschritt erläutern. Bei einer Pressekonferenz erläuterte die Ministerin den Zweck ihres Besuches bei den Justizbehörden in Amberg und Schwandorf. Sie wolle mit ihrem Besuch den Bediensteten der Justiz und den Richtern den „Rücken stärken". Zuversichtlich zeigte sich Frau Berghofer-Weichner mit Blick auf die Bewältigung eines ganzen Berges von Verfahren, die aus dem Umfeld der WAA resultieren. Sie hoffe auf eine Beruhigung der Situation, erklärte sie und bezeichnete später die hier (in den WAA-Verfahren) diensttuenden Richter und Staatsanwälte als „engagiert". Es seien aber keine Eiferer am Werke!

Ich möchte hier als Mitglied des Rechtsausschusses schon die Frage aufwerfen, was das denn sollte? Was sollen denn diese Wertungen und Belobigungen? Gut, es ist richtig und sinnvoll, daß die Ministerin die Situation im Amtsgerichtsbereich Schwandorf und im Landgerichtsbereich Amberg, auch und gerade wegen der Tausenden von WAA-Verfahren, inspiziert. Die öffentlichen Belobigungen aber sollen doch ausdrücken, daß hier die Richter „gute Arbeit" leisten. Das hier bei den Gerichten in Schwandorf und Amberg, wo die WAA-Verfahren durchgezogen werden, das sind offenbar die guten, engagierten, nicht eifernden Richter und Staatsanwälte. Denen gilt es also den Rücken zu stärken! Bei den anderen aber, die in einer Unterstützungsanzeige in der ZEIT vom 13. Febr. 1987 Solidarität mit den „Blockierern von Mutlangen" gezeigt haben, müssen disziplinarrechtliche Vermittlungsmaßnahmen eingeleitet werden. Ich meine, hier wird mit zweierlei Maß gemessen! Den einen will man offenbar den Rücken stärken, den anderen würde man am liebsten das politische Rückgrat brechen, wenn man es könnte. Dies sind Versuche der Einflußnahme auf die richterliche Unabhängigkeit.

2. Gesprächsverbot für den SPD-Arbeitskreis Recht und Verfassung

Während die CSU-Justizministerin Einfluß auf die in Sachen WAA urteilenden Richter und in Sachen WAA ermittelnden Staatsanwälte nimmt, wird den sieben SPD-Landtagsabgeordneten, die im Rechtsausschuß des Bayerischen Landtags Sitz und Stimme haben, ein Gespräch verweigert.

Ich habe als stellvertretender Vorsitzender des Arbeitskreises Recht und Verfassung der SPD-Landtagsfraktion den Besuch unseres Arbeitskreises in Schwandorf für den 28. 4. 1987 angekündigt und mit gleichlautendem Schreiben den Amberger Landgerichtspräsidenten Pfannschmidt und den Leitenden Oberstaatsanwalt Heusinger gebeten, ein Gespräch zu vermitteln mit Staatsanwälten und Strafrichtern, die in Sachen WAA tätig sind. Mein Brief lautete: „Wir beabsichtigen am Dienstag, den 28. 4. 1987, in Schwandorf ein Gespräch mit den Ermittlungsrichtern, Strafrichtern und Staatsanwälten zu führen, die in WAA-Verfahren tätig sind. Ich ersuche Sie hiermit offiziell, die Teilnahme der betreffenden Staatsanwälte/ Ermittlungsrichter und Strafrichter zu einem solchen Gespräch zuzusagen."

Mit Schreiben vom 4. März 1987 teilten mir dann der Präsident des Landgerichts und der Leitende Oberstaatsanwalt mit, daß „eine Teilnahme der mit entsprechenden Verfahren befaßten Ermittlungs- und Strafrichter und Staatsanwälten an dem beabsichtigten Gespräch vom 28. 4. 1987 im Interesse der Rechtspflege, bei den Richtern insbesondere mit Rücksicht auf die richterliche Unabhängikeit, nicht in Betracht kommen kann." (s. Dok. Nr. 70)

Mit Schreiben vom 16. 3. 1987 lehnte ich dann, namens des Arbeitskreises das Angebot des Präsidenten und des Leitenden Oberstaatsanwalt beim Landgericht Amberg ab, nur mit ihnen selbst und unter strengen Auflagen (ohne Beteiligung Dritter, ohne Presse, unter vorheriger Mitteilung der Themen und unter der Voraussetzung des Gesprächsortes im Gebäude des Landgerichts Amberg) durchzuführen. Es ist also festzuhalten: Ein Gespräch von sieben SPD-Landtagsabgeordneten, die im Rechts- und Verfassungsausschuß des Bayerischen Landtags tätig sind, mit Ermittlungsrichtern, Strafrichtern und Staatsanwälten kann im Interesse der Rechtspflege und – bei den Richtern – mit Rücksicht auf die richterliche Unabhängigkeit nicht in Betracht kommen. (Selbstverständlich ist dies mit dem Justizministerium abgesprochen worden!) Gespräche mit der SPD sind nicht im Interesse der Rechtspflege. Gespräche mit der Justizministerin sind selbstverständlich der Rechtspflege und der richterlichen Unabhängigkeit äußerst förderlich.

Kein Wunder, daß diese einseitigen Einflußnahme auch und gerade auf Richter Wirkung zeigt. Ich kann mich noch gut an die Feierlichkeit im Amtsgerichtsgebäude Schwandorf anläßlich der Einführung des neuen Amtsgerichtsdirektors Auernhammer erinnern, als der gleiche Landgerichtspräsident Pfannschmidt überschwenglich das

Loblied auf die Staatsregierung sang. Er sagte etwa sinngemäß, daß die Staatsregierung schon wisse, was sie mit der WAA wolle. Wir seien doch gut gefahren mit der Staatsregierung in den letzten 20 Jahren. Und: Er gehe davon aus, daß die Strafrichter auf die WAA-Gegner in den bevorstehenden Strafverfahren die Gesetze voll anwenden würden. Dies sagte er in Anwesenheit aller der Strafrichter, die dann – in voller richterlicher Unabhängigkeit – in den anstehenden WAA-Verfahren urteilen sollten.

3. Abordnung von Richtern und Staatsanwälten an die „WAA-Front"

Ohne jeden Zweifel hat die WAA in einem Bereich jetzt schon Arbeitsplätze geschaffen, nämlich im Bereich der Strafverfolgungsbehörden und der Gerichte. In Folge der vom bayerischen Kabinett am 13. 5. 1986 beschlossenen „offensiveren Einsatzkonzeption" ist zu erwarten, daß es sich hier um Dauerarbeitsplätze handelt. Erst beim Scheitern der WAA und dem Versagen der entscheidenden atomrechtlichen Genehmigung werden wohl diese Arbeitsplätze wieder abgebaut werden. In einer Antwort auf eine schriftliche Anfrage der Grünen teilte das Justizministerium am 5. 5. 1987 mit, daß „zur Bewältigung des gestiegenen Geschäftsanfalls wegen gewalttätiger Ausschreitungen im Zusammenhang mit der Errichtung der WAA in Wackersdorf die Justizbehörden im Landgerichtsbezirk Amberg erstmals zum 1. 9. 1986 in nennenswertem Umfang verstärkt wurden." Aus der Vergleichsübersicht, Stand 1. 4. 1987, ergibt sich, daß immerhin 22 neue Stellen für Richter und Staatsanwälte durch die WAA entstanden sind. Nun will ich die vorsichtige Frage aufwerfen, ob bei den, überwiegend jungen Juristen, die infolge der WAA eine Planstelle erhalten, nicht eine gewisse Botmäßigkeit im Sinne des Hinweises des zuständigen Landgerichtspräsidenten entstand, die Strafgesetze in vollem Ausmaße und vollem Umfang auf die WAA-Gegner anzuwenden. Nun wird sicherlich entgegengehalten, volle Anwendung der Strafgesetze sei eine Selbstverständlichkeit. Aus meiner Erfahrung als Rechtsanwalt meine ich jedoch, daß eine bestimmte grundsätzliche innere Einstellung des unabhängigen

Richters, je nachdem: wohlwollender, positiver, ablehnender, negativer, oder wie auch immer, selbstverständlich bei der Aburteilung eine große Rolle spielt.

Für noch problematischer halte ich die Vielzahl von Abordnungen der Richter und Staatsanwälte an die „WAA-Front". Ich habe einmal die Situation mit einem Staatsanwalt mittleren Alters besprochen, der Eigenheim, Frau und Kinder im „tiefsten Oberbayern" verlassen hat, um sich für ein Jahr nach Schwandorf bzw. Amberg als Staatsanwalt und Richter abordnen zu lassen. Ich fragte ihn, ob ihm denn dafür nicht von der Justizverwaltung etwas versprochen worden sei? Er druckste herum und meinte, direkt nicht. Auf meine Frage, ob er denn dies freiwillig mache, oder er denn diesen Fronteinsatz gleichsam als Einstieg in den Bewährungsaufstieg verstehe, meinte er, er gehe davon aus, daß dies seiner beruflichen Karriere als Richter sicherlich nicht abträglich sein werde. Und das ist eigentlich der Punkt! Aus der oben schon zitierten Antwort des Justizministeriums (Drucksache 11/1815 des Bayerischen Landtags) ergibt sich, daß im Berichtszeitraum zwischen 1. 9. 1986 und 31. 3. 1987 allein an das Amtsgericht Schwandorf 8 Richter für zusammen 30 Monate abgeordnet wurden. Im gleichen Berichtszeitraum wurden an das Landgericht Amberg 15 Staatsanwälte für zusammen 69 Monate abgeordnet. Und wieder heißt es: „Alle Verstärkungen dienen der Erledigung des erhöhten Geschäftsanfalls im Zusammenhang mit der Errichtung der WAA. Soweit die zusätzlich zugeteilten Staatsanwälte mit anderen Aufgaben betraut wurden, konnten die dadurch freigesetzten Kapazitäten ebenfalls für die Erledigung von WAA-Verfahren eingesetzt werden." Die Richter selbst werden sicherlich, auf Anfrage, bestreiten, daß dies alles Auswirkungen auf ihre richterliche Unabhängigkeit und Objektivität bei der Aburteilung von WAA-Gegnern hat. Das wiederum bestreite ich! Ich kann mir nicht vorstellen, daß ein Richter, der sich für ein Jahr von Oberbayern nach Schwandorf abordnen läßt, um WAA-Verfahren durchzuführen, dann durch besonderes Verständnis, durch auffällig viele Freisprüche oder Einstellungen von WAA-Verfahren „nach oben" auffallen will. Und was die „Quasi-Zusagen" bezüglich von Karrieresprüngen oder Erfüllen von Versetzungswünschen anbelangt, so hat mir z.B. eine Protokollführerin, die aus Franken stammt und sich von einem dortigen Amtsgericht nach Amberg hat abordnen lassen, ganz klar bestätigt, sie hätte dies nur deshalb aktzeptiert, weil ihr zugesagt wurde, dann eine bestimmte Planstelle in der Nähe ihres Heimatortes zu erhalten. Ich bin sicher, daß dies in ähnlicher Weise auch für Richter und Staatsanwälte zutrifft.

Mehr oder weniger bestätigte dies auch der CSU-Landtagsabgeordnete Manfred Weiß während einer Plenardebatte im Bayerischen Landtag. Ich habe in dieser Landtagsdebatte ähnlich argumentiert, wie hier. Daraufhin antwortete der CSU-Landtagskollege in aller Offenheit „ich möchte auch auf den Vorwurf des Kollegen Zierer eingehen, daß Staatsanwälte oder Beamte, die sich nach Schwandorf gemeldet hätten, große Erwartungen in ihre Zukunft setzen könnten. Herr Kollege Zierer, es ist doch eine Selbstverständlichkeit, daß jeder, der bereit ist, sich an einen anderen Ort versetzen zu lassen, mehr Chancen hat, als derjenige, der auf seinem Stuhl sitzenbleibt und wartet, bis endlich am nächstgelegenen Gericht ein Platz frei wird. Das ist doch eine ganz natürliche Sache, umsomehr als ein Richter überhaupt nicht versetzt werden kann, wenn nicht zwingende dienstliche Gründe vorliegen. Auch das gehört zur Unabhängigkeit des Richters". Damit hat ein CSU-Mitglied des zuständigen Rechtsausschusses des Bayerischen Landtags meine Befürchtungen in der Tendenz bestätigt (Protokoll der Plenarsitzung vom 24. 6. 1987, Seite 1776). Abschließend zu diesem sensiblen Punkt möchte ich noch darauf hinweisen, daß auch in WAA-Verfahren schon tätig gewesene Staatsanwälte anschließend in Richterämter berufen wurden. Darunter ist, meiner Information nach, zumindest ein Staatsanwalt, der nun auch als Richter im Landgerichtsbezirk Amberg tätig ist und auch Verfahren gegen WAA-Gegner aburteilt. (Selbstverständlich urteilt er nicht die ehemaligen eigenen Fälle ab, in denen er als Staatsanwalt ermittelnd tätig war, dies geht schon nach dem Gesetz nicht).

4. Urteilsschelte durch Staatsminister

Insbesondere der frühere Justizminister und jetzige Innenminister August Lang neigt dazu, unliebsame Urteile öffentlich zu kritisieren. So geschehen im Jahr 1988 bei seinem Auftritt beim sog. „Berchinger

Roßmarkt". Hochinteressant ist auch die Antwort des Innenministeriums vom 1. 9. 1987 auf eine schriftliche Anfrage der SPD-Rechtsexperten zur Urteilsschelte des Innenministers bei einem CSU-Parteitag in Neukirchen bei Sulzbach-Rosenberg am 27. 6. 1987. Lang meinte damals, jetzt kämen Richter plötzlich auf die Idee von Polizisten Beweise und Rechtfertigung für ihr Handeln zu fordern. Er sei entsetzt darüber. In der Antwort heißt es: „Von den Gerichten muß aber erwartet werden, daß sie angesichts der ihnen obliegenden Aufklärungspflicht nicht die Tendenz erkennen lassen, die Richtigkeit des Sachvortrages privater Kläger zu unterstellen, während die Polizei fortgesetzt aufgefordert wird, die tatsächlichen Voraussetzungen für die Rechtsmäßigkeit ihres Vorgehens gegen gewalttätige Störer am Bauzaun (am Ostermontag 1986) zu beweisen." Man muß das einmal in Ruhe überdenken. Das Bayerische Innenministerium kritisiert hier wohlüberlegt und wohlformuliert in aller Öffentlichkeit angebliche Tendenzen der Gerichte, Privaten mehr zu glauben, als der Polizei. Hier greift ein Ministerium massiv in Beweiswürdigungsfragen der Gerichte ein. Gerade diese Einflußmaßnahmen der Exekutive in Richtung Justiz können eben dann in der Praxis dazu führen, daß genau das Umgekehrte geschieht, die Gerichte unterstellen wieder eine höhere Glaubwürdigkeit von Polizeibeamten als Zeugen. Dazu später noch mehr.

5. Einschüchterung der WAA-Rechtsanwälte

Im Verlaufe der anrollenden WAA-Verfahren bildete sich, zum Teil durch die Bürgerinitiativen gesteuert, eine Gruppe höchst engagierter und fachkundiger Rechtsanwälte heraus, die vornehmlich als Verteidiger auftreten. Der SPD-Arbeitskreis Recht führte, auf meine Initiative hin, mit einem Teil dieser Anwälte ein ausführliches Gespräch, um die Erfahrungen, die diese Anwälte haben, auszuwerten.

a) Einleitung von Standesverfahren

Die Staatsanwaltschaft beim Oberlandesgericht Nürnberg leitete gegen zwei, in WAA-Verfahren ständig bei Gericht auftretende Strafverteidiger, standesrechtliche Ehrengerichtsverfahren ein. Diesen beiden Anwälten (ein Kollege und eine Kollegin) wird vorgeworfen, gegen das Gebot der Sachlichkeit und gegen das Werbeverbot verstoßen zu haben. Zu den monierten Äußerungen soll, nach einer Pressemitteilung vom 26. März 1987, auch gehören, daß diese beiden Anwälte davor gewarnt haben sollen, in die anstehenden WAA-Prozesse ohne anwaltschaftlichen Beistand zu gehen.

Der SPD-Arbeitskreis Recht reagierte mit Empörung auf den Antrag der Staatsanwaltschaft beim Oberlandesgericht Nürnberg. Wir stellten die Frage, ob nun auch noch ein Maulkorb für kritische Rechtsanwälte eingeführt wird! Sollen denn nach den Disziplinierungsversuchen gegen Meinungsäußerungen von Richtern und Staatsanwälten nun auch noch die Rechtsanwälte an die CSU-Kandare genommen werden? Im übrigen ist interesssant, daß dem einen Rechtsanwaltskollegen auch vorgeworfen wird, er solle geäußert haben, die Richter, die sich aufgrund der anrollenden Prozeßlawinen gegen WAA-Gegner freiwillig zum Dienst an den örtlichen Gerichten meldeten, würden vielleicht schon nach einem halben Jahr wieder abziehen, wenn sie glaubten, dadurch ihre Aufstiegschancen zu wahren.

b) Reaktion des Justizministeriums

Harsch, wie immer, reagierte unverzüglich das Justizministerium auf die Kritik des SPD-Arbeitskreises Recht. In einer Stellungnahme vom 27. März 1987 heißt es: „Der Rechtsanwalt ist ein unabhängiges Organ der Rechtspflege. Er hat die Berufspflicht, sich innerhalb und außerhalb des Berufs der Achtung und des Vertrauens würdig zu erweisen, welches die Stellung eines Rechtsanwalts erfordert. . . Hierzu gehören u. a. das Gebot der Sachlichkeit und das Werbeverbot. Verletzt ein Anwalt schuldhaft seine Pflichten, wird eine ehrengerichtliche Maßnahme verhängt. Diese kann von der Warnung über einen Verweis und eine Geldbuße bis hin zur Ausschließung aus der Rechtsanwaltschaft gehen." Abschließend äußert sich die Justizministerin auch noch befremdet über die Mutmaßung, das Recht eines Angeklagten auf den gesetzlichen Richter werde verletzt, wenn sich Richter freiwillig für bestimmte Zeit zum Dienst an einem Gericht zur Verfügung stellen, an dem ein dringender Personalbedarf besteht.

Schlußbemerkung zu den aufgezeigten Einflußnahmen im Justizbereich:

Selbstverständlich betreibt die CSU-Staatsregierung die Vorverlegung der Sicherungslinie im Sinne der Durchsetzung der WAA im Justizbereich behutsamer, als im Polizeibereich. Und doch gibt die Vielzahl der Versuche, Zugriff auch auf die Gerichtsbarkeit zu nehmen, zu größter Besorgnis Anlaß. Gerade die Einschüchterungsversuche gegenüber kritischen Staatsanwälten, Rechtsanwälten und Richtern selbst kann Langzeitwirkung haben. Auf dem 14. Deutschen Richtertag in Hamburg hat der Vorsitzende des Landesverbands Baden-Württemberg des Deutschen Richterbundes, Kurt Rudolph, vor „Leisetreterei" der Richter und Staatsanwälte ausdrücklich gewarnt. Vor dem Hintergrund zahlreicher umstrittener Äußerungen und Verhaltensweisen seiner Kollegen, sagte er unter starkem Beifall: „Das Abstinenzgebot ist keine gute Maxime für eine Justiz, die das Mitläufersyndrom der eigenen Vergangenheit noch zu überwinden hat." Rudolph betonte das Recht auch von Richtern und Staatsanwälten auf Meinungsfreiheit. Während die herrschende Meinung die Meinungsfreiheit ziemlich unangefochten für sich in Anspruch nehmen könne, stießen die Meinungen von Minderheiten und Meinungsabweichlern oft schnell auf massiven Widerspruch.

Darum geht es. Es wäre für das Ansehen der dritten Gewalt gerade bei der Bevölkerung, für das Vertrauen in eine unabhängige Gerichtsbarkeit, tödlich, wenn man immer mehr den Eindruck gewinnen müßte, auch die Richter würden sich in den Dienst der CSU-Staatsregierung begeben.

Deshalb ist es notwendig, die bislang durchgeführten WAA-Verfahren gründlich zu analysieren und zu beleuchten.

X. Die „WAA-Verfahren" selbst

Laut Auskunft der Staatsregierung, wurden bis zum 1. 1. 1988 bei der Staatsanwaltschaft Amberg insgesamt 3.039 Ermittlungensverfahren in unmittelbarem Zusammenhang mit der WAA Wackersdorf anhängig gemacht. Von diesen Verfahren konnten – insbesondere aufgrund der vorgenommenen Personalverstärkungen – bereits 2.946 abgeschlossen werden. Während in 852 Verfahren Anklage erhoben bzw. Strafbefehl beantragt wurde, endeten 1.008 Verfahren mit einer Einstellung mangels Tatverdachts (§ 170 II StPO). In 927 Fällen erfolgte eine Einstellung nach dem Opportunitätsprinzip (§§ 153, 153 a StPO). Den 3.039 Verfahren gegen angebliche oder tatsächliche WAA-Gegner stehen 144 Verfahren gegenüber, die auf Anzeigen gegen Polizeibeamte eingeleitet wurden. 122 dieser Verfahren wurden wieder mangels Tatverdachts eingestellt, nachdem die Ermittlungen die erhobenen strafrechtlichen Vorwürfe nicht bestätigt hatten. Ein Ermittlungsverfahren wurde nach Zahlung von einer Geldauflage eingestellt.

Soweit der Bericht der Staatsregierung in der Broschüre „Zerbricht die WAA die Demokratie?". Bei den Verfahren selbst geht es in der Regel um den Vorwurf der Nötigung, des Widerstands gegen die Staatsgewalt, Landfriedensbruch, Körperverletzung, Beleidigung, Drohung. Die Verfahren selbst werden seit etwa Mitte April 1986 beim Amtsgericht Schwandorf, einschließlich der Nebenstellen Burglengenfeld und Nabburg, durchgeführt. Es gab Zeiten, wo drei bis vier Prozesse pro Tag abrollten. Außerdem wurde ein „terroristensicherer" Gerichtssaal in Betonbauweise beim Amtsgericht Schwandorf neu erbaut. Dieser Gerichtssaal, nur mit Dachluken, ohne Fenster ausgestattet, wird bei den WAA-Gegnern „Klein-Stammheim" genannt.

1. Negative Kommentare in der veröffentlichten Meinung

Von Anfang an wurden diese Verfahren in der veröffentlichten Meinung, insbesondere in den Zeitungen „begleitet". Je länger die Prozeßlawine rollte, umso verheerender, um nicht zu sagen vernichtender waren die Kommentare der Prozeßberichterstatter. Ein paar Schlagzeilen zur Auswahl: „Begleitumstände ein Ärgernis", „Ausweiskontrolle nach vorheriger Gesichtskontrolle", „Jugendliche über Zusammenarbeit von Polizei und Justiz erschreckt", „Anscheinend zählen vor Gericht Aussagen von Polizeibeamten mehr, als die von zivilen Zeugen", (Mittelbayerische Zeitung). Süddeutsche Zeitung: „Absurde Begleiterscheinungen". Frankfurter Rundschau: „Gerichtsszenen aus der Oberpfalz – Anklagen stützen sich oft auf magere Beweise".

Immer wieder wird von einer „Kriminalisierung der Bevölkerung im großen Stil" gesprochen. Der im Widerstand gegen die WAA engagierte Pfarrer von Erbendorf drückte es offen in einem Interview aus, als er sagte, es sei offenbar Ziel dieser Verfahren von vornherein die kritischen Staatsbürger zu kriminalisieren. Wie laufen denn diese Verfahren ab?

2. Juristische Sonderbehandlung – Sonderverfahren

Bei dem oben schon erwähnten Gespräch der SPD-Rechtsexperten im Bayerischen Landtag mit den in WAA-Verfahren überwiegend tätigen Strafverteidigern wurde meine eigene Erfahrung aus vielen Strafverteidigungen bestärkt und gestützt, daß es sich – im Vergleich zu sonstigen Strafprozessen – bei allen WAA-Verfahren um „besondere" Verfahren handelt.

a) Besondere Atmosphäre

Das beginnt schon beim Gerichtsgebäude und setzt sich fort in ganz besonders sorgfältigen Kontrollen auch der Zuhörer der öffentlichen Verhandlungen. „Besonders" auch der regelmäßige Zuhörerkreis. Ein treuer und untereinander bekannter Stamm von WAA-Gegnern „begleitet" jeden Prozeß gegen einen der Gesinnungsgenossen. Ein gutes Stimmungsbild geben zwei Kommentare der Mittelbayerischen Zeitung. Im Kommentar vom 28. 3. 1987 heißt es u.a.: „In Schwandorf hat sich vieles verändert. Im Umfeld des umstrittenen und umkämpften Großprojektes WAA hat so manches eine andere Dimension erhalten. Bemerkenswert ist, daß die Veränderungen ganz langsam und ohne den vielleicht zu erwartenden Aufschrei der Öffentlichkeit im Alltagsleben platzgreifen. Wie Ungewöhnliches allmählich – zumindest bei der Mehrheit der Bürger – zur Gewohnheit wird, zeigt sich auch am Beispiel des Amtsgerichts Schwandorf. Dort finden oft täglich mehrere WAA-Prozesse gleichzeitig statt, wobei auf der Anklagebank bisher nur WAA-Gegner, nie Polizisten, saßen. Mit Befremden nehmen höchstens noch Zuhörer und WAA-fremde Rechtsanwälte zur Kenntnis, daß am Eingang zum Schwandorfer Gericht nach Gesichtskontrollen von Justizwachtmeistern – auf Anweisung des Amtsgerichtsdirektors versteht sich – Ausweise kontrolliert werden . . . Am vergangenen Mittwoch wurde wieder einmal deutlich, daß in Bayern, und schon gar im Umkreis der geplanten WAA, andere Maßstäbe angelegt werden. Ein großes Polizeiaufgebot hatte an diesem Tag, als gegen einen WAA-Gegner verhandelt wurde, das ganze Gerichtsgebäude umstellt. Mehr Sicherheitsvorkehrungen würde man auch bei einem Schwerverbrecher nicht treffen. Vermutlich lagen der Polizei wieder einmal gesicherte Erkenntnisse vor, daß der Angeklagte dem terroristischem Umfeld . . . Wenig Sensibilität bewies auch der vorsitzende Richter, der wenige Minuten, nachdem Polizeibeamte – nicht gerade sanft – Zuhörer aus dem viel zu kleinen Zuhörerraum entfernt hatten, in scharfem Ton androhte, er werde bei der geringsten akustischen Störung den Zuhörerraum räumen lassen. Spontane Reaktionen werden den Zuhörern in WAA-Prozessen also nicht zugestanden. Auch Gelächter ist hier offenbar nicht zulässig – dabei wäre so manches, was sich in Bezug auf WAA-Prozesse vor dem Schwandorfer Amtsgericht abspielt, zum Lachen, wenn es nicht eigentlich maßlos traurig wäre!“ Und im Kommentar vom 4. 4. 1987 heißt es (auszugsweise): „Die Begleitumstände einer WAA-Verhandlung haben zwar keinen Neuigkeitswert mehr, sind aber unverändert ein Ärgernis . . . Die Durchsuchung der Prozeßunterlagen eines Anwalts läßt sich nicht mehr mit dem Hinweis auf die nötige Ordnung begründen. Daraus spricht viel mehr das selbe Mißtrauen, wie aus der den ganzen Tag über andauernden Bewachung der Zuhörerschaft durch Polizisten in Zivil . . . Der Verdacht, daß der Überwachung zu viel getan wurde, bestätigte sich spätestens nach der zweiten Prozeßpause, als ausgerechnet die Frau des Schwandorfer Landrats Hans Schuierer ihren Geldbeutel filzen lassen mußte. Was sollte sie darin versteckt haben? Eine Waffe? Subversives Material?"

b) Schlampige Ermittlungen

Ich selbst habe als Strafverteidiger oft den Eindruck gewonnen, als wenn die Ermittlungsbehörden zum Teil schlampig arbeiten würden. Es genügt oft ein einziger Zeuge der Anklage, meist ein Polizeibeamter, um die Weichen schon bei den Vorermittlungen und Beschuldigtenvernehmungen auf möglichst „hohe" Delikte zu stellen. Wenn der Beschuldigte dann nicht von sich aus, bzw. durch seinen Anwalt, Beweiserhebungen beantragt, fällt es im Regelfall der Staatsanwaltschaft überhaupt nicht ein, in Richtung auf Entlastung des Beschuldigten selbst die Ermittlungen zu betreiben. Gerade in Zweifelsfällen, wo noch unklar ist, ob es sich bei dem Sachverhalt um ein Vergehen, oder nur um einen Verstoß gegen das Versammlungsgesetz (Ordnungswidrigkeit) handelt, wird generell in Richtung auf Vergehen ermittelt.

c) Überzogene Anträge

Nach den, teilweise schlampigen Ermittlungen werden dann überzogene Anträge auf Erlaß eines Strafbefehls oder in der Anklageschrift gestellt. Dies ist ja alles mit einem erheblichen Kostenrisiko für die Beschuldigten, Angeschuldigten oder Angeklagten verbunden, die vielleicht gegen einen Bußgeldbescheid wegen Ordnungswidrigkeit bei Verstoß gegen das Versammlungsgesetz die Geldbuße annehmen und keinen Anwalt nehmen würden, und sich dann ein langwieriges Strafverfahren ersparen könnten. Oft wird dann noch während der Hauptverhandlung eine Anklage z.B. wegen Beleidigung nachgeschoben und am Schluß kommt es tatsächlich zu einer Verurteilung wegen Beleidigung, obwohl Nötigung, Landfriedensbruch, Körperverletzung u.a. angeklagt war. Selbst in den Fällen, in denen dann die ausscheidbaren Kosten der Staatskasse auferlegt werden, verbleiben erhebliche Kosten bei den Angeklagten, die dann nicht angefallen wären, wenn der Angeklagte nur einen Bußgeldbescheid z.B. des Landratsamtes Schwandorf wegen einer Ordnungswidrigkeit, erhalten hätte. Dies ist selbstverständlich kein Zufall, dies alles hat Methode.

Dazu drei Beispiele in Strafverfahren, bei denen ich selbst als Verteidiger tätig war:

Beispiel 1: Ein Eisenwerksarbeiter war angeklagt am 6. 1. 1987 einen 4–5 cm großen Kieselstein am WAA-Zaun mit der Absicht geschleudert zu haben, daß dieser Stein einen Wachmann einer privaten Wachgesellschaft innerhalb des Zaunes treffe. Zwischen dem angeklagten Eisenwerksarbeiter und dem Wachmann befanden sich nicht nur eine Erderhöhung, sondern auch noch die (damals) zwei Zäune der WAA-Anlage. Beide Zäune sind ja vergleichsweise engmaschig mit Gitterstäben abgetrennt, so daß dieser Kieselstein auch vom inneren Zaun abprallte und zwischen den beiden Zäunen liegenblieb.

Der Angeklagte wurde durch zwei Instanzen gezogen wegen versuchter gefährlicher Körperverletzung.

In der zweiten Instanz ist es dann gelungen – bei einer Geldauflage von 700 DM – eine Einstellung des Verfahrens zu erreichen. In der ersten Instanz war der Eisenwerkarbeiter noch (mangels Beweises) freigesprochen worden, die Staatsanwaltschaft hat sofort Berufung eingelegt. Die außergerichtlichen Kosten hatte der Angeklagte selbst zu tragen. Es ist noch anzufügen, daß mein Mandant glaubwürdig schilderte, er habe überhaupt nicht mit Steinen geworfen, sondern nur einen Schneeball an den inneren Zaun geworfen. Man muß sich einmal vorstellen, was passieren würde, wenn bei irgendeiner Landespolizeiinspektion im Landkreis Schwandorf ein Hausbesitzer anrufen würde und mitteilen würde, es habe ein Anderer einen 4,5 cm großen Kieselstein an seinen Zaun geworfen, er sei etwa 6 m vom Zaun entfernt gestanden und habe sich durch den Steinwurf bedroht gefühlt. Ich bezweifle, ob irgendeine Landespolizeiinspektion den Fall überhaupt aufnehmen würde. Wenn dies am Zaun geschieht, wird eine Riesenaffäre daraus, über zwei Instanzen. Kurioses am Rande: Der 4,5 cm große Kieselstein, den die Polizei unter vielen Kieselsteinen zwischen den beiden WAA-Zäunen herausgepickt und als mögliches Corpus delicti zu den Akten genommen hatte, belastete offenbar die Justizverwaltung nach Abschluß des Verfahrens. Jedenfalls rief mich einige Zeit später ein Justizbeamter an und fragte mich, ob er denn den Kieselstein vernichten könne, oder ob dieser als „Asservat" in die Asservatenkammer gelegt werden müsse. Da nicht auszuschließen sei, daß dieser Stein im Eigentum meines Mandanten, des Angeklagten stehe, müsse er meine Zustimmung einholen. Ich habe dann fernmündlich zugestimmt, daß dieser Stein vernichtet wurde und habe gefragt, was er denn jetzt machen würde. Er meinte (nicht ohne Humor): Er würde jetzt das Fenster öffnen und den Stein in den Hof werfen. So ist es dann auch geschehen.

Beispiel 2: Der mit mir befreundete Schriftsteller Harald Grill übersandte mir am 27. 1. 1986 folgenden Bericht der Beteiligten: „Am 25. Januar 1986 besuchte Herr Manfred B. mit seiner Frau und seinen beiden Kindern zum ersten Mal das Waldgelände, auf dem die geplante WAA errichtet werden soll. Manfred B. ging mit seinem Schwager Hans B. ein Stück vor seiner Familie her. Auf dem Hauptweg, der von Osten nach Westen zum „Roten Kreuz" führt, mußten sie ein Hindernis übersteigen – ein kleinerer, nicht allzu langer Baumstamm lag quer über dem Weg. Etwa 150 m nach diesem „Hindernis" wurden die beiden Männer plötzlich von mehreren Polizisten festgenommen. Einer dieser Polizisten gab an, er hätte gesehen, wie die beiden Spaziergänger eine Barriere mit dem Baumstamm errichtet hätten. Manfred B. und Hans B. wurden dann zur Gefangenensammelstelle nach Amberg gebracht. Dort wurden sie zur Feststellung der Identität in Gewahrsam genommen und durchsucht. Gegen 18.00 Uhr (nach etwa 2 Stunden) setzte man beide wieder auf die Straße. In der Dunkelheit mußten sie per Anhalter zum WAA-Gelände zurückfahren. Die Familien der beiden Männer, bie beiden Frauen und insgesamt drei kleine Kinder im Alter von 3, 6 und 8 Jahren waren bei der überfallartigen Verhaftung der Männer verstört und geschockt allein am WAA-Gelände zurückgeblieben, weil sie keinen Schlüssel hatten, um mit dem Pkw zurückfahren zu können. Die Männer kamen erst gegen 19.00 Uhr zurück zum WAA-Gelände, als es bereits „stockfinster" war. Die beiden Ehefrauen und die drei kleinen Kinder standen zitternd und ohne jede Information im Dunkeln beim Pkw.

Soweit der Bericht der Beteiligten. Aus den Ermittlungsakten konnte ich entnehmen, daß gegen die beiden Männer wegen Nötigung, § 240 StGB und gefährlichen Eingriffs in den Straßenverkehr,

§ 315 b StGB, ermittelt wurde. Obwohl die beiden Ehefrauen in dem Ermittlungsverfahren glaubwürdig versicherten, daß ihre Männer den Balken nicht über die Straße gelegt hatten, sondern nur darüber gestiegen sind, hat die Staatsanwaltschaft Strafbefehle beantragt und auch erhalten. Am 2. 10. 1986 gingen wortgleich zwei Strafbefehle an die beiden Männer hinaus: „Am 25. Januar 1986 gegen 16.00 Uhr legten Sie, zusammen mit dem anderweitig verfolgten Johann B. (bzw. Manfred B.) auf dem Rot-Kreuz-Weg im Taxöldener Forst bei Wakkersdorf einen ca. 4 m langen, oberschenkeldicken Baumstamm quer über die Fahrbahn, um auf diese Weise einen Dienst-Pkw der bayerischen Bereitschaftspolizei, in dem sich die Polizeibeamten T. und Sch. befanden, am Weiterfahren zu hindern. Der Dienst-Pkw mußte anhalten und konnte erst weiterfahren, nachdem die Straße wieder freigemacht worden war." Es erging dann tatsächlich ein Strafbefehl gegen beide Männer. Gegen meinen Mandanten wurde eine Geldstrafe von 50 Tagessätzen zu je 40,– DM, insgesamt 2.000 DM (!) festgesetzt. Um es noch einmal deutlich zu machen: Der zuständige Staatsanwalt beantragte eine Geldstrafe von 2.000 DM, weil angeblich jemand einen 4 m langen, oberschenkeldicken Baumstamm gemeinsam mit einem Anderen quer über einen kleinen Feldweg legte, als ein Dienst-Pkw im Schrittempo daherkam. Das Ganze wird auch noch ermittelt unter dem Gesichtspunkt des gefährlichen Eingriffs in den Straßenverkehr! (Dies ist allerdinges später fallengelassen worden)

Beide Strafbefehle stützten sich im Wesentlichen auf die Aussage eines einzigen Polizeibeamten, der angeblich die beiden Angeklagten in einer Entfernung von 20–30 m gesehen hatte, wie sie den Baumstamm von rechts auf die Fahrbahn zogen und dort hin legten. In seiner Zeugenaussage sagte er: „Wir mußten zwangsläufig anhalten, die beiden grinsten noch recht schadenfroh und gingen dann auf dem Weg Richtung Rotes Kreuz." Um es abzukürzen: Beide Angeklagte wurden freigesprochen. Die Kosten des Verfahrens wurden der Staatskasse auferlegt! Das heißt also, daß der Steuerzahler die Kosten für solch abenteuerliche, schlampig ermittelte, auf eine einzige Zeugenaussage eines Polizeibeamten gestützte Verfahren zu tragen hat.

Nachsatz im Beispiel 2: Die freigesprochenen Angeklagten erhoben Einspruch gegen die Polizeimaßnahme vom 25. 1. 1986 und beantragten die Vernichtung der erkennungsdienstlichen Unterlagen. Dem Einspruch und dem Antrag wurde nicht stattgegeben.

Beispiel 3: Dieses Verfahren zog sich fast zwei Jahre hin. Laut Anklage vom 30. 9. 1986 sollte der Angeklagte Josef H. die Beifahrertür eines Dienstfahrzeuges, als diese geöffnet werden sollte, wieder zugedrückt haben. Während der Anwesenheit des Angeklagten in der Nähe des Dienstfahrzeuges sollen andere Personen Steine gegen den Dienst-Pkw geworfen haben, wodurch das Dach und die Seite des Fahrzeuges beschädigt wurden. Mein Mandant wurde also beschuldigt, sich an Gewalttätigkeiten gegen Menschen und Sachen, die aus einer Menschenmenge in einer die öffentliche Sicherheit gefährdenden Weise mit vereinten Kräften begangen wurden, als Täter beteiligt zu haben und durch diese Handlung einen Anderen rechtswidrig mit Gewalt zu einer Handlung und Unterlassung genötigt zu haben, sowie rechtswidrig eine fremde Sache beschädigt zu haben. Dies ist strafbar als ein Vergehen des Landesfriedensbruchs in Tateinheit mit einem Vergehen der Nötigung und einem Vergehen der Sachbeschädigung. Angebliche Beleidigungen wurden nicht angeklagt. Gegen meinen Mandanten wurde an drei Verhandlungstagen, nämlich am 15. 12. 1986, am 17. 12. 1986 und 28. 4. 1988 etwa insgesamt 24 Stunden lang, am letzten Hauptverhandlungstag allein von morgens 9.00 Uhr bis nachts 23.00 Uhr mit einer 30-minütigen Mittagspause, verhandelt. Es wurden, meiner Erinnerung nach, ca. 16 Zeugen vernommen, wobei sich die Polizeibeamten als Zeugen der Anklage immer mehr in Widersprüche verstrickten, insbesondere was den angeblichen Steinhagel auf das Polizeifahrzeug anbelangte. Eine Vielzahl von zivilen Zeugen, die unmittelbar in der Nähe des Polizeifahrzeuges stand, beschwor, daß kein einziger Stein auf das Fahrzeug geworfen wurde. Die Polizei konnte weder Fotos über die angeblichen Schäden am Fahrzeug, noch eine Reparaturrechnung vorlegen. Der Richter, ich als Verteidiger und auch der Staatsanwalt als örtlicher Sitzungsvertreter wollten immer wieder das Verfahren wegen Geringfügigkeit einstellen. Der örtliche Sitzungsvertreter rief beim letzten Termin der Hauptverhandlung mindestens zwei oder drei Mal bei seinem Gruppenleiter in Amberg an, um die Zustimmung zur Einstellung zu erreichen, ohne Erfolg. Schließlich wurde Josef H. wegen Beleidigung (er soll auch noch „Scheißbulle“ gesagt haben) zu einer Geldstrafe von 600,– DM verurteilt, wobei auch dieser Tatbestand auf die Aussage eines einzigen Polizeibeamten gestützt wurde. Die Kosten des Verfahrens, sowie die ausscheidbaren außergerichtlichen Kosten des Angeklagten wurden der Staatskasse auferlegt. Auch diese immensen Kosten-Vielzahl der Zeugen, lange Dauer des Verfahrens, Verteidigergebühren – trug wieder einmal der Steuerzahler.

Nachsatz zu Beispiel 3: Ich habe Herrn Josef H. geraten, die Geldstrafe wegen Beleidigung zu akzeptieren, obwohl auch hier äußerste Zweifel angebracht waren. Es ist jedoch eine Tatsache, daß solche Verfahren, die durch eine maßlose Anklage ins Rollen kommen und über zwei Jahre dauern, jeden Angeklagten am Schluß entnervt und psychisch verändert zurücklassen. Das aber gerade ist das Ziel dieser maßlosen Verfahren, nicht nur den Angeklagten selbst und seine Familie, sondern auch die Zeugen sowie die Zuhörer einzuschüchtern.

d) Sonderbeispiel: Verfahren gegen fünf „Schwandner" wegen angeblicher Unterstützung einer terroristischen Vereinigung.

Bundesweite Schlagzeilen machte ein Verfahren vor dem Bayerischen Obersten Landesgericht in München gegen fünf junge, nicht vorbestrafte 23–26jährige Personen aus Bodenwöhr/Altenschwand im Landkreis Schwandorf. Die Süddeutsche Zeitung berichtete am 7. Juli 1988 wie folgt: „In jenen Tagen im Juli 1986 hatten Peter, Albert, Johanna, Helmut und Norbert wirklich das Gefühl, sie säßen zwischen allen Stühlen. In der Nähe von München hatten Terroristen der Rote-Armee-Fraktion (RAF) den Siemens-Manager Beckurts und dessen Fahrer Groppler ermordet und in einem Bekennerbrief war, als einer der Rechtfertigungsgründe für die Bluttat, auch der Kampf gegen den Bau der WAA in Wackersdorf genannt worden. Einige Politiker nahmen diesen Umstand zum Anlaß, über die geistige Verwandtschaft zwischen RAF-Terroristen und militanten Kernkraftgegnern nachzudenken, wobei z.B. der damalige stellvertretende CSU-Generalsekretär Wolfgang Held zu dem Ergebnis kam, zwischen beiden gebe es nur graduelle Unterschiede. Die fünf jungen Leute aus Altenschwand, einem 440 Einwohner zählenden Ort unmittelbar neben dem Baugelände der WAA, wollten beides nicht auf sich sitzen lassen – nicht die Umarmung durch die RAF und nicht die Abstempelung durch die CSU. Sie hatten gerade vor ein paar Monaten eine eigene Zeitung gegründet, die „Schwandner Allgemeine", weil sie mit dem, was in den örtlichen Tageszeitungen über den Widerstand gegen die WAA stand, ganz und gar unzufrieden waren . . . Also fand Peter, es müßte etwas geschrieben werden, um den Widerstand gegen die WAA zum Terror der RAF abzugrenzen." Soweit die Süddeutsche. Es erschien also in diesem Anti-WAA-Blättchen ein Artikel mit der Überschrift Sommer-RAF-Offensive. Der Artikel war mit dem RAF-Stern geschmückt (s. Dok. Nr. 71). Dieser Artikel, der eine Mischung aus Abschreiben (von „Spiegel" und „TAZ"), Naivität und Unbedarftheit war, rief den Generalbundesanwalt auf den Plan. Er leitete ein Ermittlungsverfahren wegen des Verdachts des Unterstützens einer terroristischen Vereinigung gegen die Herausgeber und Verbreiter der „Schwandner Allgemeinen" ein. Die von der Staatsanwaltschaft bei dem Bayerischen Obersten Landesgericht daraufhin erhobene Anklage wurde im Sommer 1987 von diesem Gericht zurückgewiesen. Das Hauptverfahren wurde nicht eröffnet. Zusammenfassend hatte das Bayerische Oberste Landesgericht ausgeführt: „Insgesamt bewegt sich der Inhalt des Berichts auf der Linie kämpferischer Agitation, wie sie von manchen politischen Gruppierungen in der Bundesrepublik Deutschland, die den staatlichen Organen und ihrer Politik scharf ablehnend gegenüber stehen, gebraucht wird. Eine solche Agitation im Rahmen der allgemeinen Meinungsfreiheit muß hingenommen werden." Soweit, so gut. Damit gaben sich aber die obersten Strafverfolger nicht zufrieden. Auf die Beschwerde der Staatsanwaltschaft bei dem Bayerischen Obersten Landesgericht hob der dritte Strafsenat des Bundesgerichtshofs die Entscheidung auf und eröffnete das Hauptverfahren vor eben dem gleichen Bayerischen Strafsenat, der die ablehnende Entscheidung erlassen hatte. Der Bundesgerichtshof kann dem Bayerischen Obersten Landesgericht vorschreiben, wie zu verfahren ist. Am 7. Juni 1988 begann eine auf sechs Verhandlungstage (!) anberaumte Hauptverhandlung vor dem dritten Strafsenat des Bayerischen Obersten Landesgerichts. Ich habe mich von Anfang an gegen diese unglaublich überzogene Behandlung des Sachverhalts durch höchste und oberste Instanzen und Gerichte verwahrt. In der sozialdemokratischen Pressekorrespondenz vom 10. 6.

1988 hieß es u.a.: „Haben Strafverfolgungsbehörden denn nichts anderes zu tun? Dietmar Zierer versteht die juristische Welt nicht mehr. Daß die Staatsanwälte Beschwerde eingelegt haben, kann uns nicht erstaunen. Dies ist seit Jahren die offizielle Politik der Staatsregierung, die Staatsanwaltschaft anzuweisen, grundsätzlich in allen WAA-Sachen mit Kanonen auf Spatzen zu schießen. In Verfahren im Umfeld der WAA wird bewußt versucht, den Übergang vom Tat-Strafrecht zum Gesinnungs-Strafrecht zu erreichen. Das Verfahren gegen diese fünf jungen, unbedarften, nicht vorbestraften Leute bedeutet eine neue Eskalation in der ständigen Übung der Staatsregierung, Andersdenkende in Sachen WAA einzuschüchtern und zu kriminalisieren." Und ich sagte damals schon „prophetisch" voraus, daß die Staatskasse die Kosten des Verfahrens tragen würde. Genauso ist es geschehen. Nach fünf, anstatt den geplanten sechs, Verhandlungstagen endete das Verfahren zwar nicht mit einem Freispruch, sondern mit einer Einstellung gegen Geldauflage von 1.500 bzw. 1.000 DM, zu zahlen an eine gemeinnützige Einrichtung, wobei es noch zu einem nicht untypischen Geplänkel zwischen den Angeklagten bzw. deren Verteidigern und dem Gericht kam. Das Gericht lehnte es ab, daß diese Geldauflage an den Bund Naturschutz oder an Amnesty International bezahlt werde. Selbst der Vorschlag, die Geldauflage an die Behindertenwerkstatt Oberpfalz zu bezahlen, wurde nicht akzeptiert. Der Vorsitzende Richter wünschte sich eine Organisation, die auch nicht „die entfernteste Affinität zum Gegenstand unseres Prozesses (also der WAA) hat". Die Entscheidung fiel dann schließlich auf das Bayerische Rote Kreuz, Kreisverband Schwandorf. Es ist also am Rande festzuhalten, daß das Oberste Bayerische Strafgericht eine Affinität (Zusammenhang) zwischen der WAA und einer Behindertenwerkstätte unterstellt. Dieses in seinem Ausmaß und in seiner Anklage absolut nicht nachzuvollziehende überzogene Verfahren, es wurden 17 Zeugen vorgeladen, zeigt wieder einmal, daß in Sachen WAA die Anklagebehörden und die Gerichte jedes Maß und jedes Ziel verloren haben.

Selbstverständlich sieht es die Bayerische Justizministerin ganz anders. In einer Presseverlautbarung vom 21. Juni 1988 schlägt das Justizministerium kräftig auf mich ein. Es bezeichnete meine Vorwürfe als absurd, die auch durch ständiges Wiederholen nicht richtiger werden. Und am Schluß findet es das Justizministerium als „bemerkenswert, daß der Abgeordnete Zierer Unterstützungshandlungen für die RAF als Bagatellen einstuft.“

e) Sonderbeispiel: Strafverfahren gegen Kurt E.

Über zweieinhalb Jahre lang belastete mich das wohl absonderlichste WAA-Verfahren, das mir zur Kenntnis kam. Es beschäftigte (einschließlich Beschlagnahme, Beschwerdeinstanzen, Kostenfestsetzungsgesuch) in zwölf verschiedenen Verfahrungsstufen drei verschiedene Gerichtsinstanzen. Das ganze Verfahren ging aus wie das sog. Hornberger Schießen und kostete den Steuerzahler, wenn man die Arbeitszeit der befaßten Beamten, Staatsanwälte, Richter und die Kosten des Strafverteidigers einschließt, sicherlich weit über 20.000 DM. Auch dies zahlt der Steuerzahler!

Was war geschehen? Der von mir anwaltschaftlich vertretene Hauptschullehrer Kurt E. klebte im September 1986 an die Heckscheibe seines uralten Mercedes ein etwa 30 auf 40 cm großes Anti-WAA-Plakat, auf dem zu lesen war: „Am Beispiel der Atombombenfabrik Wackersdorf – Kriegsvorbereitung – Polizeistaat in Aktion.“ Auf dem Plakat waren zu erkennen ein Foto, das offenbar die Bundeswehr im Manöver zeigte und ein weiteres Foto auf dem offenbar Polizeikräfte rüde und gewaltsam gegen eine zivile Person vorgingen. (s. Dok. Nr. 72)

Dieser Pkw mit diesem Plakat stand am 17. 9. 1986 an der Zufahrtstraße zur Teilhauptschule Cham 2 abgestellt. Wie es der Zufall und das Unglück für den Volksschullehrer Kurt E. wollten, bekam am 17. 9. 1986 der damalige bayerische Staatssekretär im Umweltministerium Max Fischer, der in Cham wohnhaft ist, den Pkw mit dem Plakat zu Gesicht. Gegen 9.20 Uhr alarmierte der damalige Staatssekretär die Kriminalpolizei. Am 29. 9. 1986 erstattete er auch noch schriftlich offiziell Anzeige bei der Staatsanwaltschaft beim Landgericht Regensburg. In dem Anzeigeschreiben heißt es u. a.: „Herr E. hat damit die Bundesrepublik Deutschland bzw. den Freistaat Bayern verunglimpft. Zudem fühle ich mich durch den Text des Plakates als Mitglied der Bayerischen Staatsregierung, sowie als Mitglied des Bayerischen Landtags beleidigt. Ich habe unmittelbar nach Kenntnis des angezeigten Sachverhalts die Landpolizei in Cham verständigt." (s. Dok. Nr. 73). Nur am Rande von Interesse ist, daß Herr Max Fischer diese Denunziation am „Ende seiner Tage als Staatssekretär" durchführte, da er bei der Kabinettsumbildung nach der Landtagswahl am 12. 10. 1986 unter sehr schäbigen Umständen von Franz Josef Strauß als amtierender Staatssekretär abgehalftert wurde. Mit Schreiben vom 20. 11. 1986 schrieb dann der Oberstaatsanwalt Demleitner von der Staatsanwaltschaft bei dem Landgericht Regensburg an den nunmehrigen Staatssekretär a. D. Max Fischer, daß gegen den Beschuldigten Kurt E. am 20. 11. 1986 Anklage wegen Verunglimpfung des Staates gemäß § 90 I Nr. 1 StGB erhoben wurde. Allerdings sei der Tatbestand der Beleidigung zum Nachteil des Staatssekretärs a.D. und Abgeordneten durch die öffentliche Zurschaustellung des Plakats nicht erfüllt. Zu diesem Zeitpunkt war jedoch der juristische Kampf pro oder contra Meinungsfreiheit schon voll im Gange: Die Staatsanwaltschaft hatte nämlich am 18. 9. 1986 beim Amtsgericht Cham die Beschlagnahme dieses Plakats und aller Plakate gleichen Inhalts, beantragt. (1. Schritt) Das Amtsgericht Cham erließ daraufhin am 16. Oktober 1986 einen Beschluß und wies den Antrag der Staatsanwaltschaft zurück. (2. Schritt) Der damalige Strafrichter am Amtsgericht Cham hat schlicht erklärt, der Antrag sei zurückgewiesen, denn das beanstandete Plakat erfülle die Tatbestandsmerkmale des § 90 a Absatz I Nr. 1 StGB nicht, insbesondere beschimpfe es nicht die Bundesrepublik Deutschland, eines ihrer Länder oder ihre verfassungsmäßige Ordnung und sei auch bei objektiver Würdigung nicht geeignet, die genannten Organe böswillig verächtlich zu machen. Richter Kern führte u.a. aus: „Die Art des Polizeieinsatzes, insbesondere an den Pfingsttagen 1986 auf dem Gelände der geplanten WAA hat nicht nur zu lebhaften Diskussionen in der Öffentlichkeit, sondern auch im politischen Bereich bis in den Bayerischen Landtag hinein geführt . . . Bei dieser Sachlage kann der Gebrauch des Wortes Polizeistaat . . . nur als Kritik an der Art der Polizeieinsätze in Wakkersdorf gesehen werden, welcher sich die Polizei ebenso, wie jedes andere Staatsorgan zu stellen und mit dem sie sich argumentativ auseinander zu setzen hat." Auf diesen klaren, mutigen und rechtlich zutreffenden Beschluß hin, hat selbstverständlich die Staatsanwaltschaft Beschwerde eingelegt. Die Beschwerde ging (3. Schritt) zur 1.

Strafkammer des Landgerichts Regensburg. Das Landgericht Regensburg hat postwendend den Beschluß des Amtsgerichts Cham vom 16. Oktober 1986 wieder aufgehoben. Es wurde die allgemeine Beschlagnahme dieser Flugblätter angeordnet. Die 1. Strafkammer des Landgerichts Regensburg sah den Tatbestand der Verunglimpfung des Staates mit dem Plakat als voll erfüllt an. Es vertrat die Meinung, daß das Grundrecht der freien Meinungsäußerung hier endet, da im vorliegenden Fall Beschimpfung und Verächtlichmachung vorlagen, was von der Meinungsäußerungsfreiheit nicht mehr gedeckt sei.

Nach der Anklageschrift kam es dann zur Hauptverhandlung zum Amtsgericht Cham gegen Kurt E. wegen des Vergehens der Verunglimpfung des Staates (4. Schritt). Die Staatsanwaltschaft vertrat die Ansicht, daß mit dem Plakat die Bundesrepublik Deutschland böswillig verächtlich gemacht wurde. Termin wurde angesetzt zur öffentlichen Hauptverhandlung am 23. 2. 1987. Nun war mir nicht bange, denn ich konnte davon ausgehen, daß der gleiche Strafrichter Kern, der schon einmal bei der Ablehnung der Beschlagnahme so richtig und mutig entschieden hatte, wieder der zuständige Richter sein werde. Doch weit gefehlt. Durch (angeblich schon länger vorbereitete) Änderung der Gerichtsorganisation beim Amtsgericht Cham wurde der Richter Kern umgesetzt zum Familienrichter. Ein anderer Richter (Ruhdorfer) war der zuständige Strafrichter geworden. Nach harter, aber fairer Strafverhandlung wurde Kurt E. vom Amtsgericht Cham freigesprochen (5. Schritt). In den Gründen für den Freispruch erklärte der Richter Ruhdorfer in sehr abgewogener und kluger Weise u.a. erklärt: „Bei Würdigung aller Umstände muß die Meinungsäußerung auf dem Plakat in ihrer konkreten Bedeutung als zulässig im Sinn von Artikel 5 Abs. 1 des Grundgesetzes angesehen werden. Für die Äußerung Polizeistaat in Aktion, bestand ein u. a. dem Staat zuzurechnender gewichtiger Anlaß. Infolge der Entschiedenheit, in der der Staat dem privaten Bauherrn der WAA bei der Verwirklichung des Vorhabens beisteht, ist es auch zu einem geistigen Meinungskampf in einer die Öffentlichkeit wesentlich berührenden Frage gekommen. Die Stellungnahme auf dem Plakat stellt sich auch nicht als von vorneherein überzogen dar. Art und Weise des Polizeieinsatzes und dessen ungewollte Folgen können Anlaß für eine scharfe Kritik sein, die der Staat auch insoweit hinnehmen muß, als sie sein Ansehen mindert."

Damit wäre an sich die Angelegenheit erledigt gewesen. Aber wiederum weit gefehlt! Noch am gleichen Tag (!) hat der örtliche Sitzungsvertreter (in Abstimmung und auf Weisung von oben) Rechtsmittel gegen den Freispruch eingelegt. (6. Schritt)

Es kam dann zur Berufungsverhandlung bei der 3. Strafkammer des Landgerichts Regensburg am 30. 6. 1987 (7. Schritt). Unter Vorsitz des Richters Bräu, bei Mitwirkung von zwei zivilen Schöffen, kam es auch hier zu einem Freispruch. Die Berufung wurde als unbegründet verworfen. Allerdings mit einer geradezu hanebüchenen Begründung! Die 3. Strafkammer vertrat nämlich die rechtsirrige Auffassung, daß das Plakat den objektiven Tatbestand der Verunglimpfung des Staates durchaus erfülle. Dies wird über 5 Seiten dargestellt. Auf der letzten Seite wird dann plötzlich eine Kehrtwendung zum Freispruch gemacht, indem auf einer knappen halben Seite folgendes ausgeführt wird: „Dem Angeklagten kann jedoch nicht nachgewiesen werden, daß er auch den subjektiven Tatbestand des § 90 a Abs. 1 Nr. 1 StGB erfüllt hat... Es ist nur bekannt durch die Aussage des Polizeibeamten, daß der Angeklagte das Plakat am Rückfenster seines Autos befestigt hat. Es ist jedoch nicht erwiesen, ob der Angeklagte auch den Inhalt des Plakates genau zur Kenntnis genommen hat..."

Mir war klar, daß nun sofort wieder Rechtsmittel eingelegt wird und daß dieses Rechtsmittel wegen der geradezu haarsträubenden Begründung nicht ohne Erfolg sein würde. Genauso geschah es. Die Staatsanwaltschaft beim Landgericht Regensburg legte gegen das Urteil Revision ein (8. Schritt). Es kam dann zu einer bemerkenswerten öffentlichen Hauptverhandlung beim 2. Strafsenat des Bayerischen Obersten Landesgerichts in München (9. Schritt). Schon vorher führte ich mit dem Vorsitzenden des 2. Strafsenats, Richter Kroher ein Telefongespräch und auch er verwies – zu Recht – auf die äußerst schwache Begründung der Berufungsinstanz. Ich hatte deshalb kein gutes Gefühl, als ich am 11. März in die Hauptverhandlung beim Obersten Bayerischen Landesgericht ging. In der Pause während der Verhandlung vor dem 2. Strafsenat kam es zu einem äußerst bemerkenswerten Gespräch zwischen mir und dem zuständigen Oberstaatsanwalt als Sitzungsvertreter. Der Oberstaatsanwalt meinte, das

Berufungsurteil der 3. Strafkammer des Landgerichts Regensburg sei so provozierend oberflächlich, daß er den Verdacht habe, der Richter habe bewußt das Urteil so formuliert, damit es später wieder aufgehoben und an eine andere Strafkammer zurückverwiesen werden müßte. Der Richter wollte selbst offenbar nicht verurteilen, habe aber bereits alles so geregelt, daß ein Anderer letztlich entscheiden müsse. Ich war zunächst fassungslos über diese Aussage. Zum Glück war eine Zeugin anwesend, eine Zuhörerin und Mitarbeiterin des „Stern“, von der ich mir diese Aussage gleich habe bestätigen lassen. Wenn man dies verinnerlicht und überlegt, heißt es, daß es Richter gibt, die zwar, den Zwängen folgend (vielleicht weil von beiden Schöffen überstimmt) einen Freispruch bestätigen, aber es dann so einrichten, daß dieser Freispruch nicht halten kann.

Die weitere Geschichte ist dann schnell erzählt: Es kam zu einem juristisch überzeugenden Revisionsurteil, in dem zwar, zu Recht, das Urteil der 3. Strafkammer Regensburg aufgehoben wurde, aber in den Gründen klipp und klar zum Ausdruck kam, daß das Plakat vom Grundrecht der Meinungsfreiheit abgedeckt sei. (10. Schritt) Es folgte dann noch der 11. Schritt, nämlich die Zurückweisung zum Landgericht Regensburg, zu einer anderen Strafkammer, nämlich der 4. Strafkammer, wo es dann am 6. Juli 1988 zu einer kurzen Hauptverhandlung kam. Schon vor Beginn der Hauptverhandlung bat mich der Vorsitzende Richter der 4. Strafkammer dringend, doch zuzustimmen, falls der Oberstaatsanwalt Demleitner die Berufung zurücknehmen würde. Ich legte meinem Mandanten nahe, hier mitzumachen, da damit der Freispruch der 1. Instanz (Amtsgericht Cham) rechtskräftig werde.

Gleich zu Beginn der Verhandlung drängte der Vorsitzende der 4. Strafkammer, Richter Schmid, den Oberstaatsanwalt Demleitner, die Berufung zurückzunehmen, was dieser dann tat. (12. Schritt) Für den Lehrer Kurt E. war dies sehr wichtig, da die Schulbehörde selbstverständlich schon Gewehr bei Fuß stand, (und immer noch steht) um ein Disziplinarverfahren gegen den kritischen Beamten einzuleiten. Auch in diesem, geradezu aberwitzigen Verfahren trägt am Schluß der Steuerzahler die Kosten. Nur weil sich ein damaliger Staatssekretär beleidigt fühlte, folgte dieser juristische Hürdenlauf über zweieinhalb Jahre! Man sollte Max Fischer die Kosten auferlegen, einschließlich der bei mir noch ausstehenden erheblichen Verteidigergebühren. Auch dies zahlt die Staatskasse! Zurück bleibt Bitterkeit, Unbehagen, Mißtrauen und ein freigesprochener Angeklagter, Volksschullehrer, der zwar äußerlich rehabilitiert, innerlich sicherlich erschüttert und eingeschüchtert ist. Genau dies will man bei diesen Verfahren. Die Staatsanwälte sind dabei der verlängerte Arm der Staatsregierung. Nachtrag: Gerade erfahre ich, daß gegen Kurt E. – trotz Freispruchs – disziplinarrechtliche Vorermittlungen wegen der „Plakatsache" eingeleitet wurden.

3. Weisungsgebundene Staatsanwälte

Die juristische Sonderbehandlung der WAA-Verfahren ergibt sich auch daraus, daß die Staatsanwälte, die als Sitzungsvertreter tätig sind, strikt weisungsgebunden sind. Sie haben so gut wie keinen Spielraum. Wer, wie ich, seit vielen Jahren immer wieder als Strafverteidiger in unterschiedlichsten Fällen auftritt, weiß, daß man oft mit den Staatsanwälten ein „Gentlement-Agreement" treffen kann. Gerade in Grenzfällen, wo eine gewisse Ahndung noch notwendig oder auch möglich erscheint, eine Verurteilung aber nicht unbedingt erforderlich ist, trifft man sich eben bei einer Einstellung gegen Geldauflage. Weil in WAA-Verfahren nicht sein darf, was nicht sein kann, scheitern hier meist alle diesbezüglichen Versuche des Verteidigers, aber auch des Gerichts. Man hat den Eindruck, als ob die Staatsanwälte besonders motiviert und engagiert wären. Sie tun oft so, als ob es ihre ureigenste Angelegenheit sei. Dieses, geradezu manchmal wütende Engagement, kann nur platzgreifen, wenn die Staatsanwälte wissen, daß sie nicht nur von oben abgedeckt werden, sondern daß dieses Verhalten geradezu politisch gewünscht wird. Als Beispiel möchte ich noch einmal auf die Strafsache gegen Kurt E. wegen des Anti-WAA-Plakats zurückkommen. In der Stellungnahme der Staatsanwaltschaft vom 6. 11. 1987 zu diesem Plakat heißt es: „Auf dem Plakat wurde behauptet, die Bundesrepublik Deutschland bereite – vertragswidrig – die Herstellung von Atomwaffen zu Kriegszwecken mit Mitteln des Polizeistaates vor (Anmerkung: Schon dies ist eine Verdrehung und Sinnentstellung des Plakats!). Die Unwahrheit dieser tatsächlichen Behauptung ist allgemeinkundig. Ein derartig herabsetzender Angriff gegen das Ansehen des Staates in einer Demokratie ist gleichbedeutend mit einem Angriff gegen die Existenz von Staat und Demokratie!"

Das heißt also auf deutsch, daß ein ausgewachsener Generalstaatsanwalt (!) behauptet, der Angeklagte Kurt E. hätte mit seinem lächerlichen Plakat einen Angriff gegen die Existenz von Staat und Demokratie unternommen! Ich kann solche juristischen Verirrungen nur damit erklären, daß entweder der jeweilige Staatsanwalt an seine Karriere denkt, oder er auf Einflußnahme und Weisung von oben so handelt (s. Dok. Nr. 74). Ein Beweis dafür ist auch, daß im Regelfall grundsätzlich und unverzüglich, ohne abzuwarten und ohne selbst nachzudenken, Rechtsmittel gegen freisprechende Urteile eingelegt werden.

4. Einschüchterung der zivilen Zeugen

a) Kreuzverhörmethoden

Nun gibt es in der deutschen Strafprozeßordnung das sog. Kreuzverhör des britischen Rechtskreises nicht. Gerade die Zeugen der Verteidigung werden aber von den Staatsanwälten und zum Teil auch von den Richtern selbst oft kreuzverhörartig vernommen. Permanent wird mit Vereidigung gedroht. Permanent wird darauf hingewiesen, daß – insbesondere wenn die zivilen Zeugen anders aussagen, als die Polizeibeamten als Zeugen – die Glaubwürdigkeit bezweifelt wird. Die Zeugenvernehmungen der zivilen Zeugen arten manchmal in psychische Quälereien aus. Oft ist es ja so, daß zunächst der oder die polizeilichen Zeugen der Anklage vernommen werden. Im Regelfall stützen diese unbeirrt und unbeirrbar die Anklage. Wenn dann der Verteidiger, meist aufgrund eigener Recherchen, seine zivilen Zeugen einbringt, so macht sich schon von vornherein bei Gericht und Staatsanwalt Skepsis breit. Oft fühlt man fast körperlich, daß Vorurteile gegenüber der Glaubwürdigkeit dieser zivilen Zeugen vorhanden sind. Wir Juristen haben ja so bestimmte Fallstricke, mit denen man Zeugen, die nicht vom Fach sind, in Verwirrung bringen kann. Beliebteste Floskel ist: „Können Sie mit absoluter Sicherheit ausschließen, daß – ein Stein geworfen wurde, – die Beschimpfung gefallen ist –?" „Kann es nicht sein, daß Sie den Blickkontakt verloren haben, daß Sie sich 10 Sekunden abgewandt haben, daß Sie schneuzen mußten und in dieser Zeit der Angeklagte das Schimpfwort gesagt, den Stein geworfen hat?" Die zivilen Zeugen antworten dann: „Ich habe nichts gehört, ich habe nichts gesehen, ich glaube nicht, daß der Stein gefallen ist, ich glaube nicht, daß das Schimpfwort gesagt wurde!" Und schon triumphieren Staatsanwalt und Richter: „Was Sie glauben, interessiert mich nicht, ich frage Sie, ob Sie es absolut ausschließen können!" Ich habe oft erlebt, wie Zeugen, die im Vorgespräch vor einer Hauptverhandlung absolut sicher waren, plötzlich wackelten und schließlich strafprozessual umgefallen sind, obwohl sie nach der Verhandlung noch einmal ihre frühere Meinung bekräftigten.

b) Unverantwortliche Vereidigungsanträge

Ich habe in meiner langjährigen Praxis als Strafverteidiger Vereidigungsanträge nur gestellt, wenn es wirklich um gravierende Straftaten ging und tatsächlich enorm abweichende Aussagen vorhanden waren. Ich halte es für unverantwortlich, wegen einer lächerlichen Beleidigung, die bei einem Gericht zur Verhandlung steht, die Zeugen in Vereidigungen hinein zu treiben.

Im Oktober 1986 wurde vor dem Jugendgericht in Schwandorf ein Beleidigungsfall verhandelt. Die Beleidigung soll sich bei der zweiten WAA-Hüttendorf-Räumung Anfang 1986 abgespielt haben, wobei der Angeklagte nach Feststellung oder Behauptungen der Staatsanwaltschaft zu einem Polizeibeamten sinngemäß gesagt haben soll: „Laß mich in Ruhe, Du Arsch!" Der Polizeibeamte als Zeuge der Anklage bestätigte nun in der Verhandlung, daß dieser Satz so gefallen sei. Der Angeklagte selbst hatte 3 Zeugen benannt, zwei junge Frauen und einen Mann, die ihn entlasten sollten. Diese 3 zivilen Zeugen sagten während der Beweisaufnahme aus, daß sie zum Zeitpunkt der angeblichen Beleidigung unmittelbar dabei standen und ausschließen könnten, daß diese Beleidigung gefallen sei. Alle Zeugen wurden vereidigt. Die 3 zivilen Zeugen wurden unverzüglich wegen des Verdachts des Meineids festgenommen! Gegen alle drei wurde Antrag auf Haftbefahl gestellt. Im Falle des jungen Mannes kam der

Ermittlungsrichter in Amberg dem Haftersuchen der Staatsanwaltschaft nicht nach. Die beiden jungen Frauen wurden dem Untersuchungsrichter in Regensburg vorgeführt.

Und dies alles, wegen einer angeklagten Beleidigung?! WAA-Verfahren sind eben Sonderverfahren.

5. Polizeibeamte als Zeugen

Nun muß man unterscheiden zwischen Polizeibeamten, die bei Gerichtsverfahren als Ermittlungsbeamte vorgeladen werden und den Polizeibeamten, die als schlichte Zeugen auftreten. Gerade zu Rodungsbeginn im Dezember 1985 und bei den Hüttenräumungen wurden ja viele WAA-Gegner vorläufig festgenommen, wurde ihre Identität festgestellt, wurden Ermittlungsverfahren gegen sie eingeleitet wegen Nötigung, Widerstand gegen die Staatsgewalt, Verstoßes gegen das Versammlungsgesetz usw. Oft sind dabei als Zeugen der Anklage Bereitschaftspolizisten, BGS-Polizeibeamte, die an einem Tag 10, 12 oder 15 WAA-Gegner festgenommen haben, aufgetreten. Das gesamte Gebäude der Anklage stützt sich dann auf eine solche „Zeugenaussage“.

a) Polizeibeamte als glaubwürdigere Zeugen

Im Verlauf der Prozeßlawine stellte sich heraus, daß viele Gerichte von vornherein und grundsätzlich Polizeibeamte als glaubwürdiger einstufen, als die zivilen Zeugen. Man braucht schon bald ein Verhältnis von 5 zivilen Zeugen zu einem Polizeibeamten, um die Meinung des Gerichts ins Wanken zu bringen. Manchmal haben die Prozeßbeobachter sogar den Eindruck einer „Zusammenarbeit von Polizeibeamten und Gericht“. In der Mittelbayerischen Zeitung vom 10. 4. 1987 wurde über den Besuch einer „Jugendinitiative“ aus Bremen berichtet, die sich eine Woche lang im Raum Schwandorf aufgehalten hat. Auf dem Programm der 15- bis 21-jährigen Bremer standen auch Besuche bei WAA-Prozessen. Die Jugendlichen haben mehrere Verhandlungen besucht. Wie sie gegenüber der Mittelbayerischen Zeitung mitteilten, stellten sie dabei fest, daß anscheinend Aussagen von Polizeibeamten mehr zählen, als die von WAA-Gegnern. Mit nach

Hause nahmen sie den für sie erschreckenden Eindruck einer Zusammenarbeit von Justiz und Polizei.

b) Polizeibeamte als Zeugen erhalten eigene Aussagen als Gedächtnisstütze

Ein dauerndes Ärgernis und eine frappierende Bevorzugung der Polizeibeamten als Zeugen ist, daß diese ihre, oft viele Monate zurückliegende eigene Zeugenaussage in Kopie als Gedächtnisstütze für die Hauptverhandlung erhalten. Hier gibt es eine schlimme Ungleichbehandlung zwischen den zivilen Zeugen und den Zeugen, die von Beruf Polizeibeamte sind. Nochmals zu dem Beispiel bei Rodungsbeginn. Der Polizeibeamte, der einen WAA-Gegner aus einer Menschenkette gelöst hat, wird von den Kollegen, die die Ermittlungsarbeit übernehmen müssen als Zeuge vernommen. Also sagt dieser Polizeibeamte, er habe den Herrn X. aus der Menschenkette gelöst, dabei habe der Herr X. Widerstand geleistet. Diese Zeugenaussage wird Ende 1985 Anfang 1986 zu den Akten genommen. Auf diese Zeugenaussage stützt sich der Schlußbericht der Kollegen, auf diese Zeugenaussage stützt sich der Strafbefehlsantrag des Staatsanwalts oder die Anklageschrift. Es kommt dann gegebenenfalls zur Hauptverhandlung, die oft ein oder eineinhalb Jahre später durchgeführt wird. Der Angeklagte bringt zivile Zeugen, die ebenfalls bei der Polizei vor eineinhalb Jahren Aussagen gemacht haben. Es kommt dann zur Beweisaufnahme in der mündlichen Verhandlung. Die zivilen Zeugen sind unsicher, sie können sich nach eineinhalb Jahren nicht mehr genau erinnern. Der Staatsanwalt und der Richter halten ihnen dann, was zulässig ist, die frühere Einlassung bei der Polizei im Ermittlungsverfahren vor. Die zivilen Zeugen werden noch unsicherer, sie verstricken sich in Widersprüche. Schon sind sie unglaubwürdig. Ganz anders dagegen der Polizeibeamte als Zeuge. Er hat die Kopie seiner eigenen Einlassung, die vor eineinhalb Jahren gemacht wurde, dabei. Er lernt sie auswendig, liest sie noch einmal kurz vor Aufruf als Zeuge durch und ist so nicht zu erschüttern. Ist das mit rechtsstaatlichen Grundsätzen noch zu vereinbaren? Ich sage: Nein! Allein zu dieser Frage habe ich am 27. November 1986 eine schriftliche Anfrage im Bayerischen Landtag eingereicht, die Justizministerin Berghofer-Weichner antwortete am 14. 1. 1987: „Es ist nicht zu beanstanden, daß mit Einverständnis der Staatsanwaltschaft förmlich vernommenen Polizeibeamten Abschriften des Protokolls über ihre eigene Vernehmung ausgehändigt werden."

c) Junge Polizeibeamte werden für WAA-Verfahren präpariert

Auf der gleichen Linie liegt es, wenn immer mehr junge Polizeibeamte angewiesen werden, Gerichtsverhandlungen in WAA-Sachen als Zuhörer beizuwohnen, um zu lernen, wie man „hieb- und stichfeste" Aussagen macht. Dies geschieht zum Teil sogar während der Dienstzeit. Ich selbst habe vor einiger Zeit in der Strafsache gegen H. beim Amtsgericht Schwandorf am 28. 4. 1988 eine Gruppe junger Polizeibeamter im Zuhörerraum darauf angesprochen. Zunächst wollten sie leugnen, Polizeibeamte zu sein. Im Verlauf der langen Hauptverhandlung kam es in den Pausen immer wieder zu Gesprächen. Mit der Zeit wurden sie etwas zutraulicher und haben dann zugestanden, daß sie zum Besuch der Gerichtsverhandlungen abgeordnet wurden. Sie haben sich auch während der Hauptverhandlung ununterbrochen Notizen gemacht. Dies alles führt zu einer gewissen „Kameraderie", auch im Bewußtsein, zwischen Polizeibeamten, Staatsanwaltschaft und Gericht im „gemeinsamen Kampf" gegen die WAA-Gegner. Damit werden schon die jungen Polizeibeamten für eine bestimmte Seite vereinnahmt. Dies schadet eklatant der Diskussionsfähigkeit der Polizeibeamten. Dies führt auch dazu, daß diese Polizeibeamten nicht mehr in der Lage sind, im Sinne des sog. Brokdorf-Urteils des Bundesverfassungsgerichts demonstrationsfreundliches Verhalten im Einsatz an den Tag zu legen.

d) Steuerzahler übernimmt Verteidigungskosten für Polizeibeamte

Seit 9. Dezember 1986 gibt es eine neue Bekanntmachung des Bayerischen Staatsministeriums des Innern zum Rechtsschutz für Polizeibeamte des Freistaats Bayern in Strafverfahren. Demnach wird allen Polizeivollzugsbeamten, gegen die wegen eines dienstlichen Verhaltens z.B. eine Anklage in Strafgerichtsverfahren erhoben wird, eine „zweckentsprechende Rechtsverteidigung" gewährt. Den Polizeibeamten wird zur Bestreitung der notwendigen Kostenverteidigung ein Vorschuß oder ein zinsloses Darlehen gewährt. Diese neue Regelung, so heißt es in den öffentlichen Verlautbarungen, dürfte insbesondere im Hinblick auf Strafverfahren gegen Polizeibeamte im Zusammenhang mit der geplanten WAA von Interesse sein. (MZ vom 5. 2. 1987)

e) Beispiel für „Verstrickungen" zwischen Polizei und Gericht

In welche „Verstrickungen" Polizeibeamte als Zeugen der Anklage bei Gericht kommen können, zeigt das Verfahren, das vor dem Amtsgericht Nabburg begann und dann in Schwandorf mit der Ablösung des Richters wegen Befangenheit fortgesetzt wurde. Als Straftatbestand lag wieder einmal eine Beleidigung zugrunde. Ein 23jähriger WAA-Gegner soll anläßlich der Rodungsarbeiten am 11. Januar 1986 einen Beamten als „Affenkopf" beschimpft haben. Es kam dann zur ersten Hauptverhandlung beim Amtsgericht Nabburg, einer Zweigstelle des Amtsgerichts Schwandorf. Schon zu Beginn der Hauptverhandlung drückte der Strafverteidiger die Befürchtung aus, daß sich die Polizeibeamten als Zeugen der Anklage in unkorrekter Weise abgesprochen hätten. Im Verlauf der Hauptverhandlung verstärkte sich dieser Verdacht. Der Richter befragte dann einen der Polizeibeamten, ob er in seiner Eigenschaft als Zeuge im Besitz seines eigenen polizeilichen Vernehmungsprotokolls gewesen sei. Der Befragte verneinte dies, er habe sich durch Einsichtnahme auf die Gerichtsverhandlung nicht vorbereitet. Daraufhin wird sogar der Staatsanwalt aktiv. Er beantragt eine Durchsuchung sowohl des Polizeibeamten (als Zeugen) als auch dessen Pkws und wird fündig. Die Vernehmungs-Niederschrift wird gefunden, darüberhinaus die Kopie einer persönlichen Niederschrift der anderen Zeugen. Damit stand fest, daß hier Absprachen stattgefunden haben. Als der Richter merkt, daß der Zeuge der Anklage in Schwierigkeiten kommt, fordert er diesen auf, entweder zuzugeben, daß er sich die Vernehmungs-Niederschrift besorgt habe, oder von seinem Aussageverweigerungsrecht Gebrauch zu machen. Damit hat der Richter dem in Schwierigkeiten geratenen Zeugen der Anklage eine deutliche Brücke gebaut. Der Verteidiger stellt daraufhin Befangenheitsantrag gegen den Richter. Das Verfahren wird ausgesetzt und im Dezember in Schwandorf fortgesetzt. Im Verlauf dieser zweiten Verhandlung gab der Richter zu, einem Polizeibeamten (als Zeugen) die vermutliche Falschaussage des anderen Polizeibeamten (als Zeugen) mitgeteilt zu haben. Der Amtsgerichtsdirektor gab dem Befangenheitsantrag des Verteidigers statt. Der Richter wurde abgelöst. Er selbst hielt sich natürlich nicht für befangen.

6. Kameraderie zwischen den Polizeibeamten untereinander

Nun kann man eine gewisse „solidarische Haltung" der Polizeibeamten untereinander verstehen. Schlimm wird es jedoch, wenn dies zur Kameraderie ausartet und Falschaussagen zumindest billigend in Kauf genommen werden. Erinnern wir uns noch einmal an das Beispiel 3, Strafsache gegen Josef H. Hier standen die Aussagen der Besatzung des Polizeifahrzeuges mit vier Mann gegen eine Vielzahl von zivilen Zeugen. Der Strafantragsteller war der Hundertschaftsführer als Beifahrer des Fahrzeugs. Selbstverständlich fühlte sich der Fahrer des Fahrzeuges seinem Hundertschaftsführer verpflichtet. Ähnlich erging es wohl den beiden auf der Rückbank sitzenden Bereitschaftspolizisten. Man merkte während der Beweisaufnahme deutlich, daß der Hundertschaftsführer, als Dienstvorgesetzter, auch die „Meinungsführerschaft" hatte. Keiner der untergebenen Polizeibeamten möchte dem Hundertschaftsführer widersprechen oder gar behaupten, daß der die Unwahrheit gesagt hat.

Auch gibt es von Anfang an, schon zu Beginn der Ermittlungen, eine deutliche Zusammenarbeit zwischen den ermittelnden Beamten, meist der Kriminalpolizei Amberg oder der entsprechenden Landespolizeiinspektion und den Bereitschaftspolizisten oder BGS-Beamten, die in dem Verfahren als Zeugen auftreten. Die ermittelnden Beamten halten es im Regelfall nicht mehr für nötig, entlastende Beweiserhebungen durchzuführen. Man stützt sich eben im Schlußbericht auf die Zeugenaussage des „Kollegen".

Verstärkend kommt hinzu, daß offenbar Polizeibeamte, die als Zeugen vor Gericht auftreten, Schwächen, Unsicherheiten, Zweifel nicht einräumen wollen. Einer sagte einmal: „Für einen Polizeibeamten gibt es kein Zurück!"

Gerade diese Kameraderie und dieses seltsame Selbstverständnis, von einem möglichen Irrtum nicht abzurücken, sondern sich immer wieder an der einmal getroffenen Aussage festzuklammern, belastet die WAA-Verfahren insgesamt. Dies führt gleichsam zu einer „Spaltung“ während der Prozesse, so daß sich, beginnend bei der Zuhörerschaft bis hin zu den Zeugen, zwei Lager bilden. Leider schließen sich Staatsanwalt und Gericht oft dem einen Lager der Polizeibeamten als Zeugen an, was zu großer Verbitterung auch der Zuhörerschaft, die ja meist aus WAA-Gegner besteht, führt. Wenn es dann in der Zuhörerschaft zu Mißfallensäußerungen kommt, reagieren viele Richter mit unduldsamer Härte und drohen immer wieder mit Räumung des Zuhörerraumes.

7. Formelhafte Fließbandverurteilungen

Die Mittelbayerische Zeitung berichtet unter dem 14. August 1986: „Die Prozeßwelle, die derzeit über WAA-Gegner hereinbricht, überschwemmt nun auch Burglengenfeld. Ein 27jähriger, derzeit arbeitsloser, ehemaliger Uhrmacher aus dem Landkreis Kelheim wurde vom Amtsgericht Burglengenfeld zu einer Geldstrafe in Höhe von 500,– DM verurteilt, da er Widerstand gegen Vollstreckungsbeamte geleistet hatte. Maximal 10 Sekunden hatte der junge Mann seine Muskeln angespannt, als ihn ein Bereitschaftspolizist am 7. Januar 1986 bei der Räumung des Hüttendorfes auf dem WAA-Gelände im Taxöldener Forst aus einer Menschenkette entfernte.“ Was der Gerichtsreporter über die Sitzung beim Amtsgericht Burglengenfeld berichtete, ist ein Beispiel der vielen formelhaften Fließbandverurteilungen von WAA-Gegnern. Der Hindergrund dieser serienweisen Verurteilungen (meist zunächst Strafbefehle, dann Einspruch, dann Hauptverhandlung) sind die Menschenketten, die sich bei Rodungsbeginn gebildet haben, um die Rodungen zu verhindern. Später bildeten sich ja auch Menschenketten, um Gewalttäter an Straftaten zu hindern. Die Polizei hat dann, angeblich wiederholt, über Lautsprecher aufgefordert, das Gelände zu verlassen und unmittelbaren Zwang angedroht. In vielen Fällen ist jedoch diese Aufforderung nicht verstanden worden. Plötzlich kamen dann sog. „Greifertrupps“, die die einzelnen Personen aus den Menschenketten herauslösen sollten. In den Anklagen wird nun der „Widerstand gegen die Staatsgewalt“ seltsam definiert. Wer nach dem Anfassen durch einen Polizeibeamten aus den Greifertrupps mehr als 10 Sekunden seine Muskeln anspannte, seinen Körper versteifte (was immer das sein mag!) oder sich mit den Beinen am Boden abstützte, erfüllte, nach der Rechtsauffassung unserer Gerichte, den Straftatbestand des § 113 Abs. 1 StGB, nämlich eines Vergehens des Widerstands gegen Vollstreckungsbeamte. Ich selbst war einige Male als Strafverteidiger in solchen Fällen tätig. Den Richtern war anzusehen, daß sie gerne eine Einstellung, evtl. gegen Geldauflage, verfügt hätten. Die Staatsanwälte waren damit im Regelfall nicht einverstanden. Einmal gab es sogar einen Freispruch. Da konnte dem Angeklagten nicht nachgewiesen werden, daß er die Lautsprecheransage auch wirklich gehört hatte. Ich bin der Meinung, daß hier bewußt der Begriff des Widerstands gegen die Staatsgewalt ausufernd mißbraucht wird. Unterstellt, die Polizei fordert auf, den Platz zu verlassen, so wäre der „Ungehorsam" eine bloße Ordnungswidrigkeit nach dem Versammlungsgesetz. Wenn nun plötzlich ein Polizeibeamter vor einem solchen „Demonstranten" auftaucht und ohne weitere Vorwarnung und ohne nochmalige, unmittelbare Aufforderung den Demonstranten anpackt, so muß, schon als unbewußte „Schockreaktion" eingeräumt werden, daß man dann wenigstens 10 Sekunden den Körper versteift, oder die Muskeln anspannt, oder sich mit den Beinen am Boden abstützt. Nach überwiegender Rechtsauffassung muß eine Widerstandshandlung ein zielgerichteter Angriff auf den Beamten sein.

Die Urteile oder Strafbefehle, die ergingen, warfen so um die „30 Tagessätze" aus. Da die Betroffenen, Angeschuldigten, Angeklagten, Verurteilten, meist aus sozial schwächeren Schichten mit geringen Einkommen stammten (viele Studenten, Arbeitslose, Schüler) betrugen die Tagessätze Beträge um die 20,– DM, die Geldstrafe insgesamt also um die 600–800 DM (s. Dok. Nr. 75). Hier geht es jedoch nicht so sehr um die Geldstrafe in Höhe von 600 oder 800 DM, hier geht es darum, daß eine Vielzahl von jungen Leuten, oft Studenten, mit der rechtskräftigen Verurteilung wegen eines Vergehens des Widerstands gegen Vollstreckungsbeamte nach § 113 Abs. 1 StGB bewußt kriminalisiert wurden. Diese Mitbürgerinnen und Mitbürger sind vorbestraft! Nun wollen viele von diesen später in den bayerischen Staatsdienst. Bei der bayerischen Handhabung des Radikalenerlasses haben diese Verurteilten meist keine Chance in den Öffentlichen

Dienst aufgenommen zu werden. Genau das ist die eigentliche Absicht dieser formelhaften Fließbandverurteilungen. Eine Vielzahl kritischer junger Leute wird durch diese Verurteilungen nicht nur kriminalisiert, sondern mittels des Radikalenerlasses vom Staatsdienst ferngehalten. Auch dies ist ein ganz wesentlicher Einschüchterungseffekt gegenüber der kritischen Jugend. Er soll bewirken, daß kritische junge Leute schlicht vom Gebrauch des Demonstrationsrecht abgehalten werden. Das ist praktizierte Vorverlegung der Sicherungslinie in die Gesellschaft hinein!

Schlußbemerkung:

Als abschließendes, kurioses Beispiel der wirklich seltsamen Auswüchse und Kapriolen die Richter und Staatsanwälte in WAA-Verfahren machen, mag noch der Strafbefehl angeführt werden, den ein Münchner Gericht, auf Antrag der Staatsanwaltschaft, am 28. 7. 1987 gegen den Rechtsanwaltskollegen Bernhard Fricke, Initiator und Sprecher der wichtigen Anti-WAA-Aktion „David gegen Goliath" (DAGG) erließ. (s. Dok. Nr. 76) Was war geschehen? Die Initiative DAGG hatte im Oktober 1986 etwa 200 000 Unterschriften von WAA-Gegnern gesammelt und diese in einem Handkarren voller Leitz-Ordner vom DAGG-Büro in der Königinstraße durch den Englischen Garten zur Staatskanzlei in der Prinzregentenstraße 7 in München gezogen. Dem Sprecher Bernhard Fricke hatten sich etwa ein Dutzend WAA-Gegner angeschlossen. Die Übergabe der Unterschriften war in der Bayerischen Staatskanzlei vorher angemeldet worden. Trotzdem erließ der zuständige Richter einen Strafbefehl, in dem es u.a. hieß: „Sie führten einen zweirädrigen Handkarren mit, auf dem sich die Leitz-Ordner mit den gesammelten Unterschriften befanden. Auf dem Handkarren war ein gelbes Plakat befestigt, das die Aufschrift „Stoppt WAA Wackersdorf . . ." und das Symbol der Initiative „David gegen Goliath" trug. Dem Aufzug, den Sie in Kenntnis der Rechtslage bei der zuständigen Behörde nicht angemeldet hatten, hatten sich etwa ein Dutzend Personen angeschlossen. Sie sind deshalb schuldig, als Veranstalter oder Leiter einen öffentlichen Aufzug ohne Anmeldung durchgeführt zu haben, also eines Vergehens der nicht angemeldeten Veranstaltung nach §§ 26 Nr. 2, 14 Versammlungsgesetz. Auf Antrag der Staatsanwaltschaft wird gegen Sie eine Geldstrafe von 20 Tagessätzen verhängt, der Tagessatz beträgt 30,– DM, somit eine Geldstrafe von 600,– DM." Kurios.

Staatsanwaltschaft und Gerichte geraten ins Zwielicht, wenn man mit Akribie vornehmlich gegen die Bürgerinnen und Bürger vorgeht, die offen und ehrlich ihre WAA-Gegnerschaft in Aktionen praktizieren, während man der Mastensäger, Brandstifter und Molotowcocktailwerfer nicht habhaft wird. So sieht es auch der Kommentator der Amberger Zeitung vom 22. 11. 86, wo es u. a. heißt: „Vor den Kadi werden die geschleppt, die zu den „Überzeugungstätern", zu den wirklichen WAA-Gegnern gezählt werden dürfen, die sich durch Sitzstreiks Anklagen wegen Nötigung u. a. einhandeln, für Blockaden also, die etwas ver- oder behindern sollen. Man erinnere sich an die Blockade von Lastwagen-Fahrern auf dem Brennerpaß, begründet mit unzumutbaren Verhältnissen bei der Grenzabfertigung. Ministerpräsident Franz-Josef Strauß schaltete sich höchstpersönlich ein, nicht um festnehmen zu lassen, sondern um zu gratulieren. Niemand hat sich darum geschert, ob völlig Unbeteiligte unter dieser Nötigung zu leiden hatten.

Wenn sich die Justiz – wie sich das jetzt zusehends abzuzeichnen scheint – Geringfügigkeiten wegen vor den Karren der Politik spannen läßt, wird sie an Glaubwürdigkeit und Achtung so viel verlieren, daß es nicht wieder gutzumachen ist."

XI. Unterdrückung von Persönlichkeiten

Im Verlauf der Jahre seit 1982 haben sich in den Bürgerinitiativen und in den Anti-WAA-Parteien selbstverständlich einzelne Persönlichkeiten herausgeschält, die im WAA-Widerstand mit führend waren. Diese Persönlichkeiten wurden von Anfang an besonders beschattet und observiert, ihre Aussagen genauestens zur Kenntnis genommen, ja dokumentiert. Sehr bald versuchte man seitens der CSU-Staatsregierung auf vielfältigem Wege Druck auf diese Persönlichkeiten auszuüben.

1. Unterdrückung der im Widerstand aktiven Pfarrer

Die CSU-Staatsregierung hat sich der beiden Religionsgemeinschaften so lange gerne „bedient", so lange das politisch nützlich war. Schon die Aufnahme des Namens Jesu Christi im Parteinamen der CDU/CSU war eine Spekulation auf die religiöse Verbundenheit der Wählerschichten. Besonders recht waren der bayerischen CSU insbesondere die katholischen Geistlichen, so lange sie noch – rechtzeitig vor den Wahlen – am Sonntag von der Kanzel die sog. „Hirtenbriefe" verlasen, in denen die Bürger aufgefordert wurden, bei der jeweils nächsten Wahl „christlich" zu wählen. Dies wurde dann so eindringlich vorgetragen, bis dem/der letzten Gottesdienstbesucher/in klar wurde, man solle CSU wählen. Seitdem aber immer mehr führende Vertreter der beiden großen Kirchen sich kritisch mit der friedlichen Nutzung der Kernenergie (s. Kardinal Höffner) und auch der WAA auseinandersetzen, erfahren sie massiven Druck von der CSU-Staatsregierung.

a) Attacken von Franz Josef Strauß persönlich

Das erste Donnerrollen gegenüber den im Widerstand aktiven Pfarrern beider Religionsgemeinschaften war schon Anfang 1986 in Vilshofen zu verspüren. Im Bayernkurier vom 22. 2. 1986 wurde Strauß

u. a., wie folgt, wiedergegeben: „Wir lassen uns in Bayern nicht auf der Nase herumtanzen. Dabei gibt es gewaltlose Demonstranten, aber auch einen harten, gewalttätigen Kern. Und alle bringen sie gleich ihre Feldpfarrer mit von der katholischen oder evangelischen Konfession. Und da findet sich dann immer wieder einer – ich möchte ihn jetzt nicht näher kennzeichnen – der also dann dieses Treiben noch absegnet."

Noch deutlicher wurde Strauß auf dem sog. kleinen Parteitag der CSU in Würzburg am 22. März 1986. Laut Presseberichten vom 24. 3. 1986 und 29. 3. 1986 (Mittelbayerische Zeitung) sprach Strauß in Richtung auf Theologen und Pfarrer im Zusammenhang mit der WAA-Kontroverse folgendes: „Und ich habe auch kein Verständnis dafür – und mir kann man wahrlich nicht eine skeptische oder gar negative Einstellung gegen die Kirchen unterstellen – wenn der Widerstand gegen eine solche Anlage in ökumenischen Großgottesdiensten als ein gottesgefälliges Werk gepriesen wird. Früher haben die Menschen gebetet, sind zum Wallfahren gegangen, um von der Seuche der Pest befreit zu werden. Die Oberammergauer Passionsspiele als Dank für das Ende der Pest. Heute werden ja geradezu Teufelsaustreibungen betrieben. Mit Kreuz und Fahne marschieren sie um die Baustelle herum, als ob es gelte, das Abendland vor dem Untergang zu retten. Das ist verantwortungslos! Wer die Menschen verwirrt, wer sie ohne Grund in Unsicherheit, Aufregung und Furcht versetzt, betreibt das Werk des Teufels und nicht das Werk Gottes ...".

Hat man diese unglaublichen Aussagen des bayerischen Ministerpräsidenten und CSU-Landesvorsitzenden noch als rhetorische Entgleisung im Affekt entschuldigen können, so wurde sehr bald deutlich, daß dies Teil einer ganz gezielten, bewußt gesteuerten, raffiniert inszensierten Kampagne war. Am Donnerstag, den 27. März 1986, lief ein fünfseitiges Schreiben des bayerischen Ministerpräsidenten an alle katholischen Bischöfe und an den evangelischen Landesbischof Hanselmann aus, in dem sich Strauß einzig und allein mit der WAA und den „Umtrieben" katholischer und evangelischer Verbände, sowie katholischer und evangelischer Pfarrer befaßte. Strauß schrieb an die bayerischen Repräsentanten der großen Religionsgemeinschaften u.a. folgendes: „Die Konferenz für katholische Jugendarbeit und der Bund der Deutschen Katholischen Jugend (BDKJ) haben die bayerischen Jugendlichen für Palmsonntag 1986 zu einem ökumenischen Kreuzweg am WAA-Gelände aufgerufen. Hier mißbrauchen Funktionäre von Jugendverbänden ihre Stellung, sie vermischen Kirche und Politik, sie entmündigen die jungen Menschen, die in gutem Glauben einer kirchlichen Jugendgruppe angehören, nutzen deren religiöse Motivationen für ihre persönlichen politischen Absichten aus und mißbrauchen sie für die höchst durchsichtigen oder undurchsichtigen Ziele gewisser Gruppierungen. Leider ist diese Agitation kirchlicher Amtsträger und Gruppen gegen die WAA nicht auf die Jugend beschränkt. Auf dem Dekanatskirchentag im Juli 1985 in Amberg bezeichnete der Beauftrage für Umweltfragen der evangelischen Landeskirche in Baden, Liedke, den großtechnischen Ausbau der Kernenergie als Gewalt gegen die Schöpfung und nannte die Errichtung der WAA als mit unserem christlichen Hoffnungszeichen nicht vereinbar. Der pädagogische Leiter des evangelischen Bildungswerks Landshut, Gernot Häublein, beteiligte sich bei einer Veranstaltung des Evangelischen Bildungswerks Landshut an einer Desinformation, bei der WAA würden friedliche und militärische Atomnutzung wieder zusammengeführt. . . (Anmerkung von mir, es folgen weitere Beispiele) Mit solchen Aufrufen und Aktionen begeben sich kirchliche Gruppen und Amtsträger in die Gesellschaft von verfassungsfeindlichen extremistischen Organisationen. . . Angesichts dieses beängstigenden Mißbrauchs von Kirche und Religion für demagogische Zwecke ist es eine besonders dringende Aufgabe, der Verwirrung der Geister, dem diabolus in ecclesia (d.h. Teufel in der Kirche), entgegenzutreten und die Beziehungen zwischen Christentum und Politik nicht nur in Worten zu beschreiben, sondern auch in der kirchlichen Wirklichkeit zu klären. . . Ob die WAA errichtet werden sollte oder nicht, ist eine Frage der Naturwissenschaften und der Politik. Es ist bewußter und grober Mißbrauch des Christentums, wenn der Anschein erweckt wird, als ob ein Christ, der seinen Glauben und die sich daraus ergebende Verantwortung ernst nimmt, Gegner der WAA sein müsse. Ein gläubiger und verantwortungsbewußter Christ kann mit guten Gründen der Überzeugung sein, daß auch ein (gemeint ist: Atom-) Kraftwerk ein Teil des göttlichen Auftrags ist: Macht Euch die Erde untertan!" (s. Dok. Nr. 77)

Der Brief ist eine derartige Entgleisung, eine derart gravierende

Einmischung in den innerkirchlichen Meinungsprozeß, daß er jedem katholischen und evangelischen Christen ganz Bayerns zugestellt werden sollte. Hier drückt sich der Fanatismus eines Geistes aus, wie er in Zeiten der Inquisition nicht intoleranter sein konnte. Nicht viel anders haben sich damals wohl Menschen geäußert, die die Fackel an die Scheiterhaufen gelegt haben, auf denen Hexen und Andersgläubige verbrannt wurden. Mir ist bewußt, daß ich hier sehr hart formuliere.

Franz Josef Strauß legt sich bis in die jüngste Vergangenheit immer wieder mit Vertretern der christlichen Kirchen an, wenn es um die WAA geht. Mitte August 1988 gab es wieder eine Kontroverse zwischen Strauß und dem Vorsitzenden der Österreichischen Bischofskonferenz, Erzbischof Karl Berg. Berg, der auch Erzbischof von Salzburg ist, hatte Strauß in einem Brief gebeten, die Sorgen vieler Österreicher im Zusammenhang mit der WAA ernst zu nehmen. In einem achtseitigen Antwortbrief hatte Strauß u.a. die WAA als unerläßlichen und nicht beliebig zu streichenden Teil der atomaren Versorgungs- und Entsorgungskette bezeichnet. Auf die Mahnung des Erzbischofs Berg, Strauß solle doch – vor dem Hintergrund der Ereignisse von Tschernobyl – die Einwendungen gegen die WAA sorgfältig prüfen und ernst nehmen, hatte Strauß schnöde geantwortet, es wäre eines katholischen Bischofs unwürdig, verantwortlich handelnde Politiker ohne den geringsten Beweis der Richtigkeit der vorgebrachten Argumente in Glaubensnot und Gewissenszweifel zu stürzen.

Erzbischof Karl Berg meinte darauf in der Salzburger Kirchenzeitung „Rupertusblatt“: „Ein ehrlicher Dialog mit Politikern der Art von Strauß ist offenbar nicht mehr möglich. Strauß hat mit seinem Antwortschreiben wieder einmal tief in die Demagogenkiste gegriffen.“

Dem ist wohl nichts mehr hinzuzufügen. Leider ist der für Wakkersdorf „zuständige“ katholische Bischof von Regensburg, Manfred Müller, nicht von der Wesensart des Erzbischofs von Salzburg. Beim Regensburger Bischof hat offenbar der Brief des Bayerischen Ministerpräsidenten Franz Josef Strauß vom 27. 3. 1986 volle Wirkung gezeigt. Jedenfalls befindet sich der Regensburger Bischof (und sein Generalvikar) voll auf der Linie des CSU-Landesvorsitzenden, wenn er die katholischen Geistlichen der Diözese, die sich öffentlich und aktiv im WAA-Widerstand betätigen, massiv beeinflußt.

b) Bischof Manfred Müller und sein Generalvikar

Die im Widerstand gegen die WAA aktiven katholischen Pfarrer und Geistlichen sind zwischenzeitlich allgemein bekannt, so daß wohl kein Anlaß besteht ihre Namen geheim zu halten. Besonders hervorgetan hat sich hier der frühere Hemauer Pfarrer Leo Feichtmeier, dem man schon 1985 am katholischen Feiertag „Christi Himmelfahrt" (16. Mai 1985) vom Bischöflichen Ordinariat in Regensburg verboten hat, in Nabburg für ehemalige Schüler der Landvolk-Hochschule Niederaltteich vor einem Vortrag zum Thema WAA eine (laut Feichtmeier) vollkommen normale Messe zu feiern. Wegen eines angeblichen Formfehlers und, so der Regensburger Generalvikar Friedrich Morgenschweis in einem Brief an Feichtmeier, um „angesichts der Thematik nachträgliche Schwierigkeiten zu vermeiden," habe man ihm dies untersagt. Schon damals, im Mai 1985 wehrte sich Leo Feichtmeier: „Ein verwunderlicher Vorgang, zumal ich bei Gottesdiensten grundsätzlich nicht gegen die WAA polemisiere, der Generalvikar selbst aber während einer Messe am Josefstag in einer Regensburger Kirche eine Predigt pro WAA gehalten hat."

Mit diesem erstmaligen Verbot des Regensburger Bischofs und seines Generalvikars gegen den damaligen Hemauer Pfarrer (und späteren Religionslehrer am Gymnasium Nittenau) Leo Feichtmeier wurde die Linie der massiven Einschüchterung, Bevormundung und Unterdrückung der katholischen Pfarrer, die im WAA-Widerstand aktiv sind, festgelegt.

Ein besonderer Dorn im Auge der katholischen Amtskirche war es natürlich, daß immer wieder fünf oder sechs katholische Pfarrer der Diözese am Sonntagnachmittag um 14 Uhr bei den sog. ökumenischen Andachten am Franziskusmarterl öffentlich auftraten. Man überlegte offenbar beim Bischof lange hin und her, mit welchem Disziplinierungsmittel man den Pfarrern die „Anti-WAA-Andachten" verbieten könnte. Nach langem Überlegen schrieb dann der Generalvikar Morgenschweis am 21. 5. 1986 einen, zwischenzeitlich berühmten, Brief an die Herren Pfarrer Albert Kobler – Laaber, Andreas Schlagenhaufer – Kohlberg, Richard Salzl – Penting, Siegfried Felber

– Bad Abbach und Oberstudienrat Leo Feichtmeier – Nittenau: „Liebe Mitbrüder, Tschernobyl ist nicht überall. Wackersdorf aber ist zumindest, was an den Pfingsttagen dort geschah, nicht nur überall im Gespräch, sondern fordert alle heraus, sich selbst zu prüfen und eigene Standpunkte – so oder so – zu überprüfen. Die Hunderte von Verletzten, die es an den Pfingsttagen dort gab, machen uns nicht nur betroffen, sondern sind eine unausweichliche Anfrage an jeden, und dies nicht nur über Sinn oder Nicht-Sinn einer WAA, sondern wie bei den schrecklichen Ausschreitungen deutlich wurde, nach dem Staat als solchem, nach dem Terror in unserem Lande und damit auch nach der Sendung unserer Kirche. . . . Ich frage, inwieweit Ihr selbst Eure Mitverantwortung einschätzt und ich frage, inwieweit angesichts der letzten Ausschreitungen Ihr selbst noch den von Euch angestrebten gewaltlosen Widerstand mit den tatsächlichen Gegebenheiten vereinbaren könnt? Ich stelle fest, daß Ihr nicht namens der Kirche von Regensburg auch zu noch so ehrlich und gut gemeinten religiösen Veranstaltungen öffentlich einladen oder auffordern könnt . . . Ich habe Anlaß darauf hinzuweisen, daß die Verantwortung für die Menschen, die sich z. B. am Franziskusmarterl versammeln, völlig bei Euch liegt. Die Diözese hat bei Abschluß ihrer Sammelversicherung für Gottesdienstbesucher Eure Gottesdienste nicht mit eingeschlossen und betrachtet sie auch nicht als Veranstaltung im Sinne ihrer bestehenden Versicherungsverträge. Ferner muß ich Euch in aller Form eine Eucharistiefeier im WAA-Gelände verbieten." Gemeint hat der Generalvikar Morgenschweis sicherlich eine Eucharistiefeier am WAA-Gelände, denn Eucharistiefeiern im WAA-Gelände hätte er sicherlich nicht verboten. Dafür sprechen ja auch z. B. die weihnachtlichen Gottesdienste bei den Wachmannschaften und Polizeibeamten, die im Sinne der WAA tätig sind. (s. Dok. Nr. 78)

Dieser wirklich bemerkenswerte Brief, den der Generalvikar, gleichsam die rechte Hand des Bischofs, im Namen des Bischofs an die „Atomabweichler" geschrieben hat, hat insbesondere und gerade beim Arbeitskreis Theologie und Kernenergie, große Empörung hervorgerufen. Es ist im übrigen festzuhalten, daß sich die so angeschriebenen und mit so guten Ratschlägen und Verboten bedachten katholischen Pfarrer wenig beeindruckt zeigten. Dies spricht für ein Umdenken und eine neue Qualität, was Willensbildung und Meinungsfreiheit anbelangt, auch in der katholischen Kirche. Trotzdem versuchen Bischof Manfred Müller und sein Vollzugsgehilfe Morgenschweis immer wieder, WAA-Gegner zu disziplinieren. So wurde im Juni 1986 auch dem brasilianischen Missionsbischof Erwin Kräutler, auf Intervention des Bischöflichen Ordinariats Regensburg, von seiner Ordensleitung verboten (bzw. mit Nachdruck abgeraten), an einer Kundgebung österreichischer Staatsbürger gegen die geplante WAA am 28. Juni 1986 in Regensburg teilzunehmen. Bischof Kräutler sagte gegenüber der Katholischen Nachrichtenagentur: „Ich darf nicht sagen, was ich denke und das sollte eigentlich anders werden." Er habe sich schweren Herzens der Anweisung aus Regensburg gefügt und werde nun nicht am friedlichen Protest gegen die WAA teilnehmen, sagte der Missionsbischof. Generalvikar Morgenschweis wollte die „Intervention" (laut Mittelbayerischer Zeitung vom 21. 6. 1986) nicht kommentieren. Allerdings bestätigte er die Nachricht, daß der von WAA-Gegnern für den 28. Juni in der Schwandorfer Klosterkirche am Kreuzberg geplante Gottesdienst nicht stattfinden könne.

Offenbar fühlt sich die „rechte Hand" des Regensburger Bischofs, Generalvikar Morgenschweis doch nicht so ganz wohl in seiner gestrengen Rolle. Anläßlich einer Predigt, die er in Grafenwöhr Ende Juni 1986 abhielt , sagte er u. a. folgendes: „Gott hält uns auch nach Tschernobyl in seiner Hand. Unser gottesdienstliches Tun muß herausgenommen werden aus aller politischen Agitation! Die Kirche hat in der Vergangenheit immer wieder Anfechtungen erlebt und dies werde sich auch in ihrem weiteren Unterwegssein nicht ändern. Die Kirche muß Kraft haben, auch in der Feier von Gebet und Gottesdienst ein reines und ehrliches Lob Gottes anzustimmen. Wir haben Gott zu preisen, auch wenn uns die Wasser bis zum Halse stehen!"

Damit hat der Generalvikar einen deutlichen Bezug zur WAA hergestellt. So unsensibel ist er offenbar doch nicht, wie es den Anschein hat.

c) Verunglimpfung der im Widerstand engagierten Pfarrer

Die CSU in der mittleren Oberpfalz schreckte nicht davor zurück, im letzten Landtagswahlkampf auch gegen die im Widerstand aktiven Pfarrer mit massiver Verunglimpfung vorzugehen. Das ist ja sowieso ein probates Mittel, WAA-Gegner zu disqualifizieren und zu diffamieren. Wenn man gegen ihre Sachargumente in der Auseinandersetzung um die WAA nichts Wesentliches einwenden kann, versucht man, nach Möglichkeit im persönlichen Bereich angebliche oder tatsächliche Schwachpunkte zu finden, um diese WAA-Gegner damit „abzuschießen". So hat man gegen den katholischen Pfarrer und Religionslehrer Leo Feichtmeierl eine „alte Geschichte" ausgegraben. Feichtmeier soll vor Jahren einmal im Unterricht einem Schüler eine Ohrfeige gegegeben haben. In einer CSU-Wahlkampfzeitung wurde Pfarrer Feichtmeier als „Watschn-Lehrer" verunglimpft. Das wäre sicher nicht geschehen, wenn sich Herr Feichtmeier nicht so im Widerstand gegen die WAA engagiert hätte. Das Ganze läuft nach der alt bekannten Devise: „Und willst Du nicht mein Bruder sein, so hau ich Dir den Schädel ein". In gleicher Weise ging man gegen den Dekan Richard Salzl, Pfarrer von Penting, vor, der durch ein in der Aussage verfälschendes Foto als „Anheizer von WAA-Kundgebungen" hingestellt wurde. In einem Neunburger Anzeigenblatt gab Pfarrer Salzl am 15. 9. 1986 folgendes Kurzinterview: Frage: „Herr Pfarrer Salzl sind Sie Anheizer von WAA-Kundgebungen?" Antwort: „Nein! Das Bild in der Zeitschrift „WIR", das als Beleg für diese Behauptung gelten soll, stammt von einer Faschingsveranstaltung."

Frage: „Was sagen Sie zu dieser Zeitung, deren Redaktion der CSU-MdB Hermann Fellner inne hat?" Antwort: „Wer ein Hetzblatt schreibt, entlarvt sich selbst!" Frage: „Macht es betroffen, wenn solche Zeitungsbeilagen, die alle Bürger in der Oberpfalz bekommen, man möchte sagen, unter die Gürtellinie zielen?" Antwort: „Wenn das der Stil der Politik werden sollte, verkommt sie noch ganz und gar!" Frage: „Ist so etwas noch als christlich zu bezeichnen, wenn unter der Überschrift „Pfarrer ohrfeigt Schüler" Sie so dargestellt werden, als seien Sie ein Anführer von Chaoten." Antwort „Mit der Ohrfeige war ich zwar nicht gemeint, aber selbst wenn Herr Feichtmeier diese Watschn ausgeteilt haben sollte, was hat das denn mit dem Thema WAA zu tun?" Frage: „Gehen Sie rechtlich gegen die Redaktion des „WIR" vor?" Antwort: „Nein! Das fände ich unter meiner Würde!"

d) Versetzung des evangelischen Pfarrers Rostek nach München

Besonders engagieren sich fast sämtliche evangelischen Pfarrer, die im Landkreis Schwandorf angesiedelt sind. Seit November 1983 war Wolfgang Rostek evangelischer Pfarrer in Schwandorf. Rostek war eine besondere Stütze im Arbeitskreis Theologie und Kernenergie. Ab September 1987 wurde er nach München versetzt, um dort an einer Schule das Fach Religion zu unterrichten. Zwei Jahre betreute Rostek den dritten Sprengel der evangelischen Kirchengemeinde (Wackersdorf und Steinberg) und kümmerte sich um die konfirmierte Jugend. Anschließend war er in Rieden (Kreis Amberg-Sulzbach) und auch in Nabburg tätig. Er wäre in Nabburg gerne auf die freistehende Pfarrerstelle nachgerückt. Es war offensichtlich Rosteks starkes Engagement gegen die WAA, die diesem Vorhaben entgegenstand. Im „Evangelischen Gemeindeboten“ heißt es dazu: „Seine Ernennung auf diese Stelle scheiterte an der gesellschaftspolitischen Wirklichkeit unserer Religion, die es nicht zuläßt, daß ein kritischer Theologe zuviel mit seiner Familie hier lebt und auf Gefahren und Gefährdungen hinweist.“

Die Evangelische Landeskirche befaßt sich übrigens sehr intensiv und auf breiter Basis mit den Auswirkungen der WAA auf die verschiedensten Bereiche. So fand im Mai 1986 ein sehr gut bestücktes WAA-Kolloquium in der Evangelischen Akademie Tutzing statt, zu dem ich auch eingeladen war. Der Landesbischof Johannes Hanselmann war tagelang interessierter Zuhörer. Offenbar ist ihm aber das Engagement vieler evangelischer Theologinnen und Theologen gegen die WAA manchmal zu weitgehend. Als sich 25 evangelische Theologen aus ganz Bayern trafen und vereinbarten, WAA-Gegner, die evtl. durch Prozesse großen finanziellen Belastungen ausgesetzt sein werden, auch finanziell zu unterstützen und bei der Tagung sofort spontan 230 DM für den Rechtshilfefond gesammelt wurden, reagierte Landesbischof Hanselmann: Er warnte die Theologen eindringlich davor, zu politischen Streitfragen voreilig Stellung zu beziehen oder gar an Protestaktionen gegen die WAA teilzunehmen. Durch ein Verhalten, das offensichtlich über den gewöhnlichen Gottesdienst hinausgeht, sieht er die Glaubwürdigkeit der Kirche gefährdet. Um seines Amtes willen sei der Seelsorger zu parteipolitischer Zurückhaltung verpflichtet.

Ob hier die wilden Attacken von Franz Josef Strauß auch Wirkung gezeigt haben?

2. Unterdrückung der im Widerstand aktiven Staatsbeamten und Richter

a) Maulkorberlaß und Verteidigungsgebot

Wie schon mehrfach betont, sind die WAA-Gegner die im Öffentlichen Dienst beschäftigt sind, insbesondere Beamte und Richter, der besonderen Einschüchterung durch die Bayerische Staatsregierung ausgesetzt. Berühmt geworden ist die scharfe Warnung des damaligen Justizministers August Lang an demonstrationswillige Beamte, wonach Lang (laut Deutscher Presseagentur) u. a. folgendes sagte: Beamte hätten kein Streikrecht. Es sei ihnen aber unbenommen, aus dem Öffentlichen Dienst auszuscheiden und zu „Berufsdemonstranten" zu werden. Wer diesen Weg vorziehe, eröffne jungen Lehrern oder Facharbeitern neue Arbeitsplätze ... Wer gegen die WAA demonstriere, versündige sich an den zahllosen Arbeitslosen, die sich bei dem Projekt Arbeitsplätze erhofften. Es gelte den Anfängen zu wehren.

Deutlicher kann man die Beamten, die im Widerstand gegen die WAA tätig sind, wohl nicht unter Druck setzen. Man versucht ihnen einzureden, daß sie nur ein Demonstrationsrecht zweiter Klasse haben, weil sie ja vom Freistaat Bayern bezahlt werden. Damit macht man die offizielle CSU-Politik zur WAA zur Staatsmaxime nach der Devise, „wes Brot ich eß, des Lied ich singen muß." Dies ist ein staats- und verfassungsrechtlich höchst gefährlicher Ansatz. Ich vermeide sonst wirklich geschichtliche Rückblicke, aber in diesem Zusammenhang muß an das Verhalten der Beamten in der Weimarer Republik und im Dritten Reich erinnert werden. Diesen Kadergehorsam verlangt letztlich auch die CSU-Staatsregierung in Sachen WAA. Der damalige Justizminister hat dann Anfang 1985 in aller Offenheit gesagt, daß stärker als bisher Disziplinarmaßnahmen eingeleitet werden und unverzüglich zum Abschluß gebracht werden. Dies hat man ja dann auch später durchgeführt und praktiziert.

Als erste klare Reaktion auf die Aktivitäten von Beamten und Richtern im Widerstand kam es zum sog. „Maulkorberlaß" vom 21. 3. 1983. Vorausgegangen waren Schwierigkeiten mit dem damaligen Vorsitzenden der Schwandorfer Bürgerinitiative gegen die WAA, der Richter war. Dieser Maulkorberlaß, besser wohl „Sprachrohrerlaß" genannt, war eine gemeinsame Bekanntmachung aller Bayerischen Staatsministerien und der Bayerischen Staatskanzlei in der, so ein Sprecher des Finanzministeriums, nur die geltende Rechtslage noch einmal klar gemacht wurde und somit lediglich ein gewisser „Akt der Fürsorge". Alle Verbände und selbstverständlich auch die Opposition erkannten aber diesen „Maulkorberlaß" als das, was er war, nämlich eine deutliche Verschärfung der bisherigen Rechtssituation. Sogar der Vorsitzende des Bayerischen Beamtenbundes war außerordentlich überrascht über die Bekanntmachung zur politischen Betätigung von Beamten und Richtern. Zusammengefaßt wird in dieser Bekanntmachung, die zum 1. Mai 1983 in Kraft trat, verlangt, daß die Beamten und Richter bei Ausübung ihrer dienstlichen Tätigkeit die allgemeinen Richtlinien der Vorgesetzten befolgen und die Entscheidungen der Regierung unterstützen und fördern. Außerhalb des Dienstes hätten sie bei einer Betätigung im öffentlichen Leben bzw. bei einer politischen Betätigung Mäßigung und Zurückhaltung zu wahren, Kritik an den Verfassungsorganen in gehässiger, agitatorischer und aufhetzender Weise zu unterlassen und sich (was exakt auf die WAA-Bürgerinitiativen gezielt war) bei einer Betätigung in Bürgerinitiativen von Kräften zu distanzieren, die Ziele verfolgen, die mit einer freiheitlichen demokratischen Grundordnung nicht vereinbar sind.

Zumindest in Teilen war dieser Maulkorberlaß eine konsequente Fortsetzung der Politik der CSU, die mit dem Radikalenerlaß begann und offensichtlich darauf abzielt, die Meinung der Beamten und Richter des Freistaats ausschließlich auf die Vorstellungen der CSU und der von ihr gestellten Bayerischen Staatsregierung auszurichten. Die anfängliche Kritik an diesem Erlaß ist zwischenzeitlich weitgehend verstummt, obwohl diese Bekanntmachung nach wie vor Geltung hat. Diese Bekanntmachung hat schließlich die allgemeine Rechtssituation für Beamte und Richter gerade auch in ihrer Freizeit so verschärft, daß darauf die derzeit laufenden Disziplinarverfahren gegen WAA-Gegner gestützt werden. Man hat also vorzeitig (nach Meinung der CSU-Staatsregierung rechtzeitig) die Sicherungslinie in die Gesellschaft entscheidend vorverlegt.

Dieser Maulkorberlaß reichte offenbar der Staatsregierung noch immer nicht. Da man auch ein aktives Tun der Beamten und Richter zu Gunsten der Staatsregierung erwartete, erließ das Bayerische Finanzministerium am 18. Januar 1988 auch noch ein allgemeines Verteidigungsgebot zu Gunsten der Staatsregierung. In der vom Amtschef Ministerialdirektor Konrad Mayer unterzeichneten Anweisung (an alle Referate und alle Abteilungen) heißt es u.a.: „Ministerpräsident Strauß hat zur Richtlinie der Politik erklärt, daß alle Angriffe gegen die Staatsregierung, einzelne Ressorts oder ihnen nachgeordnete Behörden in der Presse unverzüglich zurückzuweisen sind. Ab sofort ist deshalb wie folgt zu verfahren: In jedem Einzelfall eines Presseberichts (Zeitungen, Rundfunk, Fernsehen) mit einem Angriff, Vorwürfen oder auch nur negativen Bemerkungen, von welcher Seite auch immer, über das Finanzministerium oder eine dem Finanzministerium nachgeordnete Behörde, ist dem Pressereferat seitens des betroffenen Referats von sich aus, gegebenenfalls nach telefonischer Besprechung mit dem Pressereferenten, unverzüglich (in der Regel noch am selben Tag) ein schriftlicher Entwurf einer Stellungnahme (in der Regel Entwurf eines Leserbriefs) vorzulegen."

Man muß sich das einmal bildlich vorstellen. Im Klartext bedeutet das: Zur Totalüberwachung der gesamten Medienlandschaft und zum Zwecke ihrer Überflutung mit regierungsamtlicher, oder besser gesagt, parteiamtlicher Propaganda reichen dem bayerischen Ministerpräsidenten die mehr als üppig besetzten Presseabteilungen der Ministerien, Ämter und Behörden nicht mehr aus. Nunmehr soll der gesamte bayerische Beamtenapparat per Dienstanweisung zur Mitarbeit herangezogen werden. Und dies, bei auch nur negativen Bemerkungen, von welcher Seite auch immer. Mit Maulkorberlaß und Verteidigungsgebot hat somit Franz Josef Strauß den Staatsapparat vollständig im Griff, parteipolitisch durchtränkt und so schlagkräftig wie nie. Dies verspüre gerade ich Woche für Woche. Auf jede meiner Äußerungen auf einer Versammlung oder sonst wie in der Öffentlichkeit wird unverzüglich erwidert, zum Teil in rotziger und ungezogener Art und Weise. Dies geschieht dann auch noch oft von völlig untergeordneten Chargen in den Presseabteilungen der Ministerien oder der Regierung der Oberpfalz.

b) Unterdrückung der im Widerstand aktiven Lehrer

Galt der frühere Kultusminister Prof. Hans Maier schon als mehr konservativ denn liberal, so war er offenbar der obersten „Heeresleitung“ noch viel zu weich und nachgiebig. Dem jetzigen Amtsinhaber Hans Zehetmair kann man Liberalität nun wirklich nicht unterstellen.

Mit Zehetmairs Amtsantritt begann das „Beamten-Hallali“. Es fiel der Ausspruch von den linken Lehrern, den Kultusminister Zehetmair im Gespräch mit der Mittelbayerischen Zeitung, wie folgt, eingrenzte: Die Aussage über diese Linken habe sich bezogen auf das Umfeld von Schwandorf/Wackersdorf, wo man die Pädagogen mit an der Spitze des Widerstands gegen die WAA geglaubt habe. (MZ vom 21. 11. 1986) Es gab dann auch die ersten „Pflichtenmahnungen“ gegen Lehrer, die sich im Unterricht „intensiv und einseitig“ mit der WAA beschäftigten. Der Persönliche Referent des Kultusminsters, Wolfgang Quint, hat dies gegenüber der Öffentlichkeit bestätigt. Als ich dann am 21. 1. 1987 den noch verhältnismäßig neu im Amt befindlichen Kultusminister nach den Maßregelungen gegen Gymnasiallehrer befragte, wiegelte er ab, die Ausführungen seines Persönlichen Referenten seien in der Presse teilweise nicht voll zutreffend wiedergegeben worden. Und weiter hieß es in seinem Antwortschreiben vom 5. 2. 1987 wörtlich: „Das Kultusministerium hat gegen einen Lehrer eine Pflichtenmahnung und gegen einen anderen eine Mißbilligung ausgesprochen und zwar in beiden Fällen wegen Verstößen gegen die beamtenrechtliche Mäßigungspflicht im außerdienstlichen Verhalten. In einem weiteren Fall war eine dienstrechtliche Würdigung nicht möglich, da sich die Lehrkraft nicht mehr im staatlichen Schuldienst befindet. Daher wurde die Schule, an der dieser Lehrer tätig war, aufgefordert, dafür zu sorgen, daß sich die gerügten Vorfälle nicht mehr wiederholen.“ Der Kultusminister ließ jedenfalls keinen Zweifel daran, daß er „keine offenen oder versteckten einseitigen Polit-Agitatoren“ in den Schulen dulden werde, die oberste Pflicht des Beamten gegenüber dem Staat sei die Loyalität oder (ein anderes Mal) er werde nicht zulassen, daß manche Lehrer auf der einen Seite „vom Staat ihr Geld bekommen, auf der anderen Seite aber gerade diesen Staat verunglimpfen und rechtsstaatliche Einrichtungen in Frage stellen.“ Damit wurde, mehr oder weniger versteckt, von höchster Stelle die Hatz auf „linke“ Lehrer eröffnet. Kein Wunder, daß dann die CSU-Büchsenspanner vor Ort noch eins drauf gaben, bei einem bestimmten Gymnasium in Nabburg vom „rot-grünen Bildungshügel“ sprachen usw.

Besonders schlimm ging man mit dem Nabburger Karl Kirch um, der ein weithin bekannter WAA-Gegner ist. Der Nabburger Gymnasiallehrer und SPD-Mitglied des Nabburger Stadtrat Karl Kirch hatte in öffentlichen Veranstaltungen u.a. folgendes erklärt: „Wir halten die Gewaltanwendung der sog. Chaoten nicht für richtig, wir haben aber auch Verständnis dafür“. Ein anderes Mal sagte er: „Die eine Seite kann schamlos lügen, die andere muß jedes Wort auf die Goldwaage legen.“ Bei den schamlosen Lügen bezog er sich auf eine Aussage des CSU-Politikers August Lang, der (laut Amberger Volksblatt vom 7. 1. 1987) bei einem Neujahrsempfang über die sonntäglichen Andachten beim Franziskusmarterl, im Hinblick auf die Besucher dieser Andachten wörtlich gesagt hatte: „Vermummt im Dunkel der Nacht, stürmten die gleichen Frauen und Männer mit Waffen und Werkzeugen, die vor der sog. Gebetsandacht bereits in Erdlöchern versteckt waren, die Baustelle.“

Die Äußerungen meines Freundes Karl Kirch wurden zu einer unglaublichen Kampagne der CSU in der Öffentlichkeit und sogar im Nabburger Stadtrat mißbraucht. Der Stadtrat wurde als Tribunal benützt, der CSU-Fraktionsvorsitzende im Nabburger Stadtrat verlas eine Erklärung, in der es u.a. hieß: „Die CSU-Fraktion verfolgt seit geraumer Zeit mit tiefer Besorgnis die zuletzt der örtlichen Presse zu entnehmenden Entwicklungen am Gymnasium Nabburg, durch die der Ruf dieser Schule erheblich beeinträchtigt und auch dem festumrissenen Vorstellungsbild von Nabburg innerhalb der Bevölkerung – weit über die Stadt hinaus – Schaden zugefügt wird. Wir wissen, daß es sich bei diesen Erscheinungen um das Werk allenfalls einiger weniger handelt, können aber nicht mehr dazu schweigen, wenn ein Mitglied des Stadtrates durch das Land zieht und unter ausdrücklicher Benennung nicht nur als Lektor der hiesigen evangelischen Kirchengemeinde, sondern im besonderen auch als Nabburger Gymnasiallehrer verkündet, auf Grund seiner Wackerländer Erfahrungen den Glauben an den Rechtsstaat und in das demokratische Verfahren verloren zu haben. . . . Die Ungeheuerlichkeit, daß ein Mitglied des Stadtrats Gewalt und Terror öffentlich billigt, zumindest aber billigend in Kauf nimmt, verlangt, daß sich die übrigen Stadtratsmitglieder nicht nur in ihrem Innern und im privaten Gespräch darüber entrüsten, sondern hiervon auch in aller Eindeutigkeit öffentlich abrücken, um eine gemeinsame demokratische Plattform für die weitere Arbeit zu erhalten. Wir beantragen, Beschluß zu fassen, daß der Stadtrat Nabburg mit Empörung von der Äußerung seines Mitglieds Kirch, er habe Verständnis für die Gewaltanwendung von Chaoten, Kenntnis genommen hat und sich hiervon mit Abscheu distanziert. Wir beantragen ferner, daß der Sachveralt seitens der Verwaltung sowohl dem Direktorat des Gymnasiums Nabburg, als auch dem Bayerischen Kultusministerium zur weiteren Veranlassung zur Kenntnis gebracht wird." (s. Dok. Nr. 79) Allein die Wortwahl der Nabburger „christlichen" Stadträte spricht Bände. Abscheu, Distanzierung, Empörung, öffentliches Abrücken, und – nicht zuletzt, auch dem Bayerischen Kultusministerium zur weiteren Veranlassung zur Kenntnis bringen.

Welch verschlungene Wege das Kultusministerium oft benützt, um das außerdienstliche Verhalten von Lehrern, die im WAA-Widerstand aktiv sind, maßregeln zu können, zeigt das Beispiel des Nittenauer Oberstudienrats Dieter Kirpal.

Am 16. 3. 1985 schrieb Herr Kirpal auf Bitten einer guten Bekannten dem ehemaligen Präsidenten der Bundesanstalt für Arbeit Stingl einen Brief, der sich mit der WAA befaßte. In diesem Brief beklagt sich Herr Kirpal u. a., daß WAA-Gegner diskriminiert werden, durch Leute, die unter christlich angetreten sind, Leute wie Strauß, Stoiber, Lang, Jobst, Hillermeier usw."

Über zwei Jahre später wurden wegen dieses privaten Briefes dienstaufsichtliche Maßnahmen vom Kultusministerium gegen den Oberstudienrat Kirpal eingeleitet. In einer Verfügung vom 22. Mai 1987 heißt es dann u. a.: „Der Brief des Oberstudienrats Kirpal an den ehemaligen Präsidenten der Bundesanstalt für Arbeit, der dem Ministerium als oberster Dienstbehörde zugegangen ist, betrifft Herrn Oberstudienrat Kirpal in seinem Dienstverhältnis. Denn es war auf Grund eines Teils der dort verwandten Formulierungen Anlaß, Herrn Oberstudienrat Kirpal an die Beachtung insbesondere des Mäßigungsgebotes des Artikel 63 Abs. 1 des bayerischen Beamtengesetzes zu erinnern ... Bei dieser Sachlage wird um Verständnis gebeten, daß der Vorgang zum Personalakt genommen wird." Ich habe dann unter dem 29. 6. 1987 einen persönlichen Brief an den Kultusminister Hans Zehetmair geschrieben und gefragt, ob das Ministerium weiterhin beabsichtigt, diesen „Vorgang" zur Personalakte des Herrn Kirpal zu nehmen? Es wird zwischenzeitlich niemanden mehr wundern, daß der Kultusminister in seinem Antwortschreiben vom 16. 7. 1987 um kein Jota von der Rechtsauffassung seines Hauses abrückte. Hier heißt es u. a.: „Verstößt ein Beamter rechtswidrig und schuldhaft gegen die aufgezeigten Schranken (Mäßigungsgebot) wird sein Verhalten wie bei anderen Dienstpflichtverstößen dienstrechtlich zu würdigen sein . . . Der Vorgang, der den Hinweis auf die Beachtung der Dienstpflichten auslöst, ist dabei zum Personalakt zu nehmen, weil sonst der Hinweis selbst unverständlich bliebe . . . Anlaß für diese Hinweise . . . waren die unzutreffenden Vorwürfe gegen die Bayerische Staatsregierung, die Herr Kirpal in seinem Schreiben vom 16. März 1985 erhebt. Der Vorwurf der übelsten Diffamierung und Diskriminierung von durch und durch ehrbaren Leuten durch die Bayerische Staatsregierung ist unzutreffend" . . .

Es ist also festzuhalten, daß es in Bayern genügt, dem Dienstvorgesetzten einen privaten Brief zuzuspielen. Auf welche Weise der Brief Kirpal-Stingl an den Kultusminister geraten ist, bleibt weiterhin im Dunkeln. Der Adressat des Briefes hat jedenfalls mitteilen lassen, daß er den Brief nicht weitergegeben hat. Es kann also durchaus sein, daß der Denunziant diesen Brief unter Verletzung des Briefgeheimnisses an sich genommen hat. Dies alles schreckt aber die Staatsregierung nicht ab, einen solchen Vorgang und einen solchen Brief zum Personalakt zu nehmen. Damit werden Denunzianten ermutigt.

Am härtesten ging bisher die Staatsregierung gegen den katholischen Pfarrer und Religionslehrer, den Oberstudienrat am Gymnasium Nittenau, Leo Feichtmeier vor. Leo Feichtmeier ist ein außergewöhnlich mutiger und engagierter Mann. Er tritt immer wieder öffentlich als Redner bei Anti-WAA-Kundgebungen auf. So lange er dies in seiner Eigenschaft als katholischer Geistlicher tut, muß er sich (nur) mit seinem Bischof auseinandersetzen. Da er doch gleichzeitig hauptberuflich Oberstudienrat und Lehrer am Gymnasium Nittenau ist, unterliegt er voll der disziplinarischen Rute der Staatsregierung. Das ist das besonders Gefährliche an seiner Situation. Ich habe seine Aussagen anläßlich der Kundgebungen geprüft und bin der Meinung, daß diese Aussagen vom Grundrecht der Meinungsäußerungsfreiheit abgedeckt sind. So hat er u.a. öffentlich gesagt: „Ich kann nur feststellen, wenn sich die Kirche den Mund verbinden läßt, wenn kritische Geister zum Schweigen gebracht werden, wenn allen nicht von der CSU vereinnahmten Kräften in Kirche und Gesellschaft vorgeworfen wird, sie lieferten dem Terror die Rechtfertigung, dann nähern wir uns einer Ermächtigung zum Staatsterror. Wir dürfen diese Unmoral der Pauschalierungen und Vereinfachungen nicht hinnehmen!" (Zitat aus dem Referat „Frieden mit der Schöpfung schließen".)

Nun hat mir Leo Feichtmeier am 4. 2. 1988 einen persönlichen Brief geschrieben, in dem er dieses Zitat in einen generellen Zusammenhang stellt. Er verweist in seinem Brief auf Aussagen von Franz Josef Strauß im Bayerischen Landtag (laut Landtagsprotokoll vom 17. 7. 1986), wonach die Behauptung, bei der friedlichen Nutzung der Kernenergie seien Leben und Würde des Menschen und der Bestand der Schöpfung gefährdet, jeder stichhaltigen Begründung entbehre. Wer trotzdem verkünde, daß der Nutzen der Kernraft ethisch und moralisch nicht zu verantworten sei, der liefere gewalttätigen Demonstranten und skrupellosen Terroristen eine pseudotheologische Rechtfertigung für ihre Verbrechen. Leo Feichtmeier verweist auch auf Aussagen von August R. Lang (laut Landtagsprotokoll vom 20. 3. 1986), wonach es doch nicht wahr sein könne, daß die Kirchen es zulassen, daß ökumenische Gottesdienste abgehalten werden, wo 22 Polizeibeamte niedergeschlagen werden. Er verweist auf die schon zitierte Aussage Langs beim Neujahrsempfang der CSU in Amberg (laut Amberger Volksblatt vom 5. 1. 1987), worin Lang behauptete, daß die gleichen Frauen und Männer mit Waffen und Werkzeugen, die vor der sog. Gebetsandacht bereits in Erdlöchern versteckt waren, die Baustelle stürmten. Leo Feichtmeier faßte dann zusammen, daß mit einem solchen Feindbild, wie es Langs Phantasie entsprungen sei, „wir uns nicht identifizieren könnten." Es sei leider weiterhin die Methode der CSU, ihre bzw. die Gegner der Kernenergie dem rabiaten Widerstand zuzuweisen. Damit sollen die bisweilen sehr fragwürdigen Methoden gerechtfertigt werden, mit denen solche Gegner zum Verstummen gebracht werden sollen. (s. Dok. Nr. 80)

Ich habe dann – in der naiven Hoffnung, etwas erreichen zu können

– unter dem 8. 2. 1988 an Franz Josef Strauß selbst geschrieben, die Vorwürfe der Kultusverwaltung gegen Leo Feichtmeier geschildert und Strauß gebeten, doch auf das Staatsministerium für Unterricht und Kultus einzuwirken, damit unverzüglich das Disziplinarverfahren gegen Feichtmeier eingestellt werde. Am 7. März 1988 antwortete mir der Leiter der Bayerischen Staatskanzlei, Staatsminister Edmund Stoiber in der üblichen Art und Weise. Er warf mir vor, mit meinem Schreiben an Strauß die agitatorischen Ausfälle des Beamten Leo Feichtmeier noch zu rechtfertigen, im übrigen sei nicht beabsichtigt, das Disziplinarverfahren gegen den Beamten einzustellen. Die Staatskanzlei teile voll und ganz die Beurteilung des Staatsministeriums für Unterricht und Kultus. Leo Feichtmeier habe durch Polemik den bayerischen Ministerpräsidenten und die bayerische Staatsregierung diffamiert. Es bestehe somit der schwerwiegende Verdacht, daß Feichtmeier der Achtung und dem Vertrauen nicht gerecht werde, die sein Beruf erfordert. Insbesondere der Vergleich zwischen der bayerischen Staatsregierung und dem Dritten Reich sei so ungeheuerlich, daß dies die Qualifikation als Lehrer in Frage stelle. Und dann bekomme auch ich noch Stoibers Fett weg: „Die SPD und vor allem auch Sie als Fürsprecher des Beamten täten gut daran, diese Aussagen ebenfalls schärfstens zu verurteilen. Stattdessen unterstützen Sie Oberstudienrat Feichtmeier und sehen wiederum ein Stück Abbau von Freiheitsrechten um die WAA herum, wenn gegen den Beamten ein Disziplinarverfahren durchgeführt werden sollte. In Ihrer ideologischen Scheuklappen-Mentalität wird jeder WAA-Gegner zu einem Märtyrer hochgejubelt. Es ist Ihnen egal, daß damit die Grenze des politischen Anstands unter Demokraten erheblich überschritten wird ... Bei Ihrer Hetze gegen die Wiederaufarbeitungs-Technologie kann es Ihnen leicht passieren, daß Sie die Geister, die Sie riefen, nicht mehr loswerden ..." (s. Dok. Nr. 81) Nur die kritische Öffentlichkeit und die Solidarität aller, denen Meinungsfreiheit wichtig ist, kann Leo Feichtmeier noch wirksam unterstützen. Am 29. April 1988 fand im Katholischen Vereinshaus in Schwandorf eine großartige Solidaritäts-Veranstaltung statt, die Leo Feichtmeier sicherlich ermutigte. Diese Ermutigung wird er weiter brauchen. Die CSU-Staatsregierung will Leo Feichtmeier als kritischen und engagierten WAA-Gegner beruflich vernichten. Dies soll, wieder einmal, auch die Einschüchterung aller anderen kritischen Geister in der Lehrerschaft bewirken.

Manchmal gab es auch Teilerfolge im Kampf für die unterdrückten Lehrer. So konnte sich der Schwandorfer Berufschullehrer Dieter Kersting, Stadtrat von Schwandorf, in dem disziplinarrechtlichen Vorermittlungsverfahren, das auf die Denunziation des Schwandorfer Oberbürgermeisters Hans Kraus hin zustande kam, behaupten. Erfolgreich auch der Ausgang im Abwehrkampf gegen die Unterdrückungsmaßnahme gegen den bekannten WAA-Gegner, Schriftsteller und pädagogischen Oberassistenten Harald Grill, aus Wald. Harald Grill erlaubte sich, einen Leserbrief in der Mittelbayerischen Zeitung zu veröffentlichen, in dem es u. a. heißt: „Wir haben eines der besten Grundgesetze der Welt, darauf bin ich stolz. Dieses Grundgesetz sichert nicht nur unsere Rechte, sondern verlangt uns auch Pflichten ab. Wir haben viel zu verlieren. Deshalb müssen wir uns wehren gegen Minister, die lügen und wir dürfen es uns nicht gefallen lassen, wenn unsere demokratischen Grundrechte eingeschränkt werden – auch dann nicht, wenn die Staatsminister einen Giftgaseinsatz gegen uns anordnen . . . Nicht nur Zäune für WAA's bedürfen des Schutzes, sondern auch Menschen, die sich für ihre Grundrechte einsetzen. Innenminister und Polizeipräsident, Herr Hillermeier und Herr Fricker, sollten die Konsequenzen aus ihrem Fehlverhalten ziehen. Sie haben den Giftgaseinsatz gegen eine friedliche, demonstrierende Bevölkerung zu verantworten."

Selbstverständlich haben „wohlmeinende" Mitbürger diesen und andere Leserbriefe der Schulverwaltung der Regierung der Oberpfalz zur Kenntnis gegeben (zur weiteren Veranlassung). Mit Schreiben vom 25. 9. 1987 hat die Regierung der Oberpfalz, unterzeichnet von Regierungsdirektor Laßleben, an den Herrn pädagogischen Oberassistenten geschrieben. Es heißt dort u.a.: „Unter Vorlage einer Reihe von Leserbriefen ist über Sie Beschwerde geführt worden. Nach dem beiliegenden Leserbrief (Datum unbekannt) haben Sie erklärt „deshalb müssen wir uns wehren gegen Minister, die lügen" und nach einem Leserbrief des Herrn Roland Matejka vom 15. 1. 1986 sollen Sie gesagt haben „im Gegensatz zum Innenminister, der ein Lügner ist, er soll mich anzeigen, wenn es nicht stimmt". „Die Regierung hält Ihnen nur die erste Version in Ihrem Leserbrief vor, da für die zweite

Version weitere Belege fehlen. Das Gebot zur Mäßigung und Zurückhaltung bei politischer Betätigung und die Pflicht zu einem Verhalten innerhalb und außerhalb des Dienstes, das der Achtung und dem Vertrauen des Beamtenberufes gerecht wird, verlangen u. a., daß sich ein Beamter bei einer politischen Auseinandersetzung, der in einem Leserbrief zu politischen Fragen Stellung nimmt, jeder unnötigen Polemik und beleidigenden Ausdrucksweise enthält . . . Der Hinweis auf Minister, die lügen, in Ihrem Leserbrief ist neben der beleidigenden Ausdrucksweise eine nicht nachprüfbare, allgemeine Beschimpfung!" (s. Dok. Nr. 82)

Mit diesem Brief vom 25. 9. 1987 stand eine disziplinarrechtliche Maßnahme, zumindest die sog. und ach so beliebte Pflichtenmahnung drohend bevor. Harald Grill bat mich dann, der Sache nachzugehen. Ich schrieb unter dem 12. 10. 1987 einen Brief an die Regierung der Oberpfalz und versuchte den Wahrheitsbeweis zu erbringen, daß es bei uns in Bayern Minister gibt, die tatsächlich lügen. In diesem Schreiben habe ich u.a. daran erinnert, daß Staatsminister August R. Lang vor geraumer Zeit die Behauptung aufgestellt hat, Demonstranten gegen die WAA würden Tagegeld erhalten. Später habe er dann gesagt, er wolle nur einen Stein in das Wasser werfen. Und weiter: „Hier hat Staatsminister August Lang sicherlich objektiv die Unwahrheit gesagt. Ob ihm dies subjektiv so klar war, als er diese Äußerung gemacht hat, ist sicherlich eine andere Frage. Diese Unterschiede trifft aber nur der Jurist. Der Normalbürger macht diese Unterschiede oft nicht. Insoweit ist wohl die Äußerung des Heimatdichters Harald Grill im Sinne des Volksmundes zu modifizieren. (s. Dok. Nr. 83)

Schon mit Schreiben vom 21. 10. 1987 an Harald Grill, das mir der Regierungsdirektor Laßleben in Abdruck zur Kenntnis gab mit dem Hinweis, daß es leider nicht möglich war, mich in dieser Angelegenheit letzte Woche telefonisch zu erreichen, wiegelte die Regierung der Oberpfalz ab. Es heißt in dem Schreiben: „Zur Klarstellung sei folgendes ausgeführt: Aufgrund der gegen Sie erhobenen Beschwerde wird lediglich geprüft, ob eine Pflichtenmahnung, das heißt, ein ausdrücklicher Hinweis auf die Artikel 63 und 64 des Bayerischen Beamtengesetzes angebracht ist."

Und dann weiter, man höre und staune. Mit Schreiben vom 20. 11.

1987, das mir ebenfalls wieder zur gefälligen Kenntnisnahme zugesandt wurde, schreibt der gleiche Regierungsdirektor Laßleben im Auftrag der Regierung der Oberpfalz dann folgendes u. a.: „Die Regierung schließt sich der Meinung ... an, daß der von Ihnen im besagten Leserbrief verwendete Satz „deshalb müssen wir uns wehren gegen Minister, die lügen", auch bei Berücksichtigung des Sinnzusammenhangs weder agitatorisch, noch gehässig oder aufhetzerisch und in dieser Allgemeinheit auch nicht ehrverletzend ist." (s. Dok. Nr. 84) Das heißt also, daß in Zukunft alle bayerischen Lehrer, pädagogischen Assistenten und Oberassistenten öffentlich den Aufruf erlassen können, sich zu wehren gegen Minister, die lügen. Allerdings zeigt dieser Vorgang auch, daß es einen Sinn gibt, sich von Anfang an schon gegen disziplinarrechtliche Vorermittlungsversuche zur Wehr zu setzen. Die Anteilnahme der Öffentlichkeit, hier vertreten durch einen Landtagsabgeordneten, kann dabei nur hilfreich sein.

c) Unterdrückung der im Widerstand aktiven juristischen Staatsbeamten

Besonders diffizil sind die Einflußmaßnahmen und Pressionen in Richtung auf juristische Staatsbeamte, die in den für die WAA zuständigen Ministerien und Behörden tätig sind. Hier habe ich eine Fülle von Informationen aus persönlichen Gesprächen. Die CSU-Staatsregierung ist ja äußerst geschickt darin, den gutqualifizierten juristischen Nachwuchs von Anfang an in ihre Dienste zu nehmen. Es gibt sogar eine sog. „Prinzenausbildung" in der qualifizierte Juristen aus den verschiedenen Ministerien zusammengefaßt und besonders ausgebildet werden. Damit zieht man auf der einen Seite Nachwuchs heran, auf der anderen Seite versichert man sich der Solidarität und Loyalität von Spitzenjuristen. Irgendwann, im Verlaufe der aufkeimenden Karriere, tritt dann die CSU an diese – wohlgemerkt qualifizierten – juristischen Staatsbeamten heran, mit der Frage wie es denn mit dem Eintritt in die angeblich „staatstragende Partei" bestellt wäre. Es ist ein ermutigendes Zeichen, wenn ich immer wieder (von Fall zu Fall) erlebe, daß in persönlichen Gesprächen zumindest Selbstzweifel und Zweifel an der offiziellen Politik der Staatsregierung deutlich werden. Ich verdanke auch so manchem dieser juristischen Staatsbeamten wertvolle und hilfreiche Hinweise auf Vorgänge in den Ministerien selbst. Mehr kann ich dazu jetzt natürlich nicht sagen. Es mögen deshalb zwei Beispiele zum Beweis meiner These, daß auch diese Beamten einer fortwährenden Pression unterliegen, soweit sie im Widerstand gegen die WAA engagiert sind, genügen.

Ein besonders gegen die WAA engagierter Regierungsrat/Oberregierungsrat, der einige Jahre beim Landratsamt Schwandorf beschäftigt war, geriet in diese schlimme Konfliktsituation zwischen Loyalität gegenüber dem Dienstherrn einerseits und persönlicher Überzeugung andererseits. Seine Frau, seine mündigen Kinder engagierten sich gegen die WAA, er selbst unterlag der vollen Weisung der Regierung der Oberpfalz und des Innenministeriums. In dieser persönlichen und dienstlichen Konfliktsituation hätte er der größeren persönlichen Zuwendung auch und gerade der führenden Persönlichkeiten im WAA-Widerstand bedurft. Als er den Eindruck hatte, er würde im Zweifel wohl nicht so gestützt werden, wie er es nötig hätte, nahm er das bewußt und gezielt gesetzte Angebot der Regierung an, außerhalb des Landkreises Schwandorf versetzt zu werden.

Deutlicher kann ich werden im Falle des ehemaligen juristischen Staatsbeamten Otto Vierheilig, der beim Landratsamt Amberg-Sulzbach beschäftigt war. Otto Vierheilig, Sozialdemokrat, war von Anfang an in der Amberger Bürgerinitiative aktiv.

Schlagzeilen machte er, als er sich gegenüber der CSU-Propagandazeitung „WIR“ (Ausgabe 3/83) mit einer Einstweiligen Verfügung dagegen verwahrte, als „Grüner“ bezeichnet zu werden. Nun ist selbstverständlich die Bezeichnung „Grüner“ keine Diskriminierung. Es ist aber Absicht der CSU-Mandatare von grün, chaotisch, „rot-grünes Chaos“ beginnend, auch links-liberale Sozialdemokraten in diese Ecke zu stellen. Dies war jedoch nur der Ausgangspunkt der Unterdrückungsversuche der CSU gegenüber Otto Vierheilig. Nachdem er sich gegen die von dem CSU-Landtagsabgeordneten Dandorfer zu verantwortende Wahlkampfzeitung massiv zur Wehr gesetzt hatte, gab es sofort Hinweise seitens der Regierung der Oberpfalz, daß nun Otto Vierheilig wohl versetzt werden müsse. Der SPD-Unterbezirksparteitag Amberg-Sulzbach, der am Samstag, den 10. Sept. 1983, in Kümmersbruck zusammenkam, lieferte dann einen eindrucksvollen Solidaritätsbeweis für Otto Vierheilig. Einstimmig wurde eine Resolution verabschiedet, die sich gegen die offensichtlich geplante Versetzung des Regierungsrates im Landratsamt nach seiner Beteiligung an Aktionen der Bürgerinitiative gegen den Bau einer WAA wendet. Unter der Überschrift „Die CSU-Personalpolitik hat wieder zugeschlagen", wurde folgendes verabschiedet: „Regierungsrat Otto Vierheilig, der als Abteilungsleiter am Landratsamt Amberg-Sulzbach beschäftigt ist, der sich bei der Bürgerinitiative gegen die WAA aktiv beteiligt und der es gewagt hat, sich gegen wissentlich unwahre und rufschädigende Angriffe der Amberger CSU zu wehren, ist in der Zwischenzeit mündlich die baldige Versetzung angekündigt worden. Sollte diese Ankündigung wahrgemacht werden, so zweifeln wir nicht daran, daß es den zuständigen Herren gelingen wird, zur Rechtfertigung der Versetzung dienstliche Belange zu (er-)finden. Wir zweifeln auch nicht daran, daß der eigentliche Grund der Versetzung ausschließlich das politische Engagement des Parteifreundes Otto Vierheilig in SPD und BI ist, das der Pro-WAA-Politik der CSU entgegensteht und deshalb stört. Weil die CSU ihre Pro-WAA-Politik nicht in Frage stellen lassen will, werden abweichende Meinungen nicht geduldet. Der Regierungsrat Otto Vierheilig wird in der Oberpfalz aus dem Verkehr gezogen und sozusagen „grundwasserneutral" beseitigt. Wir protestieren gegen diese eindeutig parteipolitisch bestimmte Personalpolitik! Wir erklären dem Parteifreund Otto Vierheilig unsere uneingeschränkte Solidarität zu seinem Verhalten und erinnern die zuständigen Stellen daran, daß die Beamten immer noch auf die Verfassung vereidigt sind und nicht auf die CSU oder die Politik der Staatsregierung. Beamtenschaft und Staatsapparat sind kein Privateigentum der CSU, auch nicht, nachdem der sog. Maulkorberlaß in die Welt gesetzt worden ist. Daran sollte sich die CSU erinnern." Soweit die Resolution des SPD-UB-Parteitags in Kümmersbruck.

Erwähnenswert ist die Reaktion der Regierung der Oberpfalz auf die klare SPD-Resolution. Der damalige Pressereferent der Regierung der Oberpfalz gab dazu folgende Stellungnahme ab: „In der Resolution des SPD-Unterbezirks-Parteitages wird wieder einmal übersehen, daß auch der Jurist und Abteilungsleiter an einem Landratsamt in das staatliche Über- und Unterordnungsverhältnis gestellt ist, unabhängig von jeglicher Parteizugehörigkeit. Damit unterliegt er der Weisungsbefugnis seiner Vorgesetzten. Das weiß jeder, der in den zur Zeit wieder gefragten Staatsdienst eintritt. Im übrigen ist es Aufgabe gerade eines Abteilungsleiters an einem Landratsamt, seinen Obliegenheiten sachlich neutral nachzukommen. Aufsehen in der Öffentlichkeit zu erregen, gehört sicher nicht dazu!" Damit war klar, daß Otto Vierheilig personalpolitisch vom Dienstherrn „zum Abschuß freigegeben worden war". Daran änderte auch nichts, daß die CSU-Zeitung „WIR" sich mit Otto Vierheilig einigte und in einem gerichtlichen Vergleich ihre falschen Behauptungen zurücknahm.

Unter dem 18. 10. 1983 reichte ich dann eine schriftliche Anfrage an den Präsidenten des Bayerischen Landtags ein, in der ich mich auf diese Presseerklärung der Regierung der Oberpfalz vom 17. 9. 1983 bezog und u.a. fragte: „Trifft es zu, daß der Vizepräsident der Regierung der Oberpfalz in einer dienstlichen Unterredung am 8. 9. 1983 gegenüber dem Regierungsrats Otto Vierheilig die Versetzung außerhalb der Oberpfalz aus dienstlichen Gründen wegen Dienstpflichtverletzung angekündigt hat? Trifft es zu, daß das Staatsministerium des Innern die Stelle des Regierungsrats Otto Vierheilig gesprächsweise schon potentiellen Bewerbern und Nachfolgern angeboten hat, obwohl die Absicht der zwangsweisen Versetzung des Regierungsrats Otto Vierheilig dem zuständigen Personalrat noch gar nicht mitgeteilt wurde? Wie beurteilt die Staatsregierung die außerdienstliche Tätigkeit des Regierungsrats in der Bürgerinitiative gegen die geplante Errichtung einer WAA? Rechtfertigt das private Engagement des Regierungsrats in der Bürgerinitiative dessen Versetzung in einen anderen Regierungsbezirk?"

Aus der schriftlichen Antwort des damaligen Innenministers Karl Hillermeier vom 19. 12. 1983 konnte jeder erkennen, daß ein „Haberfeldtreiben" gegenüber Otto Vierheilig unmittelbar bevorstand.

Der damalige Innenminister räumte ein, daß der Regierungsvizepräsident der Oberpfalz bereits am 8. 9. 1983 dem Beamten die Versetzung außerhalb des Regierungsbezirks angedeutet hatte, daß eine solche Versetzung aus dienstlichen Gründen auch gegen den Willen des Beamten zulässig sei und daß auch schon mit anderen potentiellen Bewerbern und Nachfolgern für die Stelle des Otto Vierheilig Gespräche geführt wurden. Ferner vertrat der Innenminister noch am 19. 12. 1983 die Rechtsauffassung, daß die Teilnahme an einer nicht angemeldeten Demonstration durch den Beamten Otto Vierheilig bzw. die Nichterkundigung nach der Rechtmäßigkeit der Teilnahme an einer solchen Veranstaltung nicht seiner gesetzlich festgelegten Pflicht zur Zurückhaltung bei politischer Betätigung und zu achtens- und vertrauensgerechtem Verhalten auch außerhalb des Dienstes entspräche. (Hier muß angemerkt werden, daß die Staatsanwaltschaft bei dem Landgericht Amberg unter dem Aktenzeichen 2 Js 6123/83 bereits unter dem 13. 9. 1983 alle Verfahren wegen Nichtanmeldung nach dem Versammlungsgesetz der Schweigedemonstration vom 20. 5. 1983 nach § 170 Abs. 2 StPO eingestellt hat.) Schließlich meinte der Staatsminister auch noch, daß das private Engagement des Beamten in der Bürgerinitiative die Versetzung dann rechtfertigen könne, wenn er sich dadurch in Widerspruch zu seinen beamtenrechtlichen Pflichten setze und deshalb an dem bisherigen Dienstort nicht mehr tragbar sei. (s. Dok. Nr. 85)

Otto Vierheilig entzog sich dieser bevorstehenden Treibjagd indem er die „Flucht nach vorne“ antrat, seine Entlassung aus dem bayerischen Staatsdienst einreichte und (ohne Einsatz von Vitamin B, wie er mir in einem Brief vom 15. 1. 1984 mitteilte) ab 1. 2. 1984 die neue Stelle beim Rechtsamt der Stadt Erlangen antreten konnte.

Was bleibt, ist die bittere Erfahrung, daß engagierte kritische juristische Staatsbeamte, die in einer wichtigen Sachfrage privat eine andere Meinung vertreten als die CSU-Staatsregierung auf Dauer dem massiven Druck, der Einschüchterung und der Belastung wohl nicht standhalten können. Gerade solche Beispiele, wie die des Otto Vierheilig, werden selbstverständlich andere juristische Staatsbeamte bewegen, sich in der Öffentlichkeit besonders zurückzuhalten und ihre private Meinung (gegen die WAA) tunlichst nicht zu äußern. Dies führte auch dazu, daß spätere juristische Staatsbeamte beim Landratsamt Schwandorf, mit denen ich als amtierender Landrat zu tun hatte, in persönlichen Gesprächen zwar durchklingen ließen, daß sie vollinhaltlich der gleichen Meinung seien, wie Landrat Schuierer oder ich, aber händeringend baten, dies nicht irgendwo öffentlich zu äußern. Genau dieses Verhalten hat die Staatsregierung mit ihren Unterdrückungsmaßnahmen gegen Staatsbeamte beabsichtigt und weitgehend erreicht.

d) Unterdrückung der im Widerstand aktiven Richter

Überhaupt das erste Opfer der Unterdrückungsmaßnahmen der Staatsregierung gegen im WAA-Widerstand engagierte Persönlichkeiten war wohl der erste Vorsitzende der Schwandorfer Bürgerinitiative der damalige Familienrichter beim Amtsgericht Schwandorf Fritz Burkhardt. Ich selbst habe Burkhardt in seiner Eigenschaft als Familienrichter kennen- und schätzengelernt. Nur am Rande habe ich damals zur Kenntnis genommen, daß er CSU-Mitglied war (und ist). Am 9. Oktober 1981 wurde Fritz Burkhardt zum ersten Vorsitzenden der neugegründeten Bürgerinitiative Schwandorf gewählt.

In einer Wahlversammlung der CSU am 23. 9. 1982 im oberpfälzischen Nabburg mit Umweltminister Dick, zu der neben etwa 100 CSU-Anhängern mindestens gleichviele WAA-Gegner gekommen waren, kam es zur ersten und für Richter Burkhardt wohl entscheidenden Konfliktsituation. Sowohl vor der Veranstaltung, als auch während der Veranstaltung meldeten sich die WAA-Gegner lautstark zu Wort. Besonders engagiert zeigte sich das CSU-Mitglied Richter Fritz Burkhardt. Es kam offenbar im Verlauf der Veranstaltung mit Minister Dick zu erheblichen Zwischenrufen. Später zogen die WAA-Gegner unter Protest aus dem Veranstaltungslokal aus. Soweit, sogut. Aus heutiger Sicht (im Jahre 1988) sind die Reaktionen der damaligen und zum Teil noch heutigen CSU-Mandatare kleinkariert und lächerlich. Mir liegt ein etwa 70-seitiger Vorgang vor, wonach wegen des „Verhaltens von Richter Fritz Burkhardt" disziplinarrechtliche Vorermittlungen vom damaligen Landgerichtspräsidenten Dr. Lotter (Landgericht Amberg) eingeleitet wurden. Nach meiner Kenntnisnahme war dies das erste offizielle „Haberfeldtreiben" des Staates gegen einen in seiner Freizeit engagierten Staatsbeamten/Richter. Ich fasse die primitiven, kuriosen, heute nicht mehr nachzuvollziehenden Reaktionen der CSU-Seite, wie folgt zusammen:

Die Junge Union Nabburg, gezeichnet Heiner Berr, jun., Fichtenbühl und Clemens von Beckedorf, Brudersdorf, hat sogar einen offenen Brief an die Öffentlichkeit verfaßt, in dem es u.a. hieß: „Eine Schande ist es, Herr Burkhardt, wie Sie sich gestern Abend gegenüber Minister Dick in alles beschämender Weise lächerlich gemacht haben . . . Gerade als Jurist sollten Sie Vorbild und nicht Vorbrüller sein. Tun Sie bitte nicht länger so, als ob Sie die Demokratie erfunden hätten und bei uns erst einführen wollten ... Bleibt zu hoffen, daß Sie als Amtsrichter und vor allem auch als eingetragenes CSU-Mitglied Ihr Benehmen künftig Ihrer Stellung anpassen und sich vor der Öffentlichkeit so verhalten, wie Sie selbst solches von Anderen im Gerichtssaal verlangen." (s. Dok. Nr. 86) Der damalige 1. Bürgermeister Kraus, (der später bei der Bürgermeisterwahl vom SPD-Bewerber Rudi Scharf abgelöst wurde) ließ es sich nicht nehmen, gegenüber dem disziplinarrechtlichen Vorermittlungsführer Dr. Lotter als Zeuge auszusagen:" Herr Burkhardt sei später ein zweites Mal aufgesprungen und habe nach vorne gebrüllt . . . Herr Burkhardt habe keine Ruhe gegeben, daraufhin habe ihn Zeitler (der CSU-Abgeordnete Otto Zeitler, Nabburg) angefaßt . . . Ein Ordnungsmann habe Herrn Burkhardt nach Draußen gebracht, worauf dessen Sympathisanten gleichfalls fähnchenschwingend lautstark die Versammlung verlassen hätten. Der Minister sei sehr erbost gewesen . . .". Der CSU-Landtagsabgeordnete Otto Zeitler, Nabburg, sagte ebenfalls als Zeuge in diesem Vorverfahren aus: „Er, Zeitler, habe aus sicherer Quelle die Information, daß das geschlossene Verlassen der Veranstaltung im Eventualfall von vornherein geplant gewesen sei. Er sei der Auffassung, daß es sich um eine gezielte und gelenkte Veranstaltung des Herrn Burkhardt und seiner Freunde gehandelt habe . . ."

Ich will das Ganze abkürzen. Eine Vielzahl der damals noch angesehenen CSU-Prominenz empörte sich. Der Persönliche Referent des Staatsministers Dick, Ministerialrat Eisenried, gab ein Kurzprotokoll zur Veranstaltung des Herrn Staatsministers am 23. September 1982 in Nabburg ab. Endlich, nach einem dreiviertel Jahr erging dann am 28. 6. 1983 ein Bescheid des Landgerichtspräsidenten in dem es u.a. hieß (unter Einbeziehung einer Äußerung vom 30. 7. 1982, in dem Fritz Burkhardt als Vorsitzender der Schwandorfer BI das Vorgehen der DWK und der Bayerischen Staatsregierung als Verschleierung und Volksverdummung bezeichnete): „Sie haben durch Ihr Verhalten in zwei Fällen die schrankengesetzlichen Grenzen des Deutschen Richtergesetzes und des Bayerischen Beamtengesetzes schuldhaft überschritten. Darin ist ein Dienstvergehen zu sehen . . . Ich habe das Verfahren dennoch eingestellt im Hinblick auf die von Ihnen zwischenzeitlich veränderten persönlichen Umstände. Sie haben die Position des Sprechers der BI aufgegeben und auf Ihre Wiederwahl in den Vorstand verzichtet. Sie haben damit – mindestens auch – in Rücksichtnahme auf Ihren richterlichen Pflichtenkreis für Sie einschneidende Konsequenzen gezogen. Diese Umstände sollen entsprechend gewürdigt werden. Zudem werden Sie nunmehr auch räumlich von Ihrem bisherigen Tätigkeitsbereich Abstand gewinnen, da Sie inzwischen, Ihrem Antrag entsprechend, mit Wirkung vom 1. 7. 1983 an das Amtsgericht Laufen versetzt worden sind. Im Hinblick auf diese Umstände konnte von einer Disziplinarmaßnahme noch abgesehen werden. Dagegen konnte im Hinblick auf die tatbestandliche Gröblichkeit Ihres – dazu richterrufschädlichen – Verhaltens nicht von jeglicher Maßregelung abgesehen werden. Ihnen wird deshalb eine Ermahnung erteilt, die Ihnen die begangenen Pflichtwidrigkeiten nochmals eindringlich zum Bewußtsein bringen soll.“ (s. Dok. Nr. 87)

Ich habe damals, im Jahre 1983, diesen Bescheid für eine Unverschämtheit betrachtet. Fritz Burkhardt legte unverzüglich, mit Schreiben vom 25. 7. 1983 gegen diesen unglaublichen Bescheid Beschwerde ein und gab mir davon Kenntnis. Er bat mich auch, ihn zu beraten. Ich gab ihm dann mit Schreiben vom 16. 8. 1983 noch einige Tips. Umso enttäuschter war ich, daß er dann mit Schreiben vom 5. 12. 1983 die Beschwerde zurücknahm. In einem kurzen Hinweis bat er mich um Verständnis für seine Haltung. Die Staatsregierung hatte ihn jedenfalls weichgeklopft. Man hatte ihn einem langwierigen und extensiven Vorermittlungsverfahren unterzogen, man hatte ihm nahegelegt, den Vorsitz in der Bürgerinitiative niederzulegen und ihm gleichzeitig in Aussicht gestellt, seinem langjährigen Wunsch auf Versetzung nach Oberbayern nun zu entsprechen. Das war die Methode von „Zuckerbrot und Peitsche“, die Wirkung gezeigt hat.

Aus anderem Holz geschnitzt ist der andere Richter, den ich als Beispiel ausgewählt habe, der Richter am Landgericht Amberg, Helmut Wilhelm (Mitglied der Grünen). Von 1980 an war Helmut Wilhelm Richter der Kleinen Strafvollstreckungskammer und wurde ab Anfang 1987 auch als nichtberufsrichterliches Mitglied an den Bayerischen Verwaltungsgerichtshof (auf Vorschlag der Grünen) berufen. Er ist Mitbegründer der Amberger Bürgerinitiative gegen die WAA, war bis 1986 deren Vorsitzender, ist seit 1984 für die Grünen im Amberger Stadtrat vertreten und seit etwa 1985 geschäftsführender Vorstand des Bundes der Bürgerinitiativen für den Umweltschutz (BBU). Selbstverständlich ist Helmut Wilhelm mit seinem außergerichtlichen Engagement von Anfang an in Widerspruch zu der CSU-Staatsregierung und dem Justizministerium getreten. Erstmals massiv ging man gegen ihn vor, als er Anfang 1984 für ein satirisches Flugblatt verantwortlich zeichnete, das den Erörterungstermin WAA am 7. 2. 1984 in der Stadthalle in Neunburg aufs Korn nahm. Dieses Flugblatt wurde zum Anlaß genommen, um ein Diszipinarverfahren gegen Helmut Wilhelm einzuleiten, das heute noch nicht abgeschlossen ist. Ich habe damals eine schriftliche Anfrage unter dem 8. 2. 1984 im Bayerischen Landtag zu Gunsten von Helmut Wilhelm eingebracht. Mit Antwort vom 14. 3. 1984 gab das Staatsministerium der Justiz erstmals zu, daß zunächst disziplinarrechtliche Vorermittlungen gegen Helmut Wilhelm eingeleitet werden. Und dann wird die alte Leier abgewickelt: „Nach § 39 des Deutschen Richtergesetzes ist dem Richter die Verpflichtung auferlegt, sich innerhalb und außerhalb seines Amtes, auch bei politischer Betätigung, so zu verhalten, daß das Vertrauen in seine Unabhängigkeit nicht gefährdet wird. . . Der Bürger hat ein Recht darauf, daß der Richter in unserem Land unbeeinflußt, vorurteilsfrei und neutral ist und nicht den Anschein erweckt, in bestimmten Fragen schon vorher festgelegt zu sein und nicht mehr unabhängig entscheiden zu können. Deshalb darf ein Richter nicht völlig einseitig zu einem rechtshängigen Verfahren Stellung nehmen. Das Flugblatt, für das Richter Wilhelm am Landgericht Amberg die presserechtliche Verantwortung übernommen hat, macht in demagogischer und diffamierender Weise das in den atomrechtlichen Vorschriften vorgesehene förmliche Erörterungsverfahren als Theaterspiel zur Beruhigung der von den Veranstaltern des Erörterungstermins für dumm gehaltenen Oberpfälzer Bevölkerung und als Gemeinschaftsproduktion zwischen der Bayerischen Staatsregierung und der Deutschen Atomlobby verächtlich . . ." (s. Dok. Nr. 88)

Ich wandte mich dann unter dem 13. 2. 1984 noch einmal unmittelbar an den damaligen Justizminister August Lang und bat ihn, wegen des satirischen Flugblattes doch nicht so einen Zirkus zu veranstalten. Mit Schreiben vom 29. 2. 1984 erwiderte der Minister:

„Jeder Richter würde sich entschieden zur Wehr setzen, wenn ein Kollege ein bei ihm abhängiges Verfahren in satirischer Weise etwa als Theaterspiel zur Beruhigung der für dumm gehaltenen Bevölkerung diffamieren würde. Die gleiche Zurückhaltung muß er selbst in Bezug auf andere anhängige rechtsstaatliche Verfahren aufbringen. Ich kann nicht sehen, daß in dieser Verpflichtung ein Abbau von Freiheitsrechten liegen soll. Niemand wird gezwungen, Richter zu werden. Wer freiwillig Richter wird, muß die mit diesem Amt notwendig verbundene Zurückhaltung wahren." (s. Dok. Nr. 89) Auch hier wieder der deutliche Hinweis auf den besonderen Arbeitsplatz. Es liege also Wilhelm frei, seine Richterrobe auszuziehen. Die Kampagne gegen Helmut Wilhelm war jedoch damit eingeleitet! Staatsminister Dick wies bei einem Gespräch mit Vertretern des Bundes der Katholischen Jugend am 8. Okt. 1985 in Regensburg darauf hin, daß es absolut untragbar sei, wenn sich Beamte und Richter in radikalen WAA-Gegnerkreisen bewegten. Schon Tage vorher hat der gleiche Minister, „mit Blick auf die jüngste Atommüllkonferenz in Nabburg", den ersten Vorsitzenden der Amberger Bürgerinitiative gegen die geplante Errichtung einer WAA, Richter Helmut Wilhelm angesprochen, und dabei die Meinung vertreten, daß es nicht angehe, wenn Richter und Beamte als Vorstände solcher Gruppierungen gegen Kernkraftprojekte fungierten. Besonders drastisch äußerte sich, wie fast immer, der damalige Vorsitzende des Sicherheitsausschusses des Bayerischen Landtages, CSU-Landtagskollege Günther Beckstein. Laut Neumarkter Tagblatt vom 4. 12. 1985 war das Verhalten des Richters Helmut Wilhelm ein „Skandal ersten Ranges, da dieser Herr ein fürstliches Gehalt vom Staat beziehe, Gewaltaktionen organisiere, sowie sich eine gute Ausrede einfallen lassen müsse, wolle er nicht Gefahr laufen, daß es ihm existenziell an den Kragen gehe." Ferner forderte MdL Günther Beckstein den zuständigen Justizminister (August R. Lang) auf, in Richtung auf den Richter Wilhelm endlich zu handeln. Gerade diese offene und ungeschützte Aussage des damaligen Sicherheitsausschußvorsitzenden Beckstein zeigt deutlich, worum es der CSU-Staatsregierung und der CSU-Mehrheitspartei in Bayern geht. Man will sich mit den WAA-Gegnern nicht argumentativ auseinander setzen, sondern diese existenziell vernichten.

Ich habe diese schlimme Entgleisung des CSU-Landtagskollegen

Beckstein zum Anlaß für eine weitere schriftliche Anfrage unter dem 18. 12. 1985 genommen, die Antwort des damaligen Justizminister Lang, wie gehabt. Ende April 1988 berichteten die Zeitungen: „Richter Helmut Wilhelm erneut unter Beschuß". Danach wäre die Beweisaufnahme in dem von Generalstaatsanwalt Kurt Pfeiffer, Nürnberg, angestrengten Disziplinarverfahren jetzt (Mitte 1988) endlich abgeschlossen gewesen, wenn Wilhelm nicht in der verlagsmäßig in Berlin angesiedelten Zeitung „taz" als Gastkommentator im Zusammenhang mit dem Urteil des Verwaltungsgerichtshofs im Normenkontrollverfahren aufgetreten wäre und seine Freude darüber ausgedrückt hätte, daß die höchsten bayerischen Verwaltungsrichter die erste Teilerrichtungsgenehmigung für nichtig erklärten. Wilhelm setzte sich mit diesem Urteilsspruch als Jurist sehr kritisch auseinander, auch mit dem Hinweis auf politische Machenschaften. Dies paßte dem Generalstaatsanwalt nicht. Wie schon oft schrieb der Generalstaatsanwalt am 29. März 1988 den Vorsitzenden des Dienstgerichts für Richter am Oberlandesgericht Nürnberg an und beantragte eine weitere Untersuchung dieses neuerlichen „Vorfalls". Besonders regte den Generalstaatsanwalt als „Ankläger" des Helmut Wilhelm auf, daß er den Kommentar nicht nur mit seinem Namen und seiner Funktion als Vorstand des Bundes der Bürgerinitiativen für den Umweltschutz (BBU), sondern auch mit seiner Berufsbezeichnung Richter am Landgericht Amberg versehen hatte. Der Generalstaatsanwalt Kurt Pfeiffer schloß daraus messerscharf: „Es besteht der Verdacht, daß der Richter sein Amt in Anspruch genommen und eingesetzt hat, um gerade seiner politischen Auffassung größere Beachtung und höhere Überzeugungskraft zu verschaffen. Er hat das ihm anvertraute Richteramt mit seiner privaten Sphäre verbunden und damit einen dienstlichen Bezug hergestellt."

Ich bin sicher, wenn Helmut Wilhelm als Richter die Atomenergiepolitik der Staatsregierung öffentlich vertreten würde, würde man ihm dies nicht zum Vorwurf machen. Zu recht erinnerte deshalb die oberpfälzer Zeitung „Neuer Tag" in ihrem Bericht vom 23. April 1988 an das Verhalten des Präsidenten am Landgericht Amberg, Klaus Pfannschmidt, auf das ich schon hingewiesen habe, der sich anläßlich der Einführung des neuen Amtsgerichtsdirektors beim Amtsgericht Schwandorf Auerhammer, massiv für die Energiepolitik der Staatsregierung ausgesprochen hatte. Im Neuen Tag heißt es: „Die Zurückhaltung, die man von Wilhelm forderte, verlangte man dem Landgerichtspräsidenten Pfannschmidt nicht ab. Der durfte öffentlich zur WAA feststellen, daß die Staatsregierung die Anlage sicher nicht bauen würde, wenn man mit ihr die Zukunft der Kinder zu Grabe tragen müßte und die Gefahren für die Oberpfälzer wirklich so entsetzlich wären."

Selbstverständlich sind nicht nur die bisher bezeichneten WAA-Gegner, nicht nur Beamte und Richter, den besonderen Unterdrükkungsmaßnahmen ausgesetzt, das gilt auch und gerade für jeden sonstigen, abhängig Beschäftigten.

3. Unterdrückung der im Widerstand aktiven Arbeitnehmer

Beim Kapitel Spaltprozesse habe ich schon auf die ungeheuerliche Art und Weise verwiesen, wie die DWK selbst Arbeitnehmer „hinhängt", indem sie den Briefverkehr mit einem AOK-Angestellten dem Arbeitgeber zur Kenntnis gaben. Es gibt eine Vielzahl von Beispielen, wie Arbeitnehmer, die sich im Widerstand gegen die WAA aktiv betätigen, auch von seiten der Arbeitgeber unterdrückt werden. Nachdem mich der Vater eines der beiden 15jährigen Buben, die in die Polizeirazzia in Schwandorf gerieten (s. Kapitel VII, 6), in einem Schreiben informiert hatte und nachdem ich entsprechende Initiativen ergriffen hatte, sandte er mir wenige Tage darauf ein weiteres Schreiben, in dem er mich dringend bat, doch die Sache auf sich beruhen zu lassen, da er von seinem Arbeitgeber enorme Schwierigkeiten erwarte. Man habe ihm sogar angedeutet, sein Arbeitsplatz sei gefährdet, wenn er das Fehlverhalten der Polizei öffentlich anprangere. Einem unserer BI-Vorsitzenden wurde von seinem Arbeitgeber angedroht, er könne sich um einen anderen Arbeitsplatz umsehen, wenn er weiter so im WAA-Widerstand tätig sei. Es gibt Anrufe von, in Energieversorgungs-Unternehmen tätigen Arbeitnehmern, die berichteten, sie hätten massiven Druck empfangen, als sie sich weigerten, eine Empfehlung für die friedliche Nutzung der Kernenergie zu unterschreiben. All dies spricht dafür, daß in Sachen WAA Meinungen nur noch unterdrückt werden und nicht mehr versucht wird, in vernünftiger Art und Weise Meinungen auszutauschen. Ich finde, daß besonders die Drohung mit dem Verlust des Arbeitsplatzes verwerflich ist. Auf der gleichen Ebene lag ja auch der Hinweis des CSU-Bundestagsabgeordneten Jobst gegenüber dem Berufssoldaten der Bundeswehr und Kreisrat Otto Lehner, wonach ein Soldat nicht gegen die WAA sein dürfte. Ebenso zu bewerten ist auch der Brief, den der Innenminister August Lang am 23. März 1988 an Heinz Zacke, Bezirksvorsitzender der Deutschen Postgewerkschaft in Regensburg, sandte. In diesem Schreiben bezieht sich der Innenminister darauf, daß ihm „von dritter Seite" die Kopie eines Artikels über die WAA in einer Informationsschrift der Ortsverwaltung der Deutschen Postgewerkschaft, für die sich Heinz Zacke verantwortlich zeigt, zugeleitet wurde. Und weiter schreibt der Innenminister: „Die Darstellung des Themas hat mich – gelinde gesagt – erstaunt. Ich kann mir nicht vorstellen, daß eine Gewerkschaft eine solch einseitige und bewußt falsche Darstellung der Tatsachen unterstützt. Ich wäre Ihnen, sehr geehrter Herr Zacke, deshalb sehr verbunden, wenn Sie mir eine Stellungnahme zu dem Artikel zukommen lassen könnten. Insbesondere würde mich interessieren, wer den Artikel verfaßt hat und ob die in diesem Artikel zum Ausdruck kommende Meinung auch von der Deutschen Postgewerkschaft geteilt wird." Und dann folgt der zu erwartende Schlußsatz: „Der Präsident der Oberpostdirektion Regensburg wurde von mir entsprechend informiert." (s. Dok. Nr. 90)

Dieser Brief des derzeit amtierenden Bayerischen Innenministers ist in dreierlei Hinsicht bemerkenswert: Auf der einen Seite gab es irgendeinem anonymen Informanten, der vermeintlich „Anrüchiges" dem Innenminister zugespielt hat. Des weiteren interessierte den Innenminister brennend, wer den Artikel verfaßt hat, um gegen diesen Artikelschreiber entsprechend vorgehen zu können. Und schließlich informierte er über den Vorgang den unmittelbaren Arbeitgeber, den Präsidenten der Oberpostdirektion Regensburg.

Denunziantentum, Ausforschung und Drohung mit disziplinarrechtlichen Maßnahmen sind hier traut vereint.

Es gibt keinen Zweifel, daß die WAA nicht nur die politische Kultur, sondern das „Miteinander" gründlich vergiftet hat.

Nach all dem, was bisher berichtet wurde, wird es niemanden

erstaunen, daß Hans Schuierer und ich selbst durch unsere Aktivitäten im Widerstand gegen die WAA von Anfang an besonders „gefährdet“ waren. Obwohl Hans und ich in manchen Sachfragen nicht immer der gleichen Meinung waren, haben wir uns doch gut ergänzt. Hans Schuierer wurde ab 1982 immer mehr zur Symbolfigur des Widerstandes, während ich in der SPD und in meinen sonstigen Funktionen den Widerstand parlamentarisch und rechtlich absicherte. Es mag deshalb sicherlich erlaubt sein, wenn am Schluß dieses Zwischenberichts über den radioaktiven Zerfall unserer Freiheit die Unterdrückungsmaßnahmen gegen Hans Schuierer und mich stehen.

4. Disziplinarverfahren gegen Landrat Hans Schuierer

Schon seit Anfang 1985 sammelte die Regierung der Oberpfalz im Auftrag der Staatsregierung Material gegen Landrat Schuierer. Mit Schreiben vom 13. 1. 1986 leitete der zuständige Regensburger Regierungspräsident Karl Krampol Vorermittlungen nach Artikel 27 der bayerischen Disziplinarordnung gegen Landrat Schuierer ein. Seit 13. 1. 1986 läuft somit des offizielle Verfahren. Es ist unstreitig, daß die internen Ermittlungen der Regierung der Oberpfalz und der Staatsregierung schon weit früher angesetzt haben.

a) Vorermittlungen

Man muß sich einmal die psychische Belastung eines aktiven Landrats vorstellen, wenn in einem solch langen Zeitraum offizielle Vorermittlungen gegen ihn geführt werden. Er muß öffentliche Veranstaltungen halten, er muß bei den Kundgebungen der Bürgerinitiativen auftreten, er muß bei Parteiveranstaltungen sprechen, alles im Bewußtsein, daß jedes Wort gegen ihn registriert und verwendet wird. Selbstverständlich habe ich selbst, die SPD, aber auch eine Vielzahl von Bürgerinnen und Bürger alles getan, um Hans Schuierer der Solidarität zu versichern. Großartig war die Solidaritätskundgebung am 14. 6. 1986 in der Oberpfalzhalle, wo weit mehr als 2.000 Teilnehmer Sympathie und Unterstützung für Hans Schuierer demonstrierten. Die SPD organisierte eine Unterschriftenaktion, an der sich viele

Tausende von Landkreisbürgern beteiligten. Ich selbst habe eine Vielzahl von Briefen und Karten bekommen, in der die Unterstützung der Bürger deutlich wurde. So u. a. eine Karte einer Frau Antonie O. die mir schrieb: „Ich bin empört, wie bei uns in Bayern die Demokratie mit Füßen getreten wird. In der Unterstützung für unseren Landrat Hans Schuierer meine Solidarität." Die gesamte bayerische SPD stand von Anfang an geschlossen hinter Hans Schuierer. Ich selbst habe eine Vielzahl von schriftlichen Anfragen zu den disziplinarrechtlichen Maßnahmen gegen Hans Schuierer eingebracht. So am 18. 12. 1985. In der Antwort vom 14. 2. 1986, Drucksache 10/9286, des Innenministeriums wurde schon klar, daß die Staatsregierung eine enorm harte Linie gegen Schuierer fahren würde. In Ziffer 5 der Antwort hieß es u.a.: „Bei ihrer politischen Betätigung müssen die Landräte – wie alle anderen Beamten auch – diejenige Mäßigung und Zurückhaltung wahren, die sich aus ihrer Stellung gegenüber der Allgemeinheit und aus der Rücksicht auf die Pflichten ihres Amtes ergeben. Obwohl nicht ausdrücklich im Gesetz über kommunale Wahlbeamte geregelt, zählt diese Verpflichtung zu den hergebrachten Grundsätzen des Berufsbeamtentums . . . Eine Vermengung von parteipolitischer Betätigung und Amtsführung ist mit der Pflicht zur neutralen Wahrnehmung des Amtes nicht vereinbar." (s. Dok. Nr. 91)

Mit Schreiben vom 11. 3. 1986 gab die Regierung der Oberpfalz, vertreten durch den Regierungsvizepräsidenten Simon, an den stellvertretenden Landrat, also an mich, offiziell die Mitteilung, daß eben gegen Landrat Schuierer Vorermittlungen wegen des Verdachts eines Dienstvergehens eingeleitet wurden. Es wurde mir dann das Ermittlungsergebnis bekanntgegeben und die Stellungnahme der Rechtsanwälte des Landrats. Dann heißt es wörtlich: „Bevor abschließend darüber entschieden wird, ob gegen Herrn Landrat Schuierer ein förmliches Disziplinarverfahren einzuleiten ist, wird dem Landkreis Schwandorf als Dienstherrn Gelegenheit zur Äußerung gegeben." (s. Dok. Nr. 92)

Dies führte dann zur Sondersitzung des Kreistags Schwandorf vom 11. 4. 1986, in der sich die Kreisräte zum ersten Mal mit den disziplinarrechtlichen Vorermittlungen gegen den eigenen Landrat befassen mußten. Interessant war, daß sich 8 Kreisräte der CSU, darunter einige CSU-Bürgermeister, zu dieser Sitzung schon vorab entschuldigt hatten. Anwesend waren 24 SPD-Kreisräte, 7 Kreisräte der Freien Wähler-Grüne-Fraktion und 21 CSU-Kreisräte. Unter meinem Vorsitz (selbstverständlich konnte sich Landrat Schuierer an der Beratung und Abstimmung nicht beteiligen) nahm dann der Kreistag den Beschlußvorschlag der SPD-Kreistagsfraktion an, der folgenden Wortlaut hatte:

1. Der Kreistag stellt fest, die formellen Voraussetzungen für eine Stellungnahme des Kreistags sind noch nicht gegeben.

2. Die im Schreiben der Regierung der Oberpfalz vom 31. 1. 1986 enthaltenen Vorwürfe rechtfertigen ein förmliches Disziplinarverfahren nicht.

3. Der Kreistag fordert die unverzügliche Einstellung des Verfahrens gegen Herrn Landrat Schuierer.

Diesen Beschluß teilte ich der Regierung der Oberpfalz mit (s. Dok. Nr. 93)

Interessant war die veröffentlichte Meinung. So vertrat ein Kommentator der Mittelbayerischen Zeitung vom 23. 5. 1986 unter der Überschrift „Ein Held wird gemacht“ folgende Ansicht: „Landrat Hans Schuierer wird die Publicity treu bleiben, soviel ist sicher. Sollte es zum Termin vor der Disziplinarkammer beim Verwaltungsgericht Regensburg kommen, mag dieses Spektakel ablaufen – Arbeitstitel: Wilhelm Tell grüßt den Geßler-Hut keinesfalls oder wie sich ein SPD-Landrat in Bayern den Mund nicht verbieten läßt.“

Selbstverständlich hat dies alles nichts genützt. Der Regierungspräsident Karl Krampol verfuhr, wie er bereits am 27. 3. 1986 gegenüber den Anwälten von Hans Schuierer zum Ausdruck brachte: Der Untersuchungsführer wurde mit der weiteren Untersuchung beauftragt.

b) Förmliches Disziplinarverfahren

Mit Schreiben vom 4. November 1985 hat dann der Untersuchungsführer im förmlichen Disziplinarverfahren bei der Landesanwaltschaft Regensburg, Herr Junge-Hermann, der Regierung der Oberpfalz seinen umfassenden Untersuchungsbericht gegeben. Erst mit Schreiben vom 4. 3. 1988, also nach über einem viertel Jahr haben dann die Anwälte von Hans Schuierer diesen Untersuchungsbericht zur Kenntnis erhalten.

Anfang April 1988 war dann klar, daß die Regierung der Oberpfalz beim Verwaltungsgericht Regensburg ein förmliches Verfahren gegen Landrat Schuierer einleiten werde. Die SPD-Kreistagsfraktion brachte deshalb zur Kreistagssitzung am 18. April 1988 einen Dringlichkeitsantrag ein, in dem noch einmal beantragt wurde, der Kreistag möge die unverzügliche Einstellung des Disziplinarverfahrens gegen den Landrat fordern. Schon zu Beginn der Sitzung waren die Fronten klar. SPD-Kreistagsfraktion und Freie-Wähler-Grüne-Kreistagsfraktion waren für die Aufnahme des Dringlichkeitsantrag auf die Tagesordnung, die CSU-Fraktion war geschlossen dagegen. Bei der Abstimmung über den Dringlichkeitsantrag der SPD-Kreistagsfraktion selbst kam es dann zu einem Auseinanderdriften der CSU-Kreistagsfraktion. Dem Antrag der SPD auf Einstellung des Disziplinarverfahrens stimmten etliche CSU-Kreisräte zu, so daß das Abstimmungsergebnis mit 35 Ja- gegen 10 Nein-Stimmen klar und eindeutig war. 4 CSU-Kreisräte beteiligten sich nicht an der Abstimmung, was eigentlich nach der bayerischen Landkreisordnung gar nicht möglich ist. Meine Sitzungsleitung zu diesem Tagesordnungspunkt empörte die CSU-Kreistagsfraktion aufs äußerste. Als ich dem CSU-Fraktionsvorsitzenden Zeitler das Wort entzog (er mißbrauchte die Wortmeldung zur Geschäftsordnung, indem er wieder zur Sache sprach) gab es Zwischenrufe und Tumult. Anschließend zog die CSU-Kreistagsfraktion sogar aus dem Kreistag aus.

Unter dem 18. 4. 1988 wurde gleichzeitig auch die Anschuldigungsschrift der Regierung der Oberpfalz beim Bayerischen Verwaltungsgericht Regensburg, Kammer für Disziplinarsachen, eingereicht. Unterschrieben war diese Anschuldigungsschrift vom Regierungspräsidenten Karl Krampol selbst. Die undurchsichtige Haltung, die insbesondere der Regensburger Regierungspräsident in dieser Angelegenheit einnahm, veranlaßte mich (wieder einmal) zu harscher Kritik an ihm. Ich brachte dann wenig später unter dem 9. 5. 1988 einen Antrag im Bayerischen Landtag ein, in dem ich einen Bericht der Staatsregierung im Ausschuß für Verfassungs- Rechts- und Kommunalfragen über den Stand der Disziplinarverfahren nicht nur gegen Leo Feichtmeier und Helmut Wilhelm, sondern speziell gegen Hans Schuierer verlangte. Im Rahmen der Debatte im Rechtsausschuß wurde mir von Ministerialbeamten bestätigt, daß auch die

Einreichung der Anschuldigungsschrift gegen Landrat Hans Schuierer im Einvernehmen mit dem Regierungspräsidenten Karl Krampol erfolgt. Er hatte nämlich eine Zeitlang den Eindruck erwecken wollen, als sei er in dieser Angelegenheit vom Innenministerium angewiesen worden.

Am 11. 7. 1988 erhielt ich dann wieder vom Regierungsvizepräsidenten Simon einen Brief, in dem es zum förmlichen Disziplinarverfahren gegen Landrat Hans Schuierer u.a. hieß: „Der Vorsitzende der Kammer für Disziplinarsachen beim Bayerischen Verwaltungsgericht Regensburg hat die Regierung der Oberpfalz gebeten, dem Landkreis Schwandorf als dem Dienstherrn noch Gelegenheit zur Äußerung zur Anschuldigung gegen Landrat Hans Schuierer zu geben." Aus diesem Grunde kam es dann zur bislang dritten Befassung des Kreistags mit dem Disziplinarverfahren. Dies geschah in der Sitzung vom 1. 8. 1988, diesmal im nichtöffentlichen Teil. Wiederum hatte ich das zweifelhafte „Vergnügen", die Sitzung zu leiten. Zum dritten Mal verlangte der Kreistag mehrheitlich die unverzügliche Einstellung des Verfahrens.

Hans Schuierer geht nun einen nicht leichten Gang. Ich bin sicher, daß ihn das förmliche Disziplinarverfahren politisch nicht beschädigen wird und daß er aus dem Verfahren politisch gestärkt hervorgehen wird. Selbstverständlich wird eine Entfernung aus dem Amt nicht möglich sein. Klar ist aber auch, daß dieses Verfahren ihn und seine Familie belasten wird. Und genau das ist Sinn und Zweck dieses menschenunwürdigen nun (einschließlich der internen Vorermittlungen) schon seit Anfang 1985 andauernden Verfahrens. Einschüchterung des Betroffenen und Abschreckung der Sympathisanten, ist das Ziel. Die in der Anschuldigungsschrift noch verbliebenen Vorwürfe sind auf fünf geschrumpft. Der einzige Vorwurf, der auch nur im Entferntesten einen Zusammenhang mit dienstlichen Belangen haben könnte ist, Hans Schuierer sei am 17. 8. 1985 im Taxöldener Forst bei einer nicht angemeldeten Demonstration als Redner aufgetreten und habe es unterlassen, bei Bekanntwerden dieser Demonstration für eine ordnungsgemäße Sachbearbeitung im Landratsamt zu sorgen. Die anderen vier Vorwürfe betreffen rein und lediglich Aussagen, die er in seiner Eigenschaft als SPD-Politiker bei öffentlichen Versammlungen gemacht hat. Ich fasse die vier Vorwürfe zusammen: Im Zusammenhang mit der Räumung des Hüttendorfes soll er gesagt haben, polizeiliche Maßnahmen seien „Terror in Vollendung". Anfang Februar 1985 soll er im Zusammenhang mit Franz Josef Strauß von Zynismus und brutalen Durchsetzungsmethoden gesprochen haben. Am 14. 12. 1985 soll er den Polizeieinsatz dadurch massiv kritisiert haben, daß er behauptet hat, der Unterschied zwischen der bayerischen harten Linie und den Besuchs- und Urlaubsländern von Strauß (Südafrika, Chile) verringere sich immer mehr. Dort wie hier würden Grundrechte der Mehrheit des Volkes nicht beachtet, Kritiker zum Schweigen gebracht, eingeschüchtert, verängstigt, bedroht und schikaniert. Er sprach von CSU-Demokratur und davon, daß er Angst habe vor Innenminister Zimmermann, vor Verteidigungsminister Wörner, vor Strauß und vor Innenminister Hillermeier. Und schließlich wird ihm vorgeworfen, daß er am 23. 7. 1986 bei einer Pressekonferenz im Zusammenhang mit den Gewalttätigkeiten auf dem Gelände der WAA die Vermutung ausgesprochen habe, der Polizeieinsatzleitung liege offenbar nichts daran, gewalttätige Demonstranten festzunehmen. (s. Dok. Nr. 94)

Auch im Jahre 1988, nach der Entscheidung der förmlichen Anschuldigung vor dem Verwaltungsgericht Regensburg, war die veröffentlichte Meinung eindeutig auf Seiten von Hans Schuierer. Als eines von vielen Beispielen möge der Kommentar in der Mittelbayerischen Zeitung vom 14. 4. 1988 dienen. Dort heißt es u. a.: „Die Entscheidung, nach zweieinhalb Jahren ein Disziplinarverfahren gegen den Schwandorfer Landrat Hans Schuierer wegen zugegebenermaßen harter verbaler Attacken anzustreben, ist schlicht unverständlich, schließlich müßte gerade die Crew von Ministern und Staatssekretären um Ministerpräsident Strauß die Position des bayerischen Landrats kennen, der nun einmal eine Zwitterfunktion ausübt, einmal Wahlbeamter, zum anderen aber natürlich auch Politiker – und in diesem Fall durchaus mit dem Innenminister oder auch dem Landesvater selbst vergleichbar. Und daß sich diese (auch in Amt und Würden!) anders verhalten, als der SPD-Politiker Schuierer ist bisher eigentlich nicht deutlich geworden... Damit wird die Diskussion weiter emotional angeheizt und Landrat Schuierer zu einer Art Märtyrer hochstilisiert!... Fragt sich, wer eigentlich ein Interesse daran haben könnte, Hans Schuierer noch mehr als bisher zu einer Symbolfigur ganz besonderer Art aufzubauen. Es wird Zeit, endlich wieder zu den drängenden Fragen dieser Region zurückzukehren und nicht durch juristische Spitzfindigkeiten von der Brisanz der Probleme abzulenken." Dem ist in der Sache nichts hinzuzufügen.

Wichtig ist jedoch, noch den zeitlichen Ablauf ins rechte Licht zu rücken. Besonders empörend ist das sog. „Timing". Obwohl es zu den ehernen Grundsätzen des Disziplinarrechts gehört, Verfahren besonders zügig durchzuführen, um die Belastung des Beamten zeitlich zu begrenzen, wurde im Fall Schuierer die zeitliche Verschleppung als menschenverachtende Schikane eingesetzt. Gerade auch deshalb hat die Regierung der Oberpfalz weit über 2 Jahre für die sog. Vorermittlungen „gebraucht", um mit dem gerichtlichen Verfahren, das Mitte 1988 anläuft und das sicherlich – 2 Instanzen vorausgesetzt – ebenfalls mindestens 2 Jahre benötigt, die Landratswahlen im März 1990 massiv beeinflussen zu können. Falls Hans Schuierer im März 1990 wieder zum Landrat des Landkreises Schwandorf kandidiert, was ich dringend hoffe, muß er dies unter der Belastung eines noch nicht rechtskräftig abgeschlossenen Disziplinarverfahrens tun. Genau dies ist aber von der CSU-Staatsregierung beabsichtigt. Auch dies ist Unterdrückung des im Widerstand gegen die WAA so unerhört aktiven Landrats von Schwandorf.

5. Komplott gegen mich selbst

Als im Vorfeld der Kieler Pfeiffer-Barschel-Affäre Gerüchte gegen den damaligen Oppositionsführer Björn Engholm ausgestreut wurden, erinnerten sich manche Bewohner des Landkreises Schwandorf an die üble Verleumdungskampagne, die im Landtagswahlkampf 1986 gegen mich in Gang gesetzt wurde. Eine Vielzahl von CSU-Funktionären wurde immer wieder bei der Presse vorstellig und ersuchte, Gerüchte über mich in der Presse unterzubringen. Da die Zeit so manche Wunden heilt, möchte ich hier, auch im ureigensten Intersse und im Interesse meiner Familie, über so manches nicht mehr im Detail sprechen. Deshalb nur die dramatischen Vorgänge unmittelbar vor der Landtagswahl 1986 und danach.

a) Brief eines Erpressers

Am 11. Mai 1986 schrieb ein bereits rechtskräftig wegen versuchter Erpressung Verurteilter (übrigens ein JU-Mitglied) einen Brief an den damaligen Justizminister August Lang persönlich und bezichtete mich darin der verschiedensten Verfehlungen. Diese Verfehlungen waren zum Teil dem sexuellen Bereich (Unzucht mit Minderjährigen) zum Teil auch dem steuerrechtlichen Bereich (unter anderem Steuerhinterziehung) zugeordnet. Ich habe von dem Brief seltsamerweise über den SPD-Bundestagsabgeordneten Ludwig Stiegler Kenntnis erhalten, der dies wiederum von Justizminister Lang selbst erfahren hat, mit dem beruhigenden Hinweis, dies werde auf dem kleinen Dienstweg erledigt, da die Vorwürfe offenbar unglaubwürdig wären. Ich habe dann die Angelegenheit vergessen. Erst später erfuhr ich, daß das Justizministerium unter dem 10. Juli 1986 das Anschuldigungsschreiben des Erpressers dann doch an die Staatsanwaltschaft beim Landgericht Regensburg weiterleitete, die allerdings die Vorermittlungen am 26. 8. 1986 einstellte. Mit Schreiben vom 5. 9. 1986 hat der Leitende Oberstaatsanwalt in Regensburg die Anzeige vom 11. 5. 1986 nach München an den dortigen Oberstaatsanwalt beim Landgericht München I weitergegeben. Mit Datum vom 15. 9. 1986 teilte mir dann der Leitende Oberstaatsanwalt in einem Eilbrief mit, daß nunmehr ein Ermittlungsverfahren gegen mich wegen Verdachts der Unzucht mit Minderjährigen u.a. eingeleitet werden sollte.

Dazu muß man wissen, daß die Landtagswahlen am 12. 10. 1986 unmittelbar bevorstanden. Man muß wissen, daß alle Auguren mit einem Kopf-an-Kopf-Rennen zwischen dem amtierenden CSU-Landtagsabgeordneten Humbs und mir rechneten. Ich bin sicher, daß sich jeder in die Gefühlslage von mir und meiner Familie versetzen konnte, als am 16. 9. 1986 der Eilbrief des Leitenden Oberstaatsanwalts beim Landgericht München I bei uns einging. Auf meine telefonischen Vorwürfe gegenüber den Staatsanwälten in Regensburg und München hin, warum denn das Verfahren so lange liegengeblieben sei, konnte man mir keine plausiblen Erklärungen geben. Ich habe also bis heute den Verdacht, daß dies gezielt und bewußt so gelaufen ist, um mir in der letzten Wahlkampfphase zu schaden. Dafür spricht auch, daß ich immer wieder von Freunden hörte, die CSU habe noch einen „Plattschuß“ gegen mich vor.

b) Rufmord vor der Landtagswahl 1986

Die Situation spitzte sich wenige Tage vor der Wahl dann noch mehr zu. Der von mir schon einmal erwähnte damalige Bürgermeister der Gemeinde Bodenwöhr, Josef Wiendl, schrieb unter dem 30. 8. 1986 mit dem Briefkopf „Bürgermeister der Gemeinde Bodenwöhr" einen Brief an den damaligen Justizminister August Lang persönlich, in dem er unter Hinweis auf Berichte „in den letzten Stunden aus Bekanntenkreisen" auf die Anschuldigungen des Erpressers vom 11. 5. 1986 verwies und dringend eine rasche und vollständige Aufklärung der angeblich gegen den SPD-Abgeordneten gerichteten Beschuldigungen verlangte. Herr Wiendl vergaß nicht darauf hinzuweisen, daß Dietmar Zierer „vergangene Woche wieder schwerste Angriffe gegen die Bayerische Staatsregierung gerichtet hat" (s. Dok. Nr. 95). Es mag nun ein Zufall sein, ich glaube nicht daran, daß 14 Tage nach der Aufforderung des CSU-Bürgermeisters die Staatsanwaltschaft beim Landgericht München I – in Absprache mit dem Justizministerium – die Ermittlungen gegen mich eingeleitet hat. Der Bürgermeister aus Bodenwöhr war jedoch auch weiter aktiv. Mit Eilbrief vom 29. 9. 1986, eingegangen bei der Einlaufstelle 1 der Justizbehörden in München am 30. 9. 1986, fragte er die Staatsanwaltschaft beim Landgericht München I, unter Bezugnahme auf ein Gespräch mit Oberstaatsanwalt Vollmann, ob es denn stimme, daß gegen den Abgeordneten Zierer wegen sexuellen Mißbrauchs mit Widerstandsunfähigen und Unzucht mit Minderjährigen ermittelt werde. Weiterhin fragte er an, ob das Landgericht München I beim Bayerischen Landtag die Aufhebung der Immunität des Abgeordneten beantragt habe. Und weiter: „An der Aufklärung des Falles besteht öffentliches Interesse. Als 1. Bürgermeister der Gemeinde Bodenwöhr und als Mitglied des Kreistages Schwandorf erlaube ich die Anfrage ob es zutrifft usw. . . Für alsbaldige Erledigung meines Schreibens wäre ich sehr dankbar." (s. Dok. Nr. 96)

Postwendend hat dem Bürgermeister der Gemeinde Bodenwöhr der zuständige Staatsanwalt Bader als Gruppenleiter geantwortet und ihm mitgeteilt, daß ihm die gewünschten Auskünfte nicht erteilt werden können. Und wörtlich: „Ihr Ersuchen läßt ein berechtigtes Interesse an Informationen über den Landtagsabgeordneten Dietmar Zierer nicht erkennen. Nach den Grundsätzen für die Akteneinsicht kann Ihrem Begehren nach den erbetenen Auskünften deshalb leider nicht entsprochen werden.“ (s. Dok. Nr. 97) Soweit die korrekte Reaktion der Staatsanwaltschaft.

Ganz anders hat sich der Dienstvorgesetzte der Staatsanwälte, der Justizminister August Lang selbst verhalten. Justament unter dem gleichen Datum, wie der Staatsanwalt Bader die Auskunft abgelehnt hat, nämlich am 2. 10. 1986 gab der Justizminister dem Bürgermeister Antwort, daß von der Staatsanwaltschaft beim Landgericht München I die „von Ihnen angeführte Strafanzeige behandelt wird“. Und weiter: „Nach Unterrichtung der Herrn Präsidenten des Bayerischen Landtags gemäß den einschlägigen Immunitätsvorschriften hat die Staatsanwaltschaft ein Ermittlungsverfahren gegen den Abgeordneten Dietmar Zierer eingeleitet usw.“ (s. Dok. Nr. 98) Nach Eingang des Briefes des Justizministers bei dem Bodenwöhrer Bürgermeister tat dieser Ungeheuerliches. Er gab sofort eine Presseerklärung ab, indem er den Sachverhalt, soweit er ihm bekannt war, schilderte und damit verbreitete, sowie gleichzeitig die Anschuldigungen des Erpressers an alle Medien weitergab. (s. Dok. Nr. 99, Presseerklärung des Josef Wiendl, 1. Bürgermeister und Kreisrat)

Wohlgemerkt, dies alles fand wenige Tage vor der Landtagswahl am 12. 12. 1986 statt! Dies waren schlimme Tage! Die meisten Zeitungen in der Gegend berichteten zum Teil dreispaltig über Ermittlungsverfahren gegen den Abgeordneten Zierer. Es besuchten mich Reporter verschiedener überörtlicher Zeitungen, die mich darauf hinwiesen, sie seien von CSU-Funktionären bedrängt worden, doch ausführlich über den Zierer zu schreiben. Im Deutschlandmagazin und anderen Gazetten wurde bösartig berichtet. Ich selbst habe dann, auf eigene Kosten für sehr viel Geld Gegenanzeigen gefahren, unter der Überschrift „Rufmord“. In den letzten Tagen vor der Wahl habe ich noch schnell einstweilige Verfügungen gegen die CSU-Wahlkampfzeitung „WIR“ und gegen den CSU-Bürgermeister Wiendl erreicht.

c) Reaktionen

Wichtig für mich waren die Reaktionen meiner Freunde. Manche der sogenannten „Parteifreunde“ traten vorsorglich einen Schritt zur Seite, um mit mir nichts zu tun haben zu müssen. Die echten Freunde aber haben uns in dieser Situation sehr geholfen. Am meisten geholfen haben uns natürlich die Wähler bei der darauffolgenden Wahl am 12. Oktober 1986. Ich werde den Wählern diese Rehabilitierung und Unterstützung nicht vergessen. Meinen politischen Gegnern und den Verleumdern habe ich schon damals zugerufen, „das wird Ihnen kein Glück bringen".

Gegen den CSU-Bürgermeister Josef Wiendl, der (sicher nicht nur aus eigenem Antrieb,) dies alles in die Presse brachte, habe ich dann in allen Instanzen prozessiert und gewonnen. Der letzte Kostenfestsetzungsbeschluß erfolgte noch am 15. Oktober 1987, indem Wiendl allein für das Verfahren vor dem Landgericht Amberg und das Berufungsverfahren beim Oberlandesgericht Nürnberg 2.270,54 DM an Kosten für meine Anwälte bezahlen mußte.

Ich brauche wohl nicht mehr zu betonen, daß das Ermittlungsverfahren gegen mich, etwa 8 Wochen nach der Landtagswahl, gemäß § 170 II StPO, mangels Tatverdachts, eingestellt wurde. Ich brauche auch nicht zu erwähnen, daß der Erpresser später seine falsche Anschuldigung ausdrücklich widerrufen hat und daß dieser erhebliche Kosten zu tragen hatte. Insoweit bin ich heute öffentlich rehabilitiert, der persönliche und menschliche Schaden wird jedoch immer bleiben. Es wird auch der Rufschaden letztlich bei manchem Mitbürger irreparabel sein. So also sieht der „gesellschaftssanitäre Vorraum vor der WAA" aus! Wenn man einen engagierten und führenden WAA-Gegner nicht politisch erledigen kann, versucht man ihn menschlich, existentiell zu vernichten. Diese Erfahrung wird immer haften bleiben.

d) Nachtrag

Was noch nachzutragen ist, ohne jeden Kommentar: Ich führte im April, Mai 1988 eine öffentliche Versammlungswelle im Landkreis Schwandorf durch, darunter 2 Versammlungen im Gemeindebereich Bodenwöhr. Die eine Versammlung am 30. April 1988 in Bodenwöhr-Blechhammer, die andere Versammlung am 6. Mai 1988 in Bodenwöhr-Neuenschwand. In beiden Versammlungen ging ich hart mit dem CSU-Bürgermeister Wiendl ins Gericht. Ich kündigte an, ich würde rechtzeitig vor den kommenden Bürgermeisterwahlen die Bodenwöhrer Bevölkerung in geeigneter Form über die „Machenschaften" ihres Bürgermeisters informieren und vertrat die Meinung daß diese ihm kein Glück bringen werden.

2 Tage darauf erlitt Herr Wiendl, nach einer Wallfahrt von Bodenwöhr nach Schwandorf in der Wallfahrtskirche am Kreuzberg mitten im Kirchenschiff einen Herzinfakt, an dem er noch am gleichen Tag verstarb. Bei den darauf angesetzten Bürgermeisterwahlen verlor die CSU Bodenwöhr das Mandat, neuer Bürgermeister wurde der Kandidat der Freien Wähler.

XII. Schluß: Was zu beweisen war

1. Die WAA ist sozial nicht verträglich

Ich komme noch einmal zurück auf die These meines Freundes Alexander Roßnagel: Um Sicherheit für eine Atomanlage gewährleisten zu können, wird es unumgänglich sein, dadurch Vorsorge zu betreiben, daß die Sicherungslinie in die Gesellschaft hinein vorgelegt wird. Mit diesem Zwischenbericht kann ich beweisen, daß dies in Bayern, in der mittleren Oberpfalz um die WAA herum zur Zeit geschieht. Vorverlegen der Sicherungslinie heißt: Widerstand im Ansatz ersticken, eindämmen durch Bespitzeln, Schikanieren und Einschüchtern. Dem Atomstaat, den Betreibern und den die Betreiber stützenden staatlichen Behörden ist jedes Mittel recht, auf Kosten der Gewaltenteilung, der Grundrechte, der Freiheitsrechte des Einzelnen, unserer Freiheit selbst. Während der WAA-Erörterung in Neunburg vorm Wald trat auch der Friedensforscher Robert Jungk auf. Er argumentierte, „ daß der Zwang, Atomkraftwerke, Wiederaufarbeitungsanlagen, Nukleartransporte und andere Bestandteile des atomaren Kreislaufes so intensiv zu bewachen, wie keine andere industrielle Tätigkeit zuvor, zu Kontrollmaßnahmen führe, die geltendes Recht immer öfter außer Kraft setzten. Da werden nicht nur Terroristen ins Netz der freiheitsbeschränkenden Maßnahmen gezogen, sondern alle, die sich kritisch verhielten und dies zum Ausdruck brächten. Ein Klima der Repression und Kriminalisierung widerstandsbereiter Bürger habe sich in der Bundesrepublik Deutschland, vor allem aber in Bayern und Niedersachsen breitgemacht, was als Beginn totalitärer Politik unter einem demokratischen Deckmantel gesehen werden müsse. Der Virus Atomkraft führe zu einer zunehmenden Schwächung der geistigen und seelischen Abwehrkräfte sowohl des Einzelnen, als auch der Gesellschaft." Die WAA-Gegner ermunterte Jungk: „Resigniert nicht! Die Leute, die heute regieren, sind innerlich erschütterter als sie zugeben. Sie handeln, aber sie denken anders. Der Wurm des Zweifels nagt auch in den oberen Rängen." Und abschließend: Jungk kritisierte die soziale Unverträglichkeit der WAA. Derartige technokratische Untaten seien geeignet, mittelbar eine allmähliche Abschaffung der Demokratie herbeizuführen.

Ich fasse zusammen: Wir alle, im Umfeld um die WAA Wackersdorf, stellen deutlich fest, daß unsere Freiheit radioaktiv zerfällt. Die Gemeinde Wackersdorf ist Symbol für die WAA. Die WAA aber ist Symbol für Unfreiheit, für Einschüchterung, für Eingriffe des Staates in die Freiheit des Bürgers.

2. Persönliches – vorläufiges – letztes Wort

Die Belastungen für uns, die wir aktiv Widerstand gegen die WAA leisten, sind riesengroß. Die Neigung zur Resignation ist immer wieder vorhanden. Dies gilt auch für einen Berufspolitiker wie mich. Manche Kollegen in der Sparte Berufspolitik meinen, „Du hast es ja gut, Du hast ja die WAA". Ich möchte wünschen, daß so manche andere SPD-Landtagsabgeordnete in ihrem Stimmkreis auch eine WAA drohend vor der Tür hätten. Ich weiß nicht, wie sie sich verhalten würden. Ich kann nur sagen, jede Wählerstimme, die wir auch oder gerade wegen der WAA gewonnen haben, ist mühsam und redlich verdient. Wir haben von Anfang an nicht opportunistisch oder wahltaktisch spekuliert. Wir haben unseren Bürgern glaubwürdig nachgewiesen, daß es uns um die Sache geht. Dies ist mühsam, dies ist belastend, dies ist manchmal auch entnervend. Deshalb ist der Zuspruch aus anderen Teilen Bayerns und darüber hinaus so enorm wichtig. Wir stellen uns hier in Wackersdorf und im Landkreis Schwandorf für viele andere gegen eine vermeintliche Übermacht. Wir führen einen Abwehrkampf nicht nur für unsere Kinder und Kindeskinder, sondern für die nachfolgenden Generationen in allen Regionen Bayerns, Mitteleuropas und dafür hinaus. Die Zeit allerdings arbeitet für uns. Auch die letzten Atomdinosaurier werden eines Tages aussterben. Ich bin sicher, daß die Nachdenklichen, Sensiblen, Vernünftigen auch in der sogenannten Mehrheitspartei in Bayern eines Tages die Oberhand gewinnen werden. Wichtig ist, daß gerade die Sozialdemokraten, dort wo sie in der Verantwortung stehen, – im Rahmen ihrer Möglichkeiten – Tag für Tag ein Zeichen setzen. Am Anfang stehe das Wort: „Es sei“! Das heißt am Anfang muß das Wort stehen, mit dem Ausstieg aus der Nutzung der Kernenergie sofort zu beginnen. Sofort heißt unverzüglich, ohne schuldhaftes Zögern.

Der Kampf um die WAA Wackersdorf wird einmal in die Geschichte des Abwehrkampfes gegen die weitere Nutzung der Kernenergie eingehen. Viele von uns sind bereit, hier ein Stück Mitverantwortung zu übernehmen. Die beiden Vorstandsvorsitzenden der Bayernwerk AG haben mir am 28. 6. 1983 schon einen Brief geschrieben, in dem sie mir meine persönliche Mitverantwortung klar und deutlich vor Augen führten. Ich darf abschließend zu diesem Zwischenbericht unseres Abwehrkampfes gegen die WAA Wackersdorf wörtlich aus diesem Brief zitieren: „Wenn Sie dem Bayernwerk etwas vorwerfen können, dann dies, daß wir uns mit Entschiedenheit für den Bau der WAA im Raum Schwandorf einsetzen. Mit Ihrer Polemik gegen die WAA gefährden Sie diese Bemühungen. Wir wünschen Ihnen nicht, daß die Bevölkerung im Falle eines Scheiterns der WAA im Raum Schwandorf einen Schuldigen sucht. Ihr Name wäre mit an erster Stelle zu nennen. Hochachtungsvoll Bayernwerk AG gez. für den Vorstand, Heitzer und Holzer.“ (s. Dok. Nr. 100) Dem wäre nun wirklich nichts mehr hinzuzufügen.

So habe ich mir auch den Abschluß dieses Buches vorgestellt. Aber die Geschichte der WAA stellte auch hier wieder die Weichen anders. Im August 1988 vertrat ich Landrat Hans Schuierer im Landratsamt Schwandorf. In dieser Zeit schrieb ich – nach Feierabend – das Manuskript dieses Buches. Schon kurz nach Amtsantritt stellte ich fest, daß, was kaum jemand vorher wußte, die DWK mit Schreiben vom 28. 3. 1988 einen Bauantrag auf Genehmigung der Errichtung des sogenannten WAA-Hauptprozeßgebäudes gestellt hatte. Selbstverständlich ließ ich mir die Bauakten vorlegen und stellte sehr bald fest, daß, noch während meiner Amtszeit als amtierender Landrat, aktueller Handlungsbedarf gegeben war. Nach eingehender rechtlicher Prüfung habe ich dann entschieden.

3. Nachtrag: Ablehnung der Baugenehmigung für das Hauptprozeßgebäude der WAA

a) Vorgeschichte

Die DWK hat am 28. 3. 1988, bei uns eingegangen am 7. 4. 1988, ohne Beteiligung der Grundstücksnachbarn und ohne das Einvernehmen der Gemeinde Wackersdorf herzustellen, Bauantrag auf das Hauptprozeßgebäude, somit das Herzstück der WAA gestellt. Die Angelegenheit wurde bei uns über Wochen und Monate bearbeitet. Mit Schreiben vom 10. 5. 1988 leitete das Landratsamt das baurechtliche Genehmigungsverfahren ein und beteiligte alle betroffenen Behörden als Träger öffentlicher Belange. Es gab verschiedene Baubesprechungen in denen das Vorhaben eingehend nach allen Seiten diskutiert und erörtert wurde. Am 9. Baugespräch am 4. 8. 1988 nahmen von Seiten des Landratsamtes Schwandorf 4 Mitarbeiter teil.

Auf Befragen erklärte Samel von der DWK ausdrücklich, daß bezüglich der wasserrechtlichen Planungen ein Vorentwurf, neben dem sog. „gelben Ordner" zur Beurteilung der Situation im Baugenehmigungsverfahren für das Hauptprozeßgebäude ausreichen sollte. Das Landratsamt Schwandorf, vertreten unter anderem durch Herrn Ehlich, machte deutlich, daß von unserer Seite einem solchen Verfahren nicht zugestimmt werden könnte. Im Rahmen dieser Besprechung wurde seitens der DWK auch eingeräumt, daß an eine offizielle Antragsstellung für die wasserrechtlichen Erlaubnisse derzeit aus Gründen des unzureichenden Planungsstandes nicht gedacht sei. Man beabsichtige vielmehr, die äußerst umfangreichen Antragsunterlagen zunächst als Vorentwurf in nur wenigen Exemplaren auszufertigen und diesen Entwurf mit den beteiligten Behörden abzustimmen. Auf Anfragen des Landratsamtes bestätigte die DWK ausdrücklich, daß nach Auffassung der DWK dieser Entwurf für die Beurteilung der wasserrechtlichen Voraussetzungen im Baugenehmigungsverfahren für das Hauptprozeßgebäude ausreichend sein soll. Die Vertreter des Landratsamtes widersprachen dem mit Nachdruck.

Es ist darauf hinzuweisen, daß die DWK zunächst einmal angekündigt hatte, die entsprechenden wasserrechtlichen Verfahrensunterlagen würden Ende Juni eingehen, später wurde der August 1988 genannt. Erst in der Besprechung vom 4. 8. 1988 wurde dem Landratsamt klar, daß die DWK überhaupt nicht daran dachte, einen entsprechenden Antrag auf Erteilung der wasserrechtlichen Erlaubnisse zu stellen. Wichtig ist, daß die Oberste Baubehörde in einem Schreiben an die DWK am 4. 8. 1988 darauf ausdrücklich hinwies, daß konkrete Terminzusagen für die Vorlage ergänzender Unterlagen zu verschiedenen Problembereichen noch ausstehen würden. Als offene Punkte, die mit den entsprechenden Gutachtern noch zu diskutieren seien, wurden ausdrücklich erwähnt: Das Barrierenkonzept zum Grundwasserschutz, die Ausstattung der Kühlanlage – Erforderlichkeit einer doppelwandigen Rohrleitung bei der Konditionierung des Kühlwassers, der Umgang mit wassergefährdenden Stoffen usw. (s. Dok., Schreiben der Obersten Baubehörde vom 4. 8. 1988 an DWK, Nr. 101)

Erst als ich mich eingehend sachkundig gemacht hatte und feststand, daß die rechtliche Seite unbestreitbar für eine Ablehnung des Bescheides sprach, habe ich die Mitarbeiter der Abteilung 5 (Baurechtsabteilung) des Landratsamtes Schwandorf angewiesen, mir, soweit von ihnen rechtlich vertretbar, einen negativen Bescheid vorzubereiten. Diese Vorarbeiten wurden bis 19. 8. 1988 getätigt. Ich räume freimütig ein, daß ich eine Meldung an die vorgesetzten Behörden, insbesondere an die Regierung der Oberpfalz und das Innenministerium für nicht erforderlich hielt. Ich wies meine Mitarbeiter an, unsere Überlegungen nicht „nach oben" bekanntzugeben. Ich tat dies deshalb, weil ich nicht durch eine Anweisung in meinen Überlegungen „beeinträchtigt" werden wollte. Es ist ja leider in Bayern so – und das kann man wirklich balkanische Verhältnisse nennen – daß immer mehr von seiten der übergeordneten Instanzen auf die Entscheidungsfreiheit des Landratsamtes Schwandorf durchgegriffen wird. Auch hier ist ein klarer Abbau von Freiheit und Zuständigkeiten zu verzeichnen. Am 19. 8. 1988 besprach ich mit meinen Mitarbeitern die Sache noch einmal. Dann hatte ich mich entschieden, den Baugenehmigungsantrag für das Hauptprozeßgebäude mit rechtlich fundierten Argumenten abzulehnen.

b) Ablehnender Bescheid vom 19. 8. 1988

Am Montag, den 22. 8. 1988 ließ ich dann den Bescheid an die DWK auslaufen, mit folgendem Inhalt:

I. Der Antrag der Deutschen Gesellschaft für Wiederaufarbeitung von Kernbrennstoffen mbH, Abteilung TPG, Hamburger Allee 4, 3000 Hannover 1, vom 28. 3. 1988, auf Erteilung der Baugenehmigung zur Errichtung eines Hauptprozeßgebäudes auf dem Grundstück Fl.Nr. 1281 der Gemarkung Wackersdorf wird abgelehnt.

II. Der Antragsteller hat die Kosten des Verfahrens zu tragen.

III. Für diesen Bescheid ist eine Gebühr in Höhe von DM 166.000,– festgesetzt. (s. Dok. Nr. 102)

Der Bescheid war auf baurechtliche Gründe gestützt. Es wird darauf hingewiesen, daß vor Erteilung einer Baugenehmigung sichergestellt sein müsse, daß eine gesicherte Erschließung, insbesondere eine ausreichende Planung von Wasserentsorgungs- und Abwasserentsorgungseinrichtungen gesichert sei. Die entsprechenden Unterlagen und Detailpläne für die Durchführung eines wasserrechtlichen Verfahrens seien noch nicht eingereicht worden. Es stehe weiter fest, daß mit dem Eingang eines Antrags auf Erteilung der genannten wasserrechtlichen Erlaubnis in nächster Zeit nicht gerechnet werden könne, da ein Großteil der anstehenden wassertechnischen Probleme nicht bewältigt sei. Es heißt dann weiter: „Angesichts der Vielzahl und der Bedeutung der offenen Detailprobleme ist es auch nicht vertretbar, die im baurechtlichen Verfahren notwendige positive Gesamtbeurteilung der wasserrechtlichen Genehmigungssituation allein anhand des sogenannten „Gelben Ordners“ zu erstellen. Im Hinblick auf die insgesamt ungeklärte wasserrechtliche Situation, die offenen Problembereiche und die angedeuteten Mängel der vorhandenen Unterlagen erscheint es ausgeschlossen, daß sich eine positive Gesamtbeurteilung des Vorhabens ergeben kann.“ Schließlich wies ich noch darauf hin, daß der Ablehnung des Bauantrages auch nicht Gesichtspunkte des Vertrauensschutzes entgegenstünden. Die DWK würde derzeit wesentliche Teile der Gesamtanlage auf der Grundlage nicht bestandskräftiger, für sofort vollziehbar erklärter Genehmigungen erstellen. Sie müsse aufgrund der völlig ungeklärten Rechtslage jederzeit damit rechnen, daß diese Genehmigungen aufgehoben würden oder die Erwartung weiterer Genehmigungen fehlschlüge.

Ich wies darauf hin, daß gerade die bisher vorhandenen Urteile des obersten Bayerischen Verwaltungsgerichts den Vertrauensschutz der Betreiberin DWK weiter gemindert hätten. Insbesondere sei der Bebauungsplan für nichtig erklärt worden, was allerdings noch nicht rechtskräftig sei. Sollte aber dieses Urteil des VGH vom 29. 1. 1988 rechtskräftig werden, wäre das Vorhaben nach 35 I Nr. 6 BauGb zu beurteilen. Unter diesen Voraussetzungen müßte zunächst das gemeindliche Einvernehmen (der Gemeinde Wackersdorf) hergestellt und die Nachbarbeteiligung (der Anlieger) nachgeholt werden . . . Unter diesen Voraussetzungen könne es einen Vertrauensschutz der Betreiberin DWK hinsichtlich eines weiteren, reibungslosen Fortgangs des Baugenehmigungsverfahrens nicht mehr geben. Und dann füge ich hinzu: „Die Tatsache, daß trotz der ungeklärten Rechtslage die Bauarbeiten fortgeführt werden und bei Zulieferfirmen bereits in größerem Umfang Anlagenteile bestellt wurden (durch die Fa. Siemens), begründet statt dessen eine erhöhte Aufmerksamkeitspflicht der Genehmigungsbehörden hinsichtlich der im weiteren Verfahren zu befürchtenden normativen Kraft des Faktischen.“

Der Bescheid wurde der DWK am 23. August 1988 zugestellt. Gleichzeitig habe ich sämtliche beteiligten Behörden mit Abdruck informiert, darunter die Gemeinde Wackersdorf, das Staatsministerium des Innern, das Staatsministerium für Umweltfragen, die Regierung der Oberpfalz und eine Vielzahl weiterer Behörden.

Schon am Dienstagnachmittag riefen verschiedene Pressevertreter an, die offenbar über undichte Stellen der informierten Behörden Kenntnis erhalten hatten. Alle wollten von mir Stellungnahmen haben. Ich habe mich dann kurzfristig entschlossen, für Mittwoch, den 24. August 1988 im Landratsamt eine Pressekonferenz einzuberufen. Dabei faßte ich die Argumente für meine Entscheidung in 5 Punkten zusammen:

Erstens: Der Bauantrag liege nunmehr seit fast 5 Monaten dem Landratsamt vor, er sei entscheidungsreif.

Zweitens: Dem Baubewerber, der DWK als Antragstellerin, sei immer wieder in Gesprächen nahegelegt worden, den Bauantrag und die Detailpläne entsprechend nachzubessern. Das sei nicht geschehen.

Drittens: Insbesondere seit der Besprechung vom 4. 8. 1988 sei klar geworden, daß die DWK überhaupt nicht daran denke, Antrag auf Erteilung der wasserrechtlichen Erlaubnisse zu stellen und die entsprechenden Detailpläne nachzureichen. Dies sei durch das Schreiben der Obersten Baubehörde vom 4. 8. 1988 an die DWK noch deutlicher geworden. Damit sei klar geworden, daß eine weitere Verschleppung oder Verzögerung des Bauvorhabens nicht zur Heilung der Mängel führen könne.

Viertens: Die Grundsätze der Rechtssicherheit und Rechtsklarheit erforderten von der Genehmigungsbehörde eine klare Entscheidung. Da eine positive Entscheidung nicht möglich sei, mußte es zu einer negativen Verbescheidung kommen.

Fünftens: Die allgemeine unklare Rechtssituation bezüglich des Bebauungsplanes und der 1. atomrechtlichen Teilerrichtungsgenehmigung verlangte eine eindeutige Entscheidung im Baugenehmigungsverfahren. Es könne nicht angehen, daß, gleichsam heimlich und unter Ausschluß der Öffentlichkeit, die DWK eine Baugenehmigung für das Kernstück der WAA erhalte, obwohl alle anderen Rechtsgrundlagen absolut unsicher seien. Damit wären Fakten geschaffen worden, die nicht mehr rückholbar wären.

c) Reaktionen

Meine Entscheidung überraschte offenbar nicht nur die Öffentlichkeit, sondern auch alle Beteiligten. Die DWK gab eine Presseerklärung heraus, in der sie einräumte, damit nicht gerechnet zu haben. Die DWK widersprach meiner Rechtsauffassung und kündigte Rechtsmittel an. In einer Presseerklärung hieß es u. a.: „Die Auffassung des Landratsamtes widerspricht aus Sicht der DWK sowohl der geltenden Rechtslage, als auch der terminlich abgesprochenen Vorgehensweise zum Ablauf der Genehmigungsverfahren. Darüberhinaus ist die Aussage des Landratsamtes, daß kurzfristig keine ergänzenden Unterlagen zum Bauantrag des Hauptprozeßgebäudes nachgereicht und der Wasserrechtsantrag auf die Gesamtanlage nicht gestellt werden könne, unzutreffend.“ Ich selbst habe die (bisher) zurückhaltende Reaktion der DWK als angemessen empfunden. Selbstverständlich rechnete ich schon von Anfang an damit, daß die DWK Widerspruch gegen meine Entscheidung einlegen werde.

Geradezu überschäumend reagierten die im Widerspruchsverfahren zuständigen nächsten Instanzen, nämlich die Regierung der Oberpfalz und das Innenministerium. Laut Neuer Tag vom 25. 8.

1988 gab Herr Regierungspräsident Karl Krampol folgende Erklärung ab: „Die Entscheidung überrascht mich nicht. Mich kann schon lange nichts mehr überraschen, was aus dem Landratsamt Schwandorf kommt, wenn Herr Dietmar Zierer als stellvertretender Landrat amtiert. In jedem bayerischen Landratsamt ist es üblich, daß die vorgesetzte Behörde von bevorstehenden Entscheidungen solcher Bedeutung informiert wird. So war es auch bisher beim Landratsamt Schwandorf unter Leitung des Landrats Schuierer. Stellvertretender Landrat Zierer hat nicht nur eine solche Information unterlassen, sondern zudem der zuständigen Baujuristin die Unterrichtung der Regierung der Oberpfalz durch Weisung verboten. So etwas nennt man üblicherweise balkanische Verhältnisse. Der Bauantrag der DWK war noch nicht entscheidungsreif. Es waren Gespräche wegen der Nachreichung zusätzlich notwendiger Unterlagen im Gange. Jedem Antragsgegner im Baurecht gibt man die Möglichkeit, fehlende Unterlagen in angemessener Zeit nachzureichen, um ein Baugesuch prüffähig zu machen. Stellvertretender Landrat Zierer gab der DWK diese Chance nicht. Sein Bedürfnis, in einer „Nacht- und Nebel-Aktion“, noch während der Abwesenheit von Landrat Schuierer, eine medienwirksame Entscheidung zu treffen, stand ihm höher, als vielfach erprobte Verwaltungskultur. Dennoch ist die Regierung über die Entscheidung des Landratsamtes Schwandorf nicht betrübt. Sie enthebt sie der möglichen Prüfung eines erneuten Selbsteintritts. Die DWK wird gewiß Widerspruch einlegen; die Regierung der Oberpfalz wird dann im normalen Widerspruchsverfahren zu entscheiden haben.“

Soweit die hochinteressante Stellungnahme des Herrn Krampol. In das gleiche Horn stieß der Innenminister. Auch August R. Lang nannte meine Entscheidung eine „Nacht- und Nebel-Aktion“. Und der Minister wußte schon, daß meine Entscheidung rechtlich nicht haltbar sei. Lang bezeichnete die Ablehnung des Bauantrags als nicht nur im Widerspruch zu der ständigen Praxis der Baugenehmigungsbehörden stehend, die dem Bauherrn Gelegenheit gebe seine Unterlagen erforderlichenfalls zu ergänzen bzw. zu erläutern. Meine Entscheidung sei auch mit dem bisherigen Verfahrensgang nicht vereinbar. Auch hätte ich der DWK, vor der negativen Entscheidung, rechtliches Gehör gewähren müssen. Und dann heißt es bei August Lang:

„Die Antragstellerin hatte zum Nachweis der Erschließung ein Wasserversorgungs- und Abwasserentsorgungskonzept vorgelegt, das vom amtlichen Gutachter vorgeprüft ist und absprachegemäß nach dessen Anforderungen „ertüchtigt" wird. Vorbehaltlich der geforderten Ergänzung dürfte dieses Konzept grundsätzlich den Anforderungen genügen. Aufgrund des bisherigen Verfahrensganges durfte die DWK vor einer überraschenden Entscheidung der Genehmigungsbehörde, wie sie jetzt erfolgt ist, sicher sein." Selbstverständlich habe ich auch eine Vielzahl von ermutigenden und positiven Reaktionen erfahren. So telegrafierte mir aus Hamburg Greenpeace: „Gratulation zur Ablehnung des Bauantrags Hauptprozeßgebäude. Bleiben Sie standhaft!" Die SPD-Landtagsfraktion und die Bürgerinitiative Schwandorf erklärten die solidarische Unterstützung. Noch wichtiger war mir aber die positive Resonanz, die ich von den Mitbürgerinnen und Mitbürgern aus dem Landkreis Schwandorf und darüberhinaus erfuhr.

d) Beurteilung der juristischen und tatsächlichen Auswirkungen

Bei Redaktionsschluß dieses Buches am 28. 8. 1988 können die rechtlichen und tatsächlichen Auswirkungen meiner Entscheidung noch nicht voll abgeschätzt werden. Da die DWK schon Rechtsmittel angekündigt hat, gehe ich von folgendem weiterem Verlauf aus. Die DWK wird den angekündigten Widerspruch begründen müssen. Dann steht es ihr frei, die noch ausstehenden Detailpläne zur Erschließung vorzulegen. Nach dem schon zitierten Brief der Obersten Baubehörde im Bayerischen Innenministerium forderte ja der amtliche Gutachter ergänzende prüffähige Planunterlagen mit entsprechender Begründung der gewählten technischen Lösung. Es wurde darauf hingewiesen, daß die vom amtlichen Gutachter benötigte etwa halbjährige Prüfungsfrist erst ab Vorlage prüffähiger Unterlagen gerechnet werden kann. Geht man davon aus, daß die DWK innerhalb von 2 Monaten, also bis Ende Oktober diese Detailpläne vorlegt, so könnte der amtliche Gutachter bis Ende April 1989 zu seiner abschließenden Beurteilung kommen. Dies wieder ist Voraussetzung für das Landratsamt Schwandorf, um entscheiden zu können, wie der Widerspruch zu behandeln ist. Das Landratsamt Schwandorf hat entweder die Möglichkeit dem Widerspruch der DWK abzuhelfen, oder den Widerspruch zur Entscheidung der Regierung der Oberpfalz vorzulegen. Bei sorgfältiger Prüfung könnte somit die Regierung der Oberpfalz frühestens im Mai oder Juni 1989 mit der Angelegenheit befaßt werden. Vorher ist ein Selbsteintritt der Regierung nicht möglich! Im Rahmen des ganz normalen Instanzenweges muß dann die Regierung der Oberpfalz, wenn sie überhaupt noch ein wenig ernst genommen werden will, auch selbst eine gewisse Prüfungszeit in Anspruch nehmen. Es könnte also etwa frühestens in einem Jahr, somit im August 1989 eine Entscheidung der Regierung, der sog. Widerspruchsbescheid, ergehen. Dann allerdings ist wiederum das Landratsamt Schwandorf zuständig, das dann, auf den Widerspruchsbescheid hin, einen evtl. positiven Bescheid erstellen müßte. Dann liegt es wiederum am amtierenden Landrat, ob er bereit ist, den Widerspruchsbescheid der Regierung zu aktezptieren, oder ob er sich weigert, dies zu vollziehen. Dann, erst dann, könnte die Regierung zum zweiten Mal vom Selbsteintrittsgesetz Gebrauch machen. Wie es allerdings der Regierung gelingen wird, selbst in eigener Zuständigkeit einen entsprechenden positiven Bescheid auzuarbeiten, steht (noch) in den Sternen. Soweit der zeitliche Ablauf, was die rechtliche Situation anbelangt.

Von großer Bedeutung ist aber auch die politische Auswirkung meiner Entscheidung. Die Reaktionen von Regierung der Oberpfalz und Innenministerium zeigen wieder einmal, wie verflochten sich CSU-Staatsregierung und ihr Vollzugsgehilfe, Regierungspräsident Krampol, mit der DWK fühlen. Während die DWK noch vergleichsweise sachlich reagierte, brachten die Herren Lang und Krampol ihre Befangenheit deutlich zum Ausdruck. Wie können sich die zuständigen Behördenchefs während eines schwebenden Verwaltungsverfahrens schon öffentlich vorab festlegen? Damit wird ihre eigene Voreingenommenheit deutlich. Auf die diffamierenden Äußerungen des Regierungspräsidenten möchte ich hier nicht eingehen. Das Wort von den „balkanischen Verhältnissen“ wird wie ein Bumerang immer wieder auf ihn und die CSU-Staatsregierung zurückfliegen.

Herr Krampol regte sich darüber auf, daß ich die Regierung der Oberpfalz nicht vorab informiert habe. Für wie naiv hält mich eigentlich Herr Krampol? In dem Augenblick, in dem bei der Regierung oder dem Innenministerium bekannt geworden wäre, daß ich beabsichtige, den Bauantrag der DWK bezüglich des Kernstücks der WAA abzulehnen, wäre das Fallbeil der Anweisung oder des Selbsteintritts gefallen. Die Kumpanei zwischen dem Bauherren DWK und der CSU-Staatsregierung wurde auch durch diesen Vorgang wieder deutlich. Die öffentliche Festlegung der zuständigen Instanzen zugunsten der DWK, ohne jegliche Akteneinsicht, ist der eigentliche Skandal der Geschichte. Damit haben sowohl Herr Lang, als auch Herr Krampol gegen die Grundsätze der Rechtsstaatlichkeit und der von ihnen gern zitierten „Verwaltungskultur in Bayern" verstoßen.

Ich hätte mir nie verziehen, wenn ich die peinliche Blöße, die sich die DWK in diesem Verfahren gegeben hat, nicht mit juristisch einwandfreien Mitteln ausgenützt hätte. Selbstverständlich wollte ich mit meiner Entscheidung auch ein politisches Zeichen setzen. Sowohl der – rechtsstaatlich einwandfreie – Ablehnungsbescheid, als auch mein persönliches Verhalten sollten für die WAA-Gegner ein Stück Ermutigung und Motivation sein. Dazu stehe ich.

Damit breche ich an dieser Stelle den Zwischenbericht über den radioaktiven Zerfall unserer Freiheit, dargestellt am Beispiel der WAA Wackersdorf, ab. Der Bericht wurde in äußerst knapper Zeit, unter größter Belastung als amtierender Landrat des Landkreises Schwandorf im August 1988 erstellt. Der Bericht ist – insbesondere stilistisch – verbesserungs- und ergänzungsbedürftig. Ich beabsichtige, zu gegebener Zeit eine aktualisierte, ergänzte und verbesserte Auflage herauszubringen.

Der Widerstand gegen die WAA Wackersdorf ist – bis zur endlichen Aufgabe von CSU und DWK – eine unendliche Geschichte.

4. Als Ausblick und Motivation:

Bertholt Brecht:
»An den Schwankenden«

Du sagst:
Es steht schlecht um unsere Sache.
Die Finsternis nimmt zu. Die Kräfte nehmen ab.
Jetzt, nachdem wir so viele Jahre gearbeitet haben
Sind wir in schwierigerer Lage als am Anfang.

Der Feind aber steht stärker da denn jemals.
Seine Kräfte scheinen gewachsen. Er hat ein unbesieg-
liches Aussehen angenommen.
Wir haben Fehler gemacht, es ist nicht zu leugnen.
Unsere Zahl schwindet hin.
Unsere Parolen sind in Unordnung. Einen Teil unserer Wörter
hat der Feind verdreht bis zur Unkenntlichkeit.

Was ist jetzt falsch von dem, was wir gesagt haben
Einiges oder alles?

Auf wen rechnen wir noch? Sind wir Übriggebliebene,
herausgeschleudert
Aus dem lebendigen Fluß? Werden wir zurückbleiben
Keinen mehr verstehend und von keinem verstanden?

Müssen wir Glück haben?

So fragst du. Erwarte
Keine andere Antwort als die deine!

Und ich füge als Berichterstatter dieses Buches hinzu:
Gemeinsam sind wir stärker denn je!

5. Persönliches – endgültig – letztes Wort

In diesem Buch ist mehrmals von Franz Josef Strauß die Rede, der am 3. 10. 1988 in Regensburg an einem Herz- und Kreislaufversagen gestorben ist. Am Nachmittag des gleichen Tages rief mich ein Redakteur der „MZ" an und bat mich um eine Stellungnahme. Am 4. 10. 1988 stand im Lokalteil der „MZ" (verkürzt) folgendes: „Im Angesicht des Todes muß jede politische Gegnerschaft verstummen. Der SPD-Unterbezirk trauert mit der gesamten Bevölkerung und bedauert den plötzlichen Tod und vor allem die Art und Weise des Todes von Ministerpräsident Franz Josef Strauß. Über alle grundlegenden politischen Meinungsunterschiede hinweg, kann die historische Bedeutung des Politikers Strauß nicht geleugnet werden. Trotzdem ist es vielleicht ein Fingerzeig des Schicksals, daß Strauß ausgerechnet in der Oberpfalz den Tod gefunden hat, dem Regierungsbezirk, dem er mit seiner Entscheidung für die WAA so viel Unfrieden gebracht hat. Wir hoffen, daß der Nachfolger in Sachen WAA kompromißbereiter ist."

Der Chefredakteur der „MZ" schlug daraufhin in seinem Kommentar „Strauß hinterläßt ein schweres Erbe" am 5. 10. 1988 schwer auf mich ein. Er schrieb u. a.: „Keinen Aufschub jedoch verträgt die Kritik an jener Würdigung von Franz Josef Strauß, mit der ein Oberpfälzer Politiker wohl den Gipfel der Geschmacklosigkeit erklomm. Auch wenn Dietmar Zierer der SPD-Opposition angehört, und das Thema WAA bei uns in der Tat die Menschen aufwühlt, so rechtfertigt dies noch lange nicht, einen Fingerzeig des Schicksals darin zu sehen, daß Strauß ausgerechnet in der Oberpfalz den Tod gefunden hat, dem Regierungsbezirk, dem er mit seiner Entscheidung für die WAA soviel Unfrieden gebracht hat. Hier kommt ein Pharisäertum zum Ausdruck, wie es abstoßender kaum formuliert werden könnte."

Ich stelle dazu fest: Wenn Franz Josef Strauß die WAA abgelehnt hätte, wäre sie uns erspart geblieben. Mit seiner Entscheidung für die WAA Wackersdorf brachte Franz Josef Strauß der Oberpfalz Unglück und Unfrieden, er hinterläßt uns in der Tat ein schweres und gefährliches Erbe.

Anhang

Dokumente	**Quellenverzeichnis der Zitate**
Nr. 1:	Brief von Franz Josef Strauß vom 16. 1. 1985 an den Vorstand der DWK
Nr. 2:	Schriftliche Landratsanfrage vom 20. 1. 1987 und Antwort des Wirtschaftsministers vom 6. 3. 1987, Drucksache 9/7887
Nr. 3:	Aussagen des CSU-MdB Jobst in MZ vom 25. 11. 1974 und 11. 12. 1974, sowie NT vom 17. 1. 1979
Nr. 4:	Schriftliche Landtagsanfrage vom 9. 7. 1979 und Antwort des Umweltministers vom 27. 9. 1979, Drucksache 9/2430
Nr. 5:	Schriftliche Landtagsanfrage vom 16. 2. 1981 und Antwort vom 8. 4. 1981 des Umweltministers
Nr. 6:	Schriftliche Landtagsanfrage vom 3. 9. 1981 und Antwort des Wirtschaftsministers vom 15. 10. 1981 und des Umweltministers vom 3. 12. 1981, Drucksache 9/10477
Nr. 7:	Briefwechsel zwischen Dietmar Zierer und Umweltminister Dick vom 1. bzw. 5. 10. 1981 und 9. 10. 1981
Nr. 8:	Brief von Dietmar Zierer an Sozialdemokratische Pressekorrespondenz vom 1. 10. 1981
Nr. 9:	Brief des Pressereferenten des Bayerischen Staatsministeriums der Justiz vom 16. 9. 1986 an Dietmar Zierer
Nr. 10:	Standortstudie für eine WAA, Karte 12: „Grundsätzlich geeignete Standorträume", vom Juni 1981

Nr. 11: Schwabacher Beschluß des SPD-Landesverbandes zur Kernenergie vom 22. 9. 1979

Nr. 12: Schriftliche Einladung der SPD-Kreistagsfraktion Schwandorf zur Sitzung am 31. 8. 1981 im Gasthaus „Zur Schwefelquelle" in Schwandorf

Nr. 13: Einladung des SPD-UB-Vorsitzenden Dietmar Zierer zum Unterbezirks-Parteitag am 7. 11. 1981 in Wackersdorf

Nr. 14: Antrag und Beschluß des SPD-UB-Parteitags vom 7. 11. 1981 zur WAA

Nr. 15: Thurmannsbanger Beschluß des SPD-Bezirks Niederbayern-Oberpfalz zur Kernenergie vom 6. 10. 1979

Nr. 16: Brief von Dietmar Zierer vom 26. 2. 1982 an Bundeskanzler Helmut Schmidt

Nr. 17: Brief des Staatsministers beim Bundeskanzler Gunter Huonker vom 8. 4. 1982 an Dietmar Zierer

Nr. 18: Brief des Bundeskanzlers a.D. und MdB Helmut Schmidt vom 11. 2. 1986 an Frau Ilse Bögl

Nr. 19: Pressebericht des NT vom 19. 3. 1982

Nr. 20: Brief des CSU-Bezirksverbands Oberpfalz vom 23. 10. 1987 an eine „Anzahl engagierter CSU-Mitglieder"

Nr. 21: Schreiben des Staatlichen Schulamts im Landkreis Schwandorf vom 14. 7. 1988 an alle Lehrkräfte, welche Dienstbefreiung für den 11. 7. 1988 beantragt hatten

Nr. 22: Einladung der Polizeidirektion Passau zur „staatsbürgerkundlichen Dienstversammlung" für die Zeit zwischen dem 13. 11. 1987 und 24. 11. 1987

Nr. 23: Schriftliche Landtagsanfrage vom 20. 11. 1984 und Antowrt des Umweltministers vom 6. 2. 1985, Drucksache 10/6032

Nr. 24:	Brief des Bayerischen Innenministeriums vom 16. 6. 1987 an den 1. Bürgermeister der Gemeinde Wackersdorf
Nr. 25:	Brief von Dietmar Zierer vom 17. 8. 1987 an Bürgermeister Josef Ebner Wackersdorf
Nr. 26:	Einladungsschreiben der Industrie- und Handelskammer Regensburg vom 2. 6. 1986 an Dietmar Zierer mit Tagesordnung und Programm
Nr. 27:	Brief der DWK/DWW, gezeichnet Mühlberger, vom 18. 1. 1988 an Herrn R. H.
Nr. 28:	Brief des Dachverbands der Oberpfälzer Bürgerinitiativen gegen Atomanlagen vom 5. 3. 1988 an den Bezirksjagdverband Regensburg
Nr. 29:	Brief des Landesjagdverbandes Bayern, Bezirksverband Regensburg, vom 14. 3. 1988 an den Dachverband der Oberpfälzer Bürgerinitiativen gegen Atomanlagen u. Hd. Herrn Konias
Nr. 30:	Flugblatt des „Arbeitskreises Theologie und Kernenergie" mit Aufruf zum christlichen Widerstand gegen die WAA, gezeichnet Manfred Wacht, Regensburg
Nr. 31:	Inserate der Bayerischen Staatsregierung vom 27. 3. 1986 „Gewalt an Ostern?" und 3. 4. 1986 „Danke"
Nr. 32:	Brief von Dietmar Zierer vom 8. 10. 1987 an Staatssekretär Peter Gauweiler, Innenministerium
Nr. 33:	Flugblatt „Betriebsbesichtigung bei Heidelberger Zement"
Nr. 34:	Ärztliches Attest für Frau Irmgard Gietl vom 7. 4. 1986
Nr. 35:	Brief des Ministerialdirektors Dr. Süß vom Innenministerium an das Bayer. Staatministerium der Finanzen vom 4. 6. 1986

Nr. 36:	Anlage zu Dokument Nr. 35 mit ausführlicher Bedarfszusammenstellung insbesondere für Waffen und Reizstoffe
Nr. 37:	Predigt des Weihbischofs Heinrich Graf von Soden-Fraunhofen am Heiligen Abend 1987 für die WAA-Einsatzkräfte der Bereitschaftspolizei in Wackersdorf
Nr. 38:	Brief des Innenministers vom 23. 9. 1986 an Dietmar Zierer
Nr. 39:	Gesetz zur Änderung des Bayerischen Verwaltungsverfahrensgesetzes vom 23. 7. 1985 (Bayer. Gesetz- und Verordnungsblatt Nr. 14/1985, Seite 269)
Nr. 40:	Gemeinsame Bekanntmachung der Bayerischen Staatsministerien vom 9. 9. 1985 Nr. I A 1-1011.1/3
Nr. 41:	Anweisung des Regierungsvizepräsidenten vom 16. 10. 1985 an den amtierenden Landrat Zierer, 7 WAA-Genehmigungen bis spätestens 25. 10. 1985, 12 Uhr, zu erteilen
Nr. 42:	Presseerklärung des amtierenden Landrats Dietmar Zierer vom 25. 10. 1985 mit der Weigerung, der Weisung der Regierung der Oberpfalz zu folgen
Nr. 43:	Schreiben des Innenministeriums vom 25. 10. 1985 an den Regierungspräsidenten mit der Erklärung des „Selbsteintritts" gegenüber dem amtierenden Landrat Dietmar Zierer
Nr. 44	Weisung der Regierung der Oberpfalz vom 28. 10. 1985 an den amtierenden Landrat Dietmar Zierer unverzüglich die WAA-Akten per Boten der Regierung zu übersenden
Nr. 45:	Schreiben des Landkreisverbandes Bayern vom 4. 12. 1985 an den stellvertretenden Landrat Dietmar Zierer

Nr. 46:	Antrag der CSU-Landtagsfraktion in Sachen „Innere Sicherheit“ vom 23. 9. 1987, Drucksache 11/3240
Nr. 47:	Schreiben der Regierung der Oberpfalz vom 19. 2. bzw. 25. 3. 1988 an das Landratsamt Schwandorf, die WAA-Akten vorzulegen
Nr. 48:	Bescheid der Regierung der Oberpfalz vom 25. 8. 1988, Az.: 230-1400-13
Nr. 49:	Brief von Dietmar Zierer vom 7. 9. 1987 an den österreichischen Bundespräsidenten Kurt Waldheim
Nr. 50:	Brief des Salzburger Bürgermeisters Josef Reschen vom 23. 2. 1988 an Kurt Waldheim
Nr. 51:	Brief des österreichischen Bundespräsidenten Kurt Waldheim vom 22. 3. 1988 an den Salzburger Bürgermeister Reschen
Nr. 52	Brief des Schwandorfer Kreisbrandrats an Feuerwehrkommandanten im Umkreis der WAA vom 24. 1. 1987
Nr. 53:	Einteilung der Organisation bzw. Feuerwehren durch den Schwandorfer Kreisbrandrat vom 24. 1. 1987
Nr. 54:	Einsatzkarte „VS-Nur für den Dienstgebrauch“ vom 24. 1. 1987 für Feuerwehren und THW
Nr. 55:	Vertraulicher Brief des Regierungspräsidenten der Oberpfalz vom 11. 7. 1986 an den Bürgermeister der Stadt Burglengenfeld
Nr. 56:	Stellungnahme der Regierung der Oberpfalz vom 11. 7. 1986 zum „5. Anti-WAA-Festival“ in Burglengenfeld
Nr. 57:	Stellungnahme des Polizeiführungsstabs Wackersdorf vom 11. 7. 1986 wegen Gefährdung der öffentlichen Sicherheit und Ordnung anläßlich des 5. Anti-WAA-Festivals

Nr. 58:	Brief des Staatssekretärs im Bundesministerium der Verteidigung Ermisch an Dietmar Zierer vom 12. 2. 1986
Nr. 59:	Schreiben des Oberleutnants Dieter Staude vom 15. 1. 1986 an den Chef des Stabes der 4. Panzergrenadierdivision
Nr. 60:	Brief des Regensburger Polizeipräsidenten Fenzl vom 29. 7. 1988 an Dietmar Zierer
Nr. 61:	Stellungnahme des Leiters der Polizeiabteilung im Innenministerium Joachim Schweinoch vom 1. 12. 1986, Az.: I C 5-1205.65/481
Nr. 62:	Brief des Vaters eines 15jährigen Sohnes an Dietmar Zierer vom 24. 10. 1986
Nr. 63:	Leserbrief eines Herrn Thomas A., Berlin, abgedruckt in MZ vom 24. 10. 1987
Nr. 64:	Verfassungsschutzbericht Bayern 1986 des Bayerischen Staatsministeriums des Innern, herausgegeben im Juni 1987
Nr. 65:	Brief von Dietmar Zierer vom 8. 9. 1986 an den Regensburger Polizeipräsidenten Fenzl
Nr. 66:	Brief des Regensburger Polizeipräsidenten Fenzl vom 17. 9. 1986 an Dietmar Zierer
Nr. 67:	Brief des Innenministers vom 11. 12. 1986 an Dietmar Zierer
Nr. 68:	Leserbrief der Frau Edith Bäumler, Hirschau, abgedruckt im NT am 20. 10. 1987
Nr. 69:	Brief des Staatssekretärs im Innenministerium Rosenbauer vom 27. 3. 1987 an Dietmar Zierer
Nr. 70:	Brief des Präsidenten und des Leitenden Oberstaatsanwalts des Landgerichts Amberg vom 4. 3. 1987 an Dietmar Zierer
Nr. 71:	Artikel in der „Schwandner Allgemeinen“ vom Sommer 1986 mit dem Titel „Sommer-RAF-Offensive?“

Nr. 72:	Beschlagnahmtes Plakat: „Am Beispiel der Atombombenfabrik Wackersdorf – Kriegsvorbereitung – Polizeistaat in Aktion“
Nr. 73:	Schreiben des Staatssekretärs im Umweltministerium Max Fischer vom 29. 9. 1986 an die Staatsanwaltschaft beim Landgericht Regensburg
Nr. 74:	Stellungnahme der Staatsanwaltschaft bei dem Bayerischen Obersten Landesgericht vom 6. 11. 1987 in der Strafsache gegen Kurt E., Az.: ObSs I 1874/87
Nr. 75:	Strafbefehl des Amtsgerichts Schwandorf vom 5. 6. 1986 gegen Thorsten H., Az.: Cs 2 Js 3382/86 jug
Nr. 76:	Stafbefehl des Amtsgerichts München vom 28. 7. 1987 gegen Bernhard F., Az.: 422 Cs 111 Js 3060/87
Nr. 77:	Brief des Bayerischen Ministerpräsidenten Franz Josef Strauß vom 27. 3. 1986 an die katholischen Bischöfe und den evangelischen Landesbischof
Nr. 78:	Brief des Generalvikars Friedrich Morgenschweis vom 21. 5. 1986 an 5 katholische Pfarrer
Nr. 79:	Erklärung der CSU-Stadtratsfraktion der Stadt Nabburg bezüglich des Verhaltens des SPD-Stadtrats Karl Kirch, abgegeben in der Stadtratssitzung am 14. 4. 1987
Nr. 80:	Brief des Oberstudienrats Leo Feichtmeier, Nittenau, vom 4. 2. 1988 an Dietmar Zierer
Nr. 81:	Brief des Leiters der Bayerischen Staatskanzlei, Staatsminister Stoiber, vom 7. 3. 1988 an Dietmar Zierer
Nr. 82:	Brief der Regierung der Oberpfalz, Schulabteilung, vom 25. 9. 1987 an Harald Grill

Nr. 83:	Schreiben von Dietmar Zierer an den Regierungspräsidenten Karl Krampol vom 12. 10. 1987
Nr. 84:	Schreiben der Regierung der Oberpfalz, Schulabteilung, vom 20. 11. 1987 an Harald Grill
Nr. 85:	Schriftliche Landtagsanfrage vom 18. 10. 1983 und Antwort des Innenministers vom 19. 12. 1983, Drucksache 10/1975
Nr. 86:	Flugblatt der Jungen Union Nabburg als offener Brief an Fritz Burkhardt
Nr. 87:	Bescheid des Landgerichtspräsidenten des Landgerichts Amberg vom 28. 6. 1983 an Richter Fritz Burkhardt, Az.: B 87
Nr. 88:	Schriftliche Landtagsanfrage vom 8. 2. 1984 und Antwort des Justizministers vom 14. 3. 1984, Drucksache 10/2880
Nr. 89:	Brief des Justizministers vom 29. 2. 1984 an Dietmar Zierer
Nr. 90:	Brief des Innenministers vom 23. 3. 1988 an Heinz Zacke, Bezirksvorsitzender der Deutschen Postgewerkschaft
Nr. 91:	Schriftliche Landtagsanfrage vom 18. 12. 1985 und Antwort des Innenministers vom 14. 2. 1986, Drucksache 10/9286
Nr. 92:	Brief des Regierungsvizepräsidenten der Regierung der Oberpfalz vom 11. 3. 1986 an den stellvertretenden Landrat Dietmar Zierer
Nr. 93:	Schreiben des stellvertretenden Landrats Dietmar Zierer an den Regierungsvizepräsidenten der Regierung der Oberpfalz vom 17. 4. 1986
Nr. 94:	Schreiben des Regierungsvizepräsidenten der Regierung der Oberpfalz vom 11. 7. 1988 an den stellvertretenden Landrat Dietmar Zierer, indem die Anschuldigungsschrift gegen Landrat Hans Schuierer übermittelt wurde

Nr. 95:	Brief des Bürgermeisters der Gemeinde Bodenwöhr vom 30. 8. 1986 an Justizminister Lang
Nr. 96:	Brief des Bürgermeisters der Gemeinde Bodenwöhr vom 29. 9. 1986 an die Staatsanwaltschaft beim Landgericht München I
Nr. 97:	Brief der Staatsanwaltschaft bei dem Landgericht München I an den Bürgermeister der Gemeinde Bodenwöhr vom 2. 10. 1986
Nr. 98:	Brief des Justizministers August Lang vom 2. 10. 1986 an den Bürgermeister der Gemeinde Bodenwöhr
Nr. 99:	Presseerklärung des Herrn Josef Wiendl, 1. Bürgermeister und Kreisrat, vom 6. 10. 1986
Nr. 100:	Brief der Bayernwerk Aktiengesellschaft, gezeichnet vom Vorstandsvorsitzenden Heitzer und dem stellvertretenden Vorsitzenden Holzer, vom 28. 6. 1983 an Dietmar Zierer
Nr. 101:	Schreiben der Obersten Baubehörde im Innenministerium vom 4. 8. 1988 an die DWK, Az.:II B-4537.5-060/88
Nr. 102:	Ablehnender Bescheid des Landratsamtes Schwandorf vom 19. 8. 1988, unterzeichnet vom stellvertretenden Landrat Dietmar Zierer, ausgelaufen an die DWK am 22. 8. 1988

Dietmar Zierer: „Der Kampf gegen die WAA geht weiter!“

Der Autor

Dietmar Zierer, Rechtsanwalt, Landtagsabgeordneter, stellvertretender Landrat, wohnhaft in 8412 Burglengenfeld, Parkstraße 2.

Geboren am 22. Mai 1943 in Burglengenfeld (Oberpfalz) verheiratet, 2 Töchter. Volksschule in Burglengenfeld, Abitur am Humanistischen Gymnasium in Neumarkt/Oberpfalz.

Berufliche Laufbahn: 2 Jahre Bundeswehr, während des Studiums und auch noch danach Wehrübungen. Heute Oberstleutnant der Reserve. Wird seit seinen kritischen Äußerungen zur Verteidigungspolitik und seit seinem Engagement in der Friedensbewegung nicht mehr zu Wehrübungen eingeladen.

Studium der Rechts- und Verwaltungswissenschaften an den Universitäten München und Regensburg, sowie an der Verwaltungshochschule Speyer.

Seit 1975 selbständiger Rechtsanwalt, Kanzleisitz in Burglengenfeld. Führt die Kanzlei, trotz seiner vielen sonstigen Funktionen als wichtiges berufliches Standbein weiter, um sich die persönliche und finanzielle Unabhängigkeit von der Politik zu bewahren.

Politische Laufbahn: Seit 1967 Mitglied der SPD, seit 1975 1. Vorsitzender des SPD-Unterbezirks Schwandorf-Cham. Stellvertretender Vorsitzender des SPD-Bezirks Niederbayern-Oberpfalz. Mitglied der ÖTV. Seit 1972 stellvertretender Fraktionsvorsitzender der SPD im Kreistag Schwandorf, seit 1978 Mitglied im Stadtrat der Stadt Burglengenfeld. Seit 1984 1. Stellvertreter des Landrats des Landkreises Schwandorf. Mitglied des Bayerischen Landtags seit 1978. Seit 1986 direkt gewählter Abgeordneter des WAA-Stimmkreises Schwandorf. Mitglied des Fraktionsvorstandes der SPD-Landtagsfraktion. Ordentliches Mitglied des Verfassungs-Rechts- und Kommunalausschusses des Bayerischen Landtags. Stellvertretender Vorsitzender des Arbeitskreises Recht und Verfassung der SPD-Landratsfraktion.

Dietmar Zierer ist seit seiner Tätigkeit als wissenschaftlicher Mitarbeiter im Hochschuldienst mehrfach mit geschichtlichen und kommunalwissenschaftlichen Veröffentlichungen hervorgetreten. So

1973 in einer Schriftenreihe zur politischen Information mit dem Thema „Niedergang und Zusammenbruch der Weimarer Parteien von 1930 bis 1933".

Seit einigen Jahren tritt Zierer in öffentlichen Veranstaltungen als Referent zum Thema „Radioaktiver Zerfall unserer Freiheitsrechte, dargestellt am Beispiel der WAA Wackersdorf" auf, auch gemeinsam mit Alexander Roßnagel, dessen Thesen durch die Berichte Zierers bewiesen werden.